元宇宙传播
未来传播学框架

赵雪波 赵 伦 著

中国出版集团
中译出版社

图书在版编目（CIP）数据

元宇宙传播：未来传播学框架/赵雪波，赵伦著．
—北京：中译出版社，2022.11
ISBN 978-7-5001-7222-2

Ⅰ．①元… Ⅱ．①赵… ②赵… Ⅲ．①信息经济—关系—传播学 Ⅳ．①G206.7

中国版本图书馆 CIP 数据核字（2022）第 197611 号

元宇宙传播：未来传播学框架
YUANYUZHOU CHUANBO: WEILAI CHUANBOXUE KUANGJIA

赵雪波　赵　伦著

出版发行	中译出版社
地　　址	北京市西城区新街口外大街 28 号普天德胜大厦主楼 4 楼
电　　话	(010)68359101　(010)68357328
邮　　编	100088
电子邮箱	book@ctph.com.cn
网　　址	http://www.ctph.com.cn

出 版 人	乔卫兵
策划编辑	郭宇佳　陈佑琳
责任编辑	邓　薇　郭宇佳
文字编辑	邓　薇　陈佑琳
营销编辑	张　晴　徐　也
封面设计	潘　峰

排　　版	北京竹页文化传媒有限公司
印　　刷	河北宝昌佳彩印刷有限公司
经　　销	新华书店

规　　格	710 毫米 ×1000 毫米　1/16
印　　张	32.75
字　　数	377 千字
版　　次	2022 年 11 月第一版
印　　次	2022 年 11 月第一次　印刷

ISBN 978-7-5001-7222-2　定价：88.00 元

版权所有　侵权必究

中　译　出　版　社

序

2021年"元宇宙"概念横空出世,以至于人们把2021年称作"元宇宙元年"。如今元宇宙一词已经成了老幼皆知的概念,各行各业都在寻找和元宇宙结合的契机,各种元宇宙著作也异彩纷呈。元宇宙作为一个新名词,给全社会带来一种新思维、新理念,也被看作一种新事物,被社会各界寄予了厚望。

大众把对元宇宙的认识主要定格在以下几个方面。一是把它看作XR(扩展现实)系列技术带来的"虚拟现实"(VR)场景,毕竟"元宇宙"概念是一家开发3D游戏的技术公司在纽约证交所上市时、把它写入招股书而走红的。在这个概念爆火之后,曾以35亿美元买断VR产品傲库路思(Oculus)的Facebook(脸书)再次不甘寂寞,迅速宣布把公司名称改为Meta("元")。这一系列操作让外界认为元宇宙是VR行业的新一轮崛起。二是有人把元宇宙等同于区块链、NFT(非同质化通证)等技术,宣称其最大的特点是"去中心化""不可替代""不可伪造"等,进而神秘化元宇宙的技术属性。三是有人总结元宇宙是一种深度媒介化和数字化的技术现状,是经历大数据、云计算、精准算法、人工智能后互联网的"终极形式",把元宇宙单纯看作新一轮的技术革新。四是在以上基础之上,有人断言这是资本在寻找新的投资领域,给旧技术换一个新"马甲",通过炒作新概念,寻找新的一批"韭菜"。

如果真的只限于以上几种认识的话,那元宇宙的火爆确实有炒作之嫌。但是元宇宙真的会昙花一现吗?答案是否定的。因为元宇宙确实是在哲学思维、技术实践等方面都极有价值和意义的新事物。这一切要从元宇宙的概念、元宇宙的哲学意义、元宇宙的传播学意义几方面深入探究,只有这样,我们才能真正体会元宇宙的价值和意义。

metaverse 最早翻译为"超元域",如果不看小说,不加解释,一般人很难直观地理解这个概念。在英语中,这个词是有规律的组合,先取了 universe 一词的后缀,再加上一个新的前缀 meta,理解起来就很容易。但在中文中,这个词拥有了更深刻的意蕴和指向。"超元域"一词很拗口,也很令人费解。直到一个记者无意地把它重新翻译为"元宇宙",metaverse 以及"元宇宙",才一下子在中文世界活了。活在组合词中的"宇宙"妇孺皆知,在此基础上再加前缀或后缀,所散发出来的意义肯定与"宇宙"有密切关联。然而,从 2021 年"元宇宙年"到现在,包括发明 metaverse 的美国人也没有思考与宇宙相关的问题。这很奇怪,这再次证明确实如前文所言,大部分人把元宇宙的含义严重地窄化了,甚至严重地轻视了这个新词语带给我们的新启发和新思考。

对元宇宙的认识必须提升到哲学的高度,必须放大到宇宙视野,否则就是对元宇宙概念的不敬,也是对这个新概念的浪费,因为我们本可以不用这么劳心费神创造一个新词语。我们也完全有理由批判说，创造 metaverse 一词以及中文把它翻译成"元宇宙"都是夸大其词，都是对词语的滥用。既然用了这么"大"的一个词，我们就必须用一种很大的视野、很大的胸襟、很大的抱负去对待它。我们可以这样去想，万事万物总是对立统一的，那么宇宙的对立统一体是什么？我们在自然界根本找不到能和宇宙匹配的事物。宇宙是什么？宇宙是最大的世界，最大的物质，最大的存在，但它再大也就是物质和存在。那么物质和存在的对立统一体是什么？人尽皆知，当然是精神和意识。精神和意识来自哪里？来自人，人是地球精灵，也是迄今为止人类自己发现的宇宙精灵，这个宇宙只能被人类认识，这个物质世界和自然界只能被人类征服、支配。反过来讲，人之所以能征服、支配自然，不是因为人的物质的身体，而是我们那既物质又精神、既存在又有意识的大脑及其活动。因此真正能配得上作为宇宙的对立统一体的只能是人的大脑和人的意识。但是精神和意识概念作为宇宙概念的对立统一体，显然并不是最佳选择。我们需要一个新概念，这个概念就在我们眼前，它就是元宇宙。元宇宙从哪里出发的呢？元宇宙是小说《雪崩》中主人公通过技术和人类智慧创建的一个跳离现实世界的虚拟世界，这个虚拟世界是现实世界的对立面，或者说是现实世界的镜像世界，主人公能真正进入这样一个与现实世界对立的新世界吗？不能，他的物质的身体永远只能留在现实世界，进入虚拟世界和镜像世界的是他的思维、感觉，所以这个虚拟世界和镜像世界对他来说只是一个精神世界。在纽约证券交易所（简称纽交所）上市的罗布乐思（Roblox）公司的招股书中所介绍的 metaverse 项目是什么呢？是一款能够让玩家获得现场感、沉浸感的游戏产品，无论是现场感还是沉浸感，不是游戏者身体真的进入游戏,而是他们的意识进入游戏。Meta 公司的主打业务是什么呢?就是重操旧业,用 VR 给体验者带来新的视觉体验。一切都指向了精神和意识。可以断言,元宇宙未来所有的业务、项目、产业,以及由其搭建起来的结构、环境、模式等都离不开人类的精神和意识。那么,既然如此,我们还不能把元宇宙看作宇宙的对立统一体吗?或者说我们还不能把元宇宙和宇宙看作是对立统一的吗?当然可以,只有这样,我们才能感受到元宇宙这个概念的神奇和伟大,才能跟着元宇宙向纵深发展。我们将发现,元宇宙根本不只有前述几种被理解的含义,元宇宙有更大的含义,而且会有更大的目标和作为。

20 世纪初德国非凡的历史哲学家奥斯瓦尔德·斯宾格勒在其皇皇巨著《西方的没落》中曾提出了一组看似简单的概念:大宇宙和小宇宙。大宇宙就是我们平日所说的宇宙,就是"即把现实性视作是与一种心灵相关联的所有象征的总和的观念。"[1];小宇宙当然就是心灵的"所有象征的总和观念"。他把植物看作宇宙一类的东西,即无生命的;把动物则既归属于宇宙,又同时归属于自己的小宇宙。别看这些小宇宙比(大)宇宙小,但是因为有人这种精神性的动物,所以小宇宙能够自由地相对宇宙运动,(大)宇宙只配做小宇宙的周围世界或周围环境。"只有通过小宇宙的这种个体性,光所呈现于其眼前——我们的眼前——的东西才能获得'实体'的意义。"[2] 最后,"在光照的

---

[1] [德]奥斯瓦尔德·斯宾格勒:《西方的没落》第 1 卷,吴琼译,上海三联书店 2006 年 10 月版,第 159 页。
[2] [德]奥斯瓦尔德·斯宾格勒:《西方的没落》第 2 卷,吴琼译,上海三联书店 2006 年 10 月版,第 2 页。

空间中,这个(大)宇宙就体现于有生命的肉体中。"① 我们以前也许理解不了斯宾格勒的小宇宙,可能会把他的小宇宙直接批判为唯心主义的产物,但是当我们站在元宇宙的大门口即将迈步进入之时,我们才真正地体会到在自然的宇宙之外真的还有一个宇宙,这个宇宙就是斯宾格勒曾经提起过的"小宇宙",用今天的话说,这个自然宇宙之外的宇宙就是即将带领我们进入更大宇宙的元宇宙。最后,我们看到,元宇宙丝毫不比宇宙小,恰恰相反,它比宇宙大得多,如果它不够大,它就不可能认识宇宙,就不可能把宇宙"放"到它的范畴中去。

德国历史上还有一位伟人,他也有一句话,对我们理解宇宙和元宇宙的关系更是醍醐灌顶:"有两样东西,越是经常而持久地对它们进行反复思考,它们就越是使心灵充满常新而日益增长的惊赞和敬畏:我头上的星空和我心中的道德法则。"② 这个人就是康德,伟大的哲学家之一,这是他本人,也是"康德哲学"对世界的浓缩认识。是的,世界可以浓缩为两样东西,一样是星空,也就是浩瀚宇宙,我们的地球也包含其中;另一样是宇宙之花,就是我们人类及其精神——"我心中的道德法则"。这两样东西用哲学的语言来表达即物质和精神,或者存在与意识,而用今天的新词组来表达不就是宇宙与元宇宙吗?康德让我们意识到原来我们离哲学这么近,原来我们就生活在哲学当中,哲学原来如此浅显明白,世界原来如此简单澄明。它同样让我们幡然觉醒,只有两个词才可以完完全全地包罗万象,只用两个词就能让我们人类与宇宙贯通,这就是宇宙与元宇宙。让我们试着把康

---

① [德]奥斯瓦尔德·斯宾格勒:《西方的没落》第 2 卷,吴琼译,上海三联书店 2006 年 10 月版,第 241 页。
② [德]伊曼努尔·康德:《实践理性批判》,李秋零译注,中国人民大学出版社 2011 年 7 月版,第 151 页。

德的话换一种表述：有两样东西，越是经常而持久地对它们进行反复思考，它们就越是使心灵充满常新而日益增长的惊赞和敬畏——我们身外的宇宙和我们头脑中的元宇宙。相信这种置换不会让人觉得有违和感。

康德对自己的那句名言还有进一步的解释："前者从我在外部感官世界中所占有的位置开始，并把我处于其中的联结扩展到具有世界之上的世界、星系组成的星系的无垠范围，此外还扩展到它们的周期性运动及其开始和延续的无限时间。后者从我不可见的自我、我的人格性开始，把我展现在这样一个世界中，这个世界具有真正的无限性，但唯有对于知性来说才是可以察觉的，而且我认识到我与这个世界（但由此也就同时与所有那些可见世界）不是像在前者那里一样处于只是偶然的联结中，而是处于普遍的和必然的联结中。"[①] 不用说，康德解释中"世界之上的世界""星系组成的星系""无垠范围"和"无限时间"就是宇宙的特征，而"自我""无限性""普遍联结"等则是元宇宙的特性。今天人类所有的探索都可以看作向外和向内两个方向上的探索。向外，我们制造了无数的技术和中介设备，并利用这些技术把我们的社会推向了一个又一个的文明高度。人类已经把自己的触角延伸向了地球之外的其他星球，甚至深空。中国的"嫦娥五号"探测器登陆月球，"天问一号"登陆火星，宇航员多次往返自己的"天宫号"空间站；美国的"旅行者一号""旅行者二号"等飞船在完成对太阳系内行星的探测后飞向了太阳系外的深空；中美等国的射电望远镜和太空望远镜让人类的视野投向更遥远的宇宙空间，韦伯望远镜

---

① ［德］伊曼努尔·康德：《实践理性批判》，李秋零译注，中国人民大学出版社2011年7月版，第151页。

一举获得130亿光年外的宇宙景观,几乎接近了宇宙大爆炸的奇点。向内,我们不断地深入认识我们自己的生命体,特别是认识我们自己的大脑和大脑建构起来的想象时空、虚拟时空,并把这些虚拟世界和现实世界进行镜像式、感知性联结。向内探索的结果是,我们终于认识到人类的大脑对应着一个与宇宙完全耦合的对象,这就是我们的元宇宙。

卡西尔有一句话有助于我们理解宇宙与元宇宙的关系。他说:"在语言、宗教、艺术、科学中,人所能做的不过是建造他自己的宇宙——一个使人类经验能够为他所理解和解释、联结和组织、综合化和普遍化的符号的宇宙。"① 今天,我们可以说,这个"符号的宇宙"就是元宇宙。所不同的是,我们没有止步于卡西尔设计的我们"自己的宇宙",我们已经突破、超越了那个曾经的"自己的宇宙",让它和自然的宇宙完成了最后的对接,让它找到了它自己的另一半。我们必须把元宇宙和宇宙结合起来去认识,才能认识它的本质。"真实的东西只有在一种意义上才是具体的,那就是它统摄许多本质的定性于一个统一体。"② 黑格尔的辩证法教导我们,天地之间最大的统一体就是宇宙和元宇宙构成的对立统一的整体,二者相辅相成,美美与共。宇宙包容元宇宙,元宇宙超越宇宙。

对元宇宙的认识必须提升到哲学的高度,才能显示其至高意义和至高价值,否则我们对元宇宙的认识将止步不前。

对元宇宙的认识也必须提升到传播学和媒介学的高度来认识,

---

① [德]恩斯特·卡西尔:《人论:人类文化哲学导引》,甘阳译,上海译文出版社2013年6月版,第378页。
② [德]弗里德里希·黑格尔:《美学》,寇鹏程编译,重庆出版社2005年1月版,第389页。

跳出哲学的范畴，进入"生活世界"，我们不得不承认元宇宙是技术的产物，是媒介及其技术的产物。媒介从语言、文字、印刷物、电报、电话、广播、电视一路走到互联网以及各种网络媒体，当互联网技术、数字技术、虚拟现实技术、AI（人工智能）技术、纳米技术、仿真技术、太空技术等发展到一种集大成高度或深度时，媒介环境、媒介景观开始发生质的变化，元宇宙呼之欲出。元宇宙是人类的精神产物，人类的精神世界一刻也离不开媒介，媒介为我们人类搭建了精神世界。有人可能会说，精神是人的属性，它不一定要表达出来，也不一定需要媒介去传播。这其实是对媒介的一种狭隘认识。媒介不仅是外在的，也是内在的，我们自己就是自己的媒介，我们的大脑是一切媒介的源头，所谓"媒介是人的延伸"，是说媒介从我们的各个感觉器官出发，去延伸感觉器官的距离和空间。此外，我们的大脑自成系统，我们还有自传播（体内传播），我们需要记忆、反思、冥想，我们还无意识地做梦，这些精神活动依托于我们的大脑和大脑中数千亿个神经元。所以，我们的身体，特别是我们的大脑是所有媒介中的"元媒介"。请记住，元媒介是我们人类自己，不是互联网，也不是其他别的外在的媒介。

媒介给我们人类的精神、意识提供了展现自己的空间和平台，媒介至始至终呈现的是和人的意识有关的，或者是被人的意识改造过的信息。神话、诗歌、文学、绘画、动画、影视图像等，都是信息被艺术改造后的产物。过去，这些信息都是二维的，只是偶尔会以想象的方式在大脑中呈现为三维景观，一般不会被看到、听到、触摸到。但是现在不同了，新的媒介 XR 系列技术能让我们看到甚至能触摸到这些虚拟现实和时空。新的化身媒介将可能代替人类去完成一些传播过程。可以说，那些展现人的意识和意识产物的空间、体系、结构和模型都是媒介，包括今天我们津津乐道的元宇宙。元宇宙当然不是一种单独的媒介，而是一个媒介域，它集中了所有过去的、现在的和未来的媒介以及这些媒介融合后的产物。社会上有人对元宇宙存在误解，其中一个缘由是产业界有些过分之举，另一个缘由可能就是很多人把元宇宙简单等同于VR和其他类似设备，而XR系列技术目前又有很多不完善，以致一部人认为元宇宙只是炒概念，没有实质意义。如果我们从媒介域的高度去理解元宇宙，把它看成各种最先进的媒介的集大成者，那元宇宙就不会在它还处于迈步阶段就被人诟病。元宇宙也是一个传播场，它巨大的结构集合了所有的传播主体，而它巨大的网格为每一个个体，包括国家、组织、企业、个人等，都提供了一个几乎平等的节点。在这样的结构下，元宇宙重建了传播环境和传播生态，也重塑着传播主体间性、传播主体与客体的关系，改变着传播的经济属性和政治属性。元宇宙的传播结构也需要被重新理解，而它的传播模式则应该在继承信息传播的一般逻辑基础上，更多地反映出宇宙结构和关系模式的镜像，只有这样才能体现元宇宙与宇宙的契合。

元宇宙传播和媒介不是平地起高楼，而是人类传播史和媒介史在当代和未来的继续。作为"新传播"和"新媒介"，它秉承"旧传播""旧媒介"的许多固有的特征、属性、理念和逻辑，一如既往地服务于人类，但同时又引导人类走向一个又一个对现实的超越。虚拟现实也罢，超越现实也罢，或者重构现实也罢，都得从现实出发，都得建立在现实的基础之上。因此，本著作既是对元宇宙、元宇宙传播等近乎未来主义事物的预构，也是从现实的传播学、媒介学出发对未来可能走向的理想主义的畅想。

  元宇宙从根基上是关于传播和媒介的。那些关于元宇宙产业、金融、社交等一般意义上的应用只是元宇宙的表象、入口,远未能触及其本质。只有戴上哲学和传播学的透镜,人们才能彻底了解元宇宙。

作者

2022 年 9 月 7 日

目　录

第一章　元宇宙概述　001
第一节　元宇宙历史　003
第二节　元宇宙内涵　025
第三节　元宇宙特征　033
第四节　元宇宙属性　041

第二章　元宇宙现实基础　053
第一节　有限宇宙　055
第二节　无限智力　064
第三节　媒介技术　080
第四节　线上突围　099

第三章　元宇宙哲学　107
第一节　元宇宙本体论　113
第二节　元宇宙认识论　129

第三节	元宇宙主体论	140

第四章　元宇宙传播核心概念和理念　153

第一节	媒介域	156
第二节	媒介环境	171
第三节	以人为本	184
第四节	堆栈传播	191

第五章　元宇宙传播结构　207

第一节	传播角色	210
第二节	传播内容：泛信息	225
第三节	传播内容：元宇宙新闻	229
第四节	传播渠道和环境	243
第五节	传播状况	247

第六章　元宇宙传播模式　251

第一节	概念和基础	253
第二节	传统传播模式回顾	265
第三节	元宇宙传播模式	273

第七章　元宇宙传播原则　285

第一节	技术决定原则	287
第二节	生态共治原则	305

  第三节 议程共识原则 318
  第四节 人类主导原则 325

第八章 元宇宙传播功能 335
  第一节 信息传播 339
  第二节 监督社会 353
  第三节 社会交往 362
  第四节 教化育人 377
  第五节 文化娱乐 387

第九章 元宇宙政治经济学 419
  第一节 元宇宙经济 422
  第二节 元宇宙政治 440
  第三节 元宇宙霸权 456
  第四节 元宇宙国际及国际传播 463

第十章 元宇宙焦虑 477
  第一节 元宇宙认识 481
  第二节 元宇宙边界 490
  第三节 元宇宙安全 501

第一章
元宇宙概述

元宇宙可以同时从不同角度进行意义建构，这些角度包含哲学、空间学、精神学、政治学、经济学、传播学等各种独立的学科范式。这可以从元宇宙的受重视程度看出来。元宇宙概念刚刚被投资界再度炒热，就得到了各行各业的高度关注，学界、业界很多专家型学者或学者型专家纷纷从各自的专业领域出发，探讨、研究元宇宙带来的影响、机遇和冲击。可以肯定，几乎每一个专业或学科都可以和元宇宙建立联系，或者说在元宇宙里都可以重构自身。这些专业和学科在元宇宙里并不是完全独立的，它们很多时候是相互依托、勾连、融合在一起的，或者说它们共存在元宇宙里。这足以说明元宇宙的包容性、全面性和整体性，也足以证明元宇宙的"宇宙"之称名副其实。

任何事物都有表象和本质之分。要想了解、认识一个事务，必须看穿它的本质。元宇宙也有表象和本质之分。在言说元宇宙的方方面面之前，有必要先了解元宇宙的本质。元宇宙的本质就是元宇宙究竟是什么？从哪儿来？意义何在？它的核心学理是什么？

尽管元宇宙出现并不算太久，但有关它的各种论述足以为我们解开谜题。

第一节
元宇宙历史

元宇宙一词的英文单词 metaverse 最早出现在一本名为《雪崩》的科幻著作中。1992 年,时年 33 岁的尼尔·斯蒂芬森发表了自己的新作《雪崩》(*Snow Crash*),在此之前,他已经单独或与人合作出版多部小说作品。《雪崩》描述:在平行于现实世界之外的叫作 metaverse 的网络世界或数字空间中爆发了雪崩病毒,威胁到了整个 metaverse 的生存,一个黑客英雄阿弘奋起反击,制服病毒。这本著作在翻译成中文版本时把 metaverse 译作"超元域"。

美国东部时间 2021 年 3 月 10 日,在线游戏平台 Roblox(RBLX,罗布乐思)在纽约证券交易所(简称纽交所)上市,首日收盘上涨 54.4%,市值达到 383 亿美元。而在此一年之前,Roblox 估值还不到 40 亿美元,现在却飙升 10 倍,一时间成为投行爆炸性新闻,并迅速刮起一股旋风。Roblox 在招股书中有这么一段话:"Some refer to our category as the metaverse, a term often used to describe the concept of persistent, shared, 3D virtual spaces in a virtual universe. The idea of a metaverse has been written about by futurists and science fiction authors for over 30 years. With the advent of increasingly powerful consumer computing devices, cloud computing, and high bandwidth internet connections, the concept of the metaverse is materializing."[①] 翻译过来就是："有些人将我们的类别称为 metaverse，这个术语通常用于描述虚拟宇宙中持久、共享的 3D 虚拟空间的概念。metaverse 的概念已经由未来学家和科幻作家写了 30 多年（作者注：指斯蒂芬森著作）。随着日益强大的消费计算设备、云计算和高带宽互联网连接的出现，metaverse 的概念正在实现。"2021 年 3 月 13 日，名为"极点商业"的微信公众号推出一篇网文《这家中国公司吃到了"元宇宙"红利：语音社交有多少潜力尚未挖掘》，介绍一个开发语音社交平台的中概股荔枝股价顺势上涨 15.5%。报道直接把 metaverse 译作"元宇宙"。这应该是中国国内第一次出现"元宇宙"概念。从此，"超元域"华丽变身为"元宇宙"，引起投资市场、互联网行业以及各行各业的急切关注。

以上其实是元宇宙的概念简史，从技术进化或产业实践的历史线索看，元宇宙当然既不是从《雪崩》开始，也不是从 Roblox 将其作为自己的主营业务开始，它的历史和其中某一种技术的历史一样长，甚至和某一宏大领域的历史脉搏同频共振。

虚拟现实历史线索

有的学者认为元宇宙是虚拟现实的结果，没有虚拟现实就没有元

[①] https://www.sec.gov/Archives/edgar/data/1315098/000119312521049767/d87104ds1a.htm。(2022-09-06)

宇宙，因此认为元宇宙经历了这样一些阶段[①]：

1965年出现虚拟现实。计算机图形学之父、著名计算机科学家伊凡·苏泽兰特通过将头戴式设备（简称头显）连接到计算机，并实时进行模拟以及实现真实的交互……苏泽兰特头显的诞生，标志着头戴式VR（virtual reality，虚拟现实）设备与头部位置追踪系统的诞生，为现今的VR奠定了坚实基础，苏泽兰特也因此被称为VR之父。

1981年美国数学家和计算机专家弗诺·文奇教授出版小说《真名实姓》，创造性地构思了一个通过脑机接口进入并获得感官体验的虚拟世界。

1984年全世界第一家VR公司诞生。VR的教父级传奇人物杰尼·拉尼尔创造出了世界上首台消费级VR设备、虚拟化身，以及多人虚拟世界的体验。

1992年《雪崩》出版，元宇宙（metaverse）概念出现。

2003年《第二人生》（*Second Life*）游戏出现。它不是一个简单的游戏和虚拟环境，而是拥有更强的世界编辑功能与发达的虚拟经济系统，吸引了大量企业与教育机构参与其中。人们可以在其中社交、购物、建造和经商。

2014年脸书（Facebook）以30亿美元收购VR头戴设备制造商傲库路思（Oculus），VR进入迅猛发展的快车道。VR头显品牌层出不穷。

2016年成为VR元年。此后几年，由于高速网络、人工智能、区块链和VR设备的飞速发展，元宇宙生态慢慢形成。

---

① 潘志庚：《没有虚拟现实就没有元宇宙》，《语言战略研究》2022年第2期，第6—7页。

2020年新冠疫情加速了社会虚拟化。线上生活由原先短时期的例外状态成为常态，由现实世界的补充变成与现实世界的平行世界；线上与线下打通，人类的现实生活开始大规模向虚拟世界迁移，人类成为现实与数字的两栖物种。

2021年3月10日（美国东部时间），网络游戏平台Roblox正式在纽交所上市。5月，微软宣布打造一个"企业元宇宙"；8月，英伟达宣布推出全球首个为建成元宇宙提供基础的模拟和协作平台；10月，脸书宣布更名为"元"（Meta）；12月，百度发布首个国产元宇宙产品"希壤"，用户凭邀请码可以进入希壤空间进行超前体验。

互联网技术历史线索

还有的人分别从人类科技发展、IT（information technology，信息技术）或ICT（information communication technology，信息通信技术）、互联网等不同维度梳理了元宇宙形成的历史。[①]

从互联网维度梳理，元宇宙的历史画卷展现为：

第1阶段：基础设施建设时期（1969—1993年）。这一阶段标志性的事件有：1958年美国国防部高级研究计划局（ARPA）成立；1969年美军在ARPA协定下将四所大学的主要计算机相连，阿帕网（ARPANET）由此建立，标志着现代计算机网络诞生；1974年一种名为TCP/IP的互联网协议产生，全世界的互联网得以端对端连接；电子邮件和BBS诞生；Network变成Internet，万维网诞生；浏览器诞生。

第2阶段：PC互联网时期（1994—2010年）。这一阶段的标志性

---

① 邢杰等：《元宇宙通证：通向未来的护照》，中译出版社2021年8月版，第39-59页。

事件有：1994年美国政府允许商业资本介入互联网建设与运营，互联网从实验室走向社会和商用，同时，中国互联网起步；PC终端极大普及，雅虎、新浪、搜狐等门户网站诞生，信息传播开启网站时代；以谷歌、百度为代表的搜索引擎出现，以亚马逊、阿里巴巴、京东等为代表的电商平台诞生，以Facebook、Twitter（推特）、YouTube（"油管"）为代表的社交媒体出现。

第3阶段：移动互联网时期（2007—2017年）。这一阶段的标志性事件有：苹果、三星、华为、小米等智能手机取代固定电话，销量超越PC，移动互联网成为互联网的主力；智能手机功能提升，Wi-Fi普及，微博上线，微信上线；中国"互联网+"进程开启，大量应用软件雨后春笋般产生，移动通信系统进入4G时代，2014年成为中国互联网元年。

第4阶段：元宇宙时期（2018—）。这一阶段的标志性事件有：国际电信联盟正式提出"物联网"概念；5G国际标准制定完成；BIGANT［blockchain（区块链）、interactivity（交互）、game（电子游戏）、AI（人工智能）、network（网络及运算）、internet of things（IoT 物联网）］六大技术领域快速发展，云计算、大数据被广泛运用；多人在线创作沙盒游戏平台Roblox在纽交所上市，成为元宇宙第一股，2021年因此也称为元宇宙元年。

信息技术历史线索

如果从IT或ICT维度去梳理，元宇宙的历史画卷将在半导体、互联网、通信技术中交替展开。

半导体时代（1833—2005年）。这一时代的标志性事件有：1833年英国科学家巴拉迪发现半导体现象；1844年美国人莫尔斯发明电报；1888年德国人赫兹发现无线电波；1895年俄国人和意大利人先后宣布成功收发无线电；1904年英国人弗莱明发明第一支电子二极管，电子时代开启；1913年法国人莱维发明第一台收音机；1925年英国人贝尔德发明第一台电视机；20世纪50年代半导体产业崛起。

计算机时代（1936—2010年）。这一时代的标志性事件有：1936年图灵证明了图灵定理，他本人被确立为"计算机科学之父"；1939年10月人类第一台电子计算机诞生，7年以后第一台真正意义上的数字电子计算机ENIAC诞生；1958年集成电路诞生；1968年贝尔实验室创造UNIX操作系统；1971年英特尔推出全球第一款微型中央处理器（CPU）；1974年惠普公司生产出第一台基于4K动态随机存取器的微型计算机，微型计算机时代来临；1981年IBM公司（国际商业机器公司）推出个人计算机；1985年微软公司发布Windows操作系统1.0；2001年乔布斯提出"数字中枢"概念，把音乐、影像的制作、播放、发行等和苹果计算机结合；2003年Skype推出互联网语音通话服务。

通信与互联网时代（1980—2018年）。这一时代的标志性事件有：1980年应用广泛的局域网"以太网"诞生；1990年人类历史上第一款浏览器"万维网"（world wide web, WWW）上线；1993年美国正式实施"国家信息基础设施行动计划"（NII），互联网开始受到全世界关注；2004年扎克伯格和萨维林创立Facebook；2008年苹果推出iPhone3G，开启智能手机时代；2011年微信上线；通信技术从80年代1G时代的人与人连接（只能打电话）经过近40年发展进入无所不能、万物连接的 5G 时代。

ABCD 大时代（2011—2020 年）。ABCD 分别是 artificial intelligence（人工智能）、blockchain（区块链）、cloud serving（云服务）、big data（大数据），代表了整个时代的互联网几个主要方向的技术突破。这个时代的标志性事件有：2005 年国际电信联盟首次提出"物联网"概念；2012 年谷歌公司发布"拓展现实"眼镜——谷歌眼镜，代替手机功能；2015 年马斯克宣布将发射 1.2 万颗通信卫星的 SpaceX 计划——"星链"（Starlink）计划；2016 年谷歌公司的 AlphaGo 打败世界顶尖围棋高手；2020 年史上最大的人工智能算法模型 GPT-3 问世。

元宇宙时代（2021—）。2021 年 3 月第一个元宇宙概念股 Roblox 在纽交所上市，启动了元宇宙元年。从那时以来，世界各国企业和政府纷纷开始在元宇宙布局。2021 年 8 月英伟达企业宣布推出面向企业的实时仿真和协作的虚拟工作平台 Omniverse；同月，巴巴多斯外交部批准与全球最大的数字平台之一 Decentraland 公司签署的一项协议，将在该公司的元宇宙平台设立大使馆；10 月，脸书宣布更名为"元"（Meta）；2022 年 5 月 10 日韩国发布元宇宙战略，计划成立元宇宙学院，并计划在 2026 年跃升为全球元宇宙市场前五大国；同月 31 日，中国互联网新闻中心（中国网）宣布成立"元宇宙国际传播实验室"。

人类科技史线索

把眼光放得更开阔一些。如果把元宇宙的历史镶嵌入人类科技发展的全部历史，人类科技史就表现为这样几个大的历史阶段：

最早的阶段是在远古时代，人有了自我意识和集体意识，人们为了生存而发明了最简单的工具——石器，那时候人们用以交流的方式是表情、身体动作和简单的发声。所有的人都臣服于大自然的神圣和神秘。

当人类发明了农耕技术进入农业文明时期之后，人类的生存状态在对自然规律认识提高之上得到了极大的保障，人类开始治理自己生存的环境，发明了语言，加强了人与人之间的沟通、依存关系。人类认识到自己离不开大自然，或者和大自然友好相处，或者努力去征服它。人类的抽象认识因为语言、文字的出现而不断得到训练和加强，发明了宗教，建立起了城市、农村、国家等不同层级和规模的公共领域，还建立起了等级社会。人类文明出现。人类的文明程度提高了，但是族群之间的对立和冲突意识也提高了，战争几乎成了人类彼此之间解决矛盾的主要手段，甚至是唯一手段。这意味着人不仅有志于征服自然，也对用暴力手段处理人际关系、族际关系和国际关系充满了兴趣。

第三个阶段是工业文明时期，这个时期人类发明了蒸汽动力，发现了大规模使用化石燃料的方法，人类面对自然环境显得更加自信，也在急速发展而人为造成的破坏面前不断地改变自己与自然的关系。人类开始大规模地运用印刷术，建立了新闻业，过去历时性的知识信息有了更灵便的存储方式，即时发布的信息也能成为商品进行交换。信息的重要性被逐步提高。

在工业文明远未结束的时候，第四个文明阶段——信息文明时期开始了。信息时代得益于电力的被发现和电子技术的发明，人们彼此之间的信息沟通不再局限于文字这种需要通过视网膜、神经中枢才能开展抽象思维去说服别人、理解别人的媒介形式，人类有了广播和电视这种更加具象的手段去延伸自己的听力、视力和脑力。最为重要的是，过去一维的信息跃变为二维的信息了。当然，信息文明概念并不意味着在过去的几千年、几万年内的人类社会里的信息并不重要，而是要强调在后工业时代或工业后时代，随着电子技术、互联网技术、界面技术、通信技术等的发展，信息的产生速度、规模等全方位地发生了指数级增加。信息的这种增加被称作信息爆炸。这种趋势一直在不断增强。因为有云计算、大数据技术加入，信息量在继续增大，但人类处理信息的手段也在加强。人类观察世界的手段、角度更加多样化，人类不仅想掌控自然世界，还想掌控自己的大脑，并且想通过这一切技术建构自己的理想自然环境或精神环境。人类也希望能有更好的手段去改善人与人之间的交流方式。一切征兆显示，信息时代正在走向一个"存在论事件"①的爆发点。当那个奇点真正来临时，文明形态将正式进入元宇宙时代。

传播史线索

以上科技发展史的回顾太过繁杂，无法准确地理清元宇宙在宏大的历史叙事中的发展进化线索。我们应该沿着媒介及其技术路径的传播学范式重新回顾一遍。

---

① 参见赵汀阳：《假如元宇宙成为一个存在论事件》，《江海学刊》2022年第1期，第31页。赵汀阳认为所谓"存在论事件"，不是对事件的一种知识分类，而是标示事件的能量级别。任何事件，无论是知识事件、经济事件、政治事件或技术事件，只要其创作能量或"革命性"达到对人类存在方式的系统性或整体性改变，就是一个存在论事件，也就是一个创世性的事件。

1. 模拟传播时期（约 200 万年前—约 5 万年前）

所谓 200 万年前是指古人类研究认为最早的智人于 200 万年前左右出现在地球上，5 万年前则代表智人掌握了语言。也有人认为智人出现的时间应该是 300 万年前—400 万年前，智人掌握语言的时间应该是 7 万年前或 10 万年前这些。结论都不是定论。在这一段漫长的几百万年进化过程中，人类的动物性正在慢慢脱身，人类虽然和其他哺乳动物一样通过表情、肢体动作和单音节的呼喊等方式开展群体之间的沟通、交流、合作，但随着自我认知的出现、劳动合作的加强、社会关系的深化，人类的模拟传播技能也在不断丰富、提高。在整个模拟传播时期，人们彼此的传播对象近在咫尺，其整体的传播对象、传播方式和传播内容都是 3D 立体的。智人们没有集体记忆，个体的简单记忆很快就被时日消磨殆尽。面对日月星辰、风霜雨雪的自然现象，面对山崩地裂、生老病死的严酷生存环境和状态，尽管他们不会用言语交流，但他们的头脑中已经初步产生了各种疑问，甚至把这一切归因于一种神奇的力量，并对它顶礼膜拜。相信那个时期受外界刺激，人类已经有做梦的能力，外部世界的形象经常会在睡梦中潜入人的大脑形成奇妙的魔幻世界，但因为白天视野有限，想象力还没建立起来，古人梦中的情景基本上就是白天外部世界情景的复刻。现代人梦境中经常会出现一些生理方面的反应，那是因为觉醒状态时这种欲望被压抑，睡眠中的欲望便通过做梦得到转移和发泄。古人不懂得情感压抑，所以他们的梦境中也不会有类似的生理性转移和发泄。他们的梦境很单纯，主角只有自己、族人、猎物、竞争者、日月星辰和方圆几十千米的生活区域，场景只有嬉戏、打斗、渔猎、步行，也许还有溺水、被野兽袭击时濒死的感觉。

2. 语言传播时期（10万年前—6000年前）

语言是传播史的第二个时期，但它是传播史上的第一个"存在论事件"。从这个时期开始，以后的每一个时期都是以一个"存在论事件"为起点的。

分子人类学家的研究证明大约在10万年前，智人在第二次走出非洲时发明了语言。这一次走出非洲以后，智人迅速向全球扩散，并在各大洲散居下来，形成大小不一、各自相对封闭的社群——部落或氏族。社群内部需要解决分工协作，社群外部则要联姻，这促使社群的规模不断扩大。人类的脑容量随着劳动复杂度、社群关系复杂度以及适应环境能力的提高而增加，天生就具备的发声功能也在不断进化。在各种因素的刺激下，语言诞生了。语言当然也经历了从简单到复杂的过程，最早肯定是对各种客观事物的单项确认，比如对果实的确认，对狩猎对象的确认，对太阳、树木、高山、河流、湖泊、大海的确认；然后是对社群成员身份，特别是对彼此关系的确认；再然后是对这些单项事物对应的概念之间关系的确认，让思维逻辑和语言逻辑一致起来，形成成熟的语言系统。人类不仅直接在自己的大脑中重现真实世界的三维场景，还通过语言这种抽象的媒介或包含抽象思维的媒介在自己的大脑中开始建构外部世界不一定存在的三维形象，这是一个巨大的进步。因为有了语言，人们彼此可以交流对这种三维形象的认识，让三维形象内容更加丰富，结构更加抽象。此外，人类还通过语言开始存储集体的记忆。在没有语言之前，记忆都是属于个体的，个体之间无法把自己关于集体的认识和记忆传递给别人。有了语言之后，人们可以相互交流、传播自己的认识和记忆，最后形成一种集体的认识和记忆，最关键的是这种认识和记忆可以通过语言隔代传播，从而形成集体跨世代的、历时性的知识和智慧。它们再通过传说、神话，一代又一代地传承下来。

在这个时期的最后阶段，约1万年前左右，人类掌握了农耕技术，进入了农业文明。从这个时候起，语言越来越不够用了，特别是在记录、存储方面，即使有集体的记忆，但如果信息不是形象生动的神话故事，而是一些日常生活过程，是很难保存下来的。人类需要借助其他手段协助语言来记录、存储一些经验、过程、认识，这就有了结绳记事、各种刻符。事实上，从"媒介是人的延伸"角度讲，在口舌功能延伸的同时，眼睛的功能也开始延伸。人们学会在地上、岩壁上刻画自己眼里看到的简单景象，比如一头牛、一个意义莫测的符号、一群舞蹈的人。后来，地上刻画的被足迹践踏了、被风沙掩埋了，只留下了岩壁上刻画的。这个过程的开启几乎与语言出现的时间一致，在印尼苏拉威西岛上一个偏远山谷的岩洞里发现的4.55万年前的野猪岩画能证明这一点。1万多年前，农业生产让人类的语言、图画和其他记事手段等媒介的进化速度加快了。据说柏拉图在《克拉底鲁篇》中说过，有两种方式可以展现一个人，图像或者语言。这是语言时代人类的真实写照。

3. 文字传播时期（6000年前—19世纪初）

大约在5500年前，中东地区出现了最早的文明国家，这就是苏美尔文明。苏美尔文明之所以被称为文明是因为苏美尔人建立起了阶级社会，修建起了最早的城邦，发明了独属于自己的楔形文字。

今天的人们普遍认可人类历史上有四个文明古国，除苏美尔之外，还有古埃及、古印度和中国。后面三个文明和苏美尔一样，都无一例外地进入了阶级社会，修建起了自己坚固的城墙，发明了自己的文字。古埃及发明了自己的象形文字，并且还发现了承载文字的纸莎草。印度河流域的哈拉帕人和摩亨佐·达罗人则发明了同属象形文字的印章文字——在类似印章的器物上刻画的一些类似文字的图案。中国在3600年前的商朝墓葬中发现了大量刻有文字的甲骨，这种文字被称作甲骨文，但是鉴于这种文字成熟程度之高，历史学家们普遍认为这不是中国最早的文字，在甲骨文之前还有别的属于更早期的文字，只是目前尚没有考古发现来佐证这一结论。今天，其他三种古文明早已不复存在，随之消失的还有他们的文字；而中国则经历几千年仍然屹立不倒，那种被称为甲骨文的文字演化为今天的汉字，成为支撑这一远古文明绵延发展的强有力支柱和黏合剂。

生活在语言时代的人想象不到会有一种被称为文字的媒介对语言做出重大补充。但生活在文字时代的人完全能够感受到文字的威力。"只有口头传送而从未以文字记载，我们将会失去什么？这样的一个世界可以说是无法想象的。我们的历史观念，我们对帝国和民族的浮浮沉沉的理解，将会截然不同。大部分的哲学和政治思想将根本不会来到这个世界，因为不会有促使它们诞生的作品。"[①] 千万不要把文字看作语言的一部分，也别把语言看作文字的一部分，这是两种完全不同的媒介。其一，语言是口舌和耳朵的延伸，文字是眼睛的延伸。两种媒介对应的神经元肯定是有区别的，尽管一个人是

---

① ［美］马丁·普克纳：《文字的力量》，陈芳代译，中信出版集团2019年7月第1版，"前言"。

不是文盲会根据较语言而言更难的识字情况做出初步判断，但对于一个学习外语的人来说，词汇学习一定要比听力和语言能力提高容易得多。其二，远古时代的语言存储方式是集体传颂，看不见摸不着，在传播过程中信息随时会因为记忆缺失而丢失、歪曲，缺乏可信度。而文字的存储方式多样，且每一种文本内容如果不可以篡改就会保持恒定，可信度远比语言高。我们今天的历史大部分是文字保护下来的，小部分是墓葬考古保护下来的，而从语言转换而来的神话根本无法单独作为历史的证据。在现代社会的商业往来中，再好的关系也得有合同文本背书，这就是对文字的信任。还有中国人常说"空口无凭，立字为据"，也是这个道理。其三，语言需要凭借足够的个人智慧才能建构起在其之上的三维景象，麦克卢汉曾说，语言是一种"冷媒介"[①]，而文字表面看是一种平面的一维景象，但对于熟悉文字的人而言，文字能迅速转换成读者头脑中的三维景象，和语言相比，绝对是一种比较"热"的媒介。总之，文字媒介绝对是语言之后的又一个"存在论事件"。

传播史或媒介史上，甚至科技史或人类史上，很多人把印刷术看得很重要，以致有人认为印刷术开启了一个新的历史时期。有的观点认为，古登堡金属活字印刷术推进了西欧的宗教改革，促进了资本主义的诞生，加速了大众传播时代的到来。但如果从媒介与人的精神世界的关联、塑造的关系角度来看，印刷术并没有改变文字这种媒介的本质，没有改变文字与精神世界的关系，没有改变媒介

---

① 关于冷媒介和热媒介的区分大可不必按照麦克卢汉的标准区分，"冷"与"热"其实是要看一种媒介让人投入多少思维时间来确定，此外，"冷媒介"与"热媒介"也不是固定的，"冷"与"热"会随媒介时代的变化以及媒介使用场景变化而转变。

与人的关系，它只是加快了文本制作的速度，或者为文本的复制提供了一种高效的手段。况且，印刷术本身并不是一种媒介，只是文字媒介的赋能技术，是和造纸术一样潜伏在文字之下的底层技术。就像后面要说的元宇宙，它有自己的媒介，但更多的则是潜藏在底层的技术，而非媒介本身。

4. 电子媒介传播时期（18世纪50年代—20世纪50年代）

1752年富兰克林通过风筝发现了电流现象，之后通过法拉第、爱迪生等人，人类掌握了电磁知识和发电技术并把电力用于日常生活和生产，传统的蒸汽动力开始被电力超越。但把电用于信息传播从而让人类走入一种全新的电子媒介时期，要从1844年莫尔斯发明的电报说起。电报让人类的信息传播打破了空间阻隔，省却了路途上所消耗的精力与时间，如果将报务员接收信息再派人传递给接报人这个过程省略的话，人类已经初步实现了远距离、第一时间同步传播。1894年意大利人马可尼发现无线电波，为电报省却了线缆的铺设，信息传播成本大大降低，由线缆决定的传播距离和传播边界也随之消失。而在无线电波上的琢磨，直接导致1913年法国人莱维发明了第一台收音机。这是第一种大众化的电子媒介，它对于个人信息沟通没有什么促进，但对新闻信息的即时传播则提供了跨时代的解决办法。与此同时，安东尼奥和贝尔等人则把电报开拓成为电话，电报终于把作为中介的报务员和电报邮递员省略了。在另一条跑道上，英国人弗莱明1904年发明了电子二极管，贝尔德等人1925发明了第一台电视机。第一次世界大战期间，战争双方把广播作为主要的宣传工具，在正面战场之外开辟了另一个看不见但威力无比的战场。第二次世界大战结束后，电视成为美国及其他西方发达国家传媒事业发达的象征。

广播与电视是电子媒介传播时代的两种主要传播方式，承载两种信息传播的媒介分别是收音机和电视机。广播用一种新的工具延伸了人的耳朵。在这种媒介域[①]中，广大听众只需要延伸耳朵，他们在口耳传播结构中曾经不可剥夺的口舌的功能被广播电台的播音员抢走了，这形成一种传播关系中的主次结构或不对称结构，赋予了电台垄断权力。电视诞生以后，继承了这种主次结构，而且掌握了更大的权力。但是电视最吸引人的地方在于它用直观的界面第一次把信息立体化了，把曾经躲藏在信息背后的想象景观、精神世界推到了前台。过去人们习惯于把电视图像看作真实世界的镜像、反映，是真实世界的电子重构，但如果站在信息的角度，站在信息呈现的媒介解决方案角度看，也可以把电视图像理解为原来需要人脑建构图像、景观的工作被电子技术替代了。电子屏幕是一种前所未有的界面，为人和信息之间建立起一种奇特的关系。正如媒介学者波斯特所言，"界面介于人类与机器之间，是一种膜，使相互排斥而又相互依存的两个世界彼此分离而又相连……界面是人类与机器之间进行协商的敏感的边界区域，同时也是一套新兴的人/机新关系的枢纽。"[②]因为视频的连贯性、延时性，电视屏幕建立起来的是一种二维景观，已经大大超越了以文字为"界面"的报纸、杂志、书本。文字描写的景观需要人脑加工才

---

① [法]雷吉斯·德布雷:《普通媒介学教程》，陈卫星等译，清华大学出版社2014年9月版，第261页。德布雷最早使用了"媒介域"概念，并且指出，"媒介域这个字眼指的是一个信息和人的传递和运输环境，包括与其相对应的知识加工方法和扩散方法。"
② [美]马克·波斯特:《第二媒介时代》第2版，范静哗译，南京大学出版社2005年8月版，第18页。

能形成三维结构，以帮助读者理解，而电视的二维景观则直接省略了三维建构，因为它在一种纯粹的三维图像出现之前已经足够有立体感、层次感、真实感。

5. 互联网传播时期（20 世纪 50 年代—21 世纪初）

时代和时代之间的衔接并不那么界限分明，每一次时代更迭都会经历一个漫长的准备和过渡。尽管说互联网是从 20 世纪的五六十年代美国军方建立阿帕网开始，但是相关的工作早在 20 世纪初已经起步。1936 年图灵提出图灵定理，他本人因此被称为"计算机科学之父"。1946 年美国宾夕法尼亚大学应美国军方要求研发出第一台通用数字电子计算机 ENIAC，机器重达 30 吨，占地 160 平方米，每秒运行 5000 次。此后，集成电路、操作系统、CPU、微型计算机等相继诞生，计算机终于进入微型时代，由主机和显示器组成的 PC 从此成为办公室、图书馆和书房的标配。那个曾经独占客厅的界面开始寻找新的场景。再之后，随着 PC 和手机的出现，显示器越来越小，大家更愿意把它们称作屏幕或界面。

在另一条轨道上，软件和网络的研发也在此前后相继展开。1956 年 IBM 制造了有史以来的第一款硬盘，容量只有 5MB，读写速度为 1.1kB/s。虽然放在今天只能储存一张图片，却开启了电脑的植入系统，且能开始存储数据信息。在经历了软盘、磁带、CD 等存储载体后，现在硬盘再度成为主流的存储数据的硬件设施。据称，有的公司已经研发出容量为 100TB 的固态硬盘，意味着一个硬盘可以存储 2 万部高清电影。随着技术的提高和场景的需求，硬盘的存储量还将继续提高。网络方面，1969 年美国国防部新成立的高级研究计划局研制成功"阿帕网"(ARPANET),并使加利福尼亚大学洛杉矶分校、斯坦福大学研究学院、加利福尼亚大学圣巴巴拉分校和犹他大学四所院校的4台主要计算机连接起来,形成最早的互联网。以后更多的大学、国家机构和企业也加入进来,阿帕网的规模不断增大。1974年一种叫作TCP/IP的互联网协议生效,允许全球范围内的任意两台电脑之间进行连接。此外,电子邮件、BBS、万维网相继诞生,电信服务从1G迅速迈入5G,随着智能手机普及,移动互联网成为互联网主力,互联网服务从新闻扩展到搜索、社交、电商购物,一大批社交网站、电商平台成为互联网的超级平台。

一切都在"互联网+",互联网也在"+"一切。但是,"从本质上讲,互联网是一款缩短距离、加速传递和存储信息的工具。"[1] 互联网的属性首先必然是信息传播。互联网给信息传播带来的变化是巨大的、惊人的。这些变化表现在以下几个方面。第一,媒介在进入互联网传播阶段以后,开始多端发展,即向硬件、软件、网络、应用系统、应用场景等不同方向同时发力。互联网媒介域融合了历史上的各种媒介以及它们的特征,也同时延伸了人的所有接收信息的感官。感官对信息的感知、大脑神经元面对各种景观的反应,除了不能成为景观中的一员,受众有了一种全面的感知和反应。第二,互联网的弱中心化,改变了传统信息源和受众之间权力严重不对等的结构,改变了受众过去那种单纯信息接收者的身份。互联网媒介域中传者和受者的新关系削弱了传统信息源的权威,受众前所未有地感觉到一种主人翁的征服感。媒介过去带给受众的压力与不快随

---

[1] 焜耀研究院:《元宇宙基石:Web3.0与分布式存储》,电子工业出版社2022年1月版,第119页。

着受众参与度的提高一扫而空。互联网正在构建起一种新型的公共领域和公共空间，这让很多人对互联网寄予厚望，甚至也让很多人产生构建完全自由的网络空间的不切实际的想法。有人说Web1.0是信息垄断和权力垄断的时代，Web2.0是个性主义的时代，Web3.0是去中心化的时代，但它不属于当下的互联网，属于未来的互联网。这是不是点燃了很多人的希望之火？第三，从信息学的角度看，整个世界就是一个信息场，所有的事物由信息组成，所有的事物也浸润在信息之中。这有点像太空，整个太空中能看得见的星球、物质只是宇宙中的极少部分，而充斥太空的、占大多数的物质是暗物质和暗能量，整个宇宙就"沉浸"在暗物质和暗能量之中。互联网给人一种身处信息世界的感觉，仿佛自己为信息所包围，每个人每天要做的一件事就是选择信息，所以这个时代也被称为信息时代或全息时代。在这种状态下，人们忘记了信息所建构起来的景观是一维的，还是二维的，当然自己所处的三维世界也常常被忽略。但如果拍拍脑袋，屏幕前的人就会清醒过来，在电脑或手机这块界面面前，人和信息景观之间的隔膜仍然是不可逾越的。三维世界只能属于现实世界，而信息景观则继续被挡在三维世界之外。然而，"景观表现为一种巨大的实证性，既无可争辩又难以企及。它所说的无非就是'出现的就是好东西，好东西就会出现'。"[1]

6. 元宇宙播时期（20世纪60年代—）

元宇宙是好东西吗？如果它是好东西，那它就会出现。但是问题是，如果它是坏东西，它也会出现。

---

[1] ［法］居伊·德波：《景观社会》，张新木译，南京大学出版社2017年5月版，第6页。

人们常说未来已来，元宇宙就是未来。正如开篇所讲，元宇宙在 1992 年的科幻小说中已经出现了，2021 年 Roblox 直接点燃了这场焰火。但也正如任何事物都有迹可循一样，元宇宙出现的苗头其实更早。

元宇宙大事记

- » 1968 年美国计算机图形学之父伊凡·苏泽兰特带领学生开发了全球第一个由计算机驱动的头盔显示器和头部位置跟踪系统，这也是全球第一个虚拟现实设备。
- » 1981 年美国数学家、计算机专家兼赛博朋克流派科幻小说家弗诺·文奇出版小说《真名实姓》，创造性地构思了一个通过"脑机接口"进入并能获得感官体验的虚拟世界。
- » 1985 年迈克尔·麦克格里维领导完成 VIEW 虚拟现实系统，装备了数据手套和头部跟踪器，提供了手势、语言等交互手段。
- » 1987 年 VPL 公司开发了用于生成虚拟现实的 RB2 软件，为虚拟现实提供了开发工具。公司创始人杰伦·拉尼尔开始向公众普及"虚拟现实"概念，他被称为"虚拟现实之父"。
- » 1993 年 SEGA（世嘉）等公司推出 VR 眼镜。
- » 2003 年林登实验室推出《第二人生》游戏，目标是创建一个用户自定义的虚拟世界，人们可以在其中互动、游戏、开展商业活动等。
- » 2007 年加速研究基金会（Acceleration Studies Foundation）发布报告《元宇宙路线图：通往 3D 网络的途径》（*Metaverse*

Roadmap: Pathways to the 3D Web)。同年虚拟现实专著《第二人生使者：见证元界黎明的虚拟小报》(*The Second Life Herald: The Virtual Tabloid that Witnessed the Dawn of the Metaverse*) 出版。

» 2008 年由飞利浦和以色列元宇宙实验室发起的欧盟项目"元宇宙 1"（Metaverse 1）开始运行，旨在为真实世界和虚拟世界之间的连接、交互定义标准接口。

» 2009 年中本聪在芬兰赫尔辛基服务器上正式运行比特币程序，作为数字资产的比特币诞生，随之区块链也走向大众视野。

» 2011 年清华大学、浙江大学等中国大学开始虚拟现实实验。

» 2012 年谷歌公司发布全世界第一款 AR（增强现实）眼镜。

» 2014 年 Facebook 用 30 亿美元收购 VR 设备制造商 Oculus。

» 2016 年本书作者获得"眼幕"（Eyescreen）及其商业模式的专利，同一专利于 2018 年获得美国专利授权。该专利是在未知 VR 类型头盔情况下设计的一款头戴观影设备，旨在解决在不同场景下提高观看院线电影的现场感和沉浸感。

» 2018 年科幻电影《头号玩家》院线播映。电影构造了一个逼真的虚拟游戏世界"绿洲"，电影角色头戴 VR 头盔可以进入"绿洲"开展各种活动。

» 2019 年谷歌 YouTube VR 应用同时在多家 VR 终端上线，为用户提供超过 100 万个公共 VR 视频。

» 2020 年中国电信、韩国 LG U+、高通等运营商发起成立全球扩展现实（XR）内容电信联盟。

> » 2021年Roblox在纽约证券交易所上市；微软与美国军方签约开发集成视觉增强系统（IVAS）；Epic Games获得10亿美元投资用于建设元宇宙；韩国宣布成立"元宇宙联盟"；Facebook宣布更名为Meta。

元宇宙时代的前期与互联网时代几乎是重叠的，这证明了元宇宙和互联网之间存在不可分割的联系。从整个发展路径看，元宇宙正如有些专家所言是互联网的新形态，是信息技术深度互联网化的结果。它主要体现为媒介域发生了根本性的变化，新的元宇宙媒介域需要更多的媒介、媒介技术参与进来共同构建，新的媒介环境和信息景观是虚拟的三维现实场景，受众在这种场景中可以感受真实世界，开展真实世界中的传播、游戏、社交等一切活动。元宇宙的"存在论事件"性质在于它成为一个平行于现实世界之外的另一个世界，在这个由媒介发展和信息传播引起的新世界中，传播只是其中的一种活动，正如在现实世界中一样。元宇宙的信息景观直接转变为一种传播环境，它让受众体会到只有在现实世界才能感受到的三维景观和多维感受。按照元宇宙的设计者们所设想的，元宇宙里将实现去中心化，在互联网时代孜孜以求的个体中心社会将有立足之地，每一个受众将拥有自己的元宇宙。根据其他专家的预判，元宇宙将完成碳基生命到硅基生命的过渡。

不管人们愿意不愿意，元宇宙时代正在徐徐拉开序幕。

第二节

元宇宙内涵

无论是英文中的 metaverse，还是中文中的"元宇宙"，它们都是一个复合词。要想明确元宇宙的内涵，就要先对它进行分解。

metaverse 由 meta 和 verse 两个词或词缀组成。meta 来源于希腊语 μετά，有几种含义，一个是"在……之后"，一个是"改变"，还有一个是"超越"。安德罗尼柯在整理亚里士多德遗留下来的文字时，将研究自然现象运动变化的内容编纂为《物理学》(*ta Physika*)，而将讨论抽象范畴的文章另外编成一册——《物理学以后诸篇》(*ta Meta ta Physika*)。此时的 meta 表达的是先后次序的意义。中世纪的经院学者们在用拉丁文翻译《物理学以后诸篇》时译作 *Metaphysica*，并认为它是高于物理学的"第一哲学"。meta 于是有了"至高""第一"的意义，也即是有了表明逻辑层次关系的含义。现代英语主要继承了 meta 拉丁文的词意，20 世纪下半叶以来出现的元语言（metalanguage）、元史学（metahistory）、元数据（metadata）等词语都有此意。英语 metaphysics 有一个译法，就是大家耳熟能详的"形而上学"。这个译法是 1881 年日本学者井上哲次郎依据《易经》所言"形而上者谓之道"而翻译的。meta 因此有了究极意味，多了一层含义。

中译本《雪崩》中 metaverse 翻译成"超元域"，对 meta 翻译出两层含义，"超"和"元"。"超"是 meta 的本意之一，所以翻译保留了这层意思。"元"当然是因为在此之前已经有很多人用 meta 创造了很多新词，并且有了对应的汉语词汇，比如"元语言""元史学""元数据""元传播""元文本""元媒介"等，用 meta（元）来表示自己类别中最高的、最后的、最原初的一级事物。比如有人用"元数据"表示"数据的数据"，有人指互联网是"元媒介"，表示互联网是最终的媒介、最后的媒介，还有人指"元文本"是最基本的文本。《雪崩》的译者大概是看到了 meta 已经被广泛地翻译为"元"，所以也保留了"元"。然而，当元宇宙概念出现时，"超"已经消失了，"超"的意义是否还存在？这成了围绕这一概念所展开的争论内容之一。

中文"元"字，甲骨文中表示"人头"，后演化为"第一的""居首位"，再后来还引申为"大"。《说文解字》和《尔雅》都将其解释为"开始""起端"，《易经》和《文心雕龙》也将其解释为"起始"，后引申为"根源""根本"。这个"开始"和"根源"的含义在许多人分析元宇宙概念时被忽略了，其实随着元宇宙画卷的展开，人们会越来越清楚地意识到"元"的起始含义和根源含义，也会越来越意识到它最早的含义——"人头"是多么的重要。元宇宙是属于人的宇宙，元宇宙正在重新回到人这个本体，而且在元宇宙的第一世代，人只有通过一个头戴式设备才能进入其中。

meta究竟用"元"好还是用"超"好，其答案已经不言自明。"超"只有一种含义，"超级"，且含义模糊。而"元"不仅有"居首位""第一"的含义，还有"起始""根源"的含义，也包含了"超级"的意思，更被赋予了"集大成""回归本源"的意义，特别是还有"形而上学"这样高度概括、抽象、至高无上的意境。如此多的意义，都和元宇宙概念所指称的对象有关联，这对作为一种未定型的信息传播生态的元宇宙来说，在未来有着很大的解释空间、想象空间和发展空间，意义重大。另外鉴于其他带meta前缀的概念都翻译成"元××"，那元宇宙中"元"的翻译就是当之无愧、顺理成章的了。

verse按照组词规律显然是取了universe的后半部分。universe是宇宙，因此metaverse就是元宇宙。有人对verse做了深度解析。universe来源于拉丁语词汇uniuersum，由前缀uni/unus与词根vertere/versus组成。unus意指"唯一，独一无二"，在基督神学语境中指上帝。versus意指"已经转向"。universe就是"向着唯一者回转""向着上帝回转"，宇宙就成了回到上帝的途径，继而得出"宇宙是上帝创造的"结论。中文"宇宙"意指空间和时间，有"四方八面""古往今来"的绝对时空的含义。于是，universe的含义就和中文词语"宇宙"达到了一种最佳契合的匹配。从这个意义上理解的话，元宇宙（metaverse）就是在向"原初""至高""最大"转向，也就是去那些高深莫测的地方去寻找真谛。

也有人认为verse本义是游吟诗的篇章，或同一个韵的一节歌词，这样verse就引申出一种秩序的意义。前元宇宙时代的无序需要元宇宙的秩序来代替，这是一部分人的终极理想。

无论如何，元宇宙这个翻译不管是歪打正着，还是深思熟虑，已经为中国社会所接受，它将打开一个新的天地。

那么如何给元宇宙下定义呢？鉴于元宇宙是一个新事物，这赋予很多人给它下定义的机会。目前关于元宇宙的定义有很多种，列举几个有代表性的如下。

——包含三维虚拟环境的互联网的拟议版本；

——一个三维虚拟世界，特别是在在线角色扮演游戏中；

——给定的小说作品中描绘的宇宙。

◆《柯林斯词典》

在未来主义和科幻小说中，元宇宙是互联网的假设迭代，它是一个单一的、普遍的和身临其境的虚拟世界，通过使用虚拟现实（VR）和增强现实（AR）头戴设备促成。在口语中，元宇宙是一个专注于社交联系的 3D 虚拟世界网络。

◆ 维基百科

元宇宙 (Metaverse) 是利用科技手段进行链接与创造的，与现实世界映射与交互的虚拟世界，具备新型社会体系的数字生活空间。

◆ 360 百科

元宇宙是指人们生活和工作的虚拟时空。[1]

◆ 赵国栋等《元宇宙》

数字地球是一个存在于智能手机、计算机和互联网等数字媒介里

---

[1] 赵国栋等：《元宇宙》，中译出版社 2021 年 8 月版，第 13 页。

的全新世界，我们把它称为"元宇宙"……换言之，所谓元宇宙，就是超越现实的虚拟世界。①

◆【韩】金相允《元宇宙时代》

元宇宙是整合多种新技术产生的下一代互联网应用和社会形态，它基于扩展现实技术和数字孪生实现时空拓展性，基于 AI 和物联网实现虚拟人、自然人和机器人的人机融生性，基于区块链、Web3.0、数字藏品 /NFT 等实现经济增值性。在社交系统、生产系统、经济系统上虚实共生，每个用户可进行世界编辑、内容生产和数字资产自所有。②

◆ 清华大学沈阳团队《元宇宙发展研究报告 2.0》

元宇宙是新型的"虚拟 + 现实"融合形态，也是互联网的终极形态，具备多重无限特征。元宇宙通过新型内容生产方式解决互联网面临的问题，同时通过 3D 交互带来全新的用户体验，鼓励用户创造知识，驱动 AI 高效进化，孕育机器人生命体，最终推动硅基文明和碳基文明融合进化。我们在宏观叙事中将元宇宙表达为一种"理念"，在产业叙事中将元宇宙表达为一个科技"生态"，在企业微观叙事中将元宇宙表达为一种新"商业模式战略"。中小企业将元宇宙看作一个"新机会"。③

◆ 周掌柜《元宇宙大爆炸：产业元宇宙的全球洞察与战略落地》

---

① ［韩］金相允：《元宇宙时代》，刘翀译，中信出版集团 2022 年 1 月版，第 4 页。
② 《清华团队发布〈元宇宙发展研究报告 2.0〉："灵境"无界》，科学家在线，2022-02-07（2022-09-06），https://zhuanlan.zhihu.com/p/464520318。
③ 周掌柜：《元宇宙大爆炸：产业元宇宙的全球洞察与战略落地》，机械工业出版社 2022 年 4 月版，第 29-30 页。

> 元宇宙是基于现实世界的虚拟世界，可为用户提供丰富的沉浸式体验。用户除了是元宇宙的体验者之外，还是元宇宙的创造者，借助各种工具和技术，用户可以不断拓宽元宇宙的边界，丰富元宇宙中的生态。此外，元宇宙与现实世界相互连通，现实世界中的所有事物、关系、经济体系等都可以复刻到元宇宙中，同时，人们在元宇宙中的行为也会反映到现实生活中。[1]
>
> ◆ 赵广义《元宇宙：新时代新商业新场景》

有关元宇宙的定义还有很多。莎士比亚说"一千个人眼里有一千个哈姆雷特"，在元宇宙问题上也如此，几乎每个谈论元宇宙的专家学者和企业家们都有自己的定义。有的在官方网站上著文，给元宇宙下定义，被个别人理解为一种官方定义："元宇宙是基于互联网而生、与现实世界相互打通、平行存在的虚拟世界，是一个可以映射现实世界、又独立于现实世界的虚拟空间。它不是一家独大的封闭宇宙，而是由无数虚拟世界、数字内容组成的不断碰撞、膨胀的数字宇宙。"[2] 其实，这并不意味着这一定义是最权威的，它也仍然属于一家之言。就连该文作者自己也承认"一千个眼中有一千个元宇宙"。

总之，从中可以看出元宇宙有这样一些基本要素：虚拟现实、虚拟世界、现实世界、互联网、技术设备、人、体验、生态等。元宇宙就是由这样一些综合要素共同构成的数字化、智能化、虚实结合的空间和媒介域。

---

[1] 赵广义：《元宇宙：新时代新商业新场景》，电子工业出版社2022年2月版，第3页。
[2] 管箬璞等：《元宇宙如何改写人类社会生活》，中央纪委国家监委网站，2021-12-23（2022-09-06），https://www.ccdi.gov.cn/toutiaon/202112/t20211223_160087.html。

此外，当下人们对元宇宙的理解主要有两种，一种是狭义的元宇宙，一种是广义的元宇宙。狭义的元宇宙就是指用虚拟现实技术和一系列其他互联网技术建构起来的三维虚拟世界，并在这个虚拟世界中再现、重构现实世界及其一切生存状态。广义的元宇宙是指用互联网、大数据、AI智能、区块链等一系列技术建设起来的"虚拟+现实"的两个世界共存互通的互联网终极生存状态，具有无限特征和无限扩展性。很明显，狭义的元宇宙是元宇宙的起点，也是元宇宙目前的状况，但是无论是从"元"概念扩展性看，还是从元宇宙的无限特征看，再或者从元宇宙相关技术的开发进程看，元宇宙远没有定型，因此狭义元宇宙并不能准确预判元宇宙的未来，甚至会限制人们对元宇宙的想象。

对元宇宙的定义还是要从广义维度上进行考虑。本研究是传播学视角的元宇宙叙事，因此也给元宇宙初步下一个广义的定义：元宇宙是媒介技术和其他相关技术高度发展的结果，集中、融合了人类有史以来所有的、最先进的媒介，是一种高度网络化、数字化、智能化的虚拟世界和现实世界两个三维结构共同组成的开放的、无限扩展的媒介域。它有几大性质。其一，虚拟和现实两个世界既相互独立又相互融通，既相互并列又相互支配，人在其中可以具备多种身份或化身，并在元宇宙规则允许范围内开展传播、社交、娱乐、商业交易等自己感兴趣的一切活动。其二，元宇宙不是互联网的终极形式，也不是其他技术如数字技术、AI技术的终极形式，元宇宙是一种媒介空间，为人类提供了一种终极形式的媒介环境，它和其他智能技术并行发展、进化，也为和其他各种技术的融合提供了无限选择。本质上看，与其说元宇宙是一个媒介域、媒介空间或媒环境,不如说元宇宙是媒介及其技术所处的一个新时代、新世界。其三,元宇宙不会去中心化,只能是弱中心化或多中心化,无论是个人还是集体,都将是一个独立的中心,但都将受元宇宙法律、规章的约束。其四,也是最重要的一点,元宇宙是相对于宇宙而言的,是人类对宇宙的一种内省,即把人作为宇宙的中心,去认识整个宇宙。元宇宙本质上属于人,以人为中心,以人的目的为目的,以人的原则为原则,以人的利益为利益。人是元宇宙的中心,也是元宇宙的边界。用笛卡尔的话说,因为它"存在于自己而又包含了自己"[1],所以它是一种"卓越的存在"。

上面的定义不是最终的结论。元宇宙的定义应该是一个开放的定义,随着元宇宙画卷的展开,随着人们对元宇宙理解的加深,元宇宙的定义还将不断丰富、扩展。

---

[1] [法]笛卡尔:《第一哲学沉思集》,庞景仁译,商务印书馆1986年6月版,第166页。

第三节

元宇宙特征

和元宇宙的定义一样,关于元宇宙的特征也众说纷纭。

Roblox 的 CEO(首席执行官)戴夫·巴斯祖基指出元宇宙有 8 个关键特征,分别是:

(1)身份(identity)。身份意指我们每一个人在现实世界都有一个身份,在虚拟世界也有一个身份,这个身份和现实世界的身份是对应的,是每一个进入元宇宙的人的"化身",就像《阿凡达》中的主人公。但也有人说每个人在虚拟世界的化身不止一个,可以是多个。

(2)朋友(friends)。朋友是指尽管在元宇宙中个性主义张扬,个人可以建构属于自己的元宇宙,也因此拥有更大的权力,但是宏观的元宇宙仍然是一个集体空间或公共领域,社交是公共领域的第一属性,个人身处公共领域就脱离不了社交,也离不开伙伴、朋友。元宇宙是原来社交网络的一种转型而已。

(3)沉浸感(immersive)。沉浸感是元宇宙社交、游戏以及其他传播活动的第一感受。虚拟现实要解决的是传统传播媒介局限于一维世界和二维世界的困境,让人能够在非现实的场景中感受三维带来的真实感。当你戴上一个头盔或以别的方式进入虚拟现实空间,你就体验到了这样的三维真实感,这就是沉浸。

(4)低延迟(low friction)。低延迟就是让网络延迟降到最低程度,甚至让延迟消失。5G已经大大提高了网速,但是在元宇宙中还不够用,还需要继续加快网速,只有那样才能让虚拟现实更像现实。

(5)多元化(variety)。元宇宙是无限空间,从外在看它是一元的,其内部却是多元的,体现为主体的多元化、个性化,还有景观环境因人而异,另外还有功能、目的、结构的多元。总之现实有什么样的多样性,虚拟现实就有什么样的多样性。

(6)随地(anywhere)。随地指不受地点限制,任何地点都能利用某种终端进入某种元宇宙状态,比如元宇宙社交网络、元宇宙游戏空间。

(7)经济(economy)。这一特征意味着元宇宙也有自己的经济系统。虚拟现实设备固然是媒介发展的结果,但也是设备开发商们寻找新的商机的结果。元宇宙热潮背后本身就隐藏着资本的身影。元宇宙既然是真实世界的镜像,或者说既然是一种"虚拟+现实"的新的生态,那至少现实世界的经济系统要引入元宇宙,更何况文字、声音、图像的前元宇宙时代本来就有庞大的商业体系和经济体系。

(8)文明(civility)。和经济一样,现实社会的一切都将复制到元宇宙中,除了经济,还有政治、文化等,具体而言就是会有一个新的社会、秩序、规则等。

国外还有企业负责人认为元宇宙构造有7个层面:体验

(experience)、发现(discovery)、创作者经济(creator economy)、空间计算(spatial computing)、去中心化(decentralization)、人机交互(human-computer interface)、基础设施(infrastructure)。[①]

韩国学者把元宇宙的特征用4种形态表现：增强现实、生命日志、镜像世界和虚拟世界。[②] 其中，增强现实通过在现实的基础上叠加虚拟图像与事物，带给人魔幻感和使用信息的便利性；生命日志是说元宇宙给人提供了一种更好的社交体验，人们通过文字、图像分享自己对生命的记录；镜像世界里元宇宙是现实世界的复制，目的是提升现实世界的效率、扩大现实世界的边界；虚拟世界呈现的则是一个在现实世界中完全不存在的全新世界。这4大形态既是元宇宙的4种特征，也是其4种呈现方式。

国内产业界也有人从不同的角度分析了元宇宙的特征。

有人总结元宇宙有7大无限特征，支撑元宇宙开展无限创造。一是无限接近仿真，即在现实世界能做到的事，在虚拟世界也能做到。现实世界的原则同样适用于虚拟世界，比如传播的及时性、互动的可感性。二是无限接近"平台无障碍"，即元宇宙提供了一个完全开放的平台，用户可以无障碍地参与进去。三是无限接近"共识即所有"，意思是通过区块链去中心化结构和手段，元宇宙形成全新的数字资产及其获取和分配方式。四是无限接近全身心沉浸参与，即在和现实世界高度贴合的虚拟环境中，用户可以全时段地沉浸其中。五是无限接近全真场景，即元宇宙和现实世界的边界被打破，

[①] 邢杰等：《元宇宙通证：通向未来的护照》，中译出版社2021年8月版，"序"第4—5页。
[②] 参见[韩]金相允：《元宇宙时代》，刘翀译，中信出版集团2022年1月版，"前言"L页和有关各章标题。

应该是无限仿真的深化。六是无限接近"账号即虚拟生命",即元宇宙中用户账号是用户的虚拟生命,"见账号如见人"。七是无限内容建设和创造,即元宇宙提供工具和权限,用户有建设和创造数据内容的权力和自由。①

有人则认为元宇宙有 4 大核心要素:沉浸体验、内容生态、社交体系和经济系统。沉浸体验、社交体系和经济系统与前面提到的其他人的观点大同小异,内容生态强调的是由于元宇宙的开源性、延展性,在用户自由创作、持续生产下,元宇宙不断扩展,内容不断丰富,并不断自我进化。②

综合以上观点,再考虑到它的传播性质,元宇宙的特征可以概括总结为以下 8 个方面:

第一,多维媒介。从元宇宙的历史可知,元宇宙是互联网及其相关技术高度发展的结果,是互联网时代媒介融合之后的再融合,除了各种媒介技术的融合之外,更是真实与虚拟两种传播环境或场景的融合。正如有的专家所言,元宇宙是深度媒介化的结果。当然除了媒介及其直接相关的技术之外,元宇宙还涉及许多底层技术和框架结构,如 3D 引擎、分布式存储技术、NFT(非同质化通证)和区块链等,缺了这些技术和框架,元宇宙就是空中楼阁,完全成为想象景观了。元宇宙是多维的,既有继承自"旧"媒介的技术,也有属于自己的新媒介;既有媒介性质的,也有媒介技术的;既有设备构成的媒介组群,也有 3D 建构的景观和环境。

---

① 参见周掌柜:《元宇宙大爆炸:产业元宇宙的全球洞察与战略落地》,机械工业出版社 2022 年 4 月版,第 30–32 页。
② 赵广义:《元宇宙:新时代新商业新场景》,电子工业出版社 2022 年 2 月版,第 3–5 页。

第二，虚拟现实。元宇宙概念源于一部描写虚拟现实的小说，元宇宙爆发源于一家开发虚拟现实游戏的公司，第一批被研发出来的穿戴设备是 VR 头盔。如果没有虚拟现实概念，元宇宙也罢，超元域也罢，无从谈起。未来能让元宇宙成为现实的第一产品、第一生态必然都是虚拟现实的。虚拟现实当然并不仅仅是一个 VR 或 AR 头盔所呈现的景观，它还有更丰富的内涵。这个可以从"虚拟现实"一词的短语结构进行分析。这个词可作三种结构解释。一是主谓结构，即主语是"虚拟"，谓语是"现实"，这意味着"让虚拟世界现实化"。二是动宾结构，"虚拟"是动词，"现实"是宾语，这则意味着"把现实世界虚拟化"。三是并列结构，即"虚拟世界"和"现实世界"是并列关系，二者没有轻重、主次之分，也没有支配与被支配关系，意味着"虚拟世界叠加现实世界"或"现实世界叠加虚拟世界"。这样一来，虚拟世界大大突破了它最初的含义。

第三，空间界面。界面是人和媒介的接口，逻各斯域的界面是人自己，文字域的界面是各种文字载体，电子域的界面是各种被称为人机界面的屏幕。当然这个接口不仅仅是指媒介的表面，还包括进入接口的各种手段、方式，在智能媒介时代，它还包括媒介感知人的需求的能力。元宇宙一方面包容了各种媒介的界面模式，另一方面也随着各种媒介及其相关技术的高度结合而成为"大气式弥漫媒介"[①]，拥有了一种没有外围、没有四边框架的界面，空间中不仅充斥着信息、媒介，也充斥着界面，以至于可以说空间就是界面。

第四，沉浸体验。在一些人的观点中，沉浸体验是元宇宙的核

[①] ［意］科西莫·亚卡托：《数据时代：可编程未来的哲学指南》，何道宽译，中国大百科全书出版社 2021 年 9 月版，第 140 页。

心特征。"虚拟现实"词组拆开了就是"虚拟"+"现实",即元宇宙要虚构一种现实场景和现实感觉,让用户在其中有一种身临其境的感觉、非虚构的感觉。如果是一则新闻报道,则让用户(即以前的读者、听众、观众等受众)感觉置身于新闻事件。用户不再是受众,也是新闻事件的目击者、参与者。

第五,多中心点。很多人都说元宇宙将实现去中心化,这只能是相对而言,根本做不到绝对去中心化。在国家还没有消亡的时代,不要低估国家的力量。任何政府都不会容忍一种"治外法权"的存在,除非政府已经被个体彻底肢解。但是互联网中的多元格局必然会延伸到元宇宙,而且会继续加强这种多元化。个性主义将进一步得到加强,国家中心也罢,元宇宙中心也罢,必然会被弱化,而不是去除。

第六,完整生态。虽然说虚拟现实是虚拟世界和真实世界的结合,里面无可避免地受制于现实世界,比如人还是那个生物的人,没有人愿意让硅基生命取代自己这个碳基生命,人还要游走于虚拟和现实之间,前一秒在虚拟世界,后一秒已经回到现实世界,但是元宇宙无论专门指虚拟现实,还是指包含了虚拟现实的全域世界,一定不等同于现实世界,否则创造这个概念就是无意义的。因此,元宇宙必然形成自己的生态空间,在将来极大可能形成自己的社会结构。比如它现在已经有自己的产业系统、传播系统、游戏系统、教育系统、经济系统,未来不排除继续形成自己的文化系统、军事系统、政治系统和司法系统等。

第七,无限扩展。元宇宙尚处于初级阶段,很多所谓特征、特性其实是人们的良好愿望,比如随地性。在相关技术还处于探索阶段时,随地性只能是一种想象和梦想。我们相信作为一种"现实"

和社会，元宇宙必须给人类提供一种全真体验，必须让人类如入无人之境地进出，就像人类能够随意地呼吸、转身一样。在技术到达的那一天，这种目标一定会实现，但是它不是元宇宙当下的特征。类似的"特征"还有各种"无限接近"，那都是一种期望值。对元宇宙来说，它的无限性是绝对的，那就是元宇宙提供一种无限的扩展性，关于元宇宙的想象是无限的，关于元宇宙的构建、技术、应用等，都是无限的。

第八，第一人称。所谓第一人称就是元宇宙里的每个人都是一个主体，他或她必须在里面先找到自己的位置，找到自己，然后才能开始一切活动。元宇宙的每一个景观都是每一个"我"的。这包含两层意思。一层是从宏观上理解"我"。元宇宙是人的"宇宙"，元宇宙不是现实世界自然演化的结果，而是技术在人的追索下发展的结果，是人对三维空间和多维空间迷恋的结果，是人企图实现超越现实梦想的结果，也是人类迈向超越自我的结果。一切都因人起，也为人而终。每一个人都是独立的"我"，元宇宙是"我"的。第二层是从元宇宙内部看，每一个人都要用第一人称进入，元宇宙不是他人的，它是属于我们每一个主体的，是"我"的。如果不以第一人称进入，那元宇宙的基本形态——虚拟世界是他人的虚拟世界，无法证实其存在性和现实性。科幻电影虽然能建构起一个虚拟世界，但是观众并没有参与进去，大家看到的是"他人"的虚拟世界，所以这个虚拟世界并没有得到证实。游戏不一样，游戏往往需要玩家直接参与进去，尽管视角有可能是第一人称视角，也有可能是第三人称视角，或者是第三人称过肩视角，但是玩家必在其中，只有这样，虚拟世界才能被玩家感知到，这样的虚拟世界才是"真实的"虚拟世界。未来具有其他功能，如社交活动、信息传播、商品交易等的虚拟世界都要具备这种第一人称视角，至少是要有第一人称感觉。元宇宙将呈现的是一个游戏式景观，每一个主角要感受到一种趣味形式的传播、社交、交易。

以上8大特征几乎涵盖了元宇宙的全部特征，其他所谓的特征要么能被这8大特征包含，要么并不是元宇宙独有的特征。比如身份，它是讲在元宇宙中有一个化身，但这并不成其为问题。化身并不是元宇宙独有的特征，在互联网中每一个用户都有自己的账号、姓名或昵称，这些都是用户的化身。当你在网上与人交流、游戏、网购之前，你都必须注册一个账号，这个账号就是你的化身。所有人都如此，大家在网上呈现的不是自己的"金身"（生物身体），只是自己的化身（数字身体或硅基生命）。再比如朋友，它也称不上是元宇宙的特征，因为任何媒介都要有传者和受者，任何社交都要有社会关系，任何游戏也都要有对手（单人游戏里游戏者是和系统展开竞争），所以朋友、伙伴和社会关系并不为元宇宙独有。如果硬要把它们和元宇宙挂钩，那也是要说元宇宙中的朋友关系应该是什么样的，游戏对手与传统互联网游戏中的对手有何不同，什么样的社会关系更能体现元宇宙的气质。

了解了以上特征，对元宇宙就会有一个更加全面的认识。

第四节
元宇宙属性

元宇宙将在哪些领域里展开？或者说哪些领域、哪一个社会结构端将自动地、自觉地、积极地、主动地拥抱元宇宙？这将体现元宇宙的属性。

传播属性

传播是元宇宙的第一大属性。

元宇宙的具体形态首先是 VR 设备，而这一设备的第一组件是界面（显示器），其形态不外是把一个传统的电子界面微型化、穿戴化，实现人和界面的零距离，并通过其他技术获得不同于电视界面、电脑界面的观看体验。新的界面背后是通过仿真技术、人机接口技术、光学放大技术等一系列技术建构起的全新的三维景观，但信息内容包括事实、角色等还是原来的。元宇宙不仅虚构现实，还可以把虚拟世界实在化，或把虚拟世界和现实世界融通叠加。在广义的概念下，元宇宙其实包含了现有的所有互联网信息工具，也包含所有的信息媒介，只不过这一系列的技术更看重在元宇宙看似高深莫测的理念指导下向着深度媒介化、互联网终极形式方向发展，从而创造现有媒介所不具备的新形态、新应用、新体验。即使从VR设备角度出发，未来的VR设备也不排除突破头盔这种形态的限制，在另外一种界面中，或者彻底抛弃界面，在无界面的环境中构建虚实结合的景观或场景。全息技术有可能是这种创意的选择之一。还有别的可能吗？不能排除。

  元宇宙不是单一的媒介形态，它是一种新场域，是一种新的媒介域。所谓域，是指一种空间和关系的网络。正如布迪厄所定义的，"一个场域可以被定义为在各种位置之间存在的客观关系的一个网络"[1]，"可以把场域设想为一个空间，在这个空间里，场域的效果得以发挥"[2]。场域不仅仅是一种空间、网络和环境，还是一种中介："场域是那些参与场域活动的社会行动者的实践同周围的社会经济条件之间的一个关键性的中介环节。"[3]这意味着场域本身就是一种媒介，只不过这种媒介不是一种具体的、单一的媒介，而是由许多媒介及其赋能技术共同构成的一个网络和系统。在法国媒介学者德布雷那里，场域直接以媒介域的"化身"出现。德布雷认为，"媒介域这个字眼指的是一个信息和人的传递和运输环境，包括与其相对应的知识加工方法和扩散方法……每个媒介域都会产生一个特有的空间 - 时间

---

[1] [法]皮埃尔·布迪厄等：《实践与反思——反思社会学导引》，李猛等译，中央编译出版社1998年版，第133–134页。
[2] 同[1]：第138页。
[3] 同[1]：第144页。

组合，也就是一个不同的现实主义。"① 布迪厄的场域强调的是"社会行动者"之间的关系网络，德布雷的媒介域强调的是"信息和人"的关系网络。这两种网络中都有层次结构，布迪厄有"子场域"，德布雷有"小生境"，它们都是次级生态或"最小阈值"。不管这些"域"是什么性质的关系网，也不管它们有多少层级结构，在元宇宙里它们都能安身立命。元宇宙不仅有人际关系，还有个体与集体的关系，更有各种客体与信息的关系，而且到处散落着不同层次的关系网络。

元宇宙建构起来的三维界面及其背后的虚拟化景观或现实化景观，将为信息传播提供一种全新的个体体验。新闻的及时性、信息的全面化，都不会因为媒介域的"变身"而变形或退化，只能是得到无以复加的提高，这是元宇宙的终极性质所决定的。除了信息传播之外，传播属性也包含社交、娱乐和商业互动等功能。互联网信息时代的媒介已经打破信息传播中心论，或者说信息传播已经不以新闻信息传播为核心，信息平台除了传播一般意义的信息之外，还提供社交、游戏、商业等深度信息，具备社交功能、娱乐功能和商业功能。元宇宙继承了互联网架构下的社交媒体、自媒体、界面应用的功能，并进一步强化这些功能。比如在二维景观中"网聊"的两个人只能通过文字、声音和图像感知对方，而在元宇宙中，用户穿戴特殊装备，可以"触摸"对方。或在一种特殊技术环境下，用户可以嗅到空气的味道。再比如现在的游戏需要用户亲自参与，未来则可以移交给自己的化身。总之，一种"不怕你做不到，就怕你想不到"的媒介域在一扇窗一扇窗地次第打开。

---

① ［法］雷吉斯·德布雷：《普通媒介学教程》，陈卫星等译，清华大学出版社 2014 年 9 月版，第 201–202 页。

技术属性

"元宇宙理念是人类工具发展到一定阶段的必然产物。"①工具代表着技术的水平,因此说元宇宙是技术发展的必然产物。正如布莱恩·阿瑟所说,"是技术将我们与我们拥有了 5 万年甚至更久的那种生活方式分开了。技术无可比拟地创造了我们的世界,它创造了我们的财富,我们的经济,还有我们的存在方式。"②从石器到金属器具,从口语、文字到印刷术,从蒸汽机到电力,从报纸到电报;再从电脑到手机,从互联网传播到数字化传播:人类的技术演进历史非常漫长,但是每一步都很坚实,一直走到今天迎来了互联网技术、数字技术、人工智能技术、仿生技术、虚拟技术、脑机接口技术等各种技术爆发式提高和融合的状态,元宇宙就是这样一种状态的"域"③——技术集合的别名。所以说技术的发展必然导致表现为深度媒介化和互联网"终极形式"的元宇宙的诞生。

从另一方面讲,没有技术的发展就没有元宇宙,元宇宙必须通过各种技术支持才得以构建和维护。没有界面技术、镜像技术,就看不到镜片背后的景观;没有存储技术,就没有大容量的视频内容

---

① 周掌柜:《元宇宙大爆炸:产业元宇宙的全球洞察与战略落地》,机械工业出版社 2022 年 4 月版,第 5 页。
② [美]布莱恩·阿瑟:《技术的本质:技术是什么,它是如何进化的》,曹东溟等译,浙江人民出版社 2014 年 4 月版,第 4 页。
③ 布莱恩·阿瑟的"域"和布迪厄的"场域"、德布雷的"媒介域"都有很大的区别。"域"是一个富有技术色彩的概念,阿瑟用它来表示技术集群或技术体:"某种具有共性的外在形式,或者是可以使共同工作成为可能而共同固有的能力,可以定义为一个技术集群,对于这种集群或技术体,我们称之为域。"同②:第 76 页。

可看，没有 3D 游戏可玩；没有高速带宽技术，就没有顺畅的、低延迟的体验；没有区块链技术，元宇宙的经济体系搭建不起来，它就不是真正的元宇宙。诸如此类的问题，证明元宇宙的构建、运行是由无数种技术作支撑。离开任何现有技术，元宇宙都不可想象；只有依靠技术不断创新，元宇宙的无限扩展才成为可能。

社会属性

元宇宙既是封闭的公共领域，也是开放的公共领域。说它是封闭的公共领域，是因为元宇宙将逐渐建立起自己的一整套管理体系，元宇宙的"居民"必须遵守这些管理规定，否则就有被驱逐出元宇宙的可能。这就像今天的互联网一样，如果谁违反了平台的制度，用户将有可能被禁言，或者是禁言几天，或者是禁言几个月，再或者永久禁言。因为元宇宙是一个由各种平台、机构、组织、个人组成的超级平台，所以如果被元宇宙处罚，那意味着自己虚拟世界身份的被剥夺。

元宇宙也是开放的公共领域，因为元宇宙由虚拟世界和真实世界两部分构成，用户可以在虚拟世界和真实世界两个世界自由进出、"穿行"，所以元宇宙其实也是一个开放的公共领域。真实世界的一大属性是社会性，也就是说世界的主体是人（并不排除其他生物），而人类必然是社会性的，所以也就有了人类社会的概念。人类在自己的真实世界里组建家庭，寻找合作，建立国家，结成同盟，通过不同层次的协商、互动和合作，形成不同层次的社会关系和社会结构。社会性最后成为人的属性，随着人从真实世界进入虚拟世界，人在真实世界的社会性，自然也就延伸到了虚拟世界。所以无论元宇宙是狭义的虚拟世界，还是广义的"虚拟+真实"世界，它都会在人类（用户）自觉、自愿、共建、共享的原则指导下构建起一种新的物质公共领域和精神公共领域。

经济属性

回顾历史，每一种大的媒介域都有与之相对应的经济形态。

德布雷把媒介域分为3个时代，即逻各斯域（前印刷时代）、书写域（活字印刷时代）和图像域（电子时代）。但是关于逻各斯域的划分是有很大问题的，因为他强调的"逻各斯"意为"人类精神"，这其实是对口语与文字的混淆，也是对文字时代的割裂。这里暂且借用他的"媒介域"概念，但要稍微把历史分期做一些调整。

口语应该是逻各斯域的主要交流媒介，因为只有口语才能体现古希腊时期的辩证思维——强调辩论。逻各斯域历史跨度较长，从5万年前掌握语言到文字发明之前都属于这一时代。这里先把农耕文明之前的几万年省略。1万年前人类进入农耕文明，开启了第一种人类文明，当时还没有进入阶级社会，各个氏族、部落或部落联盟都采取"同耕同种"和"共居"的生产生活方式，恩格斯称其为"共产制家庭经济"和"家庭公社"[①]。在此期间发生了两次社会大分工，第一次是游牧部落从野蛮部落分离出来，第二次是手工业和农业分离。特别是在第二次大分工之后，"随着生产分为农业和手工业这两

---

① [德]恩格斯:《家庭、私有制和国家的起源》,《马克思恩格斯选集》第4卷,人民出版社1972年5月版,第44、54–55页。

大主要部门，便出现了直接以交换为目的的生产，即商品生产，随之而来的是贸易，不仅有部落内部和部落边界的贸易，而且还有海外贸易。"①

文字的诞生与阶级、城邦国家的诞生基本同步，它们共同构成国家文明的基础。氏族、部落和部落联盟一旦进入国家形态，整个经济形态也就发生了根本性的变化。我们耳熟能详的奴隶社会和封建社会相继开始了，它们最大的特点是私有制、君王制、帝国制。如同文字、书写、纸张、知识等这些高深莫测的媒介被极少数人掌握一样，国家的权力、财富、土地都被极少数人垄断了。同时，媒介还牢牢地固化和维护了与它形成统一体系的经济基础和上层建筑。活字印刷术出现后，东方的封建堡垒没有受到大的影响，但在西方它配合了宗教改革、地中海贸易、新闻业萌芽，并直接促动了资本主义的萌芽。当资本主义经济制度和政治制度在西欧、北美相继确立的时候，正是印刷术、报纸、铁路、航海共同组成的新时代的书写域摧枯拉朽地荡涤欧洲、美洲甚至全球的时刻。不能否认，书写域建立起了一个全新的经济世界。如果把书写域再细化为手写域、印刷域、大众传播域的话，这种媒介域的变化与经济形态的变化之间的关系会更清晰。

图像域所处的是电子时代，这个时代大幕拉开之际，正是丘吉尔所谓"铁幕"落下之时。东西方两种经济制度和政治制度的对立贯穿这一时代。最后的结果众所周知，东欧剧变，苏联解体，拥有强大的广播、电视等图像域一切媒介和技术的西方不仅在政治领域

---

① ［德］恩格斯：《家庭、私有制和国家的起源》，《马克思恩格斯选集》第 4 卷，人民出版社 1972 年 5 月版，第 159 页。

胜出，也在经济领域胜出。图像域媒介的特点是直观、真实、有冲击力，它能把其时西方社会的物质富裕直接展现给世界，而和它相反的经济窘迫却不得不隐藏在图像之后，这成为击垮东欧和苏联的利器。当然美国也可以利用自己在图像域的优势，制造出自己的"起居室战争"等盛景，影响屏幕和图像景观前的受众态度。中国的现代化受益于图像域，因为在这个时期，改革的一切条件都已具备。十一届三中全会后，中国打造了一个全面的工业产业链，这是西方始料不及的。

图像域并不能全面地概括从电子时代以来的媒介域全貌。当互联网迅速普及开来，一个新的时代——互联网时代诞生了，同时也宣告电子时代结束了。新的媒介时代意味着一个新的媒介域诞生了，这个媒介域可以称为互联网域。当然它不是单纯由互联网络和电脑屏幕组成，随着移动通信技术、移动媒体、数字技术、云计算、大数据等各种赋能技术加盟，互联网域在不断深化、扩展。互联网技术行业日渐成为全球经济增长最快的领域，也成为全球经济增长的晴雨表。互联网催生的电子商务、线上购物、电商平台成为世界经济主要商业模式，互联网经济自成一体。在互联网从消费端走向工业端之际，互联网已经成为实体经济的重要组成，"互联网+"经济也形成了。截至2022年1月，全球互联网用户达到46.6亿，超过一半多的地球人都已加入互联网，这成为互联网域经济强大的基础。

在加速回报定律（或称加速回归法则）的主导下，媒介域在经过互联网域之后正迫不及待地要进入一个新的时代——元宇宙时代。与之匹配的"元宇宙域"正在初步显现。和前述所有"域"一样，元宇宙也有自己的经济属性。目前，它的很大一部分经济属性体现在过渡阶段的互联网域,这是因为元宇宙域是对互联网域的承继和迭代,因此在初始阶段,它的一切特征不可避免地会打上前一个时代的烙印。经济是技术的表达。① 作为技术体或技术集群的元宇宙域,也会在经济上有所表达。随着元宇宙域的深化、成熟,附着在其上的经济形态也将更加成熟和体系化。元宇宙域有一个不断重新域定的过程,也就是作为一个高度开放、兼容的生态,会有各种目前尚不能预判的技术、系统不断加入进来,元宇宙从而不断做出调整。这正如前文给元宇宙下定义时所强调的,关于它的定义也是开放的、扩展的。元宇宙不会停留在虚拟现实界面,也不会停留在三维精神景观,前面还有各种可能会不期而遇。鉴于此,元宇宙经济也会重新域定,就如阿瑟所说,"经济的重新域定,是指已有产业去适应新的技术体,从中提取、选择它们所需要的内容,并将其中部分零部件和新领域中的部分零部件组合起来,有时还会创造次生产业。"② 元宇宙和元宇宙经济形成一种"互助式地进行共适应(co-adapt)和共创新"③ 的关系。

政治属性

有人认为技术在两个意义上具有政治属性。其一:特殊技术装置或系统的发明、设计是某个社会确定某种议题的手段。其二:政治技术与生俱来,作为人造系统的技术自身要求和政治关系的某个

---

① [美] 布莱恩·阿瑟:《技术的本质:技术是什么,它是如何进化的》,曹东溟等译,浙江人民出版社 2014 年 4 月版,第 213 页。
②③ 同①:第 174 页。

方面相吻合。①这是英国学者安德鲁·查德威克对兰登·温纳观点的转述。他继而总结互联网政治有8个主题:(1)去中心化;(2)参与;(3)社团;(4)全球化;(5)后工业化;(6)理性主义;(7)治理;(8)自由主义。

元宇宙作为技术的产物,作为后互联网的媒介域,当然也有政治属性,既继承了技术的政治属性,也继承了互联网的政治主题。当然,元宇宙并不是一种特定的发明和设计,而是技术发展到今天或明天阶段的必然结果,是一种技术集群和技术域,也是媒介域。所以元宇宙并不为某个特定的社会确定某种特定的议题。但是元宇宙一旦形成,必然会形成某种特定的公共领域,随之会出现相应的各种规章制度、社会结构、权力组合、原则理念,甚至国际关系或全球关系,这样一来它自然而然地会和政治关系的某个方面相吻合。至于它会不会全盘接收互联网政治的主题,那倒未必。一则查德威克的总结未必完备,二则元宇宙毕竟是后互联网时代或互联网后开启的一个新的时代,它肯定会有自己的政治主题、政治主张和政治属性。比如人们口口声声说元宇宙将实现去中心化,从查德威克的话语中可以看出,去中心化显然不是元宇宙的专利,而是在互联网时代已经出现的一种政治口号。极大可能原因是在互联网时代这一目标没有实现,所以人们寄希望于在元宇宙时代能够完成这一旧时代的夙愿。然而这样一种政治特征或社会特征在元宇宙域却未必是准确的或可行的。按照科学家、专家和学者们的设想,元宇宙自我管理,在区块链结构下,原来的结算中心、交易中心,乃至管理中

---

① [英]安德鲁·查德威克:《互联网政治学:国家、公民与新传播技术》,任孟山译,华夏出版社2010年4月版,第24页。

心将消失，每一个用户都将是自己的中心。这样的设想正是温纳等人所认为的为社会量身定制技术装置的思想，这样的设想却很难实现。原因很简单，元宇宙不仅仅是一种虚拟社会状态，也是一种现实社会状态，因此脱离不了现实社会的顶层管理。中心根本甩脱不掉，只可能持续被弱化或相对弱化。另外，每一个用户自成中心，恰恰意味着一种多中心状态，而不是去中心化。

至于其他主题，要么会继承，比如"参与""社团""理性主义""治理""自由主义"；要么要改变，比如"全球化"已经不足以概括元宇宙的特征，恰恰相反，现实世界的全球化在近年来遭遇逆全球化、反全球化、去全球治理之后，正在没落。这正像人类在现实世界实现不了的目标，不得不移情于虚拟世界，元宇宙背后不能排除有这样的因由。在现实世界的全球化无法深化的情况下，寄希望于虚拟世界，也许是一种思路，但也许是徒劳。鉴于此，与其说元宇宙继承了互联网的全球化政治主题，还不如说离散化是元宇宙虚拟世界的政治主题。当然，离散也只是一体化下的离散，全球一体，宇宙一体，元宇宙一体，谁也没有力量打破这种结构。还有"后工业化"，不用说，在元宇宙时代，它对应的概念只能是"后互联网化"或"后互联网时代"。

第二章 元宇宙现实基础

元宇宙代表了我们的一种生存状态，没必要把它直接等同于生存。尼葛洛庞帝有过一句名言："计算不再只和计算机有关，它决定我们的生存。"① 一下子把对计算机或数字媒介的理解上升到人类生存的高度，这当然也是对《数字化生存》书名的准确诠释。如果说有什么问题的话，这句话似乎应该修改为：计算机不再只和计算有关，它决定我们的生存。元宇宙作为计算机、数字媒介、互联网等一系列设备的集群和技术的深化，不应再简单强调它对生存和存在的决定性意义，而是要论述它对生存产生什么样的影响，因为人类的生存首先取决于宇宙，然后才是元宇宙。人类既存在于宇宙之中，也存在于元宇宙之中。元宇宙赋予人类一种特殊的生存状态。

现实的元宇宙并非像斯蒂芬森那样是完全用想象建构起来的，而是有着牢固的现实基础、物理基础和事实基础。

---

① [美] 尼古拉·尼葛洛庞帝：《数字化生存》，胡泳等译，电子工业出版社 2017 年 2 月版，前言第 61 页。

第一节

有限宇宙

人类对宇宙早就开始了探索。有人认为古代苏美尔人和古埃及人所掌握的天文知识是人类最早的天文学。其实这没有什么稀奇的，天空以及日月星辰作为环境的一部分，定然会在人类拥有意识后快速进入人类的视野。如果说古代苏美尔人的文明和古埃及人的文明是最早的人类文明的话，他们的文明一定是体现在方方面面的，这其中包括关于天象的认识。

上古中国的先人们一样很早就拥有了这方面的知识，而且这些知识是系统性的，且很多内容后来能够穿越历史，有效地传播和保存下来。中国人很早就有了"究天人之际"的意识，这从最早的神话可以看清，比如"盘古开天""夸父逐日""女娲补天""后羿射日"，等等，都是关于天地日月的，并且把宇宙洪荒与人的历史合二为一。陶寺遗址证明不晚于新石器时期中国人就懂得了观察天象，甲骨文内容则证明中国人有最早最完整的天象记录。从新石器时期开始到公元前后的汉代，中国人发明建设了观象台、圭表、浑天仪、黄道、历法等建筑、仪器和知识图谱。最早的启蒙教育读物《千字文》开篇："天地玄黄，宇宙洪荒。日月盈昃，辰宿列张。"一系列的神话、天文、记录等知识说明中国人最早构建起早期人类较为完整的宇宙观。

不管是苏美尔人，还是古埃及人，或是古代中国人，人们之所以如此关注可望不可即的日月星辰，说明日月星辰是人类生活的一部分，也说明人类一开始就意识到自己生活在日月星辰不可或缺的自然环境中，这种环境被中国古人称作宇宙——一种很宏大的由最抽象的物质元素时间和空间构成的环境观、天地观、世界观。汉语"宇宙"一词最早出自《庄子·齐物论》："旁日月，挟宇宙，为其吻合。"①翻译成今文：依傍着日月，怀抱着宇宙，与天地万物混合为一体。《庄子·庚桑楚》对宇宙一词进行了解释："有实而无乎处者，宇也；有长而无本剽者，宙也。"②翻译为今文：有实在形体而无确切处所，是宇；有成长却看不到开始和结束，是宙。战国时《尸子》简化了这一解释："四方上下曰宇，往古来今曰宙。"③可见，中国古人很早就有了很成熟的宇宙观，今天的中国乃至世界的宇宙观无出其右。

英语中"宇宙"一词有两种表达。一种是cosmos，源自古希腊语kosmos，意为"秩序"，或"由多部分构成的和谐有序整体"④。另一种是universe，源自拉丁语universum，意为"所有、全人类、全世界"⑤。很显然，西方早期关于宇宙的认识比较间接和抽象，不是从宇

---

① 庄周：《庄子》，民主与建设出版社2018年9月版，第39页。
② 同①：第426页。
③ 尸佼：《尸子》，〔清〕汪继培辑，黄曙辉注解，华东师范大学出版社2009年11月版，第37页。
④ https://www.quword.com/ciyuan/s/cosmos。（2022-09-08）
⑤ https://www.quword.com/ciyuan/s/universe。（2022-09-08）

宙本身认识宇宙，而是通过人类这个主体或宇宙的秩序属性来认识。

在科学介入之前，宇宙基本上是元宇宙性质的，也就是说人类关于宇宙的认识基本是在肉眼观察基础上的各种想象，比如神造宇宙、地心说、天圆地方、天庭、天神、阿波罗、牛郎织女等。人们普遍相信在地上世界之外还有一个天上的世界，并按照地上世界的景观建构起了天上世界——宇宙的景观。宇宙是一个既远又近、既近又远的，凡人不可到达的地方。

天文望远镜的发明和爱因斯坦广义相对论的提出让宇宙变成一种可观察、可证实的客观存在。而随着更加先进的天文望远镜、深空探测器等设备的发明并被送入太空，人类对宇宙的认识达到一种前所未有的"终极程度"——不仅对宇宙构成和规律的认识越来越清晰，还发现了宇宙起源的秘密，找到了宇宙的边界。天文学家们通过太空望远镜观察、对太空中的光传播速度和距离进行计算、分析宇宙背景红移现象等一系列手段，推测宇宙产生于 138 亿年前的一次大爆炸，2 亿年之后第一批恒星诞生，90 亿年后太阳系及地球诞生。人类可观测的宇宙直径达到 930 亿光年，其中银河系直径约 12 万光年，拥有 2000 亿—4000 亿颗恒星。2022 年 7 月 11 日，美国宣布最新发射升空的韦伯太空望远镜拍摄到距离地球 46 亿光年的星系团 SMACS 0723 的全彩色图像，研究认为该星系团的光是 130 亿年前发出，这意味着望远镜几乎发现了 138 亿年前宇宙的起点。

我们身处宇宙中的一粒"沙子"上，居然能探寻到宇宙的边界，找到宇宙诞生的奇点，这是多么伟大的发现！这些伟大的发现得益于各种航天飞行器、深空望远镜、声波探测器和广义相对论、数学模型、物理模型等大量的科学技术和科学知识，也得益于人类深不可测的想象、洞见。事实证明，没有人，宇宙不能被发现。尽管宇宙就存在于那里，但是存在的未必是肉眼可见的和可证实的，在浩渺的宇宙之中，人类的视力能观察到的只是非常微小的一部分，即使是仪器的"视力"，也只能"看到"有限的部分，那些"看到"的深空星体是对不同波长图像合成的，甚至是通过引力、红移等中介间接地计算出来的。至于宇宙中更大规模的物质，或者说占据70%以上的物质，是以暗物质和暗能量状态存在，任何仪器都观察不到它们，它们的存在完全是通过逻辑思维推断出来的。在一定意义上宇宙本身就是元宇宙，除了我们的生物感官能直接接触到的，宇宙的大部分内容、它们的本来面目需要通过人类发明的仪器、人类的想象来呈现。这些"本来面目"其实是加工之后的产物。宇宙本来是黑暗一片的，但在仪器中变得五颜六色、光彩夺目。

从某种程度上说，宇宙是人类用科学和意识建构起来的，而这一点和元宇宙是不谋而合的。鉴于此，我们甚至可以断言，一方面，人类存在于宇宙中，因此以人类为中心的元宇宙是整个宇宙的一部分；另一方面，宇宙的存在尽管属于客观存在，但是没有人，这种客观存在不能被发现和证实，因此宇宙反过来又是元宇宙的一部分。宇宙与元宇宙，正如物质与精神、存在与意识、现实世界与虚拟世界，相辅相成，相互耦合。没有宇宙，就没有元宇宙；没有元宇宙，宇宙的存在不可知和无意义。

元宇宙是人的产物，这意味着元宇宙的内容、结构、形式在很大程度上是思维的产物，即使不是凭空想象，那也是人对自己的感觉器官能够感知到的世界的复刻。然而，元宇宙和宇宙的耦合奇妙性就在这里，尽管宇宙的秩序有其自然性，且先在于元宇宙，但它的自然性里有很多现象居然能在元宇宙中找到"原型",或者说宇宙中的现象才是原型,而与其耦合的元宇宙中的现象才是化身。

传统的宇宙大爆炸理论曾经垄断关于宇宙诞生的学说,认为大爆炸开始于一个密度极大的等离子的瞬间暴涨,至于在此之前的时空状态则语焉不详。新的宇宙大爆炸理论认为在宇宙大爆炸之前,宇宙其实已经以一种暗物质和暗能量状态存在,并且形成一种"宇宙网",进而形成一种不断运动的涟漪。引力在丝状网络上不断发挥作用,把混沌状态下仅有的两种元素氢和氦聚集到一起。巨大的引力导致分子云开始坍缩,在密度最大的中心区域,分子云非常灼热,最后发生核聚变。大爆炸发生了,于是有了光,有了恒星,我们可观察的宇宙开始形成。这里需要注意的是,在宇宙诞生之初,已经存在一种宇宙网,这与元宇宙的形成多么相似。按照有的人的理解,元宇宙是互联网的终极形态,这种理解也许过于极端,但是不容置疑的一点是,没有互联网就没有元宇宙思维和元宇宙现实。互联网为元宇宙奠定了最基础的基础,它让人和人连接起来,让人和物连接起来,让物和物连接起来,让技术和思维连接起来,让技术和思维把一切连接起来,把人的世界——包括主观的世界和客观的世界连接成一个整体,并在各个连接点上不断地发生着物理的、化学的聚变。网络,一种神奇的存在!它不仅是元宇宙的起点,也是宇宙的起点。

虚拟现实本来是一种人类精神产物,是人类利用技术建构或重构的某种"现实",是元宇宙的初级认识阶段。这种现象却不可思议地先在于宇宙太空。1979年3月,美国天文学家在距离地球87亿光年之外的天区发现两个十分相似的星系,于是分别给它们取名"QSO 0957+561A"和"QSO 0957+561B"。经过观察、分析,天文学家们惊奇地发现这二者中其实只有一个是真的,另一个却是假的。这意味着一个是另一个的镜像或化身。当然,在人类观测到它们之前,"QSO 0957+561B"作为引力透镜或化身是不存在的,这正如薛定谔的猫,在盒子打开之前,猫是活的还是死的、猫在与不在,都是未知的。这是光的神奇性,也是视力参与其中的开创性。

让我们聚焦于一个更实际的问题。宇宙产生于 138 亿年之前,它的直径达到 930 亿光年,这些冰冷的数字意味着什么呢?根据计算,一光年约等于 9.46 万亿千米,以目前正在穿越太阳系的"旅行者一号"每秒 17 千米的速度计算,飞船需要约 1.8 万年—3 万年才能真正离开太阳系。根据探测,距离地球最近的太阳系外宜居行星可能是 4.2 光年外的比邻星 b,人类如果想移民至比邻星 b,乘坐现有的最快的飞行器,仍然需要 7.4 万年时间。这对于人类来说是一件千秋万代的事业,几乎是不可能完成的,或者是无意义的。这个事实告诉我们一个道理,除了月球、火星等太阳系内几个星球未来可能成为人类的登陆点,太阳系外其他岩质星球和人类几乎没有关系。按照德雷克方程,统计宇宙中恒星和行星数量,天文学家们计算出宇宙可能存在生命或文明的行星至少有 1000 个,但是这些星球与人类有何关系呢?几乎可以肯定地说,人类自己这一生物体将永远被禁锢在太阳系内。我们关于黑洞和宇宙边缘的事件视界仅仅是一种科学仪器的结果,无论确定与否,它们最终体现的是人类智慧的高度。宇宙在黑洞边缘和 930 亿光年之处戛然而止,在一定意义上展示了它的有限性,也就是说无论宇宙多大,我们的认识是有边际的;无论人类想象力多么伟大,我们能去的地方非常有限。在其边缘之外的一切都只存在于哲学之中——只是无法否定它不是虚无的,甚至不能存在于我们的科学思维之中。在一种宏大的"宇宙＋元宇宙"思维下思考宇宙问题，我们必须回到元宇宙中，只有这样我们才能真正地认识宇宙，接触宇宙。元宇宙不是简单的虚拟世界或虚拟现实，它是一种对宇宙的深度认识，是把宇宙变得可亲、可近、可感知、可触摸的新方式、新模式、新视野和新架构。

在向外的宇宙之外，我们还有一个向内的宇宙，那就是古希腊哲学家们曾经孜孜以求地探索过的物质的最小组成单位。这个问题和宇宙的边界、起源一样，是对客观世界的终极探索。在经过和气、水、火等具体实体的短暂纠缠之后，德谟克里特就提出了"原子说"，认为物质乃至宇宙是由一种被称为原子——最原初的微观物质所组成。1803年，英国科学家道尔顿继承德谟克里特思想，通过分析，计算出第一批原子量，并提出了现代原子论。1911年，英国物理学家卢瑟福提出"原子太阳系模型"理论，他发现原子由原子核和电子组成，而且带正电的原子核像太阳，带负电的电子像绕着太阳旋转的行星。这一理论的神奇之处在于它发现微观世界的原子核和电子之间构成一种宏观世界太阳系中太阳和行星的中心－边缘和引力关系。向外的宏观宇宙和向内的微观宇宙第一次在科学面前汇合了。

此后科学家们相继发现了质子、中子乃至夸克等更小的30多种基本粒子。但与此同时，一个令人烦恼的问题也接踵而至：物质世界可以无限分割吗？如果能无限分割的话，物质不是没有基本粒子了吗？反之，物质世界不可以无限分割吗？如果不可以无限分割的话，那基本粒子是由什么构成的？基本粒子没有结构吗？这个问题甚至被哲学界当作区分唯物主义和唯心主义的标准之一，熟悉那一段历史的人都知道"物质是无限可分的"经典论断。然而在20世纪

70年代,美国天文学教授布鲁斯提出一种物理理论,他认为组成万物的基本要素不是各种微观粒子,而是看不见摸不着的"弦"。"弦理论"自此诞生。这种理论并不费解,如果既不能说物质是可分的,又不能证明物质无限可分,那只能从中间路线寻找方案。本书作者之一曾在20世纪80年代思考过这一问题,在受困于两种选择都不可行情况下,提出物质的基质是一种既有形又无形、即存在又不存在、稍纵即逝的物质。给国内某理论报纸投稿之后,不知所终,未有回音。回顾个人的这一过往,不是为了证明作者的高明,而是为了说明,在没有现象的地方,还有逻辑,还有人类的思维。精神一样是撑起世界架构的力量之一。一个不能证实,但也不能证伪的"事实"是,宇宙中既然能有"QSO 0957+561B""镜像星系",那就不能排除另外一种相反的现象:当人类观察它的时候,它并不存在;而当人类不观察它的时候,它切切实实地在那里运动。就像宏观宇宙诞生之前的暗能量涟漪,我们观察不到,但它是迄今为止解释相关现象的最好"事实存在"。

总之,人类对于宇宙的探索几乎与人类的文明是同步的,没有宇宙探索不会有人类文明,对宇宙的探索不断丰富、完善着人类的认知水平,也不断增进人类与宇宙的共生关系。卡西尔说,人类对抽象空间的认识促成了人类独一无二的、系统的宇宙秩序概念,其实对宇宙秩序的认识也在深化人类对自己所处"人类空间"——认知范围内的宇宙的认识。元宇宙就是这个"人类空间"或"人类宇宙","元"就是"人类",其他"之后""超越""本原"等含义,在"人类"面前都相形见绌。更进一步地说,当宇宙被人类开始认识和发现的时候,宇宙本身就拥有了元宇宙的因素、属性。宇宙和元宇宙是"人类时空"

的两面，互为依存，不可或缺。

阿基米德有句名言："给我一个支点，我就能撬动地球。"其实，如果能找到支点，我们一样能撬动宇宙。今天，这个支点已经找到，那就是人类的精神力量和意志力量，宇宙正在以元宇宙的形态被撬动。

第二节

无限智力

其实,当我们向内探索宇宙秘密时,我们就直接启动了元宇宙的发动机——那个元宇宙的"元"点——我们人类以及人类天然的附属:思维、意识、精神。面向思维、意识和精神的探索基本已经形成某种共识,它要么和物质融为一体,要么孤独地、高高在上地成为世界的原点,但是最终还是要指向人的本体。本体才是一切的归宿,也是意义的起点,弄清楚本体才能解决一切有关思维、意识、精神的意义以及在它们和物质世界之间建立起畅通无阻的自由之路。

认知传播

人的精神性活动或思维性活动始于对外部世界、对自身及其属性的认知,继而是传播——对外的传播和对内的传播。元宇宙以及元宇宙传播的底层逻辑是思维逻辑,是认知逻辑。只有深刻认识了解认知的过程、功能、效果及其与各种因素的关系，才能了解掌握元宇宙的真谛和方向。

"认知"一词来自哲学、心理学等学科，"指人们认识活动的过程，即个体对感觉信号接收、检测、转换、简约、合成、编码、存储、提取、重建、概念形成、判断和问题解决的信息加工过程"[①]。认知不仅仅是一个认识论概念，也不仅仅是一个心理学概念，还是关涉人类学、语言学等学科的理论，更是关于神经科学和计算机科学的实践性知识。认知科学已然成为独立的学科。"认知科学"一词在20世纪七八十年代已经在美欧开始出现，此后逐渐成为一门学科。美国认知科学现状委员会于1978年10月1日递交斯隆基金会的报告中给认知科学下的定义是：关于智能实体与他们的环境相互作用的原理的研究，即发现心智的表征和计算能力以及它们在人脑中的结构和功能表示，外延上包含计算机科学、心理学、哲学、语言学、人类学、神经科学、神经心理学、心理语言学、心理学和控制论等。[②] 概括起来，认知科学有三个研究领域，"一是提取新信息及其关系；二是对所提取信息的可能来源实验、系统观察和对实验、观察结果的理论化；三是通过对初始数据的分析、假设提出、假设检验及对假设的接受或拒绝来实现认知。"[③]

随着学科间的交叉、融合，一种新的认知科学出现了，这就是认知传播学。站在传播学的角度，认知传播学是传播学的一部分，是传播学的分支，是一种新的传播学范式。根据权威定义，认知传播学

---

① 欧阳宏生等：《认知传播学》，科学出版社2020年3月版，第1页。
② 参考［德］艾卡特·席勒尔：《为认知科学撰写历史》，仕琦译，《国际社会科学杂志》（中文版）1989年第1期，第7-8页。
③ 同①：第25页。

"是认知和传播融合研究的理论系统,是研究人在传播活动中人脑和心智工作机制规律的学说,是人们运用认知科学成果,研究大众传播中传播主体、接受主体、传播内容、传播渠道、传播效果等发生发展规律的科学"[1]。认知传播学完全是对传播学理论和体系的重构,也就是把认知理论作为新的交叉学科的结合对象,从认知理论角度重新回顾传播历史,把传播历史看作一种认知历史;分析认知传播的功能、主体、客体(受众)、内容、过程和效果等,建立认知传播的主体框架;把认知传播和哲学、心理学、语言学、符号学和社会学等学科进行勾连,为认知传播开拓更大的空间。认知传播学的实践来源是认知科学以及神经科学,因此,"它试图从认知心理学和人工智能等角度出发研究人类的传播行为,使得传播学从工具理性、批判理性转向认知语言、认知逻辑的结构分析、符号操作及模型推理"。[2]站在"人"的高地和原点,"认知传播学是在认知科学的理论基础上,以认知本身为研究对象的'元研究'。"[3]这个结论振聋发聩,它触及认知的本质、传播的本质,还触及元宇宙的本质。所有冠之以"元"的问题,都是人的问题或关涉人的问题;反之,从人出发,以人为本,才能探知"元"的奥秘,才能建设"元"的世界。

认知传播学还有另外一套叙事逻辑,那就是强调认知神经,以神经科学为侧重点研究认知与传播之间的关系。相关的传播学被称作"认知神经传播学"。有人解释道:"认知神经传播学研究,旨在运用认知神经科学的研究范式、分析工具与技术设备,研究传播学学科领

---

[1] 欧阳宏生等:《认知传播学》,科学出版社2020年3月版,第3页。
[2] 同①:第26页。
[3] 同①:第27页。

域内的各种相关问题。一方面，认知神经传播学可以将传播学研究视野从用户意识层面扩展至潜意识层面，从短期、中期与长期效果扩展至瞬时效果；另一方面，认知神经传播学亦可深化认知神经科学在传播领域内的研究体系，最终成为传播学领域新的细分学科，成为当下和未来传播学学科体系新的增长点。"① 通俗一些讲就是，认知神经传播学"将传播研究扩展到人类认知过程，从根源上探讨传播的路径与效果……将研究视野从原有通过问卷和访谈获取的受众意识层面，扩展到无法自我觉知和报告的潜意识层面，在效果研究角度，可将原有的短期、中期与长期效果扩展至接收媒介信息当时当刻的瞬时效果。"② 认知神经传播学挑明了自己的传播效果研究旨趣，并强调其之所以向认知主义的范式转移，是因为传统的行为主义之下的问卷调查法、行为实验法、观察法等方法存在难以克服的缺点，比如无法获取被调查对象最真实的行为与心理反应、指标单一、难以分离具体认知过程等。

其实，认知传播学和认知神经传播学并没有本质区别，前者搭建起一个很宏大的理论框架，对于搭建元宇宙传播学是有启发意义的；后者侧重于用技术手段解决行为主义传播效果研究方法的不足，也就是在"'离人类感知最近'的瞬时传播阶段，测量人的传播行为和传播效果之间的关系"③，而这直接链接上了元宇宙"向内"的探索。

---

① 喻国明：《认知神经传播学：范式创新与研究框架》，《浙江传媒学院学报》2018年第1期，第9页。
② 徐霄扬等：《传播学研究的认知神经科学路径》，《汕头大学学报》（人文社会科学版）2021年第1期，第79页。
③ 杨雅：《离人类感知最近的传播：认知神经传播学研究的范式、对象与技术逻辑》，《新闻与写作》2021年第9期，第23页。

总之，认知传播学带来几大启示。启示之一是传播学要"回归"到人，回归到人的精神、意识和思想。"对于以人为主体的信息传播活动的研究，从实质上讲是围绕传播主体和接受主体两大主体的研究，根本而言就是对于人的研究。"[①] 传播本身就是人的传播，如果脱离了人，传播则无意义。哲学上的物质也如此，客观世界的宇宙也如此，脱离了人，都是无意义的。元宇宙就是要解决人与宇宙的关系问题，要重构人与宇宙的关系。不上升到这个高度，元宇宙一词名不副实。启示之二是人的精神、意识来自客观存在，更来自"人"这个客观存在。精神、意识、思想和认知活动都是人脑这个客观存在与人脑之外的客观存在结合的产物。传播学的精神渊薮最终要指向人的大脑，有关研究和探索必然走向"向内的宇宙空间"，这个空间就是元宇宙的原点——人及其大脑。人类从16世纪就开始相继发现了人脑中脑桥、松果体、大脑和小脑等不同的组织，提出了血脑屏障、条件反射、精神分裂等概念，掌握了神经元膜机制、神经递质理论、视觉系统理论、神经细胞生长调控等理论，这一系列的成果为人类认识自己的大脑、自己的认知原点提供了现实基础。认知传播学也罢，元宇宙也罢，从一开始就站在了一个非常坚实的科学基础之上。启示之三是除了神经科学理论这个现实基础之外，脑科学技术、神经科学技术及其仪器设备的发明制造也是认知科学和认知传播学的现实基础之一，当然也是元宇宙的现实基础之一。认知科学诞生于20世纪70—80年代，而作为对人脑计算能力的模拟，电脑则在20世纪30年代就发明了，从时间上就为认知科学做好了技术准备。20世纪以来，人类陆续发明了脑室造影、电镜、多道脑电图扫描、核磁共振、事件

[①] 欧阳宏生等：《认知传播学》，科学出版社2020年3月版，第30页。

第二章　元宇宙现实基础

相关电位、眼动仪等技术及仪器设备，用这些设备测量电波和神经反应之间的关系，比如通过脑电波的高时间分辨率，测量认知反应的时间信息；用功能性磁共振成像和事件相关电位仪器探测通过视觉、听觉、体感等发生的刺激事件在大脑中引起的相应脑区活动。技术及机器成为打开人脑宇宙以及元宇宙的最后一把密钥。

尽管如此，如果细致地分析的话，我们就会发现，现有的认知科学和认知传播学研究的是距离大脑最近的媒介对大脑刺激以后大脑的瞬时反应，确实还只是一种传播效果研究。但传播效果并不是传播的全部。把认知科学和认知传播学发挥到极致，使其体现"元传播"的特点，才符合元宇宙的终极精神。因此，如果希望认知科学和认知传播学把我们带入元宇宙，至少还有两个环节需要弥补上来，才能形成元宇宙在认知领域的闭环。第一个是认知科学技术要让信息直达人类大脑。人类感知世界的方式是通过视觉、听觉、嗅觉、味觉、触觉等感觉系统接收信息，再通过神经系统把信息传输到不同感官各自对应的某个神经元，然后形成不同维度的图像、符号等与外部景观对应的虚拟景观——从某种意义上说，我们感觉器官感知的景观都是大脑重构后的景观，没有大脑，客观世界的景观就是薛定谔的猫。那么，技术和机器能不能帮助人类跳过各个感觉器官直接把信息送入大脑的中枢神经，以及各个相关的神经元？这可能是一种异想天开，但是考虑到还有大量的视觉智障、听觉智障、意识模糊的人群，这种设想就是有意义的。而且这样的信息接收才是元宇宙终极意义上的模式，更何况它对健康人、普通人来说也未必是无意义的，比如我们可以同时调用处于休息状态的其他神经元，或在睡眠状态进行工作，以提高工作效率。第二个是人类能否用意识、意念向机器下达指令？我们一般要通过眼睛、口舌、表情、手、脚等身体器官或身体动作发送信息或进行信息反馈，但如果在以上感官受限的某些情况下，能否通过信息的原点——大脑直接向外界发送信息或反馈信息？理论上是可以的，而且也有必要性。按照元宇宙逻辑，只有做到这一点，才算是做到了"元传播"。

在技术呈指数级增长和提高的当代，这样的技术指日可待。

人机交互

人机交互是让人的大脑成为终极媒介的技术手段，而要探讨人机交互话题，首先就触及人工智能（AI）概念。

"人工智能是计算机科学的一部分，它主要研究并开发与'智能推理系统'的设计和构建相关的理论、算法和方法论。"[1] 这一术语1956年首次出现于美国新罕布什尔州达特茅斯学院的一次会议上。会议关于AI的讨论内容包括：

- 研发具备模仿人类大脑之充足能力的自动计算机；
- 设计基于人类大脑架构的人工神经网络；
- ……设计能够使用人类语言的计算机编程；
- 让计算机玩各种棋类游戏；
- 计算机能否有能力学习概念、形成抽象、提高自身性能、生成规划、处理随机性事件、变得更有创造力。

---

[1] [美]詹姆斯·亨德勒等：《社会机器：即将到来的人工智能、社会网络与人类的碰撞》，王晓等译，机械工业出版社2018年5月版，第8页。

另一种说法认为"二战"期间帮助英国政府破译德国电报密码的艾伦·图灵才是最早将电脑应用理论运用到人工智能领域的领军者，理由是图灵 1950 年发表了论文《计算机器与智能》，提出未来 50 年内高级计算机的研发程序应完成棋局对弈、进行决策、理解自然语言、翻译、定理证明、加密与解密等功能。结果 20 世纪 60 年代这些设想就基本都实现了。

早期 AI 研究基本是按照两种主张展开的。一种是主张 AI 程序能模仿人类解决问题；另一种是主张计算机方法和算法不用复制人类的认知机制，成为能够使用反馈适应环境的自组织系统。不管怎么样，人工智能被看作认知技术的延伸，或者计算技术的延伸，再或者可以直接替换为"认知计算技术"，因为"人工智能系统是由研究者构建的试图模拟人类大脑推理方式来解决问题的计算机系统"①。那么，解决什么问题呢？按照亨德勒的观点，人工智能要在机器与人、机器与环境、人与环境的交互中通过"概念形成"（concept formation）、"模式识别"（pattern recognition）、"知识获取"（knowledge acquisition）和"深度学习"（deep learning）等方法，让人工智能设备理解人类的语言、理解人类所生活的世界、理解它自己所感知到的世界，建立一套模拟系统、过程系统、学习系统和自组织系统，帮助人类扩展能力，如帮助人类解决问题，提高记忆力，提供个人助理、个性化支持、更人性化和自然的界面等。

进入 20 世纪 80 年代以来，人工智能在技术、商业各个方面都取得了惊人的进步。科学家们开始设计发明模拟人脑神经元的运算方

---

① ［美］詹姆斯·亨德勒等：《社会机器：即将到来的人工智能、社会网络与人类的碰撞》，王晓等译，机械工业出版社 2018 年 5 月版，第 23 页。

式——神经网络，由此延伸出文字识别系统、语音识别系统和人脸识别系统。如今这些技术都已经非常成熟并成为计算机和手机的标配，进而应用到各行各业。神经网络之后出现的是进化算法（或遗传算法），这种算法的效果远高于神经网络，可以轻易地解决更加复杂的问题，应用范围为从金融投资决策到工业生产优化，从消费习惯分析到广告精准推送，从人脸识别到移动地址定位等。

人类在快速地了解自己大脑，也在快速地帮助人工智能模拟、复制自己的大脑。人类大脑中约有1000亿个神经元，每个神经元及其周边细胞之间大约有1000个连接，总计有100万亿个连接。我们的感官对信号的接收、传输、编码、解码、成像等过程就发生在100万亿个连接之中，认知神经技术要在这些连接中破解信息传播的节点与节点之间的关系，而人工智能则是要完成大约 2×10^{16} 次神经连接计算，这一速度和人脑相当，然后复制这些神经元和连接。这是一项多么伟大的工程！关键是人工智能的计算能力还在以指数级程度增长，预计到2030年，个人计算机的算力将相当于一个小村子里所有人的脑力，2048年将相当于全美国人的脑力总和，2060年将相当于一万亿人的脑力之和。人类的大脑本来就高深莫测，但人类将研制一种远远超越自己的机器大脑——人工智能。我们一步步开发出光子计算、量子计算，加快、加大人工智能的计算能力。与此同时，我们也在加快人类大脑逆向工程，"正如利用计算能力来模拟人类大脑那样，我们正在努力加快利用超级计算机扫描和模拟人类大脑意识，并建立可行的模型。"[①] 我们还将制造出真正的视觉芯片，将神经元组织复制到

[①] [美] Ray Kurzweil:《奇点临近：人类超越生物》，李庆诚等译，机械工业出版社2014年8月版，第117页。

硅基生命。最后通过扫描大脑，绘制出大脑组织的具体位置、相互之间的连接以及体细胞的成分、突触等部分，把大脑复制到神经计算机或另外一个人工智能的大脑，然后把自己的思维下载到计算机或化身大脑——"上传大脑"（雷·库兹韦尔语）。这是一种深度人机交互。人机交互可以采用可植入芯片，也可以导入特制计算机，还可以完全复制一个大脑。我们和机器的关系将是，或者计算机嵌入我们，或者我们嵌入计算机。人将变成为软件，人的身份将由软件来决定，而不是由硬件（即躯体）来决定。我们的硬件将会消亡，但是我们的软件将不朽。无论在哪个方向上，未来都将进一步体现人类智慧的无限性，而这恰恰是元宇宙的本质。

有人对元宇宙进行了若干预测，其中之一就是将会出现一个元宇宙"超级智能"。"元宇宙大爆炸会引发高质量数据膨胀，自然孕育了训练和推动 AI 进步的优越外部环境，AI 向人脑进化的奇点时刻正在加速到来……主要原因是元宇宙交互效率更高，数据产生质量和数量都有提高，也就带给 AI 更好的进化环境。"[①] 即使不是奇点，AI 在元宇宙时代也面临着一个重大节点，这个节点即元宇宙数据提高的结果，也是其自身快速进化的结果，它与元宇宙形成一种共生共制的关系。AI 与元宇宙的这种关系，也是我们人类与元宇宙的关系。

库兹韦尔把宇宙的进化分为 6 个纪元：物理与化学、生物与 DNA（脱氧核糖核酸）、大脑、技术、人类智能与人类技术的结合、宇宙觉醒。[②] 其中第五纪元"人类智能与人类技术的结合"强调的就

[①] 周掌柜：《元宇宙大爆炸：产业元宇宙的全球洞察与战略落地》，机械工业出版社 2022 年 4 月版，第 193 页。
[②] ［美］Ray Kurzweil：《奇点临近：人类超越生物》，李庆诚等译，机械工业出版社 2014 年 8 月版，第 5-9 页。

是人与技术或机器的结合,也就是人机交互。人机交互在人工智能时代有多种形式,可以是高度智能的计算机和机器人,也可以是逆向的芯片植入、脑机连接。所有这些交互方式都是为了提高我们人类认识宇宙、探索宇宙的能力。也可以说这些技术及其设备,还有在它们之上形成的新的界面、景观、生态,包括体验过程等,共同形成了元宇宙新的媒介域——元宇宙域。新的媒介和新的媒介域为人类打开了新的天地、新的宇宙观,也包括新的媒介观。

著名传播学者麦克卢汉曾经提出过一组概念:热媒介和冷媒介。这一组概念自始至终都受到了各方的批判,就连媒介环境学派自己的学者们也都对此不以为然。麦克卢汉认为,"热媒介只延伸一种感觉,具有'高清晰度'……热媒介要求的参与度低;冷媒介要求的参与度高,要求接受者完成的信息多。"[1] 由此,他认为收音机和电话相比,收音机是热媒介,电话是冷媒介;电影和电视相比,电影是热媒介,电视是冷媒介。可是无论他如何解释,热媒介和冷媒介概念依然让人如坠云雾。当我们在进入元宇宙之际,面对人机交互,似乎这一组概念终于焕发了活力。我们可以设想,当认知神经技术手段"点亮"我们的神经元、眼球、肢体末端时,哪一种媒介能够更快地、有效地"点亮"我们,是不是就可以将它看作"热媒介",而那些对我们刺激迟缓或者是对我们的意念感应太慢的媒介,不正是那些"冷媒介"吗?当然,我们由此也可以创造出"热信息"和"冷信息"之类的概念,我们的大脑可能对"热信息"和"冷信息"更加欢迎或敏感。麦克卢汉的概念一直备受争议,不是因为那些概念

---

[1] [加]马歇尔·麦克卢汉:《理解媒介:论人的延伸(增订评注本)》,何道宽译,译林出版社2011年7月版,第36页。

有问题,而是它们出现得太早,在元宇宙的人机交互机制下,它们"生逢其时"。

梦想情节

元宇宙一定意义上体现了人类追逐梦想的执着,这种执着的力量来自人类大脑受日常生活各种因素的刺激、对现实世界的不舍、某种心理和生理上的欲望,还来自认识论中现实的不完满、对虚幻世界的向往、意识和存在的不完全贯通性、现实世界与虚拟世界之间天然的铁幕、宇宙与元宇宙的错位。

中国古人说"日有所思,夜有所梦",是说白天想什么,夜晚就会梦什么。其实,这里的"思"应该改为"见",日有所见,夜有所梦。见过的景物才会在大脑深处留下底片,睡梦中也许会出现没有"见过"的人、景物,这其实是平常或曾经见过的人或景物的变身,或者是自己所熟悉的人和物与其他人和物的身份堆叠、外形重叠或元素重组。本书作者之一曾在多年以前做过一个实验,每天醒来(有时是在睡眠中出现梦境后迅速醒来),把梦境记录下来,以类似于日记的"梦记"保存下来。这个过程持续一年多,后来因为这样做梦记导致大脑过度劳累而终止。梦记内容能够清晰地表明,所有的梦境都来自日常曾进入自己视线的人、景物。比如梦境中会经常出现踢足球场景,包括各种阵容、过人动作和进球,这是因为作者本人喜欢足球运动,经常参与足球运动的缘故。梦境中也会出现被日本侵略者追逐的噩梦,这来自幼小时经常看过的电影。这些梦境会因为"梦记"而被加强在大脑中的印象和记忆,从而也会经常反复出现。从这个意义上说,白天反复思考或出现在头脑中的人或物，更容易进入梦境，因此说"日有所思，夜有所梦"也没有错。

其实西方也有很多人承认梦是白天的经验，精神分析大师弗洛伊德在他的著作中有这方面记录。有人认为"梦是清醒生活的继续。我们的梦总是与我们最近意识中的观念密不可分"①，有的人认为"我们的梦实为我们之所见、所说、所欲与所为。"②古代波斯人有和中国古人同样的说法：日有所思则夜有所梦。弗洛伊德自己也认为，"构成梦内容的全部材料或多或少来自体验。"③

但是，不能否认的是梦境虽然来自现实的体验，但它和现实并不完全一致、吻合。因此在客观现象派之外，还有其他的理解，比如梦是神灵的启示，梦的来源无从寻觅，梦是身体受刺激的反映，等等。这些解释有的是无稽之谈，有的确实解构了梦境的一部分。梦也不仅是一种睡眠状态的自然现象，人们还可以通过特殊的技术手段让人进入梦乡。梦境和现实构成了又一组耦合关系，就像意识和存在、虚拟世界和现实世界、元宇宙和宇宙一样，清醒状态的体验可以看作一种客观实在，梦境则是一种地地道道的思维活动、一种无意识的大脑运动。正如弗洛伊德所说，"清醒状态的特征是思想活动以概念而不是以意象表现出来，梦则主要是以意象进行思维"。④

"梦虽不是全部却也是以压倒优势的视觉意象进行思维的。"⑤弗洛伊德的判断估计每个人都能接受，我们每个人都做梦，我们的梦几乎都以视觉意象或景观形象呈现。所以弗洛伊德不仅用"视觉"一词

---

①② [奥]弗洛伊德：《释梦》，孙名之译，商务印书馆1996年12月版，第7页。
③ 同①：第10页。
④⑤ 同①：第46页。

来表现梦境的立体化，也用"景象"一词表现梦境的客观性："一种思想、而且照例是表明某种欲望的思想，在梦中被客体化了，表现为一种景象，而且好像是我们亲身体验到的景象。"① 在这一点上，梦境和影视，和虚拟现实景观建立了牢固的同类关系。我们似乎可以把做梦的过程看作把自己置身于一部虚拟现实的电影中，这两个"我"都沉浸于一个第一人称的世界中，面前都有源源不断的环境、人物、场景等的景观呈现，而且都以故事的叙事模式展开。只不过电影的情节是有条理的、有逻辑的，而梦境则是碎片化的、零散的、没有条理和逻辑的。看起来梦境和 VR 电影的差异大于相同。二者却有一个有趣的共同点，那就是都对时间进行了浓缩。一部电影时长一般为 90—120 分钟，最长 150 分钟，片长太长观众会感到疲劳，体验感就会变差。我们晚上的睡眠时间一般在 6—8 个小时，爱做梦的人常常会觉得一整宿都在做梦，然而如果让做梦者醒后回顾梦境，几乎没有一个做梦者能把自己的梦境恢复到 6—8 小时的时长，我们自己都会惊奇：做了一晚上的梦为何只能回忆起这么一点内容？这极可能意味着在我们从梦境中走出那一刻起，我们的大脑对自己的梦境进行了浓缩，以便于我们回忆，也帮助我们摆脱再一次陷入大脑疲劳。

梦似乎更像是大脑深处的"记忆过旺"（弗洛伊德语）机制的一次次午夜盛会，平常大量的记忆在人们的大脑深处保持沉寂状态，只有当夜幕降临之时，它们才会被激活，于是开始一场无意识的、拼图般的舞台剧。这颇像元宇宙，平常它就在那里，它里面的海量的信息、景观等在用户进入之前，对用户来说都在那里沉寂无声，一旦用户进

---

① ［奥］弗洛伊德：《释梦》，孙名之译，商务印书馆 1996 年 12 月版，第 535 页。

入，元宇宙所有的信息、景观都被调动起来，也都活跃起来。

在人机接口高度具身性的条件下，每一个个体用户自己就是进入元宇宙的界面——"大脑即屏幕"[①]，而在这个界面背后，梦与醒、我与他的边界将深度模糊。事实上，庄子在上古时期就对人体本身与化身的关系产生了困惑。"昔者庄周梦为胡蝶，栩栩然胡蝶也，自喻适志与，不知周也。俄然觉，则蘧蘧然周也。不知周之梦为胡蝶与，胡蝶之梦为周与？周与胡蝶，则必有分矣。此之谓物化。"[②] 庄周梦蝶不是呓语，不是文学，在元宇宙中它将不断地挑战我们自己的身份，挑战我们的意象。当然随之而来的问题是如何准确地判断本体和客体的关系，有关内容我们将在后面的哲学部分进行分析。古希腊哲学家赫拉克利特说："清醒的人们有一个共同的世界，可是在睡梦中人们却离开这个共同的世界，各自走进自己的世界。"[③] 在元宇宙中，我们一样会不断地位移，此时进入"共同的世界"，彼时进入"自己的世界"；此时在真实世界，彼时在梦境（虚拟世界）。我们进而会不断地变身，一会儿是自己，一会儿是化身；一会儿是主体，一会儿是客体。

弗洛伊德认为梦是有意义的，因此可以解释。"梦总有一种意义，即使是一种隐意；做梦是为了代替某种其他思想过程，只有正确地揭示出这个代替物，才能发现梦的隐意。"[④] 今天，梦的意义不仅在于梦自身的过程、内容、景观和隐意等，还在于它是元宇宙的预演，甚至

[①] 《德勒兹：大脑即屏幕》，欧陆思想联萌，2021-03-12（2022-09-08），http://www.360doc6.net/wxarticlenew/966606930.html。
[②] 庄周：《庄子》，民主与建设出版社 2018 年 9 月版，第 44-45 页。
[③] 北京大学哲学系外国哲学史教研室：《西方哲学原著选读》，商务印书馆 1981 年 6 月版，第 25 页。
[④] [奥] 弗洛伊德：《释梦》，孙名之译，商务印书馆 1996 年 12 月版，第 92 页。

成为元宇宙的组成部分。也可以说,梦境本身就是一个特殊的元宇宙。在元宇宙中,意识和存在完全贯通,现实世界和虚拟世界(包括梦境)的铁幕被穿透,宇宙与元宇宙重新找准坐标。

追逐梦想是人类的本能。在现实世界基础上构建一个超越现实世界的更加美好的世界,是人类的梦想,也是人类的本能。这也是元宇宙的本质之一。

第三节
媒介技术

这里首先要厘清一个问题。技术的基因是什么？也就是说人类社会为何会有技术？技术为何会不断进化？进化的原动力是什么？

美国当代著名经济学家和技术思想家布莱恩·阿瑟认为，"现象是技术赖以产生的必不可少的源泉。技术要达到某个目的，总是需要依赖于某种可被开发或利用的自然现象。无论是简单还是复杂的技术，它们都应用了某一种或几种现象。"[1] 也就是说，现象是技术发展、创新的基因。他强调："所有的技术，无论是多么简单或者多么复杂，实际上都是在应用了一种或几种现象之后乔装打扮出来的。"[2] 另一位大师级人物，被誉为发明家、思想家和未来学家的雷·库兹韦尔则认为，"技术进化过程中的'基因密码'就是由会制作工具的

---

[1] [美]布莱恩·阿瑟：《技术的本质：技术是什么，它是如何进化的》，曹东溟等译，浙江人民出版社2014年4月版，第48页。
[2] 同[1]：第49页。

物种所做的记录……有关早期工具的书面记录也是那些工具自身的构造。后来,技术进化的'基因'又演变成书面语言记录,如今,它们通常被储存在计算机数据库中。"① 库兹韦尔把记录作为技术进化的基因或动力。

二人的认识似乎都有道理。每一种技术确实都会有所表现,这种表现就是现象。每一种技术都需要记录下来,这样才会在旧技术的基础上寻找新的突破,推动技术的创新、进化。然后仔细推敲,就会觉得二人的认识都很牵强。每一种技术是有现象,每一种技术也需要记录,但是技术还有很多其他的特征,比如原理、结构、用途,难道这些特征不比现象和记录更有决定性意义?很显然,他们没有抓住实质。

技术的基因其实就是技术的本质。而技术的本质就在阿瑟自己关于的技术的定义之中。他认为技术有三个定义,其中之一是"技术是实现人的目的的一种手段"②。对,就是手段。人类为何要发明技术?因为我们要解决问题,要用一种更省事、更合理、更舒适的方法和手段解决问题。为了砸开坚果,我们的祖先懂得了用石头(现在非洲森林里我们的近亲们还在用此手段),后来石头延伸为棒子、锤子;为了捕获猎物,我们的祖先懂得了制作矛枪,矛枪又延伸出各种枪炮;为了遮风避雨,我们的祖先学会了建筑房屋,以后又延伸至建城池、高楼大厦,各种基础设施;为了填饱更多人的肚子,我们的祖先掌握了农业种植以及各种农业工具的使用,它们在漫长岁月里又延伸至播

---

① [美]雷·库兹韦尔:《机器之心》,胡晓姣等译,中信出版集团 2016 年 4 月版,第 11 页。
② [美]布莱恩·阿瑟:《技术的本质:技术是什么,它是如何进化的》,曹东溟等译,浙江人民出版社 2014 年 4 月版,第 26 页。

种机、收割机、脱谷机。诸如此类，莫不如此。

在媒介方面，亦如此。为了加强联系、沟通和合作，人类发明了语言；为了把思想、事件、收成、战果记录下来，人类发明了文字，并在不同时期寻找到了合适的载体——泥板、石碑、纸莎草、竹板、纸张，为了进一步省却劳顿，提高效率，发明了印刷术；为了把远方的合作伙伴、亲戚、朋友快速联系起来而又省却旅途劳累，人类发明了电报、电话；为了让报纸杂志里的"景观"可听、可见，人类发明了广播、电视。新的技术出现后，新的问题产生了，有了广播和电视，但是广播、电视之前的受众是分散的、被动的，能不能改变这种状况？人类利用了已经因为别的需求而发明的互联网，然后能够看视频、听音乐，还能互动的电脑诞生了；再之后打电话的功能加入进来，社会交往的功能加入进来，商业交易的功能加入进来，一直到今天，形成新的媒介生态。哪一种技术的发明、创新和迭代不是因为需要？事实上技术的发展、进化也有其自觉性，也就是说任何一种技术都是开放的，它可以向不同的方向发展，也可以创新、进化出更多的新技术、新产品。但是在技术进化的历史长河中，那些没有用的、不适合人需求的、无功利目的的发明创造最后都退出了历史舞台。德国媒体学者西格弗里德·齐林斯基的《媒体考古学：探索视听技术的深层时间》试图"要去追寻媒体发展中那些迄今为止不可见的或者已经被遗忘的层次和事件"[1]，这说明，在媒介发展的历史征程上，技术一路走，一路撒，出于各种原因，大量发明、创新的技术并没有跟上时代或技术域（阿瑟语，即技术集群）的步伐，有的被遗忘了，有的

---

[1] ［德］西格弗里德·齐林斯基：《媒体考古学：探索视听技术的深层时间》，荣震华译，商务印书馆2006年10月版，第11页。

被抛弃了。但有一点是可以肯定的，那就是那些被遗忘的、被抛弃的技术，一定是可有可无的。如果它们是必须的，即使在上一个关系时间（relational time）[1]内被遗失了，在下一个关系时间内仍然会被找回，因为它们是一种解决问题的手段。

元宇宙能够构建起来得益于各种技术包括媒介技术的支撑。

业界比较权威的观点之一认为元宇宙有6大技术支柱，简称BIGANT（"大蚂蚁"），包括：区块链技术（blockchain）、交互技术（interactivity）、电子游戏技术（game）、人工智能技术（AI intelligence）、网络及运算技术（network）、物联网技术（internet of things）。[2] 这6大技术支撑的元宇宙其实是狭义的元宇宙，然而正是狭义的元宇宙才是我们进入元宇宙最真实、清晰、坚实的进路。

区块链技术

按照大多数人的观点，区块链是元宇宙最重要的基础。

2008年10月31日，一个名为"中本聪"的网民在网上发表《比特币：一种点对点的电子现金系统》文章，描述了一个基于P2P（对等网络）、加密、区块链等技术的点对点电子现金支付系统。比特币和区块链概念由此出现。比特币被看作第一种区块链技术。2009年1月3日，中本聪在位于芬兰首都赫尔辛基的服务器上生成了序号为

---

[1] ［美］布莱恩·阿瑟:《技术的本质：技术是什么，它是如何进化的》，曹东溟等译，浙江人民出版社2014年4月版，第177页。该词意为如果结构保持不变，则时间是静止的；如果结构变化，则开始标注时间，此时间就是关系时间，相当于人们常说的某一历史阶段或历史时期。

[2] 邢杰等:《元宇宙通证：通向未来的护照》，中译出版社2021年8月版，第69—72页。

"0"的第一个比特币区块,被称为"创世区块"(genesis block,指区块链的第一个区块,用于初始化加密货币系统)。当月 9 日,序号为"1"的区块生成,并于创世区块连接,形成了第一条链,区块链正式诞生。

"国际标准化组织(ISO)给出了区块链的定义:使用密码技术将共识确认的区块按照顺序追加形成的分布式账本。"[1]区块是"一组交易的集合,标上了时间戳,并包含前个区块的指纹。区块头经过哈希(指二进制输入的一种数字指纹)计算生成工作量证明,从而验证所有交易的有效性。经过验证的区块将通过网络共识添加到主区块链中"[2]。通俗一点讲,区块链指"有效区块的列表,每个区块均指向其前序区块,直到创世区块"[3]。再通俗一点讲,"可以把区块链理解为一串包含交易信息的数据块按照时间顺序有序连接组成的链表结构。"[4]

区块链具有 5 个方面的特征。(1)去中心化:区块链通过分布式结算和存储的方式运行,不依赖任何第三方管理机构,所有节点有均等的权利和义务,能够实现信息的自我验证、传输和管理。(2)开放性:区块链是一个公开透明的系统,交易各方都可以通过公开入口查询其中的数据和变更历史记录。(3)自治性:区块链基于协议运行,按照协议约定内容,区块链自动执行各项程序。(4)信息不可篡改:区块链信息不可篡改,但可追溯,一旦交易完成,信息被验证通过后

---

[1] 颜拥等:《从能源互联网到能源区块链:基本概念与研究框架》,《电力系统自动化》2022 年第 2 期,第 2 页。
[2] [美]安德烈亚斯·安东诺普洛斯:《区块链:通往资产数字化之路》,林华等译,中信出版集团 2018 年 4 月版,"前言"第 27-28 页。
[3] 同②:"前言"第 28 页。
[4] a15a:《一本书读懂 Web3.0:区块链、NFT、元宇宙和 DAO》,电子工业出版社 2022 年 5 月版,第 39 页。

就会被永久保存。(5)匿名性：区块链上各交易方拥有一个用数字和字母组成的唯一地址作为交易者身份，所有的身份信息都匿名，个人信息不会泄露。

可见，区块链是元宇宙的底层技术，它的去中心化可以减少中介环节，提高交互、交易的效率；它的不可篡改性、匿名性保护了用户的隐私，也保护了系统的安全；它的开放性和自治性提高了元宇宙的透明度和灵活性，提高了各种腐败、犯罪的门槛，保障元宇宙自组织系统能够自我纠错、自我完善，良性发展和进化。

交互技术

交互技术就是人机交互技术，即通过某种界面实现人与机器的连接，人与界面背后的景观、虚拟世界、元宇宙的连接。交互技术包含输出和输入两方面的技术，从设备方面看，输出和输入是重合的，即设备既能输出信息同时又能输入信息，否则信息传播将被割裂。这些技术设备包括头戴式显示器、微型摄像头、位置传感器、力量传感器、速度传感器、全息式界面、几大感官和神经系统直接输入和输出信号的接口（脑机接口）、植入芯片等。

交互技术首先是作为区分人的视觉系统和外部信息之间区隔的界面（interface）——显示器、书籍等信息呈现设备而出现。最早的显示器是文字的载体。电子时代的界面经历了电视屏幕—电脑—手机的变迁，而元宇宙第一代交互技术的代表是头戴式显示器，包括VR、AR、MR（混合现实）等XR。库兹韦尔预测到2029年时，显示器像隐形眼镜一样已经被植入眼部，人们可以选择永久或拆卸两种形式的植入。图像被直接投影至视网膜上，直接呈现高分辨率的 3D 真实景观。植入型显示器还可具备拍照功能，能捕捉视觉图像，兼具输入和输出两种功能。此外，如果不喜欢在身体中植入一种异物的话，可能也会最大程度地发挥 3D 全息投影技术，建立一种不依托平面显示器、又能提供 3D 感知的传播场景。

作为元宇宙的技术爆点，虚拟现实技术也是元宇宙产业的首要参考坐标。1952 年，美国摄影师莫顿·海利格发明了世界上第一台虚拟现实设备，起名为 Sensorama。该设备是一台大型机器，类似于 20 世纪 70 年代照相馆还在使用的大型照相机，只不过镜像在屏幕上生成，而不是像照相机通过外部镜头的透射成像。这个大家伙拥有固定的屏幕、3D 立体声、3D 显示屏、震动座椅、模拟吹风系统和气味生成器。1968 年，美国计算机科学家伊凡·苏泽兰特发明了最早的头戴式 VR 设备。这一新的设备最大的变化是把界面从固定的屏幕变换成了一个头盔，还和计算机完成连接。但头盔非常沉重，需要使用吊机才能将其吊在使用者的头顶，显然不利于市场推广。1980 年 3D 眼镜诞生。1984 年"虚拟现实"概念诞生。2010 年成熟的 VR 头盔 Oculus Rift 出厂。2014 年 Facebook 用巨资 30 亿美元收购 Oculus，成为 VR 产业的爆发点，此后索尼、谷歌、三星、苹果等企业纷纷推出自己的 VR 产品，国内也先后出现了很多类似产品的品牌如暴风、大朋、蚁视等。2016 年成为 VR 元年。经过几年的发展，VR 产业经历了市场的洗礼。因找不到真正的应用场景，且技术尚处于初级阶段，VR 产业一度陷入沉寂。然而，随着 2021 年元宇宙元年的到来，VR 重新火起来了，它将重新接受市场、时代的检验。

虚拟现实设备经过多年发展，已不再局限于 VR 一种，还包括

AR（augmented reality，增强现实）、MR（mixed reality，混合现实）和 XR（extended reality，扩展现实）。VR 让人们感受虚拟世界，AR 在现实世界中增加虚拟物体和景观，MR 在虚拟世界中增加现实物体和景观，XR 是虚拟世界和现实世界，或是虚拟景观和现实景观的进一步融合。2021 年除了发生 Roblox 在纽交所上市这一历史性事件之外，发生的另外一件大事是 Oculus 出货量达到 1000 万台。这是个不小的成绩，对 VR 产品市场增长来说是一个标志性的事件，会刺激该产品对更大市场规模努力。市场规模与技术成熟度是成正比的，在 VR 设备市场规模不断增长的情况下，其技术在分辨力、帧缓存、3D 渲染、佩戴舒适性和体感等各方面也在不断完善改进，并逐渐向智能终端、脑机接口方向迈进。在应用方面，除游戏、娱乐之外，虚拟现实产品现在已经广泛应用于航空航天、军事、教育、汽车、零售、旅游、体育、医疗、房地产等行业，不久的将来，特别是在元宇宙的助推之下，将向全行业、全领域进军。

与视觉装置一起进化的还有听觉装置、触觉装置、嗅觉装置以及神经植入技术。在听觉方面，为听力障碍者设计的耳蜗植入器也将普及。它不像现在的耳机，戴上以后会有异物感，而是使佩戴者完全沉浸，它能和耳朵融为一体，接收播放声音自如，继续解放需要操控手机或其他媒介的两手。神经植入器将可能省略动用人的感觉器官，通过脑机接口把信息输入有关区域的神经元，或者把反馈信息传递回机器，给机器下达新的指令。神经植入器的另一项功能是进一步强化试听的感知水平，强化大脑对信息的理解和分析能力，以便快速做出有效反应。2022 年上半年，国内人机交互产品平台公司 Rokid 发布了一组应用于 AR 眼镜的 6DoF 空间声场技术 Demo（示范)视频。这项技术的独到之处在于它不同于传统双声道、立体音带来的听觉体验,而是用 6DoF 空间声场技术在混合现实中模拟声源与人耳之间因空间位置变化、有无遮挡物等带来的声音强弱与方向的变化,让 AR 眼镜为用户带来更具临场感的听觉体验。6DoF 空间声场让声音成为 3D 音频,音频不仅有左右维度,同时还具有上下维度,此外还能对头部运动进行实时反馈。这是一个和视频空间化同步的音频空间化过程。

更多的技术将呈井喷式增长和创新,很多领域的防线纷纷被突破,就差最后的临门一脚。

电子游戏技术

元宇宙概念从小说产生,元宇宙现实却出现在游戏行业。2021年 Roblox 公司将元宇宙概念写入招股书,在纽交所上市,引爆元宇宙产业。从这一刻起,游戏技术成为元宇宙成立、发展走向的规定性技术。

熟悉和喜欢游戏的人都知道,2D 游戏已经让游戏者全神贯注,给深度游戏者搭建起了一个逃避现实、魂不守舍的虚拟世界。3D 游戏则直接让游戏者进入全新的更高阶的虚拟世界,充分地感受不一样的真实感、立体感、沉浸感、交互感,在低延时技术保障下,实现元宇宙级别的"第一主角在场"理想状态。这些感受建立在仿真技术、实时渲染、3D 建模和 3D 引擎等各种技术的不断精进之上。国际上几个大技术公司已经在游戏引擎技术方面积极布局。Epic Games 于 2021 年 5 月推出了升级后的虚幻引擎 5,极大提高了实时渲染技术，让场景更加逼真。英伟达的实时协作模拟平台 Omniverse 推出了 Audio2face 功能，根据音频智能生成逼真口型。Omniverse 还推出通用场景描述数据格式，为各种独立游戏引擎和建模软件提供开放平台，便于不同的软件互联互通，共享信息。Unity 公司则为元宇宙打造了"交互式内容创作引擎"，推出了云端分布式算力方案，为用户提供自由创作的平台，提高游戏开发和迭代效率。

元宇宙是一个边界不断扩张的虚拟+现实世界，需要更多的甚至是所有的用户都加入建设，而这需要有一个能生产大量内容的 UGC（user generated content，用户生成内容）系统。UGC 概念其实并不陌生，今天的社交媒体、网络媒体如此发达，就是因为内容生产突破了 PGC（professional generated content，专业生产内容）模式。在这方面，新一代电子游戏已经走到了前列。除了 Epic Games、Omniverse 和 Unity，Roblox 也当仁不让提供了更简单易用的创作工具，让低龄用户也成为内容的生产者之一。

用户不仅是游戏者也是内容生产者，这必将形成庞大的 UGC 生态。如果技术门槛降低，也不排除出现 UGT（user generated technology，用户生成技术），在人工智能技术不断精进的条件下，这不是妄想。事实上，AIGC（AI generated content，人工智能自主生成内容）已经出世。2022 年 7 月 21 日，由百度与央视新闻联合举办的"AI 深耕，万物生长"2022 百度世界大会在线上召开，会议期间，百度 AI 数字人希加加按照央视主持人撒贝宁提出的"后现代感的色彩斑斓的朦胧的猫"的考题临场展现画技，创作出一幅美轮美奂的画作。百度创始人、董事长兼首席执行官李彦宏表示："AIGC 是 PGC、UGC 之后，全新的内容生产方式。它不仅会提升内容生产的效率，也会创造出有独特价值和独立视角的内容。"李彦宏判断，AIGC 将走过三个发展阶段：第一个阶段是"助手阶段"，AIGC 用来辅助人类进行内容生产；第二个阶段是"协作阶段"，AIGC 以虚实并存的虚拟人形态出现，形成人机共生的局面；第三个阶段是"原创阶段"，AIGC 将独立完成内容创作。[1]AIGC 迈向游戏行业也指日可待。届时，游戏技术将达到一种新的高度。这些技术当然可以普遍运用于其他行业和领域，当所有的领域都达到了那样一种人人生成内容、人人生成技术的生态环境，元宇宙才进入了成熟阶段。届时，游戏也不再仅仅是游戏，游戏完全就是工作。此外，人们甚至可以在游戏环境中完成购物、旅游，而教育、交友就更不在话下。

人工智能技术

人工智能在前元宇宙时代已经经历了一个较长的发生、发展过程。20 世纪 50 年代科学家们就提出了人工智能概念，并且提出了若干发展目标，结果比科学家们的预期实现时间要早，相当一些设想已经实现并投入了应用，比如指纹识别、语音识别、人脸识别、模仿人类、分析预测、自我学习等。元宇宙对人工智能提出更高的要求，比如智能界面、智能合约、内容自动生成、人际关系推荐、各种场景的自我建设等功能的实现，另外需要人工智能以虚拟数字人和智能机器人等化身的形式与人交流、为人服务。目前虚拟数字人已经被广泛采用，智能机器人也遍布各种公共服务场所，人工智能正在

---

[1] 忆山：《李彦宏重磅发声》，《中国基金报》，2022-07-22（2022-09-08），https://www.chnfund.com/article/AR2022072200152693934530。

快速向深处发展。

库兹韦尔的"六纪元说"认为人类现在处在第五纪元，那个"智能爆炸"的奇点将在这个纪元到来。按照库兹韦尔的奇点理论，奇点到来的标志有很多：通过软件和硬件彻底地模拟人类智能，机器智能和生物智能区别消失；机器可以通过互联网理解并掌握人机文明的所有知识；机器智能在设计、构造以及持久的高性能等方面有足够的自由度；机器对自己的设计进行操控；人类通过技术对生物机体的大脑和身体中所有的器官和系统进行改造，使其性能更具优势；机器可以重新设计自己，纳米技术可以使机器的容量远超生物大脑；技术变革的速度不再受限于人类智能的增长速度；纳米机器人会与生物神经元交互，通过内部神经系统创建虚拟现实；一旦非生物智能在人类大脑中获取立足点，人脑中的机器智能就会成倍增加；纳米机器人可以操纵图像和声波，将虚拟现实带到现实世界中；人类的体验会越来越多地在虚拟环境中进行；在虚拟现实中，每个人在身体和情感上成为两个完全不同的人；加速回归法则持续有效，直到非生物智能达到物质和能量的饱和程度，在这个程度上，人类智能将扩散到宇宙的其他部分。最终，整个宇宙将充盈着人类的智慧，宇宙觉醒了。[①]

库兹韦尔在这里没有直接用"人工智能"，而是用了"机器智能""人机智能""非生物智能"等概念，它们其实都是人工智能的同义词。从这里可以看出来，人工智能孕育了虚拟现实和元宇宙，而且，正如他的著作的副标题所示，人类超越生物之时，也就是人工智能的容量、运行速度、传播速度远远超越人类生物智能，并到达宇宙的其

---

① 参考［美］Ray Kurzweil：《奇点临近：人类超越生物》，李庆诚等译，机械工业出版社2014年8月版，第12–15页。

他部分之时，奇点来临，宇宙也成为智能宇宙，整个宇宙也就成了元宇宙的一部分。

网络及运算技术

网络技术和算法技术支撑起今天的互联网社会和数字社会的生成框架和神经系统，也促成元宇宙的雏形，正是在这个意义上，很多人强调元宇宙是互联网的终极形态。这句话当然是有问题的，从理论上讲，互联网只是一种技术，是一种组织结构，它不仅支撑了元宇宙的形成，也支撑了前元宇宙，如果有后元宇宙，也一样离不开互联网。元宇宙迭代的不是互联网，而是互联网域——一个时代的媒介生态。元宇宙也是人类生存状态的高级形态，因此也是对当下的人类社会的迭代。当它能够超越人类智能到达宇宙的其他区域，那它将迭代整个宇宙。

在现实当中，狭义元宇宙恰恰缘起于互联网产业的发展。技术上，元宇宙开启于能够构建虚拟现实的 VR 系列头盔；内容上则是因为传统媒介带给受众的 2D 景观限制了人类的感官，这与人类的创新意识和求变意识形成对立；社交和娱乐方面，即使是最先进的传统互联网媒介也不能解决媒介景观内参与者之间的物理疏离感；市场方面，互联网用户接近"饱和"，2021 年中国互联网网民和手机网民规模均达到 10 亿多，流量红利逐渐萎缩，互联网需要对存量用户进行深耕挖掘。在这样多重因素的作用之下，互联网或者数字社会需要一种新的理念、模式和生态来覆盖自己。

2020 年 11 月，腾讯总裁马化腾曾在企业内部提出移动互联网经

第二章 元宇宙现实基础

过 10 年发展,即将迎来一波新的升级,新互联网被称为"全真互联网"。对此,马化腾解释说:"这是一个从量变到质变的过程,它意味着线上线下的一体化,实体和电子方式的融合。虚拟世界和真实世界的大门已经打开,无论是从虚到实,还是由实入虚,都在致力于帮助用户实现更真实的体验。"[①] 对此,《元宇宙:新时代新商业新场景》一书的作者解释:"所谓全,指的是未来的互联网将会覆盖更多的角落……我们将进入一个消费互联网和产业互联网融合的时代……所谓真,指的是在展示和体验的真实性上。未来,VR 会成为主流的内容展现方式,比当前的图片或视频展示更加立体,突出'真'的特性。"[②] 业界人士的判断充分显示了互联网深度发展对 2021 年"元宇宙元年"到来的推动。

广义的网络包含网络背后的计算技术。元宇宙的网络和运算技术不只是前元宇宙时期的 5 代宽带互联网、通信网络和常规的原子计算,还新增了云平台、边缘计算、分布式计算、量子计算等技术。在元宇宙这样一个"空气式媒介"环境中,元宇宙本身就是一个网络,一个网上之网。所不同的是,网络技术将采用速度更快的算法,网络将是一种综合智能的网络。综合智能网络将给元宇宙提供超高速、低延时、高算力、全智能的数据接入,为元宇宙用户提供最佳沉浸感、立体感、主体感等全感觉体验。这个综合智能网络也可以看作意大利学者科西莫·亚卡托笔下的"云堆栈"——他把整个世界看作计算生成的"偶生巨结构"(accidental megastructure),云端是其中一个"堆栈"。"云端这个层级管理整个的基础设施,包含大量的服务

[①][②] 赵广义:《元宇宙:新时代新商业新场景》,电子工业出版社 2022 年 2 月版,第 56 页。

器和数据库、海底光缆、卫星技术和分布式应用,生成无所不在的计算管理堆栈。"① 网络以一种介于有形和无形之间的"堆栈"形式,提供了一个平台,更主要的是提供了一种生态环境。

网络会随着人工智能走向更远的地方。当我们向库兹韦尔所预测的那样让人工智能进入太空,进而进入宇宙时,我们所依赖的网络一定是一种完全不一样的全开放的宇宙网络,这种网络需要什么介质?光子还是量子?这尚需研判、开发。

物联网技术

物联网作为一个概念在20世纪90年代出现。物联网不等于互联网,却是以互联网为基础的。"物联网是连接到物理对象的互联网。互联网没有物联基因,必须依靠嵌入式系统将客观世界形形色色的物理对象连接到互联网上。首先通过嵌入式系统将物理对象变成一个智能化体系,然后将单个智能化体系或智能化系统的局域网与互联网相连,便成为物联网系统。"② 这不是一个标准的定义,但大致可以解释物联网与互联网的关系、与万物的关系——万物互联。国家物联网基础标准工作组组长刘海涛在2015年撰文指出,"物联网是超越智能化与超越互联网的、虚拟世界与实体世界深度融合的全新体系,是第三次信息产业浪潮、第四次工业革命的核心支撑,也是人类从原始社会茹毛饮血的实体世界,到中世纪达到顶峰的精神世

---

① [意]科西莫·亚卡托:《数据时代:可编程未来的哲学指南》,何道宽译,中国大百科全书出版社2021年9月版,第115页。
② 何立民:《物联网概述第1篇:什么是物联网?》,《单片机与嵌入式系统应用》2011年第10期,第79页。

界，再到信息技术特别是互联网带来的虚拟世界，但现在人们更关心环境、安全、健康、能源等诸多实体世界的问题，人类社会从实体世界、精神世界、虚拟世界、到实体世界，进入了螺旋式发展的回归，这次回归追求的是人与实体世界的和谐、共融、共存、共发展，而这正是物联网的历史使命。"[1] 如果这样理解历史回归成立的话，那就是说元宇宙是在物联网之后历史的又一次迅即转身。历史当然不可能这么快就做出范式转移，因为物联网刚刚展开，尚没有全面实现，我们不能总结说历史尚在开始阶段就完成了转型。因此，更准确的理解应该是人类在实体世界（现实世界）与虚拟世界之间的转换速度加快了（库兹韦尔的加速回归法则在这里也是成立的）；进入元宇宙，现实世界与虚拟世界借助技术完全实现了显性的、可见的、物理的共生、共存、共通，虚拟世界和现实世界不再需要通过漫长的历史维度达成位置的转换，元宇宙就是虚拟＋现实的世界。而这一切，恰恰是物联网带来的结果。

我们可能过多地把目光投向了互联网，以至得出元宇宙是互联网的终极形态，殊不知，物联网更符合元宇宙的调性，在某些方面我们甚至可以说物联网就是元宇宙。也许有人会说，如果物联网是元宇宙的话，由于物联网是互联网的延伸，元宇宙不就是互联网的终极形态吗？问题是，虽然物联网建立在互联网基础之上，但并不能因此简单说物联网是互联网的延伸。"互联网面向虚拟世界，解决的是信息不对称的问题，核心是信息共享，提供的是信息内容的服务……物联网则是面向实体世界，是对传统行业的核心、模式的深刻变革，是虚实

---

[1] 刘海涛：《物联网的核心究竟是什么？——从智能化到社会化、互联网＋到物联网X、大数据到大事件》，《科技日报》2015年8月26日第1版。

交融的实体经济。"①刘海涛认为,互联网是"加"——互联网+;物联网是"乘"——物联网×。显然,一种事物是不是另一种事物的延伸,不能简单地用时间逻辑进行判断。

不管怎么样,元宇宙的构建离不开物联网技术,没有万物互联,就没有元宇宙。

需要强调的是,以上6种技术并不是元宇宙得以构建的全部技术基础,还有很多独立技术和附加技术在其中也扮演着非常重要的角色,比如大数据。尽管前面已经提到了云计算,但是云计算并不完全等同于大数据。云计算是对信息资源的管理,而大数据是对信息和万物的数据化,或者是对有效数据的抓取。当然二者的关系是很密切的,互为依存,都离不开数字。说到数字,我们必须要感谢一位古人,他就是古希腊哲学家毕达哥拉斯。在毕达哥拉斯之前,哲学家都把世界的本原追溯到各种具体的事物——泰勒斯认为是水,阿那克西美尼认为是气,赫拉克利特认为是火,但毕达哥拉斯认为是数。恩斯特·卡西尔对这一"发明"大加赞赏。他认为"数是人类知识的基本功能之一,是伟大的客观化过程中的一个必要步骤","只有在数中,我们才发现了一个可理解的宇宙"。②数字不仅把现实世界数字化,实现对现实世界的深描、重构、移动,也把虚拟世界数字化,让虚拟世界客观化、物理化、可见化。

互联网需要一个庞大的数据存储系统,元宇宙则需要一个更大的存储系统。Web就是一种对信息存储和获取进行组织的分布式信

---

① 刘海涛:《物联网的核心究竟是什么?——从智能化到社会化、互联网+到物联网X、大数据到大事件》,《科技日报》2015年8月26日第1版。
② [德]恩斯特·卡西尔:《人论:人类文化哲学导引》,甘阳译,上海译文出版社2013年6月版,第362页。

息系统。1990年欧洲粒子物理研究所的蒂姆·伯纳斯·李开发出了适用于互联网的超文本服务器，实现了计算机之间超文本标记语言（HTML）的存储与读取，从此开启了Web1.0时代。其时，互联网刚刚普及，传播者是雅虎、搜狐、新浪等门户网站，用户被动地接收信息。传播者和用户之间没有互动关系。Web1.0并没有持续几年时间，在即将进入新世纪之际，互联网很快进入Web2.0时代，一直延续到今天。Web2.0的特征是信息传播者由较为集中的机构、商户变成了所有人，传播渠道由浏览器网页变成了各种社交网页，UGC创作方式成为主流，信息内容由图文信息变为丰富多彩的图文+音视频。但是Web2.0同样存在许多弊端，包括机械化验证、账户安全和隐私无法保证、不良竞争、对监管机构强依赖等，这些弊端严重阻缓了互联网效率，也为互联网安全带来威胁。在这样的条件下，元宇宙可能就是一种良好的愿望。一种新的互联网生态呼之欲出，这就是Web3.0。Web3.0将互联网转化为一个分布式数据，通过网络、存储、计算的去中心化，打破平台垄断，实现统一身份认证和跨浏览器、DAPP（"去APP"或"超APP"，去中心化应用）的内容投递和请求，完全模糊实体边界，实现现实世界的真正数字化。一种新的去中心化存储方案IPFS（interplanetary file system，星际文件系统）即将诞生，它将取代HTTP（hyper text transfer protocol，超文本传输协议）的地位，具有自我修复过程，提高数据安全性。

有人说过往的半导体、无线电、计算机、互联网、云计算、大数据、AI、XR、区块链、量子计算等一切都是为元宇宙准备的，而想进入元宇宙得有一个元宇宙通证。①"通证"并非一个简单的概念，从其对应的英文概念 token 看，完全就是一系列技术的集成。token 代表令牌和标记，可以理解为某种权限的凭证。区块链中的 token 代表基于智能合约发出的关于某种信息、数据、资产或权限的价值流转载体。许多人把"代币""虚拟币""比特币"看作 token。从是否可同质化或可分割性方面出发，token 被分为 FT（fungible token，同质化通证）和 NFT（non-fungible token，非同质化通证）两种。其中 NFT 是元宇宙非常重要的基础，它是一种唯一的、不可分割的、可确权的、可追溯的加密资产。无论是作为资产（包括数据、行为、信息），还是作为资产的载体，NFT 在区块链中可以形成新的数据，创造新的价值，并且把互联网和经济系统合并为一个整体。未来，NFT 将在虚拟领域深耕数字艺术市场和收藏品、游戏、彩票、抵押 NFT 等业务，在实体世界将为知识产权、票务、金融文件、记录和身份证明、实体资产等方面提供更优服务。NFT 的价值将体现在实务、文化、艺术、经济等各个方面。

---

① 邢杰等:《元宇宙通证：通向未来的护照》，中译出版社 2021 年 8 月版，"前言"。

第四节

线上突围

2019年的新冠疫情给全球带来了一场深重的灾难,对全人类的生活、工作、商业、社交等各方面都造成了重大的影响,甚至在改变着人类的生存方式。受疫情影响,很多产业开始萎缩、缩小市场,很多企业销售额暴跌直至倒闭关门,很多机构、企业、学校都被迫采取线上办公、线上教学、线上开展业务的方式。一切都在变化,一切都充满了不确定性。

影业

疫情暴发以后直接受到冲击的是服务业。很多饭店、商店、电影院等因防疫要求而关门。电影院作为一种空间密闭、人员密集的场所,受到严格管控。很多院线一蹶不振,整个行业也明显地表现出疲态。以2021年为例,根据相关电影公司披露的年报,文投控股亏损7.18亿元，①金逸影视亏损3.56亿元，②欢瑞世纪亏损3.34亿元，③光线传媒亏损3.11亿元，④华谊兄弟亏损2.46亿元，⑤慈文传媒亏损2.43亿元，⑥幸福蓝海亏损1.7亿元，⑦七家电影公司亏损额共计23.78亿元。同时，电影观众的观影次数也随疫情的暴发而下滑。有数据显示，2021年城市院线观影人次为11.67亿，相比疫情来临之前的2019年减少了5.63亿。⑧面对这种不可抗力的冲击，电影行业需要找到解决之道。其实，早在2020年年初就有电影创作团队开始自救了。在看到影院票房因疫情将受到重大冲击的危机时刻，春节档电影《囧妈》的导演徐峥及其团队果断从院线档期撤销，并以6.3亿元人民币价格出售给字节跳动，允许其在互联网平台上免费放映。《囧妈》团队行为收到了院线的强烈谴责和抵制，一时成为电影业最大的危机事件。尽管如此，本着安全逃生的意识，随后一大群新片如《肥龙过江》《大赢家》《我们永不言弃》《春潮》等陆续登陆互联网

---

① 详见文投控股2021年年度报告：http://www.sse.com.cn/disclosure/listedinfo/announcement/c/new/2022-04-28/600715_20220428_8_pSb8699y.pdf。（2022-09-08）

② 详见金逸影视2021年度业绩报告：http://www.szse.cn/disclosure/listed/bulletinDetail/index.html? 4395b950-4974-421c-9469-95aac60d2686。（2022-09-08）

③ 详见欢瑞世纪2021年年度报告：http://www.szse.cn/disclosure/listed/bulletinDetail/index.html? 872530c4-06f1-4f12-a02a-de4fe9fd2045。（2022-09-08）

④ 详见光线传媒2021年度业绩报告：http://www.szse.cn/disclosure/listed/bulletinDetail/index.html? a5834f0c-7d96-4395-ad08-0095d980227f。（2022-09-08）

⑤ 详见华谊兄弟2021年财报：http://www.cninfo.com.cn/new/disclosure/detail?plate=szse&orgId=9900008488&stockCode=300027&announcementId=1213173860&announcementTime=2022-04-28。（2022-09-08）

⑥ 详见慈文传媒2021年年度报告：http://static.cninfo.com.cn/finalpage/2022-04-27/1213131758.PDF。（2022-09-08）

⑦ 详见幸福蓝海2021年年度报告：http://static.cninfo.com.cn/finalpage/2022-04-08/1212838936.PDF。（2022-09-08）

⑧《2021中国电影观众调查报告显示：主流观众群体扩大　好影片才有好观众》，中国电影数据信息网，2022-04-08，https://www.zgdypw.cn/sc/scfx/202204/08/t20220408_7339888.shtml。（2022-09-08）

视频平台，此举打破了中国电影传统的"线下放映"模式，代之以"线上放映"的新模式。

教育

受新冠疫情影响，全国大中小学开学推迟，教学活动不得不改至线上，推动在线教育用户规模快速增长。截至 2020 年 3 月，我国在线教育用户规模达 4.23 亿，较 2018 年底增长 2.22 亿，占网民总体的 46.8%；手机在线教育用户规模达 4.2 亿，较 2018 年底增长 2.26 亿，占手机网民的 46.9%。[①] 到 2021 年 6 月，因疫情缓和，我国在线教育用户规模缩小为 3.25 亿，较 2020 年 12 月减少 1678 万，占网民整体的 32.1%。[②] 这充分地说明了疫情对在线教育的动态影响。

除了授课，各种会议、答辩、面试等都转移到了线上。由于腾讯会议等软件和技术日趋成熟、组织方安排周密，线上会议、线上答辩等线上交流和沟通效果丝毫不比线下差，各项教学工作有条不紊地展开。

校园其他活动也都"转战"线上。2020 年夏天，疫情之下，很多学校实行封校或提前放假的防疫措施。为了不让未能返校的同学们错过毕业典礼，中国传媒大学动画与数字艺术学院（简称中传动院）的学生们自己通过《我的世界》（*Minecraft*）沙盒游戏等比例复刻了整个中传校园场景，为 2020 届毕业生举办了一场别开生面的毕业典礼，让毕业生们在云端走了一回红地毯。此后，各学校、学院纷纷效

---

① 中国互联网络信息中心：《第 45 次中国互联网络发展状况统计报告》，2020 年 4 月。
② 中国互联网络信息中心：《第 48 次中国互联网络发展状况统计报告》，2021 年 8 月。

仿,云毕业已经成为 2021 年、2022 年疫情下毕业典礼的不二选择。2022 年 6 月 27 日,中传动院师生团队再次举行了云毕业典礼,这一次他们开创性地在三维网络空间中打造了"异次元"毕业典礼与毕业作品展,为毕业生们呈现了一场虚拟与现实交融的精彩毕业典礼。动院师生团队借助虚拟现实、自然交互、三维重建、三维引擎等数字技术,在星辰宇宙中生动复刻了中传校园建筑物、动院秘境以及充满未来科技感的"Anima 星球"作品展厅,还借助数字艺术的叙事性与交互性埋设了众多与校园特色文化、大学生活情感记忆紧密关联的彩蛋。体验者可以通过 VR、移动端或 PC 端接入进行体验,以虚拟化身开启一场毕业典礼与毕业作品观赏的体验之旅。典礼以"Anima 星球"为故事背景,毕业生们以"宇航员"的身份在线登陆。毕业生们可下载软件进入云端中传,换上游戏中精美的学士服,参与线上毕业红毯,和亲朋好友一起在中传地标打卡拍照。作为中传动院合作方,腾讯"派出"虚拟偶像"星瞳"和学院领导一起主持了典礼。

商业

中国是一个商业大国,也是一个电商大国。2003 年"非典"疫情已经考验了一次中国,那次疫情催生了中国零售业变革,中国电商在那时兴起。在那之后中国电商迅速席卷所有行业。新冠疫情再一次考验了中国的经济生活,对实体经济造成重大冲击,但是,电商再一次递交了一份令人满意的答卷。仅疫情暴发后的第一年 2020 年,电子商务经济占 GDP(国内生产总值)比重就从 20.8% 扩大到 34.8%,2020 年第 1 季度,农村电商突破 1300 万家,全国农产品网络零售额达936.8亿元，增长31.0%。美团外卖显示，疫情期间生鲜类APP的平均日活跃用户同比增幅为107.17%。通过比较2020年与2019年同期，发现家具及家居装饰、食品和餐馆、服装、体育用品、家电、电子、建材等行业均实现数字收入增长。越来越多的人加入电子商务体系中，为社会提供了大量的就业岗位。[1]截至2020年3月，我国网络购物用户规模达到7.10亿，较2018年底增长1.00亿，占网民整体的78.6%；手机网络购物用户规模达到7.07亿，较2018年底增长1.16亿，占手机网民的78.9%。[2]根据中国互联网络信息中心的第49次报告，截至2021年12月，我国网络购物用户规模达8.42亿，较2020年12月又增长5968万，占网民整体的81.6%。这个数据说明，当消费者接受并培养起网购习惯后，这种习惯不再因疫情缓和等原因而放弃，这和在线教育的波动形成鲜明的对比。

政务

互联网政务、智能办公一直是各方积极推进的事业。新冠疫情加快了这种节奏。疫情封控情况下，许多人不得不"宅办公"。截至2020年3月，我国在线政务服务用户规模达6.94亿，较2018年底增长76.3%，占网民整体的76%。[3]到2021年年底，这一规模继续获得增长。截至2021年12月，我国互联网政务服务用户规模达9.21

---

[1] 参阅马聆：《浅谈疫情期间电子商务对经济发展的促进作用》，《中小企业管理与科技》2020年第9期。
[2][3] 中国互联网络信息中心：《第45次中国互联网络发展状况统计报告》，2020年4月。

亿，较 2020 年 12 月增长 9.2%，占网民整体的 89.2%。① "宅办公"成为一种动态式常态或常态式动态。截至 2021 年 12 月，我国在线办公用户规模达 4.69 亿，较 2020 年 12 月增长 1.23 亿，占网民整体的 45.4%。云计算、互联网数据中心（Internet Data Center，IDC）、内容分发网络（content delivery network，CDN）等基础技术服务及机构的发展支撑了在线办公的发展。多家运营商提出 SD-WAN29 解决方案，通过优化传输技术，解决企业邮箱、视频会议等系统的加速难题，提升用户体验。②

总而言之，疫情对线下活动造成极大的阻碍，却催生了线上模式的活跃与成熟。新冠疫情催生了"宅经济""宅教育""宅娱乐""宅社交"的发展，线上商城、微信小程序等线上平台成为人们消费购物、娱乐、教育的主要模式。截至 2020 年 3 月，我国网民人均每周上网时长为 30.8 小时，较 2018 年底增加 3.2 小时。③ 用另一个数据作比较，2021 年 12 月，我国网民的人均每周上网时长为 28.5 个小时，较 2020 年 12 月提升 2.3 个小时，但较 2020 年 3 月，减少了 2.3 小时。④ 这说明，新冠疫情在特定时间内明显地影响了网民上网时长。

疫情对我们的现实世界造成了极大的威胁和困扰，然而，它和它的"主人"——病毒"意识"不到，我们人类不是纯现实存在，还同时是一种精神存在，我们不仅生活在现实世界中，还生活在虚拟世界中。天无绝人之路，在我们的现实世界遭受攻击之时，我们的虚拟世界恰恰发展到了一种可以替代现实世界的状态，它完全可以抵御疫情和其他一切非人类敌人给我们人类造成的困惑。目前各

---

①②④　中国互联网络信息中心，《第 49 次中国互联网络发展状况统计报告》，2022 年 2 月。
③　中国互联网络信息中心，《第 45 次中国互联网络发展状况统计报告》，2020 年 4 月。

种软硬件已经基本解决了我们在线生存的问题，进入元宇宙，虚拟世界的各种活动，将随着技术的进一步发展给人类提供更佳的体验感，提高各项活动的效率。Meta、腾讯、华为等国内外企业已经提出各种新的虚拟生存的方案。在教育方面，韩国的 Hodoo Labs 公司推出了 Hodoo English 产品，将 300 多名虚拟角色、4000 多种沟通场景，融入虚拟的英语会话，用户可以在各个大陆的 30 多个虚拟村庄中游走，和不同的人进行英语交流，提高英语学习的乐趣。在办公方面，Meta 设计了一款名为 Horizon Workrooms 的虚拟会议空间，通过虚拟化身、混合现实、身体追踪、虚拟白板、空间音频等技术，提高参会者在虚拟空间的真实感、现场感、沉浸感、参与感。在社交方面，2016 年就上线的 Soul 系统中，用户可以给自己设计个性化的形象或化身，通过文字、语音等方式打造自己的人设，突出自己的优点或抹杀自己的缺点，可以通过文字、语音、视频与人交流，也可以参与多人互动聊天派对，还可以在一起玩"狼人杀"等多人游戏，可以在这些场景中自由切换。在商业领域，直播带货不再是网红或"社牛"的人的天下，数字虚拟人将给每一个人带来扮演网红、参与商业等参与各种"抛头露面"活动的机会。电商和物流将更加智能，会过滤、屏蔽一切可能不安全的商业行为——道高一尺魔高一丈，商业欺诈将永远存在，无人机和机器人或更加高级的 AI 将帮助我们解决很多劳心费力的工作。

2021 年元宇宙横空出世绝不是一个孤立的事件，它是人类自救的行为。疫情促成了元宇宙出现，疫情也坚定了人类的决心，我们必须给自己打造起一个更加安全的世界，必须给自己预设好更多的脱困和超越之道。

第三章
元宇宙哲学

元宇宙表面看是媒介、技术、数字化生态的问题，但其形成的新的景观（同"场景""图景"）、场域（同"环境""生态"）、关系等直达人的本体属性、世界的本质、一元还是二元等问题，因此其关涉的道理、学问实质上是若干哲学问题。

元宇宙现象出现以后，各行各业高度关注，很多人就从哲学角度进行了分析思考。在大部分人都在从技术、商业和伦理等方面展开思考的时候，有一群人专注于元宇宙的哲学思辨，这实在是一件既蹊跷又令人感兴趣的事。但是当我们了解了他们所谈论的话题之后，估计不会再有人觉得这是多余的。

元宇宙在中国国内兴起的第一时间就有人提出了哲学思考，认为元宇宙导致人们重新思考一些哲学概念，比如先验知识、存在和存在主义、经验主义、二元论、语言本质、超现实社会、单向度等。笛卡尔的"二元论"认为心灵和身体是两个不同领域，但在元宇宙世界，二者发生重合。萨特的"存在"与"虚无"具有二元性，但是元宇宙实现了存在与虚无的真实关联和统一。福柯《词与物》断定人的主体性将在知识面前被抹去，但这为元宇宙造就替代人类的"新人类"提供了合法性理由。海德格尔和维特根斯坦认为语言就是世界，元宇宙用自己的计算机程序语言构成了新的文明规则。博德里亚尔认为传统社会正在走向虚无状态，现实与虚构之间的界限已经消失，那么元宇宙就是这种社会走向的表现。①

国内著名学者赵汀阳对元宇宙有过一个深刻的分析。他认为元宇宙意味着一个高于现实的虚拟"超世界"，是一个能够在整体上反

---

① 参见赵国栋等：《元宇宙》，中译出版社 2021 年 8 月版，序一，朱嘉明"'元宇宙'和'后人类社会'"，第 13-14 页。

思和解释真实世界的元世界，现阶段还不能准确预期，但未来不可限量。元宇宙还把神学问题现实化了，即在元宇宙中，人处于相当于神的创造者位置而可以创造任何数字化的虚在存在。元宇宙不仅超现实，而且反现实，是在建构另一个维度的世界而同时对真实世界实施"降维打击"。文学和元宇宙有着不同的欲望对象，"文学"并没有失去对真实世界的兴趣，即使是十分离奇的神话或童话，也是对真实世界的一种解释或期望，元宇宙却意图建构另一个世界，一个有着不同原则、不同构造、不同规律和不同价值观的可能世界，所以是一个"反真实世界"。元宇宙不想劳神去改造现实世界，甚至厌弃现实，这有别于文学对现实世界的那种怒其不争的不满。元宇宙并非与真实世界无关或脱离真实世界的另一个所谓"平行"世界，相反，元宇宙将是试图操纵真实世界的一个叠加世界。这将形成一个诡异的存在论关系：元宇宙是由真实世界所创造的，却又对真实世界构成了统治性的反身关系（reflexivity）。元宇宙可能是一个"存在论事件"或创世性的事件或"变天"事件，这个事件蕴含着某种新问题的起点，也就构成了人类生活和思想的一个新本源，相当于为人类存在方式建立了一个创建点。元宇宙很可能将发明第一个被现实化的可能世界，从这个意义上说，就是在把黑格尔的"绝对理念"模型化。人类在数字化时代感到了自己被"僭越"、被"代替"、被"否定"，这造成数字人类世里最深刻的哲学危机。[1]

《探索与争鸣》2022年2月举行过一次题为"认识元宇宙：文化、社会与人类的未来"[2]的学术论坛，其中最大的焦点却是关于元宇宙

---

[1] 赵汀阳：《假如元宇宙成为一个存在论事件》，《江海学刊》2022年第1期，第27-37页。
[2] 参见《探索与争鸣》，2022年第4期，第65-94页。

的哲学思考。不少主题发言令人印象深刻。

有人指出，元宇宙不是传统虚拟现实的简单延伸，也不是互联网的可视化应用，而是具有深层次的超越性。她把这种超越性概括为5个方面：(1) 超越单一，追求整合应用；(2) 超越界面，增加空间感；(3) 超越静态，增加情境感；(4) 超越身体界限，增加时空穿越感；(5) 超越现实约束，增加心灵和精神上的满足感。其中"超越界面，增加空间感"是指"使人们的数字化体验从二维的屏读或视觉体验扩展到三维乃至多维的感知或感觉体验"。这是一种新的空间观，媒介构建的空间不再局限于二维，还可以是三维空间或多维空间。元宇宙完成了一次空间革命。"超越身体界限，增加时空穿越感"强调的不仅是空间位移，也是时间反溯或"时间预支"，就是通过虚拟技术，穿过"时间隧道"，回到过去或到达未来。这和前面的空间观一起构成了元宇宙的时空观。"超越现实约束，增加心灵和精神上的满足感"则让精神挣脱现实束缚，建立起自己的可观世界，实现精神的升华，乌托邦近在咫尺。①

有的人研究了元宇宙时代人的各种属性、人与人的关系、人与自己的关系，指出在数字人类背后潜藏着自我意识、身体、物质、社会身份各种属性。这些属性又引出"真身""具身"（embodiment）、"数字化身"（avatar）和"变动不居的主体分身"（separation）等概念，并提出很多关于人的新概念：数字人类世、数字真人、数字拟人、数字代人、数字仿人、数字新人、数字物理人、数字生理人。无论如何，元宇宙超越现实生活，更接近人的本真生活。人是一种二重

---

① 成素梅：《元宇宙：人的精神技术化及其规制》，《探索与争鸣》2022年第4期，第68—71页。

第三章 元宇宙哲学

性的存在,既是自然的存在,又是理性的存在,既是依赖的存在,又是自主的存在,最终是理性的、自主的。人超越肉体存在的限制,摆脱身体偶然性的支配(意指精神才是人的必然性)。在元宇宙里,人才能超越肉体、现实、物质世界,到达必然性的精神世界。人类既是认识和行为主体,也是认识和行为的对象。换言之,人类发展的历史,既是人化自然的历史,也是自然物和人类自身日益对象化,亦即媒介化的历史。人类的生存,既是一种实在生存,也是一种虚拟生存,但本质上是一种虚拟生存。因为虚构能力正是人类作为认识主体和行为主体与其他动物相区别的根本因素。虚拟世界不是对现实的转移,而本身就是一种新的真实。人的物理生存空间、自然寿命是有限的,而人的虚拟生存欲望是永无止境的,人的精神可以永存。感觉和体验的研究,在未来元宇宙世界的建构中,将发挥比脑科学、工程技术学等硬科技更加重要的作用。[①]这样人不得不反思:哪个是真人?哪个是仿人?人的本真是什么?本体和精神哪个更重要?……

还有的人从词源上分析,meta 在古希腊语里面有两个基本的含义,分别是"之后"(after)和"超越"(beyond)。元宇宙并非仅仅是历史发展的"下一个"阶段,而是终极的、最后的阶段。它不仅是人类历史向着未来的世世代代的更迭,它极有可能标志着人类既有形态的彻底终结,并由此以一种极端断裂的态势向着理想的天国超升。元宇宙是对实然(de facto)世界的否定,对应然的(de

---

① 参见杜骏飞《元宇宙与"数字人类世"的来临》,曹刚《元宇宙、元伦理与元道德》,曾军《"元宇宙"中的身体与主体性分裂》,夏德元《元宇宙时代的体验设计和身份编辑》,《探索与争鸣》2022 年第 4 期,第 74—76,83—89 页。

jure)、理想世界的肯定和弘扬。由此可能会得出一种革命性的结论，即人类原来一直以为虚拟世界是真实世界的延伸部分，但实际上恰恰相反，虚拟世界是真实世界的意义之源，也就是只有参照虚拟世界，人类才能理解真实世界。不识庐山真面目，只缘身在此山中。人类对真实世界了解多少呢？如果没有虚拟世界，对真实世界的认识一定不会像今天这样透彻。这个结论的潜台词是，如果想认识宇宙，那么首先得认识元宇宙。[①]

总之，元宇宙的本质之一就是哲学，它确实可以上升到哲学层面加以理解，而且唯有上升到哲学层面，从存在论、本体论和认识论等诸多角度进行分析，才能深刻领会元宇宙的现实意义和未来价值。这里从本体论、认识论和主体论三个方面加以阐释。

[①] 参见姜宇辉《正名、正本和正念：对元宇宙研究热潮的纠偏》，成伯清《多元现实与多重自我：元宇宙中意义的滋生与湮灭》，《探索与争鸣》2022年第4期，第92-94，80-82页。

第一节
元宇宙本体论

哲学的本体论也称为存在论,探究的是世界的本原问题,即物质和精神,或者存在和思维,二者中谁是第一性的。究其实质,是关于存在的最高理性认识。"本体论"一词是 1613 年德国哲学家 P. 戈科列尼乌斯首创,18 世纪另一位德国哲学家沃尔夫对其进行了完备的解释:一种关于一般存在、关于世界本质的哲学学说。① 从这个定义还不能直接看出元宇宙和本体论有何关联。本体论需要更深入的解释:哲学的"本体"观念,是一种对终极性的存在的渴求或关怀;哲学的"本体论",是一种追本溯源,是一种理论思维的无穷无尽的指向性,是一种指向无限性的终极关怀。哲学的"本体"观念和哲学的"本体论",最为深刻地显示了人类存在的现实性和理想性、有限性和无限性、确定性和超越性、历史的规定性和终极

---

① 孙正聿:《哲学通论》,辽宁人民出版社 1998 年 9 月版,第 226 页。

的指向性之间的矛盾。①综合以上定义，元宇宙至少有三点是和本体论有关的。一是和宇宙这种终极存在有关。这种意义可能只存在中文中，因为metaverse的本意迄今为止并没有发生大的变化，依然主要是指虚拟世界。但是中文译名"元宇宙"的意义在不经意间已经发生了很大的扩展。中文翻译者选用元宇宙可能是无心之举，但对于赞成并沿用这一译名的全社会，则可以说用心良苦，事实也证明元宇宙译名非常好，给其自身和理论研究留下了无限的想象空间，同时也呼应了哲学本体论或存在论中"存在和意识""物质和精神"的对立关系，在宇宙之外建构起一个它的对立物——元宇宙。二是和终极形式有关。很多专家和学者强调元宇宙是互联网的终极形式，尽管互联网的终极形式和世界的终极形式不是一回事，但"终极"一词只有一个解释，就是最高和最终形式，在这一点上它们二者是一致的，都在寻找自己的终极性。如果把元宇宙看作宇宙的对立物，把元宇宙和宇宙的关系看作精神和物质的关系，那元宇宙的互联网终极性不正是元宇宙自己和整个精神世界的终极形式吗？这种终极性当然是可以和哲学的终极性对应起来的。三是和无限性有关。哲学的本体论强调理论思维的无限性和终极关怀的无限性，只有这样，存在才能上升到哲学的高度，否则就是具体的存在。哲学本体论是开放的、包容的，随时准备迎接任何一种即将转身的客观存在。元宇宙的特点之一也是无限扩展，它既封闭又开放，既是虚拟世界，也有现实世界，更是虚拟和现实的融合。鉴于元宇宙是一种新事物、新概念，元宇宙不仅在内容上是无限扩展的，在概

---

① 孙正聿：《哲学通论》，辽宁人民出版社1998年9月版，第229页。

念解释上也将是无限扩展的。

元宇宙的本体论不限于上述几点,还可以继续进行理性思辨、概括和提炼。

二元存在

哲学的存在只有一种,就是"客观存在"。哲学意义上的存在既是抽象的,也是具象的。说它抽象是因为哲学的存在抽离了万事万物的具体特征、形状,成为精神的对立物。说它具象是因为世间一切事物不仅存在,而且有着某种"规定性",即用内容和形式等特征把每一件事物同其他事物区分开来。在没有附加任何限定意义之前,宇宙是整个客观外在世界的全部总结,它的客观性不容置疑,所以有时候它能够代表哲学的存在。但是元宇宙来了,它还是纯粹的客观存在吗?或者作为虚拟世界的代表,作为宇宙的对立面,它不存在了吗?元宇宙给我们制造了迄今为止最大的困惑。

卡西尔说过,"人类知识的最初阶段一定是全部都只涉及外部世界的,因为就一切直接需求和实践利益而言,人都是依赖于他的自然环境的。如果不能不断地使自己适应于周围世界的环境,人就不能生存下去。"[①]但是,后人看到的人类对客观存在的认识从一开始就进入了抽象世界和宇宙,这凸显了存在的抽象性在知识体系中的地位,没有这种抽象性、一般性和普遍性,认识就不能上升到哲学,上升不到哲学,它将以文学神话的形式出现在另一种叙事框架中。

---

① [德]恩斯特·卡西尔:《人论:人类文化哲学导引》,甘阳译,上海译文出版社2013年6月版,第6页。

古希腊哲学和中国神话就是这样两种完全不同的叙事逻辑。

首先进入后人眼帘的古希腊文化最早形态就是古希腊哲学，而古希腊哲学的起源则是对世界本原、自然本原或者宇宙本原的思考。米利都的哲学家们分别用水、气、火等元素解构自然，毕达哥拉斯认为世界是数构成的，阿拉克西曼德认为世界的本原是"无限"，巴门尼德认为世界的本原就是"存在"本身，德谟克里特则认为世界是由原子组成的。尽管这些结论都不一样，有的是具象的物质，有的是抽象的概念，但都是一种微观视野，即从自然世界或宇宙的内部去寻找整个世界的知识。

中国有所不同。中国最早的和天地自然有关的文化是神话，诸如盘古开天地、夸父逐日、女娲补天、后羿射日、共工怒触不周山。神话中包含着中国先人们用宏观视野观察自然的世界观、宇宙观，说明他们更愿意从自己所处自然环境的外部去思考宇宙的起源。也许正是这个原因，所以中国历史上很早就有了天文学知识体系，这一点是其他文明所不能比拟的。中国的先人们根据天文观察发展出以 28 宿和北极为基准的赤道天文坐标系统，创建了太极阴阳学说，设计了 24 节气，观察了无数次流星、彗星、太阳黑子等天文现象，编制了包括 283 个星座 1465 颗恒星的星表，制造出日晷、浑天仪等各种天文仪器。

东方和西方之间的这种自然观、世界观和宇宙观，代表了人类探索、认识自然的两种方向，一种是向宇宙最大单位太空、深空、外太空要知识，要真理；一种是向宇宙最小单位分子、原子、质子、基本粒子要知识，要真理。但不管如何，这两种从不同方向开展的探索都是关于人的外部世界的认识。

其实，除了人之外的客观世界是客观存在，人本身也是一种客观存在，人的思想、精神的产物或其本身作为认识的对象，也是一种存在。"从人类意识最初萌发之时起，我们就发现一种对生活的内向观察伴随着并补充这那种外向观察。人类文化越往后发展，这种内向观察就变得越加显著。"① 人在认识人身外的自然界的同时，也开始研究人自己以及人的精神活动。"人类既要'外向'地探索外部世界的'客观规律'，又要'内向'地认识自我的'本性'。"② 这才是人类哲学思维的两种基本模式，也确立了两种存在——物质存在和精神存在的现实共同存在，可以称其为二元存在。

元宇宙就是二元存在，这是由存在的本质和元宇宙的性质决定的。

元宇宙有两种定义，一种狭义定义，一种广义定义。媒介产品方和技术行业更愿意从狭义角度去解释元宇宙。所谓狭义元宇宙其实就是指虚拟现实（VR），再加上增强现实（AR）和混合现实（MR）。无论是增强还是混合，它们和虚拟现实技术一样凸显的是这种技术及产品所建构的非真实景观。非真实就是不实在，就是真实和实在的对立面。这和哲学本体论中的物质与精神的关系是一致的。宇宙当然是物质的，那么作为非实在的虚拟现实或元宇宙，我们就可以说它是精神的，或者说是以精神为主体的存在。事实上也正是这样，包括 VR、AR、MR 在内的 XR（扩展现实）就是按照设计者或者用户的需求，要么虚构一种现实景观，要么在真实景观之上叠加虚构景观使真实景观变得更丰富、更真实，要么把真实景

---

① ［德］恩斯特·卡西尔:《人论：人类文化哲学导引》，甘阳译，上海译文出版社 2013 年 6 月版，第 6 页。
② 孙正聿:《哲学通论》，辽宁人民出版社 1998 年 9 月版，第 282 页。

观和虚拟景观融合。这种经过技术处理的景观，显然是精神的产物。既然宇宙是真实的，那元宇宙就是不真实的，而且是反真实的。正如有的学者所言，"元宇宙意图建构另一个世界，一个有着不同原则、不同构造、不同规律和不同价值观的可能世界，所以是一个'反真实世界'。"[1]然而，通过特殊界面，用户看到的却是一个"真实"的景观，一个与通常意义上的真实世界一样呈现出三维特征并且可以通过各种器官感知到的"临时世界"。谁能说它是不存在的？不实在的？

真实性、实在性、存在性在元宇宙里发生了一个"存在性转变"，存在已经不是单纯的客观存在，精神通过技术重构也具备了实在的属性——不仅存在，而且能够被看到、听到、触摸到。宇宙证实了客观存在的真实性，元宇宙则建构起一种"仿真实"。这甚至引发一系列的颠覆性思维，无怪乎有人认为，"相较有限的真实世界，可以无限拓展的虚拟世界将反过来统摄和殖民真实世界。原来我们认为虚拟世界是真实世界的延伸，而实际上虚拟世界可能成为真实世界的意义索引之源，只有参照虚拟世界才能理解真实世界。"[2]"人类的生存，既是一种实在生存，也是一种虚拟生存，但本质上是一种虚拟生存。因为虚构能力正是人类作为认识主体和行为主体与其他动物相区别的根本因素。"[3]

但是，人类毕竟是生物，保护自己的生命体是一切感知的出发点。如果一种知识、一种技术创新危及人类的生命，或者用硅基生

---

[1] 赵汀阳:《假如元宇宙成为一个存在论事件》,《江海学刊》2022年第1期,第30页。
[2] 成伯清:《多元现实与多重自我：元宇宙中意义的滋生与湮灭》,《探索与争鸣》2022年第4期,第81页。
[3] 夏德元:《元宇宙时代的体验设计和身份编辑》,《探索与争鸣》2022年第4期,第87页。

命取代碳基生命，这肯定不应该是创新的目的和知识的终点。所以，尽管"仿真实"的存在是不可避免的，但它不会强大到取代真实。这并不是说人的精神世界应该让位于物质世界，恰恰相反，是要防止"仿真实"的存在取代真实存在，以至取代精神赖以存在的人的生物实体或物理实体。

二元存在才是宇宙和元宇宙最有意义的存在方式，废弃任何一种存在，存在的意义将不复存在。

存在的具体形态是时空形态，就是说任何一种真实存在和"仿真实"存在都要存在于一个空间和时间的组合状态中，空间是存在最本质的属性，没有空间，存在就没有"立锥之地"。时间是存在的另一属性，也是说任何存在都要经历一段时间，或短或长，哪怕是瞬间，也显示出它的时间性。没有时间，无法证明存在曾经存在过。一个人在一个时间点只能存在于一个固定的空间，而且人在一个空间内的时间连续性只能朝着一个方向延伸。以前，破坏这种规则的办法是扭转时空，也就是进入一维、三维的思维世界或二维的图像世界，但那样一来实在性不复存在。元宇宙解决了这个问题，它可以让人既保持自己的物理实体的现实性，又能给人建构起一种完全异于现实存在的虚拟存在，并且让人的感官能够感受到这种真实，打破时空魔咒，到达一个在现实世界根本到达不了的地方，或者不需要时间隧道而在过去、现在和未来进行穿梭。这是现实世界的三维时空向元宇宙虚拟三维时空的直接转场，也是对传统媒介和技术支持的一维时空和二维时空的超越。媒介景观既可以存在于一维、二维结构中，也可以存在于三维结构中，这是元宇宙二元存在的另一层含义。

我们生活在现实和虚拟（精神）的两个世界里。这两个世界缺一不可、并行不悖、相辅相成。没有现实世界，人无法存活；没有虚拟（精神）世界，人将不人。毕达哥拉斯提出世界的本原是"数"，这是一个大胆的想象。今天的世界似乎也印证了毕达哥拉斯的观点，因为我们可以将一切还原为数，所以我们把今天的时代称作数字时代，今天的技术称作数字技术。但是毕达哥拉斯没有意识到，支持他观点的今人也没有意识到，"数"建构起来的不是现实世界，而是虚拟世界；以数为本源的那个世界不是现实世界，而是虚拟世界。毕达哥拉斯错把虚拟世界的本源看作现实世界的本源，也就是他把虚拟世界和现实世界看成了一种世界。在元宇宙出现之前，这些解释不通。现在，一切豁然开朗。不管如何，毕达哥拉斯的故事提醒我们，自从有人类以来，现实世界和虚拟世界就构成了人类世界的两个并行不悖的部分。在元宇宙中，现实与虚拟相重合，你中有我，我中有你，彼此的边界因技术而模糊或消失，二元存在正在变成一种由两种存在形式同在、贯通、重合、统一的一元存在。

"元乌托邦"

乌托邦概念是托马斯·莫尔在16世纪创想的。他生活的时代是一个"关系时间"，发生了两个"存在论事件"，那就是航海大发现和文艺复兴，这两个事件的历史意义无须赘述。与此同时，还有一系列的变量因子在隐性地推动历史前进，比如圈地运动和亨利八世推动的宗教改革。在这种历史背景下，莫尔根据柏拉图的理想国，假借一名航海家之转述，设计了一个自己心目中的理想国——乌托邦。这种思想通过 1516 年出版的专著《乌托邦》得到完整体现。乌托邦（Utopia）一词由希腊文的"否"和"地方"两个词构成，表示"虚无之乡"。莫尔的乌托邦有几大特点，（1）财产公有；（2）生产性劳动；（3）务农为本；（4）城市有效规划；（5）提供卫生健康服务；（6）重视学术研究。其中财产公有是乌托邦的最大特点。这个概念从此成为一个影响无数代人思想的概念，也成为一种影响无数个时代的思想。

莫尔自知这只是一种理想，所以称其为乌托邦。但这种想法成为空想社会主义的滥觞，空想社会主义又为科学社会主义奠定了思想基础，可见其在社会主义历史，以至人类社会史上的地位和影响。一般认为科学社会主义是资本主义发展到一定程度的必然产物，也就是说它是作为资本主义的反对者而出现的，但作为空想社会主义的乌托邦却远早于资本主义而出现，证明了社会主义作为人类理想的先在性，也证明了人类对于乌托邦追求的先在性，或者说证明了乌托邦自始至终都是人类希望超越现实的精神。比莫尔早 2000 多年的柏拉图提出"理想国"，或者再早时期孔子提出"大同世界"概念，这些都是乌托邦思想或类乌托邦思想的早期代表，足以再次证明乌托邦意识的先在性。

在历史长河中，乌托邦的语义已经发生了很大的变化。今天人们把它拆分成三重含义。其一是不存在的意思。当人们认为某种事物根本不存在，或不会出现时，会称这种事物为乌托邦。其二是想象范畴的意思。当人们认为某种想法没有实现的可能，或者指某种事物只存在于想象中时，会称这种事物为乌托邦。其三是把某种理想化的场域、环境、生态、世界称作乌托邦，这一种含义和前两种完全不同，走到了乌托邦原意的对立面了。

元宇宙概念出现后，有人持支持的立场，也有人持怀疑或反对的态度。持支持立场的人称其为"自制的乌托邦"，或者直接冠以元宇宙属性，称其为"元乌托邦"。持怀疑或反对立场的人则认为这种存在形式不可能成立："人类成为无所不能的造物主，时间和空间的限制被技术打破，每个人都可以自由选择自己的生活状态甚至存在方式。这听上去像极了新时代的乌托邦，一个实现所有人幸福的场域。"然而，"在现实世界中，无论是土地还是煤矿和水源等资源都是有限的。而在元宇宙中，土地等资源只是由代码构建的场景，只要有足够的技术支持，可以实现几乎无限的资源供应。但在盈利目的下，元宇宙的构建者显然不会实现真正的无限资源，所以人为限制资源的供应和使用就成了营利的基本手段。故在人为控制下，以盈利和建构秩序为目的，资本和权力依然会进入元宇宙，并起到甚至比在现实世界中更广泛的作用——当欲望的满足成为第一需求，观念的灌输和行为的诱导也趋于简单，这说明了将元宇宙视为乌托邦的美好愿望是无法达成的。"[①]

还有很多人只是客观地分析人类构建元宇宙这个乌托邦的目的。一般来说有两种观点。一种观点认为，人们构建并进入元宇宙的目的是逃避现实世界，因为现实世界有太多的烦恼、痛苦、压力，元宇宙可以是一种技术鸦片，一来可以用技术提供的社交、游戏、影视等应用软件填满自己的时间，分散自己的注意力，从而减轻或忘却现实生活；二来按照人类的设计或个体自己的设计建造起来的元宇宙，足以

[①] 杨世全：《乌托邦的幻灭：论元宇宙与文学创作的相似、挑战与对抗》，《创作评谭》2022第3期，第36页。

让人摆脱现实世界的羁绊，尽可能长时间地沉浸其中，抛弃各种世俗的烦恼、忧伤和痛苦，达到心灵的平复、宁静。另一种观点认为，元宇宙是在现实需求和理想需求之上构建起来的理想世界，既然是按照需求构建，那这个理想世界必须是一个在现实世界根本实现不了的乌托邦，它除了拥有现实世界中必需的环境、条件之外，还应该拥有现实世界中解决不了、提供不了、实现不了的一切诉求。总之，它一定是这样一个"桃花源"，满足个体任何需求、极少现实世界限制、具备在现实世界实现不了的状况如极度自由、高度自治等。此外，还应该具备元宇宙的特征：终极境界、高度沉浸、空间上无远弗届，时间上可以在过去与未来之间任意穿梭。[1]

元宇宙的乌托邦必然有元宇宙的特性，从外部可以用"元乌托邦"之类的概念描绘它，但重要的是要从内部建立它的环境。作为一种媒介或媒介域，它拥有自己的界面和景观。界面可以是 XR 任何一种设备，也可能是全息技术，甚至有可能是视网膜植入技术或脑机连接技术，但景观是唯一的，必须是三维（如果引入时间则是四维的）或超三维的。这是一种不同于传统媒介营造的维度空间，甚至是不同于真实世界的三维体验，因为在元宇宙里元住民们可以随便使用自己的感官，去嗅，去舔，去触摸，这在传统媒介构建的空间中做不到。

从德波那里我们可以深刻地理解元宇宙景观的实质。"景观就是这个崭新世界的地图，一幅精确覆盖其领土的地图。"[2]"景观不能被理解为对某个视觉世界的滥用及图像大量传播技术的产物。它更像是一

---

[1] 成伯清：《多元现实与多重自我：元宇宙中意义的滋生与湮灭》，《探索与争鸣》2022 年第 4 期，第 81 页。
[2] ［法］居伊·德波：《景观社会》，张新木译，南京大学出版社 2017 年 5 月版，第 14 页。

种变得很有效的世界观,通过物质表达的世界观。这是一个客观化的世界视觉。"①"景观并非一个图像集合,而是人与人之间的一种社会关系,通过图像的中介而建立起来的关系。"②

从此,元宇宙不仅是一种媒介域,一种场域,一种环境,更是一种全新的理想社会。在现实世界实现不了的理想,在"元宇宙社会"中得以实现。这是它的终极哲学目标。

当然,元乌托邦能否实现?这取决于元宇宙的进程、最终结构,更取决于它和现实世界的关系。

终极哲学

哲学本体论中的存在不是一般有型的具体事物,而是高度抽象的、具有终极意义的存在。本体论研究的问题是宇宙之中最终极性的问题之一,即物质和精神谁是世界的本原,或者存在和意识谁是本原。延伸开来,终极性不仅体现在本体论中,也体现在整个哲学中。这也就是说,哲学研究的往往都是终极性问题,上升不到终极性的,只能是学科性的、实践性的问题,而不是哲学问题。需要强调的是,这里所谓的终极性是指的哲学命题的终极性和元宇宙意义的终极性,不是元宇宙事物发展过程的终极性。在辩证唯物主义看来,"不存在任何最终的、绝对的、神圣的东西,它指出所有一切事物的暂时性;在它面前,除了发生和消灭,无止境地由低级上升到高级的不断的过程,什么都不存在。"③

---

① ② [法]居伊·德波:《景观社会》,张新木译,南京大学出版社 2017 年 5 月版,第 4 页。
③ [德]恩格斯:《路德维希·费尔巴哈和德国古典哲学的终结》,《马克思恩格斯选集》第 4 卷,人民出版社 1972 年 5 月版,第 213 页。

哲学本原问题的终极性体现在三方面，一是终极存在，二是终极解释，三是终极价值。① 元宇宙恰恰具备这三种终极性。当然这里所说的元宇宙不再局限于虚拟现实，而是广义的元宇宙，即一种面向无限时空和充满无限扩展可能的"世界""生态""环境""景观"，乃至"宇宙"——真正的宇宙平行于外，和元宇宙形成对立耦合、正负组合。只有从广义上理解元宇宙，才能让这个概念名副其实，否则就是欺世盗名。也只有从广义上理解元宇宙，存在和精神的终极意义才能得到至高的体现。

元宇宙的第一终极哲学是它的终极存在。宇宙固然是自然世界、客观存在的全部体现，作为宇宙的耦合对象和组合对象，元宇宙是精神的终极形式，它不仅以人为中心构建整个体系，最大限度地满足精神的需要而进行设计，它还有无限的张力包容一切精神及其精神的产物，所有现实世界的精神产物都能在元宇宙得以体现，它还让精神或意识以一种三维或多维的形式展现自己的存在性和实在性。这是一种既能充分想象，又不能依靠现有知识和思维水平想象到的景观。

元宇宙不仅是宇宙的耦合对象，或者说不仅仅是物质世界的耦合对象精神世界，在"虚拟+现实"状态下，还是物质世界和精神世界的结合，也就是说元宇宙不仅体现它的精神性，同样体现它的物质性，达到了一种物质和精神高度统一的终极状态。元宇宙媒介域本来就是技术物质的扩张结果，它的物质性一刻也没有走远。但元宇宙也是人的产物，或者说是以人为中心的新世界，它的精神性也是固有的属性。没有一种媒介域和传播景观能像元宇宙这样既具有物质性、存在性，

---

① 参见孙正聿：《哲学通论》，辽宁人民出版社 1998 年 9 月版，第 231–235 页。

又具有精神性、意识性。从形式到内容，元宇宙都是一种终极存在，尽管这种存在还在无限地延伸、扩展。

有的专家用终极结构勾勒出了元宇宙终极存在的形态："元宇宙本身就融合了物理空间、信息空间和人类社会，而这三个空间基本就是世界的终极结构。信息空间和物理空间之间，装备的数据积累自然带来了全新的物联网数据，进一步发展为元宇宙智能和算力系统；物理空间和人类社会之间，社区和游戏应用的升级自然带来了更多的社交数据，支持元宇宙社区的建立；人类社会和信息空间之间，人机交互的变化自然带来了大量的人机数据，为元宇宙入口和设备运行提供基础。"[1] 显而易见，元宇宙不仅是一种终极存在，还具备自己的终极结构；不仅存在，而且可识别、可构建，如果需要还可解构。

元宇宙的第二终极哲学是它的终极解释。马克思曾说："哲学家们只是用不同的方式解释世界，而问题在于改变世界。"[2] 这句话成为人们批判"迂腐的"学者、过时的哲学的理论武器，也经常被人们用作哲学的目的在于改变世界的注脚。辩证唯物主义和历史唯物主义的最终目的当然是改变世界，但马克思和恩格斯从来也没有放松一丝对哲学的解释、对世界的解释、对革命的解释。因此，对于马克思的这句话我们依然可以做辩证的理解和解释。在一种反转的角度下，它恰恰让我们理解了，在"改变世界"之前，必须对自己的行动和规划作出必要的解释。

解释的目的在于认识并达到认识的统一性和知识的统一性，终

---

[1] 周掌柜：《元宇宙大爆炸：产业元宇宙的全球洞察与战略落地》，机械工业出版社2022年4月版，第58页。
[2] [德]马克思：《关于费尔巴哈的提纲》，《马克思恩格斯选集》第1卷，人民出版社1972年5月版，第19页。

极解释则是要解决终极存在的问题。人类有意识以来，一直在追索人从哪里来？人为何和其他生物不同？思想对于人的意义何在、对于世界的意义何在？世界将走向哪里？这些问题之后跟着一连串的终极解释。对元宇宙来说，同样存在终极解释，比如元宇宙和宇宙是什么关系？元宇宙是人的宇宙还是宇宙的宇宙？元宇宙的边界在哪里？元宇宙将把人类带往何处？所有这些终极解释不是无的放矢，不是矫揉造作，而是有着深刻的现实意义和未来导向意义。对元宇宙的终极解释将为元宇宙奠定一个可无限延展的基础和空间，将为人类社会在浩渺无际的宇宙中找到更准的定位。避免让它变成互联网行业或数字技术行业的一种机会主义口号，也避免让它在加速回报定律控制的时空结构中成为一种白驹过隙的短命时代的符号。元宇宙作为宇宙的耦合对象，必定要承担更大的历史重任。具体来讲，我们应该从这样几方面对其进行终极解释。一是把元宇宙看作终极性的本体论在场域、生态、景观方面的一种具体形式，凸显元宇宙的终极性和哲学意义。二是把元宇宙看作现实存在和精神存在的最高形式，有助于元宇宙在"虚拟+现实"模式下构建一种理想的"物质+精神"的二元世界，为用户——全人类提供"没有最好，只有更好"的体验感。三是把元宇宙看作宇宙的耦合对象，有助于在宇宙维度设计元宇宙的框架、结构，真正体现一种真实景观和虚拟景观向外和向内都基本对应的二元存在。

元宇宙的第三终极哲学是它的终极价值。终极解释体现的是人类的终极价值，即每一种解释不是为解释而解释，而是为了表达人类对某一事物的终极关怀，其中包含了人类的价值观，也就是终极判断。比如"人是万物的尺度"这句话，既是人的主宰性的解释，也是对人具备这样一种衡量万事万物的终极价值的解释。"人是环境的产物"

解释了人和环境的关系，但是也体现了环境的决定性作用，这是对环境的价值或地位的重视。"科学技术是第一生产力"的含义是，生产力决定生产关系，生产力各种要素的作用不同，其中发挥第一作用的是科学技术，科学技术不仅决定生产力的水平，更决定生产资料的占有、分配，决定生产者之间权力、财富分配关系。这句话赋予了科学技术至高无上的现实价值和历史价值。司马迁说"究天人之际，通古今之变"，强调的是知识、学问的至高价值。张载说"为天地立心，为生民立命，为往圣继绝学"则强调的是知识分子和一切拥有知识的人要有一种为天地苍生担负责任和使命的价值观。

元宇宙的译名首先可能体现的是译者选择这一译名的偶然性和个体情感性，但它一经被翻译为元宇宙就被大众和社会普遍认可和接受，这说明一方面它容易被理解——"元宇宙"比"超元域"更一目了然，也正好体现了它与宇宙之间所体现出来的虚拟现实与真实现实之间的对应关系；另一方面则隐藏着许多人对它寄予的希望，让它作为一种媒介技术或媒介域承担起一种超越它的起源——"虚拟现实"的历史重任。确实，广义的元宇宙在内容、形式，以及概念的内涵和外延方面都具有无限的扩展性，只要人们愿意，它可以承接一个新世界的压力，也可以承接一个新时代的压力。既然名为元宇宙，它理应像宇宙一样没有边际，没有限制。它是精神的终极形式，贯通精神与物质、意识与存在，也贯通虚拟与现实、元宇宙与宇宙。但是元宇宙是真正属于人的宇宙，能为人所掌控、主宰的宇宙，以人为中心，以人的意志为目的，能够体现人的最高意志和最高精神。这样的价值难道不是终极价值吗？

第二节
元宇宙认识论

　　认识论和本体论的关系是一体两面。本体论不是一个孤立的问题，需要和认识论结合起来看待。历史上人们曾经为物质和精神究竟谁是本原、谁是第一位的问题争论不休，旧唯物论认为自然界是精神的本原，并用自然界力量解释人类的精神世界，进而把物质当作人类全部行动的根据。唯心论则认为精神是自然界的本原，人的感官和精神才能认识自然界的抽象性，进而把精神作为人类全部活动的根据。很显然，这两种理论都是在片面强调物质或精神的力量基础上得出世界本原结论的。辩证唯物主义和它们不一样。辩证唯物主义强调世界的本原是物质或客观存在，人的精神和意识可以认识物质或客观存在，在精神和意识未到达的地方，物质依然存在，也依然有客观存在，但是物质和客观存在的现实意义无法体现。此外，当人的认识或精神一旦成为认识的对象，它也就具有了客观性，也变成了客观存在的一部分。

哲学的本原问题实质上是一个认识论问题，唯物主义和唯心主义只有在认识论上才能一分高下。这也就是近代以来西方哲学出现"认识论转向"的原因。认识论不能否认世界的物质性和客观性，但是世界和客观存在如果不进入人的意识和精神世界，它的存在价值就无法言说，无法判断，它和人也建立不起关系。元宇宙所建构起来的认识论，与此一致，并且更能体现人的精神和意识的主观能动性。

形而上学

元宇宙从名称上就直接有了形而上学的属性，反过来讲，形而上学出现时就有了和元宇宙一样的"后来居上""超越一切"的含义。

亚里士多德去世 200 年后，古希腊罗德岛的安德罗尼柯在整理他遗留下来的文字时，首先将研究自然现象运动变化的内容编纂为《物理学》(*ta Physika*)，而把自己认为并不重要的、讨论抽象范畴的文章另外编册，并起名为《物理学以后诸篇》(*ta Meta ta Physika*)。希腊语中，meta 最早表达"在……之后"，因此这本册子表露出一种"在后""无关紧要"的意思。中世纪时这本《物理学以后诸篇》被翻译成拉丁文，书名是 *Metaphysica*，因在拉丁语中 meta 前缀除了有"之后"意思之外，还有"超越"的含义，因此该著作开始被理解为"超物理科学"，继而转变为高于物理学的"第一哲学"。日本明治时期的哲学家井上哲次郎在翻译该著作时，依据《易经·系辞》中"形而上者谓之道，形而下者谓之器"一语，把 metaphysics 翻译成了"形而上学"。之后，清朝留学生将大量"日制汉语"带回中国，"形而上学"这个词正式进入汉字系统。

第三章 元宇宙哲学

形而上学有两种解释。一种是贬义，指它没有批判性，否认思维和存在的矛盾关系，是一种"旧的研究方法和思维方法，黑格尔称之'形而上学的'方法，主要是把事物当作一成不变的东西去研究"[①]。把它看作辩证法的对立面。另一种是中性含义："从13世纪起形而上学被用作哲学的代称，指研究超验的东西的学问，其意一般多指建立一个观念体系以对实在的性质做出判断，或以一种方法去把握所知实在的性质。17世纪，笛卡尔承继亚里士多德的传统，把物理学和形而上学完全分开，前者考察物质实体，后者则是对存在和认识的抽象研究，也就是思辨哲学。"[②]

元宇宙的形而上学采用的是它的中性含义。

在中性含义中，形而上学是相对于形而下学而言的，也就是《易经》"形而上者谓之道，形而下者谓之器"一句话中的"道"和"器"。所谓"器"是指有形之物，类似于一般可见之物，存在于常识之中，包含了"形"本身，因此上升不到哲学的存在范畴，言外之意是一种低级的存在。所谓"道"是指无形之物，类似于和意识相对立的存在，如"理""法""元"等，只有通过哲学思辨才能感知它的存在，言外之意是一种高级的存在。"道生一，一生二，二生三，三生万物"，道是万物之源、万物之宗，拥有至高无上的地位。和"道"对应的具体事物也往往具有宏大深奥的特征，如乾坤、阴阳、宇宙、世界。但是从朱熹、程颢等人开始，道与器达成了和解，实现了融合，"道非器不形，器非道不立""器亦道，道亦器"。

[①] [德] 恩格斯：《路德维希·费尔巴哈和德国古典哲学的终结》，《马克思恩格斯选集》第4卷，人民出版社1972年5月版，第240页。
[②] 潘道正等：《从解释到改造——也论马克思恩格斯对形而上学的终结》，《南京社会科学》2004年第6期，第11页。

元宇宙可以看作"道",在它面前有两种"器"。其一是元宇宙得以构成的各种具体存在,包括"隶属"于它的各种媒介物、技术、用户,也包括"由它"和"给它"建构起来的场域、景观、各种虚拟的和真实的世界。在这里,道与万物的关系是"万物生三,三生二,二生一,一生道",元宇宙在万物面前不是天然存在的,是人为构成的,是由部分组成的整体。其二是宇宙。宇宙是纯物质的,纯自然的,无始无终,不生不灭。元宇宙因人而生、而存在,它不是绝对精神的,但它也不是纯粹物质的,它只是宇宙的耦合对象,就像阳与阴、天与地、乾与坤、雄与雌,宇宙与元宇宙也形成这样一种一一对应的组合。宇宙是万物的统一,它的至高无上毋庸置疑,作为宇宙的耦合对象,元宇宙也就自然拥有了至高无上的"形而上"属性——meta 的前缀名副其实。总之,元宇宙结合了物质和精神两种完全对立的存在,所以它既是物质,也是精神;既是器,也是道。器和道、有形和无形在元宇宙达到了真正的统一,元宇宙也成为最终的"形而上",它构成的学问也是至高的形而上学——哲学。

意识内爆

黑格尔有句名言:"凡是现实的都是合理的,凡是合理的都是现实的。"[①] 但是恩格斯用黑格尔自己的辩证法推导出了一个完全不一样

---

① [德]恩格斯:《路德维希·费尔巴哈和德国古典哲学的终结》,《马克思恩格斯选集》第 4 卷,人民出版社 1972 年 5 月版,第 211 页。关于这一段话需要说明一下,有的译者认为黑格尔的原话应该是:凡是有理性的,都是现实的;凡是现实的,都是有理性的。"有理性"和"合理的"不是一回事,"合理的"是一种误解。参见邓安庆译《黑格尔著作集第 7 卷·法哲学原理》,人民出版社 2017 年 2 月版,"序言"第 12 页。

的结论:"黑格尔的这个命题,由于黑格尔的辩证法本身,就转化为自己的反面:凡在人类历史领域中是现实的,随着时间的推移,都会成为不合理的,因而按其本性来说已经是不合理的,一开始就包含着不合理性;凡在人们头脑中是合理的,都注定要成为现实的,不管它和现存的、表面的现实多么矛盾。按照黑格尔的思维方法的一切规则,凡是现实的都是合理的这个命题,就变为另一个命题:凡是现存的,都是应当灭亡的。"① 现实的就是合理的或有理性的,合理的或有理性的就是现实的,这种深刻的关系不是天然地、自在自为地存在的、出现的,它是意识的结果、精神的结晶。没有意识,就不会有这样深刻的判断,就不会有这种高度体现精神能动性的结晶。意识不仅让现实和存在丰满起来,也能让不存在的变成存在,让虚拟变成现实,而在另一方面,意识在逻辑、辩证法和梦想的支持下,还能继续发生内爆,结出更多的果实。

传播学内爆理论② 属于媒介环境学旗手马歇尔·麦克卢汉。他在《理解媒介:论人的延伸(增订译注本)》一书中多次使用这一词语,并对其进行了解释。"凭借分解切割的、机械的技术,西方世界取得了 3 000 年的爆炸性增长,现在它正在经历内爆(implosion)。在机械时代,我们完成了身体的空间延伸。今天,经过一个世纪的电力技术发展以后,我们的中枢神经系统又得到了延伸,以至于能拥抱全球。就我们这颗行星而言,时间差异和空间差异已不复存在。我们正在迅

---

① [德]恩格斯:《路德维希·费尔巴哈和德国古典哲学的终结》,《马克思恩格斯选集》第4卷,人民出版社 1972 年 5 月版,第 212 页。
② 刘易斯·芒福德更早使用了这一词,他在《城市发展史》中写道:"人类文明第一次大发展中,情形恰好相反:社会权力不是向外扩散,而是向内聚合(Implosion)。"译者译为了"向内聚合"而不是"内爆"。麦克卢汉借用了很多芒福德的概念和观点。

速逼近人类延伸的最后一个阶段——从技术上模拟意识的阶段。在这个阶段，创造性的认识过程将会在群体中和在总体上得到延伸，并进入人类社会的一切领域，正像我们的感觉器官和神经系统凭借各种媒介而得以延伸一样。"① 麦克卢汉虽然生活在电力时代，甚至不是电子时代（何道宽语），但是他能切中往后 30 年甚至 60 年的时代脉络——不仅切中了互联网时代的脉络，也切中了元宇宙时代的脉络。人类从 20 世纪开启的互联网时代就在把媒介的延伸性从各个感官器官向中枢神经转移了，而元宇宙更是要充分地、最大限度地延展人类自己大脑的功能，通过各种技术延伸，把意识和物质彻底无理性地连接起来，构建一个既属于物质又属于意识的"虚拟 + 现实"世界。这真的是一次比麦克卢汉所能意识到的、威力更大的内爆。这是属于意识的内爆，是向人自己、向人的大脑、向人的意识的方向开展的具有哲学终极意味的探索，最终导致一次向内和向外两种力量结合后的爆炸性发展和爆炸性增长。

产业界有人用"元宇宙大爆炸"形容元宇宙的爆炸式发展和增长，并且构建起元宇宙的数据奇点、爆炸及爆炸后的数据膨胀结构。② 这显然是对宇宙爆炸理论的模仿，不过倒是提醒我们，既然宇宙有大爆炸，元宇宙也有自己的大爆炸。只不过两场爆炸有本质的区别。宇宙大爆炸是从"无"到有的爆炸，是迅速构建空间的爆炸，是物质世界的爆炸；元宇宙是从有到"更有"的爆炸，是在一个既有的空间内的爆炸，是精神的爆炸和知识的爆炸，是麦克卢汉所谓的"内爆"。

---

① ［加］马歇尔·麦克卢汉：《理解媒介：论人的延伸（增订评注本）》，何道宽译，译林出版社 2011 年 7 月版，第 4 页。
② 周掌柜：《元宇宙大爆炸：产业元宇宙的全球洞察与战略落地》，机械工业出版社 2022 年 4 月版，第 60–62 页。

有人认为元宇宙证明了黑格尔"绝对理念"的真实性,因为元宇宙可以用技术手法把"绝对理念"建构为一种可观的存在形式。关于后者,那是没有问题的,元宇宙如果做不到把精神物质化、意识存在化、虚拟现实化,那元宇宙就是浪得虚名。然而元宇宙对"绝对理念"的建构并不是要配合证明"绝对理念"等观念、精神的先验性,而正是为了证明元宇宙的无限可能性,以及元宇宙作为人的产物,是一种比"绝对理念"等观念、思想和精神更具超越性的形而上学存在。

意识内爆在宇宙大爆炸138亿年之后发生,它无法追赶上后者的步伐,永远停留在138亿光年的距离之外,但是它能"看见"后者的往世来生,甚至可以重现后者,而且最终它关于后者96%的知识永远也无法被证实。所以说,元宇宙很伟大,但是也很无奈。

创新精神

人类在任何时候、任何领域都不缺创新精神。创新的目的在于发现新的知识、找到新的解决问题的办法、找到终极真理。哲学思想的创新强调从新视角、用新方法发现新的理想、新的可能性、新的终极真理和新的意义。元宇宙具备哲学的终极属性,因此也具备哲学意义的创新精神。事实上,无论是从技术自我进化看,还是从人类精神世界的无限扩展看,元宇宙都是创新精神在新的媒介时代、新的精神时代的代表。元宇宙一方面会推动创新,另一方面则直接就是创新精神的结果。

元宇宙是创新的代名词。元宇宙起始于一种科幻文学,而科幻文学特别能够体现人类的创新意识和精神。文学本来就是精神之花,是创意活动，是语言、文字这些高度文明的"存在性"媒介和意识再次结合的产物，自始至终都要求熟练地、创新性地使用那几种"存在性"媒介，并能够一次次地建构起既模仿现实又超越现实、彼此还有差异的想象景观。被称为"社会生物学之父"的美国人爱德华·威尔逊认为，包括文学在内的文化艺术的进化与有机进化是平行发展的，文化进化让人类物种能适应那些不可避免、持续不断的环境条件变化。①这构成文化创新的动力。可以说文化创新对人类来说是本能。照此说来，尼尔·斯蒂芬森创作《雪崩》不仅是他个人的一种创意活动，也是人类对如何能适应元宇宙"不可避免又持续不断的环境条件变化"的终极思考。事实上，所有的科幻小说都体现了作品和作者对"未来"的创新性终极思维，也都体现了这些文学精英们关心人类命运的一种终极情怀。而所有这些思考和情怀都既体现了人类的创新精神，也是人类创新精神的产物。

科幻文学是科学和人文的结晶，结合了科学和人文两个领域里的创新精神和创新动力，所以它们才能给人以强烈的新奇感、真实感、入胜感。这个结合的过程中，作为精神一方的人文充分地体现了人的主动性、能动性和创造性。几乎从每一部科幻作品我们都能感受到人文的力量、人文的关怀。要想完成这种结合，人文非得高屋建瓴、胸怀天下，而不能放飞思维；非得委曲求全、谦卑内省，而不能让人类离开大地进入更大的空间。威尔逊认为人文以三种方式和科学建立联系。"第一，跳脱出人类感官世界所蜗居的局限。第二，将遗传进化的深层历史与文化进化史联系起来，把根系扎牢。第三，抛弃阻碍人

---

① [美]爱德华·威尔逊:《创造的本源》，魏薇译，浙江人民出版社2018年10月版，第38-39页。

文发展的极端人类中心主义思潮。"①"人文科学三原则"充分地体现了威尔逊社会达尔文主义的观念，这种观念其实并不为所有人所接受，甚至有很多激烈反对者，用于解释元宇宙的话，也未必准确。但是，三原则却昭示了人文的伟大，指明了在科学发展中人文的力量和人文应该具备的姿态。人类有资格为自己感到骄傲。

元宇宙来自技术创新。技术是有自己的发展进化路径的，每一种技术都会随着外部环境、人类需求的变化而不断更新迭代。不同的技术通过不同的组合还能产生不同的新的技术。媒介学者认为人类的第一种技术是语言，如果没有被证伪的话，那这意味着技术从一开始就是人文的，也意味着技术一开始就是属于媒介的、传播的。即使是如此简单的语言技术，它也不是由语言自身单一元素构成的，而是由语言、听觉、扩音技术、收听技术等共同构成的，形成了语言域。以后的每一种"新媒介"和"新媒介域"都是语言和语言域以及后续的媒介和媒介域代代相传、陈陈相因，不断衍生出来的新媒介和新媒介域。技术作为人类精神的产物，其创新发展的逻辑恰恰证明了人类精神或意识的创新能力。从根本上说，技术的不断自我创新和自我超越，就是精神的不断创新和自我超越。

元宇宙就是互联网技术、数字技术、图像技术、存储技术、人工智能技术等各种技术深度发展到今天，不断迭代、相互结合以后的结果。虽然说元宇宙是以人为中心的，是关乎人的精神世界如何与外部物质世界进行联系、结合的媒介域，取决于人类的认识、判断和预测，但是如果没有以上技术的支持，或者说以上技术没有发展到今天这样

---

① [美]爱德华·威尔逊:《创造的本源》，魏薇译，浙江人民出版社2018年10月版，第84—85页。

的水平,那元宇宙只能停留在斯蒂芬森的小说中。技术作为人类精神的产物,一旦产生并成为存在的一部分,便有了现实存在性,也有了其自身发展变化的规律。它作为一种外在的力量,不自觉地推动着人类生存环境的变化,包括推动产生一种元宇宙存在模式。今天,凭借人类对以上有关技术的开发和掌握,元宇宙正在慢慢成为现实。一个建立在技术基础之上的、体现人文力量的、把精神世界和物质世界进行重构的、美好但并不虚妄的"乌托邦"正徐徐展现在人类的面前。

元宇宙来自人类的创新精神。没有人类的精神之花,宇宙和地球将是昏暗和沉闷的,大自然的规则之美、形象之美,将没有生物能进行描绘和赞赏。也许有些动物保护人士或环境保护人士对此不以为然,然而他们不能否认,如果没有精神和意识,他们也没有必要批判谁、反对谁。这就是人文的重要性。没有宇宙,一片虚无之中不会有物质和精神;反过来,没有精神,宇宙没有意义,元宇宙也不成立。元宇宙是人类为了更好地适应现实存在、改变现实存在的条件、建设一种更理想化的现实存在,而构建起来的"超宇宙""超现实"的世界,体现了人类精神的力量。

正如威尔逊所言,"我们向内心追寻创造力的根源,不断向人类共有思想的最深处挺进;我们向外界探索创造力的延展,不断想象宇宙万物间的真实情景。完成一个目标,又发现前方的另一个目标。这是一场永无止境的追寻。"[①] 人类同时在不断地向内——心灵、思想、精神、意识,也不断地向外——物质世界、大自然、太空、宇宙,伸展自己的创造力,元宇宙就是这样一种同时向内又向外延展人类力量

---

① [美]爱德华·威尔逊:《创造的本源》,魏薇译,浙江人民出版社 2018 年 10 月版,第 5-6 页。

的体现。同样，另外一位思想家的话也能把创新精神和元宇宙联系起来："自发性和创造性就是一切人类活动的核心所在。它是人的最高力量，同时也标示了我们人类世界与自然界的天然分界线。在语言、宗教、艺术、科学中，人所能做的不过是建造他自己的宇宙——一个使人类经验能够为他所理解和解释、联结和组织、综合化和普遍化的符号的宇宙。"[①] 这个"他自己的宇宙"和"符号的宇宙"不就是我们正在构建和身处其中的元宇宙吗？看来，一种远比今天的虚拟世界性质的元宇宙还要宏大、深远的元宇宙思维早已存在。让我们记住这个人，恩斯特·卡西尔，他在1944年逃离法西斯德国后发表了自己的见解。

---

① ［德］恩斯特·卡西尔：《人论：人类文化哲学导引》，甘阳译，上海译文出版社2013年6月版，第378页。

第三节

元宇宙主体论

"主体"一词最早是黑格尔提出来的,有时也被翻译为"主观",但后来这两个词的含义开始有所区别,使用上也开始分离。现在,主体是指人的生物体,或者是把人作为客体的对立面;主观是指人的认识、思想、精神,对立面是客观,有时有贬义成分。

主体论不能算是一种相对独立的哲学理论。这里的主体论是对本体论中主体的剥离,是为了单独论述人的主体性及其在元宇宙中的重要性而设定的一个概念。

人类大概没有意识到,自己所争论了几千年的世界的本原问题——物质和精神谁是第一位,恰恰开始于人类自己。在人类诞生以前,世界已经存在,宇宙已经存在,其他的生物并不会去"思考"自己和世界谁支配谁的问题。只有当人类出现在地球上之后,意识随之出现,精神随之出现,这才有了对物质与精神、存在与意识的谁支配谁的问题。旧唯物主义强调物质和存在的决定性,认为物质支配精神、存在支配意识，但认知止步于此。唯心主义强调精神和意识的决定性，认为精神支配物质、存在支配意识，完全无视人类只是历史长河中的偶然产物和人类诞生前物质世界早已存在的基本事实。只有辨证物主义完满地解决了物质和精神、存在和意识的二元问题，坚定地支持物质第一性、精神第二性的立场，但同时认为物质和精神及其产物都能被人认识，物质和精神及其产物的意义在于它们成为精神的对象。

人类不仅能认识物质和客观世界，也能认识精神和主观世界，还能认识创造精神的主体——人自己。

认识自己

"认识你自己"，这是希腊德尔菲神庙门楣上的一句格言，也成为苏格拉底的信条，因此他从研究自然转而开始研究人。从此，西方哲学不仅是关于自然的学问，也成为关于人自己的学问。赫拉克利特说："每一个人都能认识自己，都能明智。"[①] 他还说："智慧只在于一件事，就是认识那善于驾驭一切的思想。"[②] 由此，真正的智慧取决于人能不能认识人自己及其思想、精神。中国古代哲学也高度关注人的问题，有的把人与自然等量观之，提出"究天人之际""天人合一""天人相通"等理念；有的则把人看得高于一切，也高于自然，提出"人者天地之心，五行之端""天地之性人为贵"。莫不是强调人这个主体的重要性和终极价值。

---

① 北京大学哲学系外国哲学史教研室：《西方哲学原著选读》，商务印书馆，1981年6月版，第25页。
② 同①：第26页。

每一个时代的人都在不断地重新认识自己，文艺复兴、启蒙运动、五四运动都有重新认识个体自我和重新认识群体自我的因素，数字时代的人们也发起过认识自我的运动。2007年旧金山诞生了"量化自我"（Quantified Self）运动，喊出了"通过数据认识自己"的口号。该运动强调的是一种数字实践，"监控、搜集、量化和展示与个人相关的数据，包括生理、体态、体位和行为习惯的数据。"[①] 过去，人只能通过他人或镜子了解自己的外观，通过冥想和反思了解自己的精神世界；今天，我们可以通过手机和穿戴式设备实时地掌握自己的血压、血氧、心跳速度、走路步数等信息，当然我们也把自己的隐私自觉不自觉地"让渡"给了信息平台或监督机构。人正在变成一个"透明人"。元宇宙将继续对人量化、物化、透明化，甚至在重构每一个自我。人类面临着又一次重新认识自己的机会——也可能不是机会，而是压力，或者是代替"上帝"行使再一次掷骰子的机会。

在前元宇宙时代，主体和客体基本是界限分明的，主体是指人，人之外的对象是客体。上升到哲学层面，人作为认识对象，才成为客体的一部分。但是在元宇宙，不需要上升到哲学思辨，在现实当中，人已经不仅是主体，而且也是客体。人构建了元宇宙，就像给自己建筑了一栋楼房，要进去生活，而不是像创作了一件艺术品供自己观赏。人当然是主体，元宇宙当然是客体，但是当人存在于元宇宙的那一刻起，人已经成为元宇宙的一部分，也就变成了客体的一部分。特别是如果进入元宇宙的是人的化身，而不是本人的话，那"它"的客体性更是毋庸置疑的。有人会说，这意味着人本体留在了元宇宙外，主体

---

① ［意］科西莫·亚卡托：《数据时代：可编程未来的哲学指南》，何道宽译，中国大百科全书出版社2021年9月版，第44页。

和客体的界限还是一目了然的。但是别忘了,元宇宙可不仅仅是我们面前的一台电脑或一部手机界面(屏幕)背后的世界,元宇宙意味着我们周围是各种界面以及 3D 景观建构起来的环境,你醒着在这样一种环境中,睡着也在这样一种环境中。在这样的环境中,人的主体和客体同时存在,不仅他人无法辨别你的主客体,就连我们自己可能也会经常处于"失真"状态。这可能是未来元宇宙的普遍现象,不过事实是在今天元宇宙的初级阶段,这种现象已经初露端倪。当我们坐在电脑前,用一个昵称或美颜后的形象与别人交流时,这个昵称和美颜后的形象究竟是你的主体还是你的客体?无法清楚回答。实际上,主体与客体已经合二为一了。

人有很多种化身,比如姓名、绰号。中国人最善于给自己塑造化身,古代中国人除了有姓,还有名;除了有名,还有字,还有号。今天的中国人除了大名,还有小名;除了正名,还有别名、绰号。和中国人比,西方人的姓名史比较短暂,直到近代才开始有姓,不过绰号、别名还是有的。姓名是一种符号,也是一种化身,它背后往往有一个真身存在。互联网诞生以后,由于身份的隐匿性,很多人采用了"昵称""网名"等化身,人的化身开始数字化。大家在网上只见名,不见人。后来视频技术让人们能在虚拟空间相见了,但这是真身吗?肯定不是,它是 2D 化身,一个图像而已。

三维构图技术成熟以后,人有了自己立体的化身,符号化身(symbol)或神灵化身(incarnation)转变成了数字化身(avatar)。[①]符号化身是指人们的姓名、图像等象征,神灵化身是观念中的神灵通

[①] SHETH N. Hindu Avatar and Christian Incarnation: A Comparison[J]. Philosophy East and West, 2002, 52 (1): 98-125.

过人的化身降临人间。这两种化身要么存在于一维想象景观中，要么存在于二维的文字、图像中。但数字化身不一样，它是三维的、可通过视觉和听觉之外的感觉器官"见证"的，甚至是可触摸的。电影爱好者们耳熟能详的好莱坞电影《阿凡达》即此意。在元宇宙时代，化身在不断立体化、普及化，"它"可以代替人行使人的职能。比如有条件的人可以制造一个自己的化身，代替自己去值班。如果你仇恨某个人，是不是可以制造一个仇人的化身，然后痛揍它？不知道这算不算违法，也许元宇宙以后会立法禁止此种行为。再下一步，化身的目标应该是智能化。智能化的化身可以通过深度学习、大数据计算，掌握一个人的各种思维习惯、行为习惯，最终代替真身去完成真身不愿意做的事，这当然要遵守元宇宙法律。那个时候，真身与化身，谁是主体，谁是客体？主体和客体的区分有何意义？

"我是谁？""我们是谁？"过去这些疑问只是对人的社会属性进行鉴别，今天，这些问题直接关系我们的物理身体。2001年，FAS（美国科学家联盟）制定了一个"数字人计划"（digital human project, DHP），其中包括：人类基因组计划（human genome project, HGP），可视人计划（visible human project, VHP），虚拟人计划（virtual human project, VHP），人类脑计划（human brain project, HBP）。据称，这些计划是对抽象的人的数字仿拟，分别对应了数字仿人的四个阶段。这些"可视人""虚拟人"等"数字仿人"如果承载了过多的机器、非生物材料的话，人还是原来的人吗？要不要制定"人的自由发展"原则？或者与之相反的"真人第一"的原则？这取决于我们人类对人类自身命运的判断。

还有一种情况。在前元宇宙媒介域中，传播主体与传播客体——

受众基本是分离的,两者的界限泾渭分明。但在元宇宙,每一个个体依然可以是传播者,但传播者可能找不到谁是传播客体、谁是受众。因为元宇宙更像是一个新世界、新大陆,每一个个体在其中首先是"元住民",然后才是传者、受众,他们或它们在其中寻找的不是信息,而是社交;不是身份,而是位置(立锥之地);不是景观,而是体验。尽管信息依然重要,身份依然重要,景观也依然重要,但是社交、位置和个人体验更加重要。这种关系结构下,传播的主客体也发生了化学反应。

主体意识

把世界分为主体和客体两种存在形式是哲学的常规思维,唯物主义和唯心主义围绕主体和客体的支配性地位展开长期的争论,但它们唯独对主体和客体这两种存在"体"的共存不持异议。从本体论的角度出发,如果没有客体,就不会为主体的存在提供物质基础和环境;而如果没有主体,客体存在不存在?主体如何感知客体?客体在先还是主体在先?……这一系列问题也就都不存在了。因此,辩证唯物主义把主客体二者结合起来,用一种辩证的、变化的观点看待主客体的关系。这种哲学思维在科学界、人文学界都得到了普遍的认可。到头来,人们在处理各自领域的问题时,就会不知不觉地要么用标榜为唯物主义的客观主义包打天下,要么为了回避唯心主义而把主体完全地淹没到客体之中。

传播学界或媒介领域就有此情况。

法国学者德布雷很敏锐地意识到哲学二元论和媒介及传播的关

系，他说："任何主体/客体的二分法，任何把精神和物质对立起来的做法，对于现实地理解媒体界（即媒介域）都将是致命的，因为媒体界既客观又主观。"① 这样的结论从表面看来是没有任何问题的，读者往往会赞叹德布雷考虑问题的周密性。

在整个媒介环境学派内也呈现一种类似状况。1970 年尼尔·波斯曼②在创建媒介环境学专业时对新专业做了简单的解释："媒介环境学把环境当作媒介来研究。"③ 这说明媒介环境学派早期研究对象完全聚焦于媒介和环境这样的客体。作为该流派第三代学者，林文刚认为，"媒介环境学强调人在媒介研究中的重要角色，重点关怀如何研究人与传播媒介的关系。"④ 研究的视野从客体扩大到了主体，从哲学上讲，完成了主客体的结合。但是细心的读者也许能感觉到，在媒介环境学理论中，主体基本是一种陪衬，客体才是研究的"主体"。学者们最喜欢用的标题结构是：媒介环境学视域下的×××。如果文章中有主体的话，那主体的从属位置十分明显。这一点在林文刚的深度解读中表现得明确无误："当人们把符号环境或感知环境当作媒介来研究时，人们和媒介的关系就不是肩并肩的关系。此时媒介环境学感兴趣的是人们感觉、感知、体会、思考、认识、理解和再现周围世界的方式，如何受传播媒介固有的符号性质和感知性质的塑造。"⑤

引用媒介环境学大师们的话并不是要批判媒介环境学流派和理论，而是为了说明在相关理论研究中，虽然主体的存在没有被完全无

---

① ［法］雷吉斯·德布雷：《媒介学宣言》，黄春柳译，南京大学出版社 2016 年 3 月版，第 27 页。
② 大部分文献中译作"尼尔·波兹曼"，但何道宽翻译《技术垄断》一书时译作"波斯曼"，本书多处引用了《技术垄断》内容，为了保持一致故选用了后者。
③④⑤ ［美］林文刚：《媒介环境学：思想沿革与多维视野》，何道宽译，北京大学出版社 2007 年 10 版，"林文刚之中文版序"，第 3 页。

视,但由于客体就像空气弥漫在空中一样,主体完全被包围、被淹没、被处置了。

"德布雷意识"和"媒介环境学现象"给了我们一次反思的机会,那就是把人这个主体从媒介研究、媒介域构建中"解放"出来,让主体真正地做一回主人。元宇宙提供了这样的契机。元宇宙的本质决定了人的主体意识不管"它"愿意不愿意,都要挺到前面。首先,元宇宙是宇宙的耦合,体现的就是精神世界的力量,而这种力量来自我们人类。其次,元宇宙是人利用各种技术建构起来的,无论是它的结构,还是框架,也无论是它的形式,还是内容,都体现了人的意志。最后,元宇宙的第一主角既不是元宇宙自身,也不是人的化身,而是人的真身,主体将永远掌控元宇宙这个客体的存在方式和最后走向。

在元宇宙,人的主体地位不是谁授予的,而是天然拥有的,但是这种主体意识不是天然拥有的,是人在元宇宙的建设过程中,自我争取和培养起来的。

身心二元

提到身心概念就不得不提笛卡尔和他的二元论。笛卡尔很早就对很多既有认识产生了懵懵懂懂的怀疑,直到有一天他意识到凡是他当作最真实、最可靠而接受过来的东西都是从感官得来的,说明感官感觉到的才是真实的。但是他马上意识到,感官感觉到的也不完全真实,不一定存在,有的时候也是虚假的、不存在的,这说明感官是骗人的。那么什么才是最真实的?什么才是真实存在的?他幡然醒悟:"我能思考、能肯定、能怀疑,那不证明我是存在的吗?"于是有了"我思维，所以我存在"①的结论，后人将其简化为"我思故我在"。那么这个"我"是我这个人整体吗？笛卡尔说不是。"我只是一个在思维的东西而没有广延，而另一方面，我对于肉体有一个分明的观念，即它只是一个有广延的东西而不能思维，所以肯定的是：这个我，也就是说我的灵魂，也就是说我之所以为我的那个东西，是完全、真正跟我的肉体有分别的，灵魂可以没有肉体而存在。"②我们的身与心一下子就被笛卡尔一劈两半，变成了互不相关的两部分。他解释道，"肉体永远是可分的，而精神完全是不可分的……当一只脚或者一只胳膊或别的什么部分从我的肉体截去的时候，肯定从我的精神上并没有截去什么东西。"③笛卡尔的这个有关"第一概念"的理论由此被称为身心二元论。很显然，笛卡尔的思想有着不可理喻的出发点，一经发表就遭到了很多人的疑问、诘难。事实和历史证明，他把身与心割裂的思想是完全错误的。实际上，因为他强调"我思"的重要性，而"我思"只能证明"我心"，"我身"——人的身体就被自己的思想淹没了。

笛卡尔早年的思想有点和经验哲学周旋的意味，晚年他实际上重新把身体和心灵的裂痕弥合了。作为对笛卡尔二元论的批判，后来出现了两种一元论。一种是强调心灵的一元论，认为身体和心灵是统一的，心灵主导身体；一种是强调身体的一元论，认为身体和心灵不可分割，身体决定心灵。前一种一元论其实最后结果和笛卡尔早期思想殊途同归了，后一种一元论则走向了笛卡尔早期思想的反面，让身体掩盖了心灵。

---

① [法]笛卡尔：《第一哲学的沉思集：反驳和答辩》，庞景仁译，商务印书馆1986年6月版，第149页。
② 同①：第85页。
③ 同①：第93–94页。

第三章 元宇宙哲学

今天，在身心问题上基本没有什么分歧了，正常的思维都会承认，主体由身体和心灵（或精神、意识）两部分组成，二者相辅相成，不可或缺。只有身体，没有心灵，无益于其他生物和非生物客体；强调心灵，忽视或否认身体，则心灵无所寄托。然而，这些言论的合理性有一个前提，那就是我们处于一个常识性的物理世界。一旦打破真实世界与虚拟世界，或者物质世界与精神世界的临界点，常识和真理将可能再次转变为谬误。

元宇宙让人类来到了这个临界点，或者说已经打破了这个临界点。在元宇宙，世界不再只是真实的世界，还是虚拟的世界；人不仅存在于真实世界，还存在于虚拟世界。如果一个人的化身身处虚拟世界的景观中，但他的身体在真实世界中，这意味着他的感观也存在于真实世界中，他的感觉却在虚拟世界中，那这个时候，感觉（心灵）感知到的"我思"和"我在"究竟是在真实世界，还是虚拟世界？如果是在真实世界，那虚拟世界的感觉如何能感知到真实世界的"我在"？反过来讲，如果是在虚拟世界，那感觉感知到的"我在"是不是真实的"我"？这些语言可能会让人很费解，不妨用电影镜头说明问题。好莱坞电影《源代码》中的主人公在阿富汗战场上身负重伤，身体残缺不全，濒临死亡，唯有部分大脑还在活动。研究机构通过外接电脑，让主人公大脑一次次进入源代码世界，通过反复排查，抓住恐怖分子。当源代码技术刺激主人公大脑活动时，这个主体的大脑开始"我思"，这个时候"他"感知到的"我在"并不是躺在实验舱中的自己残缺不全的躯体，而是源代码世界的那个主人公。源代码外的"心"感觉到的却是源代码里的"身"，身与心都存在，各自却处在两个平行世界中。身与心回到了笛卡尔的二元世界，但这不完全是科幻电影漫无边际的想象,更不是向笛卡尔二元论的谄媚。未来,这种技术有着现实的生命价值。它可以运用于躺在床上的植物人,如果他或她的家人想让他或她的生命更精彩,"源代码"未必不是一种很好的选择。届时,身与心必然出现一种新的关系。

电影《阿凡达》主人公杰克每次进入"潘多拉"星球变身阿凡达之前需要穿戴特殊装置并进入休眠状态,那么在休眠状态的杰克感知到的另一个世界的阿凡达是因为杰克的"我思"而存在吗?或者杰克在"我思"的时候感觉到的是杰克的"我在",还是阿凡达的"我在"?再或者,在另一个世界中的阿凡达会"思"吗?电影是给了他"思"的功能的,他不仅能思,还能爱,能战斗。如果阿凡达的思是阿凡达自己的思,而不是休眠状态的杰克的思,这样一来实际上有了两个互通的"心"和"思",也有了两个身。虚拟世界成熟之后,可能会有很多人将有类似的体验机会,前提是先建构一个类似潘多拉的虚拟世界或者发现一个宜居的生态星球。身与心的关系将变得更复杂,这种复杂的身心关系可能有助于解决未来月球移民或火星移民的第一期目标,即首先解决两个星球之间的时空共建关系。"分身乏术"将变成一种历史。

这还不是深度元宇宙,如果一个化身被高度智能化,不再需要通过脑机接口激活思维,而是让化身以机器人或硅基人的身份出现,且能够按照真人的思维进行思考、行动时,如何判断"我思故我在"?如何判断自己的身体与自己的心灵的关系?更进一步,如何判断自己的身体与化身的"心灵"的关系,或化身与真身的"心灵"的关系?

如果把"心"与灵魂、精神等哲学概念等同起来的话,那身与心可能会出现更复杂的关系。人的真身是生物体,总会有生老病死,这符合自然界的"形成－灭亡"自然规律，也符合更深层次的熵理论，所以碳基生命总有解体的一天。但是心不一样，因为它转变为灵魂和精神，灵魂和精神又可以通过数字形式保存下来，灵魂和精神就有了永恒性质，所以不管身体是碳基还是硅基，身体会消亡，但精神将以一种实在的形式而永存。

元宇宙给我们带来了一系列的哲学"天问"，也会给我们制造一系列的困惑。但无论如何，在人人畅谈的元宇宙，即使我们能去中心化，我们也不能去主体化，不能去真身化。我们的心灵如何，暂且不管，但我们的身体必须存在，否则不管是虚拟世界，还是真实世界，都与人类再没有关系，而这与元宇宙初衷格格不入。

让我们谨记卡西尔的嘱托："作为一个整体的人类文化，可以被称作人不断解放自己的历程。语言、艺术、宗教、科学是这一历程中的不同阶段。在所有这些阶段中，人都发现并且证实了一种新的力量——建设一个人自己的世界、一个'理想'世界的力量。"[①] 这种"人自己的世界"和"'理想'世界"一定是身与心共存，并且是和谐共存的世界。只有这样的理想世界才是理想元宇宙，才能既展示人类的精神创造力，又永远不让自己的身体迷失在未来。

[①] ［德］恩斯特·卡西尔：《人论：人类文化哲学导引》，甘阳译，上海译文出版社2013年6月版，第389页。

第四章
元宇宙传播核心概念和理念

元宇宙有很多特征和属性，站在不同的角度会对元宇宙有不同的判断。而且，定义和特征以及属性也都是不同的，既不能用定义代替特征和属性，也不能以偏概全地把某种强特征或强属性看作定义。此外，不能被一些貌似有哲理的片面性话语迷惑。对元宇宙的理解要避免以下几种简单认识：(1) 元宇宙是互联网的终极形态；(2) 元宇宙是一种媒介；(3) 元宇宙是平行于现实世界的虚拟世界；(4) 元宇宙是一个平台；(5) 元宇宙是一种文明。第一种认识等同于说元宇宙是一种特殊的互联网。互联网作为一种底层技术或基本架构，是今天所有技术、社会等的基础，无论是未来的物联网还是元宇宙都离不开互联网，但不能因此说元宇宙是互联网的一种特殊形式或最高形式或终极形式，毕竟元宇宙要想构建起来所要依托的技术太多了。第二种认识把元宇宙看作一种具体的媒介，要么把媒介抽象化了，要么把元宇宙"微粒"化了。元宇宙并不意味着传统媒介的消亡，并不意味着一种完全有别于传统媒介的、全新的媒介的出现。在元宇宙里我们依然要用语言、文字、图像、视频、音频，依然有书本、影视，依然有依附于不同媒介的界面：人脸、书本、屏幕、耳机。只不过它们可能部分或全部地融合在一起，或此时融合彼时分离。因此元宇宙绝不会是一种独立的媒介形态。如果把元宇宙完全等同于 XR 打造的虚拟现实的话，那元宇宙这个词基本是多余的，也是无意义的。从宇宙观出发，把元宇宙等同于虚拟现实矮化了元宇宙应该有的时空观。第三种认识来自"元宇宙是虚拟现实"的判断，而且进一步地把虚拟世界从虚拟现实中抽取出来，进一步地缩小了虚拟现实的范围，建造了一种完全独立于现实世界的虚拟世界。这种观点从技术的角度来讲是根本不可能的，因为没有

第四章　元宇宙传播核心概念和理念

任何一种虚拟世界能脱离现实世界。从哲学的角度来讲的话，就不是现在这个层面的言说对象。第四种认识把元宇宙看作一个平台，矮化了元宇宙的结构。元宇宙绝对是一种比平台要大的结构，不可以把它看作一种个性化的平台或与其他平台共存的同类项内容。如果一定要把它看作平台，那它必须是亚卡托所谓的那个包含了大地、云端、界面和用户等一切平台的"堆栈"——一个"巨结构"(accidented megastructure)。① 第五种认识对元宇宙的描述、总结过于抽象，至少在我们进入元宇宙之前作出这种论断为时过早。

我们目前所谓的元宇宙在现阶段可以称为"现实的元宇宙"。现实的元宇宙只能从技术、设备、产生背景或历史、具体应用及其场景（或景观）出发。我们可以说元宇宙首先是媒介技术发展到一定历史时期的产物，没有互联网、数字技术、智能技术和 XR 等媒介设备，就没有元宇宙。而这些技术和设备的媒介性，决定了元宇宙从源头上起就是一个与新技术环境里的传播媒介、传播技术、传播方式、传播景观（呈现方式）以及传播感受等有关的传播学问题。

在进入元宇宙传播的核心领域之前，有必要首先明确、了解元宇宙的若干核心概念和理念。

---

① ［意］科西莫·亚卡托：《数据时代：可编程未来的哲学指南》，何道宽译，中国大百科全书出版社 2021 年 9 月版，第 112 页。

第一节
媒介域

本书从传播学的角度出发，同时也站在元宇宙的现实的、具体的表现形式角度，给元宇宙下的定义是：元宇宙是媒介技术和其他相关技术高度发展的结果，集中融合了人类有史以来所有的最先进的媒介，是一种高度网络化、数字化、智能化的虚拟世界和现实世界两个三维结构共同组成的开放的、无限扩展的媒介域。所以，元宇宙的第一核心概念是媒介域，这个媒介域不仅呈现了元宇宙的结构，也强调了元宇宙的媒介性。

媒介域其实是借用了法国媒介学者雷吉斯·德布雷的概念。德布雷在其大作《普通媒介学教程》中创造了这个词。德布雷解释说，"媒介域这个字眼指的是一个信息和人的传递和运输环境，包括与其相对应的知识加工方法和扩散方法。"[①] 可以看出他所强调的不是媒

---

① ［法］雷吉斯·德布雷：《普通媒介学教程》，陈卫星等译，清华大学出版社 2014 年 9 月版，第 261 页。

介技术，而是环境。"每个媒介域都会产生一个特有的空间-时间组合。"①"媒介域的概念是在传递与载体领域中我们不仅知道而且以为很了解的'环境'概念的应用。"②当然他并没有完全忽略媒介技术。"不管在哪个时代，我们都不能将一个思想活动同那些使这个思想活动成为可能的记录、传递和存储的技术条件分开。""一个媒介域会有某种传播工具作为骨干，那是它的基础、它的骨架。"③不管德布雷强调什么，他不会否认媒介和技术。一个媒介域没有媒介以及其赖以存在的技术基础和技术骨架，那是不可想象的。

这里需要对德布雷的媒介域概念多作一番简单的分析。德布雷提出媒介域概念之后，对媒介域进行了历史分期。他把媒介域划分为逻各斯域、书写域和图像域三个历史时期，并分别进行了解释："将'人类精神'放置在文字阶段，我给这个一直持续到印刷的漫长时代起名叫逻各斯域。这是不加掩饰的神学时代。上帝口授，人类记录，然后人类再去口授……丢失了的话语被收集到参考文本的封闭实体当中，这是一种千变万化的口语传统的载体……我给活字印刷时代起名为书写域……可以称其为形而上学时代……将书籍从其象征底座赶下台的电子时代是图像域。在图像域中，可见实际上是权威。"④我们倒着梳理一下。最后一个媒介域理解为图像域是可以理解的，因为该书出版于1991年，那时候互联网刚刚起步不久，电视和广播作为电子媒介是媒介的重要代表，特别是电视，如日中天。因此德布雷才会说"可

---

① ［法］雷吉斯·德布雷：《普通媒介学教程》，陈卫星等译，清华大学出版社2014年9月版，第262页。
② 同①：第263页。
③ 同①：第272页。
④ 同①：第455页。

见"是那个时代的权威。书写域从印刷时代开始这种判断给人带来了困惑。既然是"书写",历史就不是从印刷术(他指的是古登堡的金属印刷术)出现开始的,而是从文字开始的。既然要把印刷术作为历史的分水岭,为何不起名为"印刷域"?估计德布雷认为"印刷"这个词太技术,不够形而上学。所以这个时代最好称为"文字域"。但是德布雷几乎是自断后路:"从文字被发明开始,我个人这样区分三个大的气候期、三个广义上的媒介域:逻各斯域、书写域和图像域。"[①]他把文字域一劈两半,一半给了逻各斯域,一半给了书写域。这既是对文字的不尊重,也是对语言的不尊重(他把语言和逻各斯域的文字合并了),还是对逻各斯的误解。逻各斯是logos的音译,来自古希腊语,其意为"说话""话语",后来才引申出"道理""规律""逻辑"的含义。可见从源头上找,逻各斯域必须是纯粹的"语言域"或"话语域"。德布雷在解释逻各斯域的时候用了许多"上帝""宗教""神学""启示"等概念,这其实也没错,因为基督教所谓的"道成肉身"就来源于希腊语"kai ho logos sarx egeneto",其中"道"就是逻各斯,就是"圣言",就是说出来的话。[②]这一点德布雷自己也是清楚的:"圣言……在希腊文中是逻各斯,即话语或最初原理,但是也可以解译为Pneuma,生命的气息,即拉丁文中的Anima(作者注:英语单词Animation和拉丁文词根Anim——生物、呼吸、灵魂、思想,都来自于拉丁文Anima,这说明动画作为化身是人类灵魂最直接的客观化,也可以引申为影像是人类灵魂最直接的客观化,灵魂和思想有着最深

[①] [法]雷吉斯·德布雷:《普通媒介学教程》,陈卫星等译,清华大学出版社2014年9月版,第272页。
[②] https://www.so.studiodahu.com/baike-%E9%81%93%E6%88%90%E8%82%89%E8%BA%AB. (2022-09-07)

刻的哲学存在意义）。还可以翻译为 Dynamis——能量、力量、热量。在圣灵降临节那天，当一条火舌，一条舌上之火赋予使徒宣讲和传道的力量时，这三种含义相交。"① 那个年代，西方没有文字，或者说文字仍然像在苏格拉底时代被鄙视一样，处境照旧不妙。但是，说话或者语言，在文字出现之前的漫长的几万年里一直是占据绝对统治地位的媒介，这是不争的事实。因此，德布雷不应把语言时代遗忘，而且应该把"逻各斯域"还给语言域或话语域。

啰唆这么多，是为了说明一个道理，很多人在界定概念时是容易出错的，我们需要不断地厘清概念背后的正确含义。而且，媒介域确实首先要考虑的是媒介及其技术。

对于元宇宙媒介域，有三种相互联系的理念需要加以解释。

首先，元宇宙是一个集中融合了各种媒介、技术及其使用、过程、环境和效果等的场域，而不是由具体事物所代表的一种独立媒介；是一个集合，而不是个体。元宇宙本身也可以称为"元宇宙域"。"域"本身有着固定的含义，"域实际上并不是单体技术的加和，它们是连贯的整体，是关于设备、方法、实践的族群，它们的形成和发展具有与个体技术不同的特征。"② 这和布迪厄对场域的定义是一致的。布迪厄认为"场域可以被定义为在各种位置之间存在的客观关系的一个网络（network），或一个构型（configuration）"。③ 既然是"各种位置之间存在的客观关系"和"网络"，那意味着"客观关系"不

---

① ［法］雷吉斯·德布雷:《普通媒介学教程》，陈卫星等译，清华大学出版社 2014 年 9 月版，第 102–103 页。
② ［美］布莱恩·阿瑟:《技术的本质：技术是什么，它是如何进化的》，曹东溟等译，浙江人民出版社 2014 年 4 月版，第 163 页。
③ ［法］皮埃尔·布迪厄等:《实践与反思———反思社会学导引》，李猛等译，中央编译出版社 1998 年版，第 133 页。

是个别的。

在元宇宙域，各种媒介随处可见，自由融合的媒介也随处可见；各种界面随处可见，自由融合的界面也随处可见。元宇宙不仅有元宇宙时代的媒介，还有"史前媒介"。元宇宙域是对"史前"各种媒介域的超越和迭代，并不排斥"史前"各种媒介的继续使用，只不过这些"史前媒介"要符合元宇宙的新规则，比如媒介面前人人平等、最大可能地去平台中心化、媒介的进入无门槛化等。进入元宇宙的人不会因新的媒介环境而产生与传统媒介隔绝的担心，用户可以随心所欲地使用自己所钟爱的媒介。"史前"各种媒介总会有人因"文盲""技术可及性"等原因而被抛弃，元宇宙要彻底地改变这一现状，不能让任何一个人掉队。

语言域（逻各斯域）的媒介是语言、信息、喇叭、人的语言器官——口舌、耳朵。文字域的媒介是文字、信息、纸张、笔、经典文本、印刷机、报童等。图像域的媒介是广播站、电视台、转播站、收音机、电视机、图像内容、视频或音频信息等。互联网域的媒介是电脑、手机、信息、互联网、数字技术、社交媒体、自媒体等。每一种媒介域不仅是由信息、制作者、传播者、制作过程、传播过程、环境所构成，也都有其历史的媒介及其技术，而且没有一个媒介域的媒介是单一媒介，或者由信息制作、传播、接受的各种技术手段组成，或者除以上技术手段外还包含了前历史媒介或媒介域，越往后，这种现象越明显，媒介域的构成越复杂。元宇宙域就是这样，不仅有自己的关系网，还有自己的媒介；不仅有属于元宇宙自己的媒介，诸如XR、更多的界面、不断加盟的新技术，还累积了前历史或前元宇宙的所有的媒介及技术。这些媒介和技术有可能是独立存在的，更有可能是它们的融合和统一。

其次，元宇宙作为一个媒介域，又是一个独立的整体，一个集群式的个体，"一个"媒介环境。其他媒介域都有一种"存在性媒介"（指成为时代分水岭的媒介）做支撑，如"逻各斯域""文字域""图像域"和"互联网域"的"存在性媒介"分别是语言、文字、电视机和电脑及手机等设备，元宇宙的"存在性媒介"在初级阶段是XR头戴式设备，但对于正在加速发展的元宇宙来说，XR头戴式设备绝不是它的全部，未来媒介先不说，现有的媒介也会在构建虚拟现实方面不断挖掘潜力。所以绝对不能忽视传统的媒介。不管怎么说，在元宇宙快速扩张的今天，XR正在失去它们在元宇宙域的统治地位，以至于我们很快就再也不能说元宇宙有一个在名称上和自己直接对应的媒介形式或媒介技术。狭义的元宇宙正在快速地被广义元宇宙取代，广义的元宇宙所形成的媒介域是一个无远弗届的媒介环境，它得以构成的媒介和技术也将在数量、质量、性能等各方面大大地超越历史上所有的媒介域。越是这样，元宇宙域就越是体现出它的独立性和整体性。

元宇宙域还是一个多重的媒介域，包含着其他各种大大小小的子媒介域。从新旧媒介继承性方面看，逻各斯域、文字域、图像域、互联网域等，都属于它的组成部分。从组织结构方面看，元宇宙域分成不同等级的元宇宙域，比如国家域、社会域、个体（个人）域，而这些域则可以再次组成不同性质、级别的域。每一个域其实是一个共同体，不同的兴趣爱好、道德标准、政治抱负、社会目标形成不同的元宇宙域。

最后，元宇宙是一个开放的、无限扩展的媒介域，为未来的各种可能的新媒介继续敞开大门。人们关于元宇宙的认识必然会经历一个从肤浅到深入、从初级到高级、从具体到全面、从封闭到开放的过程。把元宇宙设计为一个开放的、可无限扩展的场域，有助于元宇宙的创新、发展、提升，有助于人们对元宇宙的革命性思维。站在更高处展望，元宇宙就是未来世界，元宇宙传播就是未来传播，元宇宙媒介就是未来媒介。在加速回报原则推动下，作为未来世界的元宇宙已经徐徐拉开帷幕，元宇宙域将有更多的未来媒介加入。

未来媒介

作为一种未来传播，元宇宙传播有其相应的未来媒介，这种未来媒介反过来讲就是元宇宙媒介。所以元宇宙媒介和未来媒介在这里是互文的、可互相替换的。本书在不同章节反复强调过，元宇宙媒介包容了历史上的各种"旧"媒介或传统媒介，因为它足够有包容性、延展性和想象性，所以我们可以在元宇宙找到有史以来的任何一种媒介。另一方面，元宇宙能够高度融合、重构媒介，甚至一切的场域、环境、空间，所以元宇宙的媒介可能是任何媒介的融合，也可能是任何一种更新式媒介；有可能是超距离的媒介，也有可能是无距离植入式媒介；可能是具体形式的媒介，也可能是亚卡托"空气式弥漫媒介"。喻国明团队认为，"借由不断迭代的互联网技术与形态的连通性，未来媒介将不再是（或主要不是）一系列固定的'实体'，新的媒介形态是由算法编织并赋予权重的一种'网络'，是一个复杂系统。"[1] 这是对元宇宙媒介富有想象力的、基于算法分析的预判，符合元宇宙媒介性质。只不过未来媒介不单单依靠算法，也不仅是一种网络，而是一种生命环境、事实空间，一种非乌托邦世界。

仔细分析，宇宙中能够作为界面的事物并不是无限的，不外乎是能够发光、反射光的介质，信息就呈现在这些界面之上、之中、之后。比如我们的面部、屏幕、非屏固体物质、空间，联结这些界面和介质的方式却是多种多样的，甚至是无限的，因此，未来媒介的突破口其实在传播技术，或者说交互技术。未来媒介将取决于虚拟现实技术、数据计算技术、AI技术、基因技术、纳米技术、生物技术、认知神经技术等一系列日益精进的科学技术。

回顾媒介发展历史，历史给我们一种印象，即媒介技术就和人类社会一样会缓慢地经过一个阶段又一个阶段不断向更高的至善阶段发展，但是元宇宙的宇宙时空观告诉我们，这一次，未来媒介会和元宇宙一起奔向一个宇宙级的状态和规模，整个过程作为媒介史的一个阶段将无远弗届。过去，历史是以10000年、1000年、100年为单位计量的，历史总是给人断断续续的感觉，而从现在起，历史将一往无前地向着一个目标疾驰。未来的历史既遥远又可快速抵达。这种发展趋势是由加速回归法则和元宇宙的性质决定的。

库兹韦尔加速回归法则的灵感来源于摩尔定律。美国英特尔公司创始人之一戈登·摩尔在1965年发现单个晶体管所占表面积（即该晶体管被印刻在集成电路上时占据的面积）大约每12个月（后来改为24个月）就会减少50%。他由此得出一个结论：新一

---

[1] 喻国明等：《元宇宙与未来媒介》，人民邮电出版社2022年5月版，第79页。

代的电脑芯片与前一代的相比,原来的单位成本可以用来生产现在两倍的组件,处理速度也大大提升。①以此类推,技术进化的速度就不断加快。库兹韦尔进而提出他的加速回归法则:秩序以指数级速度增加,时间也随之以指数级速度增加(也就是说,随着时间的流逝,发生重大事件的时间间隔也越来越短)。②这个秩序既是人类进化的秩序,也是技术进化的秩序。人类和技术的进化齐头并进,当人工智能超越人类智能的时候,奇点来临。未来媒介符合这个路径,也有一个不断进化的过程,在这个过程中会涌现大量新型媒介,特别是大量新型媒介技术,直到人工智能彻底超越人类智能的奇点到来。

未来媒介将循着两个方向不断进化。一个方向是作为人的延伸不断地把人的触觉扩展到整个元宇宙的各个角落。如果说元宇宙是一个虚拟现实世界,那在这个世界里,人能够自由地用不同的感觉器官感知一切现实的、虚拟的存在。如果说元宇宙是宇宙的耦合体,那人的感知将跟随元宇宙到达宇宙的边界,2022年7月11日韦伯太空望远镜发现46亿光年外的星系团SMACS 0723,这其实意味着我们的媒介已经延伸了那里,获得了那里的信息,下一步也许要做的是发现那里有无生命,如果有生命,我们如何和他们展开交流。另一个方向是如何让媒介直接和我们人类对接,让我们人类这个"元媒介"跨越一切中介直接和信息链接。斯蒂芬·霍金生前曾热切期盼"开发一些直接到大脑的连接,以便计算机可以加入人类的智

---

① [美]Ray Kurzweil:《奇点临近:人类超越生物》,李庆诚等译,机械工业出版社2014年8月版,第22页。
② [美]雷·库兹韦尔:《机器之心》,胡晓姣等译,中信出版集团2016年4月版,第32页。

慧",[①] 到那时,我们将变得更加智能,只不过这种智能既不是单纯的人类智能,也不是单纯的人工智能。

界面和景观

"界面"一词有狭义和广义之分。狭义的界面是指"图形用户界面",简称为 GUI(graphical user interface),是电子媒介的屏幕及其展示,也称为人机界面。计算机的界面设计开始于 20 世纪 60 年代;GUI 的设计则开启于 70 年代初;80 年代史蒂夫·乔布斯研发出麦金托什机,使 GUI 以产品的形式出现。

界面一词也有广义的定义。广义的界面不是一般意义上的电脑、手机等屏幕上的某种操作系统,更不是简单的屏幕,而是包含了屏幕、图像设计、操作系统以及各种媒介和人的感官的接口。屏幕不能代表界面,界面也不是一种几何平面。屏幕是死的,界面是活的。马克·波斯特说:"探讨社会景观以认识其中人机层迭的一个策略便是考察'界面'这一术语。我们暂且可以这样说,界面介于人类与机器之间,是一种膜,使相互排斥而又相互依存的两个世界彼此分离而又相连……界面是人类与机器之间进行协商的敏感的边界区域,同时也是一套新兴的人/机新关系的枢纽。"[②] 在逻各斯域,每个人的脸部就是界面;在文字域,石碑、书本就是界面;在图像域,电视、收音机本身就是界面;在互联网域或数字域,电脑、手机,包括历

---

① [美]Ray Kurzweil:《奇点临近:人类超越生物》,李庆诚等译,机械工业出版社 2014 年 8 月版,第 187 页。
② [美]马克·波斯特:《第二媒介时代》第 2 版,范静哗译,南京大学出版社 2005 年 8 月版,第 18 页。

史上继承下来的所有媒介都构成界面的一部分。

实际上，尼葛洛庞帝在 26 年前提到界面时，就时不时地放大了这一概念的内涵。"界面不仅和计算机的外表或给人的感觉有关，它还关系到个性的创造、智能化的设计，以及如何使机器能够识别人类的表达方式。"[①] 他对今天以至将来的界面提出了超出常人的理解。他甚至预测或设计"未来"的物理界面会消失不见，人们在界面面前根本感觉不到界面。为此他曾开展过一个"空间数据管理系统"的实验，计算机屏幕占据足够大空间，里面装满了各种所需物品，原来的鼠标没有了，自己的身体就是鼠标，声音就是键盘。界面更加人性化，不需要控制，只需要授权。界面成为一种空间，空间也成为一种界面。这是一种多么神奇的界面，又是一种多么熟悉的界面！

美国另外一位数字技术方面的专家本杰明·布拉顿对界面也有着相似的认识。他认为整个"可编程的"数字化世界是一个六层"堆栈"——关于此概念我们随后深入介绍。六层堆栈中有一层是"界面"。他认为，"界面是用户感知世界的工具……它正在逐渐摆脱最典型的外围设备（屏幕、键盘……），去发明新的界面，新界面由物件及构成物件的可编程的、智能的物质性组成。界面不仅成倍增长、变得显豁，而且越来越智能化，能会话。"[②] 很显然，布拉顿的界面和尼葛洛庞帝的界面有着异曲同工之处，它们都有一个特征，那就是一种介于有形和无形之间的无限性，而这恰恰是元宇宙界面的特征。

---

① ［美］尼古拉·尼葛洛庞帝：《数字化生存》，胡泳等译，电子工业出版社 2017 年 2 月版，第 85 页。
② ［意］科西莫·亚卡托：《数据时代：可编程未来的哲学指南》，何道宽译，中国大百科全书出版社 2021 年 9 月版，第 118–119 页。

第四章 元宇宙传播核心概念和理念

概括起来说，元宇宙界面是元宇宙的重要组成部分，体现了元宇宙的媒介或媒介域的一大特征。元宇宙界面包容了过去一切媒介的界面形态，也融合了过去、现在和未来一切媒介的界面形态。正如元宇宙是无限的，元宇宙的界面也是无限的，这种无限不仅体现在形态的多样性上，也体现在它的无处不在上。元宇宙将充满界面，以方便用户和元宇宙的零死角结合。人可以通过自己的各种感觉器官和元宇宙界面进行衔接，反过来讲，元宇宙界面也将通过各种技术、化身等主动感应人的需求。

"探讨社会景观以认识其中人机层迭的一个策略便是考察'界面'这一术语。我们暂且可以这样说，界面介于人类与机器之间，是一种膜，使相互排斥而又相互依存的两个世界彼此分离而又相连……界面是人类与机器之间进行协商的敏感的边界区域，同时也是一套新兴的人／机新关系的枢纽。"[①] 透过界面，我们看到的是元宇宙的内容和元宇宙本身，这些可以统一称为"景观"。这种景观不是一般意义上的景观，而是意识对存在的超度。张一兵在给德波的《景观社会》写代译序时指出，"景观（spectacle），是德波这种新的社会批判理论的关键词，原意为一种被展现出来的可视的客观景色、景象，也意指一种主体性的、有意识地表演和作秀。"[②]

德波自己解释说："景观并非一个图像集合，而是人与人之间的一种社会关系，通过图像的中介而建立起来的关系。"[③]"景观不能被

---

① ［美］马克·波斯特：《第二媒介时代》第2版，范静哗译，南京大学出版社2005年8月版，第18页。
② ［法］居伊·德波：《景观社会》，张新木译，南京大学出版社2017年5月版，"序言"第13页。
③ 同②：第4页。

理解为对某个视觉世界的滥用及图像大量传播技术的产物。它更像是一种变得很有效的世界观,通过物质表达的世界观。这是一个客观化的世界视觉。"① 因为它不是一种具体的形式,也不是哲学意义上的"世界图景",它恰恰是一种物质和精神的结合、存在和意识的结合,而且更大程度地反映了人的精神力量的创造性。"景观在其宇宙的伪具体物中,既保留又加强了唯物主义和唯心主义意识形态的特征。"② 元宇宙当然不是"伪具体物",它一点也不"伪",尽管它经常表现为虚拟状态,但它是真实存在的。它也不能说是一个可以准确描述的"具体物",因为它既具体又抽象,我们在更多时候只能以抽象概念认识它。正如德波自己所言,"景观的具体存在方式恰恰就是抽象。"③ 这种抽象景观论是对元宇宙最准确的预言之一。

元宇宙的内部是一种景观,从外部看也有一幅景观。景观一词既可以描述元宇宙的内部,也可以形容它的外部。从外部看,"景观就是这个崭新世界的地图,一幅精确覆盖其领土的地图。"④ 套用到德波这句话中,元宇宙就是那个"崭新世界"。

总之,当我们面对元宇宙,或者置身于元宇宙时,我们面前能看到的就是通过界面所体现出来的一幅景观。这种景观弥漫四周,包围着我们,让我们感觉自己既是景观的内容,又是景观的观众。景观与我们、景观与界面、景观与一切的界限都模糊、消失,像德波所说,"景观,它是自我与世界的边界的消除,通过世界的在场与不在场对自我进行挤压,它也是真实与虚假的边界的消除,通过表

---

① [法]居伊·德波:《景观社会》,张新木译,南京大学出版社 2017 年 5 月版,第 4 页。
② 同①:第 137 页。
③ 同①:第 13 页。
④ 同①:第 14 页。

象组织所保障的虚假的真实在场,对所经历的任何真理进行压抑……借助于一些神奇的技术。"①

媒介价值

在不同的时代、不同的环境中,总会有一些困扰纠缠着我们人类,元宇宙也不例外。

有人认为元宇宙是对当代文明的反对,面对纷纷扰扰、混乱无序的社会,集体认同出现危机,大家都愿意去选择一种按照人的意愿建构起来的生态,而躲避无法解决纷争、困扰的现实环境。这种想法存在很大的逻辑漏洞,不值一驳。首先,虚拟世界是一种对现实世界的模仿,无论如何它取代不了现实世界的性质、价值和意义。其次,虚拟世界即使是精神避难所,那也只能是暂时的,因为它不能完全代替真实世界,所以躲避只能是暂时的。当然不排除技术高度发达后,虚拟世界和真实世界完全叠加贯通,那确实可能会吸引一部分人长期驻扎在虚拟世界,但未必所有的人都愿意去虚拟世界寻找世外桃源。最后,虚拟现实的最终形态可能需要人交出自己的碳基生命身份,转变为硅基生命。如果那一天来临,有谁愿意交出自己的现实生命而去感受一种未知的、去现实的仿生生命?

2017年,美国机器人技术科学家彼得·史考特-摩根被诊断出患有肌萎缩侧索硬化症(又称"渐冻症"),医生预言他只能再活两年。得知自己时日不多后的彼得毅然做出大胆的决定,他要把自己

---

① [法]居伊·德波:《景观社会》,张新木译,南京大学出版社2017年5月版,第138页。

改造成半肉体半机械的生化电子人来延续生命。彼得相信他将不断进化，作为人类的他会死去，但未来他将以"赛博格"电子人的身份继续活下去。所谓赛博格（cyborg），是cybernetics（控制论的）和organism（生物体、有机体）两个单词的组合词，表示半人半机械的生物。成为"赛博格"意味着彼得与世界的所有互动都将由机器实现，他的所有感官都将电子化，包括大脑的一部分也会用上机械神经。手术在2018年7月10日完成，整个过程历经3小时40分钟，手术很成功，术后半个月彼得就回家了。在此之后，彼得集中了机器人、人工智能领域的企业和专家，组成了"反抗者"（The Rebels）团队，开始对他的身体进行改造。通过胃造口、膀胱造口、全喉切除等改造手术，彼得切除了有可能在退化后危及生命的生理功能，改用机器替代其身体器官。利用AI工具制作了与自己音色十分相近的合成语音，在轮椅上面安装了机械臂、摄像头、笔记本电脑等设备，用眼球追踪技术操控电脑、轮椅和其他设备。他还在自己胸前安了一个显示屏，上面有他本人的3D动画头像，他将之称为自己的"分身"（avatar）。借助所有这些技术，"彼得2.0"版本的"赛博格"成为现实。然而，2022年6月15日，彼得最终不幸离世，享年64岁。赛博格没能挽救彼得的生命，只是改变了他的生命形态。这种尝试是有意义的，它给残疾人带来了希望，也给未来的生命转型开启了步伐。只不过，我们在这里要说的是，如果不是生命无望，彼得愿意接受这种改造吗？

因此，元宇宙以及机器人分身的出现并不是为了躲避现世的烦恼而做出的选择，恰恰是为了改造现世、留驻现世而进行的顽强抗争。

第二节

媒介环境

在研究传播和媒介的学者眼里,媒介环境是一个神圣的概念,有着超越它本身含义的意义。这源于媒介环境学派的思想。尼尔·波斯曼是最早使用"媒介环境学"(media ecology)一词的人,他首创了这一专业,并对其进行了详细的解释。"媒介环境学研究人的交往、人交往的讯息及讯息系统。具体地说,媒介环境学研究传播媒介如何影响人的感知、感情、认识和价值,研究我们和媒介的互动如何促进或阻碍我们生存的机会。其中包含的'生态'一词指的是环境研究——研究环境的结构、内容以及环境对人的影响。毕竟,环境是一个复杂的讯息系统,环境调节我们的感觉和行为。环境给我们耳闻目睹的东西提供结构,所以,环境就构成了我们耳闻目睹的事务的结构。"[①] 他在另一个地方又给媒介环境学下了一个

---

① [美]林文刚:《媒介环境学:思想沿革与多维视野》,何道宽译,中国大百科全书出版社2019年10月版,第305页。

定义："媒介环境学研究信息环境。它致力于理解传播技术如何控制信息的形式、数量、速度、分布和流动方向，致力于弄清这样的信息形貌或偏向又如何影响人们的感知、价值观和态度。"[①]"媒介环境"一词从一开始就被赋予了很多含义，首先是它和"生态"一词可以互换，或者说媒介环境首先强调的是一种超越具体地点的大生态而非小生境。正像波斯曼所说，人类不仅生存在一种有山有水有空气的自然环境中，也生存在一种有语言有数字有影像，还有技术和象征的媒介环境中。[②] 其次，媒介环境包含信息环境和讯息系统如何影响人的感觉、行为和价值观。这和麦克卢汉"媒介即讯息"箴言相呼应——尽管麦克卢汉的"讯息"也不是一般意义上的讯息和信息。林文刚等人编写的《媒介环境学：思想沿革与多维视野》一书提出了媒介环境学的三个深层理论命题。理论命题1强调，"媒介固有的物质结构和符号形式发挥着规定性的作用，塑造着什么信息被编码和传输、如何被编码和传输，又如何被解码。……理论命题2是理论命题1的延伸。每一种媒介独特的物质特征和符号特征都带有一套偏向。"[③] 这两个命题都是围绕信息或讯息展开的。最后，媒介环境是研究"传播技术如何控制信息的形式、数量、速度、分布和流动方向"，技术既自成媒介环境，也通过"控制信息的形式、数量、速度、分布和流动方向"，形成新的媒介环境。波斯曼的理论命题3就是关于技术的："传播技术促成的各种心理的或感觉的、

---

① ［美］林文刚：《媒介环境学：思想沿革与多维视野》，何道宽译，中国大百科全书出版社2019年10月版，第317-318页。
② POSTMAN N. The humanism of Media Ecology[R]. New Jersey: Keynote speech at the first annual convention of the Media Ecology Association, 2000.
③ 同①：第53-54页。

社会的、经济的、政治的、文化的结果，往往和传播技术固有的偏向有关系。"① 其实，波斯曼等人多少已经有些背离麦克卢汉的路线了，因为麦克卢汉强调的更多是媒介自身这种形式，也就是各种有形的媒介（人们经常把媒介和技术两个概念互换）。麦克卢汉也强调环境一词，但是这种环境一定是技术的产物："任何技术都逐渐创造出一种全新的人的环境，环境并非消极的包装用品，而是积极的作用机制。"② "每一种新技术都创造一种环境，新环境本身常常被视为是腐朽堕落的。但是，新环境能使此前的旧环境转变为一种艺术形式。"③ 语言创造语言环境，文字创造文字环境，电子技术创造电子环境。

我们绕了一个大弯路终于回到了正途。按照麦克卢汉的逻辑，元宇宙必将创造元宇宙环境。新的环境是元宇宙媒介域这种新生事物的必然产物，唯一不同的是元宇宙环境不把过去的媒介环境"转变为一种艺术形式"，而是把过去的环境都看作元宇宙环境的组成部分，它们可能是一个"小生境"，也可能是一个子媒介域，但是元宇宙绝不排挤、鄙视它们。这就是元宇宙的伟大之处，它有足够的空间、足够的胸怀去包容一切。因为元宇宙的对手是宇宙，而不是它的"前任"和可能的"后任"。

元宇宙环境不仅包含一切过去的媒介环境，还包含属于元宇宙环境自己的以及其他旧媒介环境所有的一切内容、结构、组成

---

① ［美］林文刚：《媒介环境学：思想沿革与多维视野》，何道宽译，中国大百科全书出版社 2019 年 10 月版，第 55 页。
② ［加］马歇尔·麦克卢汉：《理解媒介：论人的延伸（增订评注本）》，何道宽译，译林出版社 2011 年 7 月版，第 10 页。
③ 同②：第 12 页。

要素、过程、反馈和人的交互关系,包括但不限于媒介、媒介技术、信息、传播者、传播对象、传播过程,以及对人的感觉、行为、态度、价值观等所形成的影响。环境可以是一种具体场景,也可以是宏大的生态和世界。在元宇宙这里我们才真正能够感受到林文刚所谓的"媒介即环境"和"环境即媒介",因为元宇宙的媒介形态最大限度地表现为一种媒介的集合——媒介域,而"域"本身就是一种环境。这意味着我们完全可以得出一个结论:元宇宙即环境,环境即元宇宙。

场景

媒介环境在其他语境下会有一些"替身"。

梅罗维茨的"场景"(situations)便是其中之一。梅罗维茨从戈夫曼拟剧的、面对面的"物理场景"引申出电子媒介的"信息系统"式场景。他认为戈夫曼等"场景主义者几乎无一例外地关注面对面的交往,而忽略了通过媒介进行的交往"[①]。故认定:"另一种考虑社会场景的方式是将它看成是'信息系统',也就是,将其作为接触社会信息的某种模式,作为与他人接触的行为的某种模式……将场景看成是信息系统,打破了面对面交往研究与有中介传播研究二者的随机区分。信息系统的概念表明,物质场所和媒介'场所'是同一系列的部分,而不是互不相容的两类。地点和媒介同为人们构筑了

---

① [美]约书亚·梅罗维茨:《消失的地域:电子媒介对社会行为的影响》,清华大学出版社2002年11月版,第31页。

交往模式和社会信息传播模式。"①而且，梅罗维茨认为，随着媒介场景的改变，人们的交往、行为等都发生一系列的变化，他由此塑造了一种"新媒介—新场景—新行为"的关系模型。②

从媒介转型的角度看，元宇宙也是一种新的场景，既然印刷媒介有"印刷场景"，电子媒介有"电子场景"，那元宇宙作为一种媒介集群也有"元宇宙场景"。最关键的是梅罗维茨认为"印刷媒介形成隔离的信息系统，电子媒介孕育出整体的信息系统"，③如果电子媒介都能孕育出"整体的信息系统"，那不断超越电子媒介的互联网媒介、元宇宙媒介所孕育的"整体性信息系统"只能是有过之而无不及。事实上，元宇宙作为一统天下的媒介域，它既是开放的、离散的，也是凝聚的、整体的，因此必然是一种"整体性信息系统"，而且不仅是"整体性信息系统"，还是"整体性媒介系统""整体性社会系统""整体性生态系统"等。最终，梅罗维茨的"场景"和波斯曼的"环境"合二为一。

梅罗维茨的"场景"和居伊·德波的"景观"有很大的相似性，但也有根本的不同。场景（situation）强调的是一种类比于物理场域的"信息系统"，尽管超越了地域，但仍然是一种看不见的"领地"。景观（spectacle）的出发点是内容，是场面，即透过媒介看到的世界："景观作为一种让人看到的倾向，即通过各种专门化的中介

---

① [美]约书亚·梅罗维茨：《消失的地域：电子媒介对社会行为的影响》，清华大学出版社 2002 年 11 月版，第 34 页。
② 蔡斐：《"场景"概念的兴起》，中国社会科学网 – 中国社会科学报，2017-04-22（2022-09-07），http://m.cssn.cn/sylm/sylm_syzx/201704/t20170422_3495245.htm?ivk_sa=1024320u。
③ 同①：第 8 页。

让人看到不再能直接被人们抓取的世界。"① 很显然,因为要透过"专门的中介",所以这是一种"媒介主义"的观念。梅罗维茨批评了在他之前的两种思想,一种是场景主义,一种是媒介主义。德波的著作发表时间虽然比梅罗维茨晚,但兼具了场景主义(德波被归为"情境主义"一派,且"场景"和"情境"的英文单词都是 situation)和媒介主义两种思想。不过当德波说出"景观并非一个图像集合,而是人与人之间的一种社会关系,通过图像的中介而建立起来的关系"②的时候,梅罗维茨的场景和德波的景观也合二为一了。

美国学者罗伯特·斯考伯和谢尔·伊斯雷尔在 2013 年合作出版了《即将到来的场景时代》,副标题用了一串很长的文字:大数据、移动设备、社交媒体、传感器、定位系统如何改变商业和生活。这本书出版后风靡一时,在美国和中国的学术界、产业界产生了很大影响,人们纷纷开展评论分析。有许多人把斯考伯等人的场景(context)和梅罗维茨、戈夫曼的场景进行了联系分析。但是它们显然是有很大区别的。一是英文单词不同,二是斯考伯等人的场景一词完全和技术有关,是不同技术在不同场景下的不同应用,或者说是不同技术创建的不同场景。他们认为构成场景的力量(原力)有 5 种:移动设备、社交媒体、大数据、传感器、定位系统。在 5 大力量及技术的推动下,人类的 5 种感官在消费、营销、交通、健康、都市、家庭、货币等领域获得新的体验。很明显,斯考伯和伊斯雷尔的场景指的是一种具体的技术场景和"内容场景",是一种动态的、身临其境的场景,不具有梅罗维茨和波斯曼等人所谓场景的思辨性。

---

① [法]居伊·德波:《景观社会》,张新木译,南京大学出版社 2017 年 5 月版,第 8 页。
② 同①:第 4 页。

但是，斯考伯等人的场景和梅罗维茨、波斯曼等人的场景都是元宇宙所需要的场景。从元宇宙现实性角度出发，斯考伯等人的场景更加实用，元宇宙的初级场景一定是能够感知的场景，否则元宇宙就完全堕落为痴人说梦了。

这里有必要介绍一个新的概念：大气式媒介（atmospheric media）。什么是大气式媒介呢？目前尚没有专门的定义，但通过以下这段话应该对其有所了解。"主体性必需被设想为感知可供性（sensory affordance），感知可供性是今天的网络和媒介环境所固有的特性……我们与21世纪的大气式媒介互动，不能再设想自己是分离和准自动的主体，与鲜明的媒介对象对峙；相反，通过若干多标量过程的操作，我们自己就由若干主体组成了。有些多标量过程似乎得到比较多的体现（例如神经处理），有些多标量过程更多地融入世界了（就像与物质事件的节奏同步脉动）。"[①] 可以看出，所谓大气式媒介似乎就是大气媒介，即把大气作为媒介。尼葛洛庞帝曾畅想过用以太作媒介，其实以太已被物理学家们证伪了，大气中并不存在一种被称为以太的光子荷载物。但是大气是可以充当媒介的，它本身就是光波、声波的荷载物。因此，与其说大气式媒介是一种技术，不如说它是一种感知可供性，或是一种感知环境、感知场景。我们完全可以把元宇宙想象成一种"大气式媒介"，就像大气一样弥漫在我们的四周，充塞填满整个空间，或者说，元宇宙像大气一样构成一种媒介空间、媒介环境、媒介场景，像数据一样构成一种"终极

---

① ［意］科西莫·亚卡托：《数据时代：可编程未来的哲学指南》，何道宽译，中国大百科全书出版社2021年9月版，第104页。

界面"① 和 "终极景观"。

公共领域

公共领域的代名词是公共空间。公共领域并不是随便找一个人群扎堆的地方就算得上,只有那些具备社会属性和政治属性的区域、地点才能称得上公共领域。用今天的话说,那一定是开展思想交流、进行头脑风暴的地方。公共领域一词是哈贝马斯的杰作,在他的观点中,公共领域是资本主义产生以来才有的产物,封建社会是没有真正意义上的公共领域的,即使有也是一些所谓的"代表型公共领域"。但实际上他也不否认古希腊时期存在一种古典的公共领域(polis)。在这里他用了 polis 一词,而这个词真正对应的事物是"城邦"。因此从广义上我们完全可以把古希腊的雅典城邦和斯巴达城邦等一系列城邦及其所特有的广场看作最早的公共领域。那里给人印象最深刻的事是诞生了一大批口若悬河的古希腊哲学家。再上溯更远的古代,苏美尔和古埃及也有城邦国家,但是没有充分的证据证明它们有发达的公共领域。由于 polis 一词和 politics 同源,城邦从源头上就被赋予了政治属性,所以公共领域是具有政治属性的空间。这种公共领域政治生态到古罗马时发展到了一个新的高度。公元前 59 年,尤利乌斯·恺撒当选执政官,他做的第一件事就是下令元老院议事和人民讨论的情况要每日汇编,发布在罗马广场的告示板(Album)上,号称"罗马公民每日

---

① [意]科西莫·亚卡托:《数据时代:可编程未来的哲学指南》,何道宽译,中国大百科全书出版社 2021 年 9 月版,第 104 页。

行为录"(The Acta Diurna Populi Romani)。^① 历史上最早的公报诞生了。

城邦这样的古典公共领域在古代中国也存在。中国历史话语体系中把早期的城邦国家称作城邑国家、城市国家或邦国，但实质上和苏美尔、古埃及和古希腊的城邦国家是一样的，只不过中国上古时期的城邦国家历史和苏美尔、古埃及历史一样悠久，没有留下太多的实物和记载而已。但是考古发现，陕西石峁遗址、浙江良渚遗址、山西陶寺遗址都有完备的城墙，说明这些地方在4000年前至6000年前都已经是成熟的城邑或城邦，特别是像陶寺城邑里还有举行祭祀的场所和观象台，这些文化的公共性充分证明它们是可以被看作公共领域的。和雅典议事厅类似的由精英人群构成的公共空间，古代中国也有，而且规模、档次更高。"三公在朝，三老在学。""礼行于郊而百神受职焉，礼行于社而百货可极焉，礼行于祖庙而孝慈服焉，礼行于五祀而正法则焉。"^②帝王要经常参与各种礼仪、议事、论道等活动。这其实隐藏着一种中国式的传播体制——宣传。根据考证，"宣"字本意为天子居所，天子要在这里决策、祭祀、宣判、举行典礼，^③其有一定的公共空间的属性。有人会说这和公共没关系，但是，一来哈贝马斯所谓的公共领域也不是指全体人民的公共领域，而是资产阶级精英的公共领域，平民公共领域一开始也是被排除在外的，只是后来才逐渐融为一体。二来哈贝马斯、南茜·弗雷泽等

---

① ［英］汤姆·斯丹迪奇：《社交媒体简史：从莎草纸到互联网》，中信出版集团2019年3月版，32页。
② 王文锦：《礼记译解》，中华书局2016年1月版，第272页。
③ 潘祥辉：《宣之于众：汉语"宣"字的传播思想史研究》，《新闻与传播研究》2018年第4期，第80页。

人一点也不避讳公共领域的国家性质，这一点在后面会细谈。如果这样它们还是有争议的公共空间的话，那老聃、孔丘等贤人们坐而论道，还有各派学者们"百家争鸣"的"场子"肯定算得上是公共空间或公共领域了。

自从有了文字、书籍，公共领域逐渐"脱实向虚"，大家"非必要不聚集"在一起了，国家边界、政治权利边界的扩张，都导致公共领域不断向虚拟空间转移。正如梅罗维茨所说，电子媒介诞生以后地域消失了，场景改变为信息系统。"作为信息系统，而非物质场所，一个社会的社会场景进行调整时可以不依赖于建造或移开墙和走廊，也无须改变接触地点的风俗和法律。新的传播媒介的引进和广泛使用，可能重建大范围的场景，并需要有新的社会场景的行为。"[①] 把场景改为公共空间和公共领域，道理也成立。从电子媒介时代开始，到互联网媒介时代，公共领域的"信息系统性"在不断加强，公共领域真正作为公众的领域，其边界也随着媒介可供性和媒介可及性的扩大而不断扩大，当所有的人都能够进入这样一个无处不在的媒介时，公共领域就和媒介域，和人类社会，和世界的范围重合了。这个媒介性的革命只能交给元宇宙。在元宇宙初期，这一点尚不能实现，但元宇宙的性质决定了在互联网时期没有完成的任务必须在元宇宙完成，不管把元宇宙看作美好的乌托邦，还是人类智能的终极形态，平等的、自由人的联合体如果在现实世界实现不了，也得首先在虚拟世界实现。

现代社会，公共领域的最主要表现是公共舆论的形成，或者说

---

① [美] 约书亚·梅罗维茨：《消失的地域：电子媒介对社会行为的影响》，清华大学出版社 2002 年 11 月版，第 35–36 页。

公共领域表现为公共舆论场。哈贝马斯说"有些时候,公共领域说到底就是公共舆论领域"①——在他那个年代是"有些时候",在今天则是"全天候"。公共领域的最大属性是政治,这是哈贝马斯反复强调的。政治公共领域的形成也得益于公共舆论。"政治公共领域是从文学公共领域中产生出来的;它以公众舆论为媒介对国家和社会的需求加以调节。"②元宇宙的属性之一就是政治,它继承了互联网政治的所有话题,如安德鲁·查德威克所列举的去中心化、全球化、治理、自由主义等8个议题;它也继承了哈贝马斯等人所论述的公共领域话题——公共领域本身就是一个政治问题,这也是哈贝马斯的公共领域约等于政治公共领域的关键原因。人们可能对元宇宙寄予过高的期望,就像当初对互联网寄予过高期望一样,希望公共舆论能够对抗国家和政府的权威,就像查德威克所代言的,"公民在交流的自主领域中能够自由参与理性辩论,远离国家、大媒体公司以及侵犯他们日常生活的社会不平等结构的控制与影响。"③也像哈贝马斯所断言的,公众舆论"和公共权力机关直接相抗衡"。④然而,事实证明,国家的权威不可鄙视,无论在哪种国家制度内,特别是一个世界级的强权国家,绝不允许有什么力量能够撼动自己的权威。在东方如此,在西方亦如此。南茜·弗雷泽不满哈贝马斯将公共领域局限于国家边界内,提出了"跨国公共领域""后威斯特伐利亚公共领域"等概念。她认为,"从公众舆论构成要素的每一个

---

①④ [德]尤尔根·哈贝马斯:《公共领域的结构转型》,学林出版社1999年1月版,第2页。
② 同①:第35页。
③ [英]安德鲁·查德威克:《互联网政治学:国家、公民与新传播技术》,任孟山译,华夏出版社2010年4月版,第117页。

方面来看，公共领域已是日益跨国或后国家的。"[1]当然，弗雷泽对公共领域的定义进行这种国际化转型的目的还是指向政治的："我的总体目标是，让近来正处于被去政治化危险之中的公共领域理论重新政治化。"[2]元宇宙肯定是"后威斯特伐利亚"结构的，它比任何一种公共领域都国际化，但从大同世界和"人类命运共同体"的原则出发，元宇宙本应该是所有人、所有国家和所有民族为了人类整体改进自己的媒介生态、适应虚拟现实环境、校准和物理宇宙的耦合坐标而构建起来的。从这个角度看，元宇宙存在和发展的结果恐怕会让一部分人再一次失望。当然，现实世界的各种政治斗争无可避免地会浸入、渗透进元宇宙，但一般人仍然希望大家能够本着"有话好好说"和"有事好商量"的态度解决矛盾和争端。

元宇宙是一个宇宙级别或世界级别的"雅典广场"和"罗马广场"，人们重新回到了阿伦特和戈夫曼们所谓的"面对面交往场景"，但新的"面对面"包含了真实的面对面、虚拟的面对面，人类彻底地打破了时空隔断，因此不是回到，而是重新创造了一个"部落鼓"公共空间。新的公共空间也保留了旧公共空间的部分优点，比如，它对社会来说是公共的、开放的，但对个人来说永远可以是隐私的、封闭的。

如果说在前元宇宙时代，"权力几何学统治着私人空间，也统治着公共空间"[3]，那么在元宇宙时代，数字权力将统治一切虚拟空间和部分现实空间。元宇宙既是一个抽象的公共空间，也是具体的公共

---

[1] [美]南茜·弗雷泽：《正义的尺度：全球化世界中政治空间的再认识》，欧阳英译，上海人民出版社2009年版，第105页。
[2] 同①：第92页。
[3] [美]理查德·桑内特：《肉体与石头：西方文明中的身体与城市》，黄煜文译，上海译文出版社2016年1月版，第121页。

第四章 元宇宙传播核心概念和理念

空间。技术公司一直在努力打造一个比互联网时期还要先进的、立体的公共空间。扎克伯格表示："我当然认为元宇宙中应该有公共空间，这对拥有健康的社区和健康的行业至关重要。这些空间的范围包括从政府到非营利性组织建造或管理的东西。从技术上说，他们应该是私有的，但它们的运营符合公共利益，没有盈利目标。"[1] 为此，Meta 公司除在 Oculus 上推出用户层面的公共空间外，还邀请很多游戏公司和 ZOOM 一类的技术公司在 Oculus 上推出企业级的开放生态平台，鼓励各大学用这种开放平台授课。目前斯坦福大学已经开始用 Quest2 授课，虚拟公共空间首先向教育开放了。

公共领域或公共空间是不是意味着彻底免费？这个问题可能不能一概而论。从原则上讲，既然是公共产品，那似乎应该免费，就像扎克伯格所承诺的那样。但是平台的可持续性如何保障？对 Meta 公司来讲这不是问题，它有庞大的广告资源，有超高的股票市值。但广告资源和股票市值并不是恒定的，对于其他小型公司，哪怕对于政府，这仍然是个负担。最好的办法是发动"元住民们"一起参与建设。只有当每一个元宇宙的个体居民都自觉地加入公共空间的建设，公共空间的非营利性和可持续发展才能彻底得到保障。

---

[1] 周掌柜：《元宇宙大爆炸：产业元宇宙的全球洞察与战略落地》，机械工业出版社 2022 年 4 月版，第 71—72 页。

第三节
以人为本

媒介虽然是客观存在,但它是人的媒介,是人的延伸,为人的自由发展提供了最基本和最有利的条件。媒介终究是属于人的,没有人,媒介也无意义。媒介和人建立关系才体现出它的存在意义,让媒介感知人的需求、满足人的最大需求则是元宇宙时代人对媒介产生的新的期望,或者说是人对元宇宙媒介域提出的新的期望。媒介的归宿就在于为人服务。以人为本是媒介的第一原则。

媒介的"以人为本"原则应该从以下几方面加以理解。

媒介是人的延伸

每个学习传播学的人都知道,这是麦克卢汉的名言。这句话源自刘易斯·芒福德的观点:"人所使用的工具和器皿总体说来都是他自身机能的延伸。"① 这等于是回溯到了技术的本质。技术是人改进自己的生存能力、劳动能力的产物，每一项技术都会对应人的身体的某一部分或某一器官的需求，或者说会配合人体的某一器官。比如语言改进了人们的社交方式，加强了人认识世界的能力，它调用的是人的口、舌、唇和耳等器官。投枪改进了捕猎的技术，把手和猎物之间的距离缩短了。轮子配合车身减轻了人的旅途劳顿，代替和改善了双腿的功能。麦克卢汉正是在刘易斯的启发下提出了传播学的技术观——媒介环境学观点，而且特别强调了每一种媒介和相应人体器官的强联系。语言是口、舌、耳朵等器官的延伸，文字是眼睛的延伸，广播是耳朵的延伸，电视是眼睛的延伸，移动媒介是全感官的延伸——一个互动网络视频既延伸了眼睛和耳朵，还延伸了口舌，更重要的是还延伸了其他视频媒介，做到了延伸的延伸。

那么元宇宙媒介域延伸了什么呢？作为一种媒介集群，它当然既可以单独地延伸每一种器官，也可以同时延伸若干器官。作为元宇宙的初级入口，VR 既延伸了人的视觉和听觉，下一步还会延伸人的触觉和嗅觉，最关键的是它延伸了人的整体感觉，让人对世界的感觉从现实世界延伸到了虽虚拟但可感的世界——真正的虚拟世界，而不是文字所建构的虚拟世界。如果脑机接口技术成熟、人工智能技术成熟，媒介将进一步延伸我们的大脑及其神经系统。2022 年 7 月最新的新闻报道称特斯拉 CEO 埃隆·马斯克已经把自己的大脑上传到云端，创造了一个自己的精神化身，并与自己的虚拟版本进行了交谈。下一步他旗下的神经科技公司 Neuralink 将开发出一款脑机

---

① ［美］刘易斯·芒福德：《技术与文明》，陈允明等译，中国建筑工业出版社 2009 年 8 月版，第 281 页。

接口,让计算机按照人的思维展开行动。人也不必再使用语言就可以直接用大脑进行交流,而且通过脑机接口把自己的记忆、意识导出到计算机。到那一天,灵魂不死将成为现实。

媒介是人的延伸这句真言揭示了媒介和人的天然关系。媒介是人的产物,在人出现在地球上之前有些媒介已经出现了,比如光、空气、大地,但它们只是以一种哲学意义上的客观物质存在于世,它们存在的价值和意义和人没关系。只有当人诞生了,人开始感知和运用媒介了,媒介才成其为媒介,媒介的价值和意义才真正得以体现。反过来讲,没有媒介,人寸步难行,人认识世界和改造世界无从谈起。因此,可以说人是媒介的人,世界是媒介的世界,社会是媒介的社会。我们甚至可以说媒介推动了历史的进步,也就是说人类历史是媒介的历史。这句话当然不是否定历史动力中的其他决定性因素,但它要强调媒介自己在历史中的价值。麦克卢汉曾经短暂地注意到了这一点:"新媒介不是人与自然的桥梁,它们就是自然。"[1] 之所以说他短暂地注意到,是因为这句话的主语并不是"媒介",而是"新媒介",他应该是另有所指,但好在新媒介也是媒介。另外,这句并不是系统的论述,而是一句语录。当代的青年学者中有人认识到了这一点:"人在媒介中遭遇自身,通过媒介来造就自身。"[2] 这意思是我们降临世界之后同时降临到媒介之中,而正是媒介才能够让我们不断改造自己然后再适应媒介。该学者甚至提出"媒介存在论",认为"并不是先有着那么一个实在的世界,然后人们再

---

[1] [加]埃里克·麦克卢汉等:《麦克卢汉精粹》,何道宽译,南京大学出版社2000年10月版,第407页。
[2] 胡翌霖:《媒介史强纲领——媒介环境学的哲学解读》,商务印书馆2019年5月版,第18页。

来寻找各种媒介与这个现成的实在世界打交道。相反,所谓的实在和世界倒是奠基于媒介性的"①。这最后一句正是前文所指出的,没有媒介,我们无法认识客观世界,客观世界的意义也不存在,我们甚至无法说有客观世界存在。这是哲学认识论的问题。不管怎么说,这种大胆的判断让我们深刻领会人与媒介的天然关系。在元宇宙这样一个"空气式媒介"中,人类能够真真切切地感受到自己与媒介的关系。

"人性化趋势"

这一命题是保罗·莱文森提出的。莱文森被看作媒介环境学的第三代学者。他自称在20世纪70年代为了阐释媒介的进化规律而创造了"人性化趋势"(anthropotropic)概念,这一概念由"人性化"(anthropo)和"朝着……"(tropic)两个单词组合而成。整个概念试图阐明的是,媒介朝着增加人类功能的方向进化和发展。②在他看来,技术媒介历史经历了三个阶段,在第一个阶段,也就是前技术传播时期,所有的传播都是非技术性的,是面对面的,所有真实世界的元素如色彩、动作都被呈现出来;第二个阶段,技术被发明出来,跨越时空的生物局限被克服,但是与此同时真实世界中的许多元素被舍弃了;第三阶段随着技术越来越复杂,媒介在保持时空延伸的

---

① 胡翌霖:《媒介史强纲领——媒介环境学的哲学解读》,商务印书馆2019年5月版,第31页。
② [美]保罗·莱文森:《人类历程回放:媒介进化论》,西南师范大学出版社2017年1月版,"中文版序言"第2页。

同时开始重获早期技术丢失的面对面传播中的元素。[①]一句话，媒介因为"人的延伸"而远离人，到最后又因为"技术的延伸"而回归"面对面的"和人性化的传播环境。莱文森著作中所述及的最新媒介只是电视机和可视电话，这样一个 2D 世界就让他意识到了媒介已经重获了前技术传播的色彩、动作和面对面等特征，可见人类对这种身临其境的感知欲望是多么强烈。他也预测了全息摄影和 3D 影像的来临，没想到全息技术的 3D 传播尚不成熟，XR 系列媒介却已经给人推送了一种新的、成熟的、另类的 3D 景观。

元宇宙正在按照莱文森的"人性化趋势"推进。他所强调的可见的色彩、动作早在电视时代已经实现，而他没有想到的可触摸的色彩、动作和"面对面"也即将到来，这不过是元宇宙的一小部分功能而已。随着脑机接口的投入使用和成熟，人性化趋势才最终完成了媒介进化轮回的最后步骤。在那个最后阶段，媒介不仅给人类送回来了"面对面"的立体感，而且彻底实现了与人的零距离结合。

"人本逻辑"

人的延伸也罢，人的回归也罢，媒介是人的，人也是媒介的。根据中国互联网络信息中心 2022 年 2 月发布的《第 49 次中国互联网络发展状况统计报告》，截至 2021 年 12 月，我国网民规模达 10.32 亿，手机网民规模达 10.29 亿，占总人口数 73%，农村网民规模达 2.84 亿，域名总数为 3593 万个，移动电话基站总数达 996 万

[①] [美]保罗·莱文森:《人类历程回放：媒介进化论》，西南师范大学出版社 2017 年 1 月版，第 6 页。

个，互联网宽带接入端口数量达 10.18 亿个，移动互联网接入流量达 2216 亿吉字节，全国光缆线路总长度达到 5488 万千米，网站数量为 418 万个，全国网页数量为 3350 亿个，APP 数量为 252 万款，即时通信用户规模达 10.07 亿，网络视频（含短视频）用户规模达 9.75 亿，网络支付用户规模达 9.04 亿，我国网络新闻用户规模达 7.71 亿，网上外卖用户规模达 5.44 亿，在线办公用户规模达 4.69 亿，我国在线医疗用户规模达 2.98 亿，全国网民的人均每周上网时长为 28.5 个小时。[①] 而根据 Hootsuite 统计，截至 2022 年 1 月，全球总人口 78 亿，互联网用户数量为近 50 亿，占全部人口数的 62.5%；每个互联网用户平均每天上网时长近 7 小时。[②] 把今天的地球称为互联网世界是无异议的，互联网已经把我们送入一个深度媒介的时代和深度媒介的世界，元宇宙将进一步加强这种程度，它把互联网吸收进去作为它的一部分，也把互联网人类升级为元宇宙人类。

  人创造媒介和运用媒介的能力还在不断提高，除了计算性能强大的计算机、脑机连接以后的大脑，人类还在开发机器人、硅基人、数字大脑，希望它们替代我们前往虚拟世界的"深海"和宇宙的深空。我们与媒介的关系、与世界的关系、与整个宇宙的关系、与我们自己的关系正在悄悄地、坚实地、迅速地发生着改变。无论是麦克卢汉，还是莱文森，他们曾经所关注的问题都是人与媒介的关系，那些关系都是已经发生了的、过去了的事件，或者是正在被证实的事件，都是可以预料的，可以推理的。元宇宙所带来的人与虚拟世界的关

[①] 中国互联网络信息中心：《第 49 次中国互联网络发展状况统计报告》，2022 年 2 月。
[②] 《2022 年全球及各个国家、地区互联网用户数量，互联网用户占比分析》，2022-06-01（2022-09-07），https://www.163.com/dy/article/H8PHCLFK055360U6.html。

系、与宇宙的关系、与我们自己的关系则是未来的关系，未来的事件，有可能是"存在论事件"，也有可能是已经发生的元宇宙这样的"存在论事件"的延续。这里有一点是确定的，那就是未来的不确定性并不为我们所知、所掌握。如果说有什么是真正的人本问题的话，那些个体之间的组合、互动、需求都不算，唯有人类的命运才算得上是最根本的人本问题，而不让元宇宙淹没人类、保护碳基生命的尊严和权威才是真正的人本逻辑。

第四节

堆栈传播

"堆栈"(the stack)一词来自美国学者本杰明·布拉顿(Benjamin H. Bratton)2015年出版的著作《堆栈：论软件与主权》(*The Stack: On Software and Sovereignty*)。科西莫·亚卡托解释说："堆栈在多层次、多维度上起作用，调节和重写新型主权的逻辑、动力学和实践，软件在新型主权里起关键作用，这种主权是自我或个人的主权，同时又是社会、经济、文化和政治主权。"[①]"堆栈既存在又不存在……它使我们能突显不同的具体操作；赋能这些操作的是软件和传感技术、处理技术、网络技术和驱动技术。"[②]堆栈"是一个巨大、累积、偶生的架构（因此没有任何智能的、反乌托邦或乌托邦式的设计），由于不断引入和采纳的技术，这个架构若隐若现，或多或少有一点矛盾，不断重新勾勒地理、经济、政治和文化

---

①② ［意］科西莫·亚卡托：《数据时代：可编程未来的哲学指南》，何道宽译，中国大百科全书出版社2021年9月版，第112页。

的形貌"①。

布拉顿认为"堆栈"是一个 accidental megastructure，直译过来就是"偶然的巨型结构"，他认为堆栈巨型结构由六层构成，从上往下分别是：用户、界面、地址、城市、云端、大地。它们共同构成"可编程的世界"，也是真实世界的全部。其实，用 meta 逻辑或思维看待，同样可以把它看作"元结构"（metastructure）——一个超越一切的结构，或者是一个派生出各种子堆栈的元堆栈。这样一来，元宇宙 Metaverse 就有了一位新的家族成员，而且恰恰弥补了元宇宙没有结构描述的缺陷。"堆栈是一个复杂的架构，贯穿诸多的平台：材料和资源的提取、基础设施和物流的激活、云服务和应用的执行、城市的算法规则、人和物在网络和空间里的定位、人与非人行为体互动界面的持续性倾向（直到无用户界面设计）。"② 这难道不是元宇宙世界所必备的景观、社会和状态吗？当然，元宇宙的内部结构还可以想象得更加宏大和延展。可以说，堆栈理论是对元宇宙理论的一大补充。

堆栈巨结构给元宇宙一个启发，那就是我们可以把元宇宙也进行堆栈式分层，只不过不需要搞得太玄乎，直接按照物理空间和人的关系分成太空、地球、人三个堆栈空间，分别形成各自的场域或场景并构成各自的媒介环境，最后把传播区分为三种不同的结构：地球传播、自传播和太空传播。

---

①② ［意］科西莫·亚卡托：《数据时代：可编程未来的哲学指南》，何道宽译，中国大百科全书出版社 2021 年 9 月版，第 113 页。

第四章　元宇宙传播核心概念和理念

地球传播

我们先选择离我们最近的物理空间。

地球传播其实包含了我们现有的一切传统的、创新的传播形式，也开创出一些新的媒介、媒介域和场域，或者说把一些传统的非传播场升级为新的传播场，把非界面开发为新界面。比如我们会把我们的家庭开发为家庭媒介场，把汽车开发为汽车媒介和汽车传播场，把我们的手机和万物相连，让万物都成为媒介，把整个空间开发为"空气式媒介"，诸如此类。

新冠疫情催生了"宅办公""宅上学""宅经济"，"宅"成为我们每个人的第一生存空间。以前我们可能真的像家人指责的那样把自己的家当作旅馆，只是晚上睡觉时才会想起家。但今天每一个人都对家有了深深的感情，因为它能提供最大的安全，它比其他隔离空间要舒服得多。在元宇宙无处不媒介的时代，我们有责任把自己的家打造成一个舒适的媒介场。电视、电脑、冰箱、餐桌、门窗和书房的书籍、杂志，还有随手紧握的手机，都是有效的媒介。我们可以用全屋智能中控系统操控一切家具、媒介，把它们融合成紧密的媒介域。我们还可以用 XR 设备把院线接到家里，把家里的每一处可坐可躺的地方都"改造"成 3D 影院。

汽车绝对是一个完美的活动而封闭的传播场景，以前可以在车上听音乐，现在可以在车上看视频、地图。随着泛屏时代到来，汽车增加了屏幕媒介，从最早的播放 VCD 和 DVD 的设置，到后来结合 USB 外接设备、倒车影像、车外景象，汽车上的屏幕越来越大，功能越来越多，已经成为汽车的重要装备。不久的将来，汽车的挡风玻璃、仪表盘、液晶屏幕操作界面，甚至整个车身都可能是一个界面，汽车本身就是一个界面，当我们置身于汽车时，我们就进入了一个私人的、专属的、封闭的、运动的媒介域或传播场。只要不影响驾驶安全，我们可以在汽车里延伸我们的任意一个感官。

智能汽车是目前汽车发展的主攻方向。特斯拉是智能汽车中的佼佼者，公司2003年成立，2010年上市，2015年解锁辅助驾驶功能，从此开始向智能汽车方向全力推进。特斯拉注重电池技术和智能驾驶技术的提高。在智能驾驶方面，特斯拉的无人驾驶、自动换道、自动识别等技术引人注目。中国智能汽车发展速度不输美国，传统品牌如比亚迪、蔚来、小鹏、理想等表现不俗，新入场品牌则动力十足。2022年7月，华为量产AITO问界M5智能汽车，百度则推出第六代量产无人车Apollo RT6。但是，我们注意到一个现象，人们对于汽车技术的改进过于关注智能驾驶、无人驾驶、导航、防盗等方面，而把汽车的媒介性忽略了。尽管智能座舱中的媒介设备如广播、中控屏幕、语音识别等不断升级，但整体上并没有把汽车看作一个媒介或媒介环境来对待。

汽车已经成为生活必需品，或者说成为一种重要的生活空间。根据统计，截至2020年底，美国汽车保有量达2.79亿辆，而中国汽车保有量达2.81亿辆，首次超过美国，成为世界汽车保有量最多的国家。中国的数据还在逐年增加，截至2021年底，中国汽车保有量已达3.95亿辆，增长空间巨大。即使有这么大的数额，从千人拥有量看，中国还进不了世界前10名，可见全世界的汽车保有量多么巨大，至少在10亿辆以上。地球已经成为"车轮上的地球"。既然

第四章 元宇宙传播核心概念和理念

汽车在我们的生活中已经必不可少,那就把它打造成一个生活空间,而我们是离不开媒介的,所以还得把汽车打造成一个媒介空间。

麦克卢汉曾以"机器新娘"暗喻汽车,指出其外显性的"符号化"媒介特征。他从汽车的"轮子""道路""工业艺术""社会阶层"等四个角度出发,建构了其汽车"机器新娘"理论。在麦克卢汉看来,轮子大大缩短了人与人、人与地的距离,提升了人们的生活与工作效率,也强化了交通运输与信息传播的效果;道路的出现推动交通的加速,使中央权威向边缘地区扩散,打破了原有的城乡组织结构,又产生了"愈来愈大的聚落",使得城市社区规模进一步扩大,推动都市化的发展;汽车与古登堡技术、文字"合在一起造成了世界上第一个无阶级社会"[1]。麦克卢汉在20世纪60年代就敏锐地判断"汽车在社会交际中是一种热性的、爆炸性的媒介"[2],创造了"汽车媒介"概念。当下,汽车已经不再只是驾驶工具,随着与互联网、人工智能、虚拟现实等技术的结合,逐渐成为连接人与数字世界的重要节点。智能驾驶、智能座舱、智驾仿真云、汽车安全、智能地图等技术的开发,不仅提升了驾驶的便捷度与安全性,也提供了更加多元化、个性化的娱乐服务,丰富了车内用户的媒介消费与信息传播,形成了全新的传播场景。此外,车联网与智联网的不断成熟将汽车媒介转变为一个服务更广泛、场景更广大的移动媒介,成为大众日常生活与信息传播的重要部分。作为物联网的一种形式,车联网强调汽车与互联网的结合。在"万物互联"的愿景下,通过车内网、

---

[1] [加]马歇尔·麦克卢汉:《理解媒介:论人的延伸(增订译注本)》,何道宽译,译林出版社2011年7月版,第254页。
[2] 同[1]:第251页。

车际网和车载移动互联网,结合无线通信技术、传感器技术等,进行数据信息的实时处理,组成信息的智能化传播网络,从而实现"人车合一"的深度交互与数字共生。①

事实上,所有的运输工具都是传播媒介,英语中communication既有传播的意思,也有运输的意思。按照德布雷的解释,在法国communication一词出现于14世纪,在此之前的中世纪,"世界"是相通(communion)的区域,"相通假设了无距离,以行为人之间的共生和媒介与信息之间的共生为前提。"②随着世界边界的扩大,人们需要打破这种"无距离"状态,因此,交通式的传播communication就诞生了。其实,中国人和其他地区的人在文明早期就十分重视交通,修建了四通八达的道路,信息也正是通过这四通八达的道路传播到帝国的各个角落,比如"秦帝国""汉帝国"、罗马帝国、阿拉伯帝国,莫不如此。在元宇宙,人类并不会因为倾情于虚拟世界而忽略交通的重要性,很多时候我们可能要在交通工具里才有时间进入虚拟世界。除了汽车,火车、轮船、飞机都是一个封闭的传播场,任何一种适合这些场景的媒介都能进入这个场域。或者我们干脆就把火车、轮船和飞机改造成一个具身性的媒介。

我们还需要改造我们的城市,让传统的都市生活圈转型为一个媒介化的公共空间,让城市真正能够按照"人性化趋势"逻辑升级为一个面对面的、"部落鼓式"的雅典广场或良渚城邑,让城市焕发

---

① 赵伦:《从机器新娘到数字共生——汽车"媒介性"的转向》,"中传传媒经济研究所"公众号,2022-04-25(2022-09-07),https://mp.weixin.qq.com/s/Qggupo8RwrezF4jLURkERQ。
② [法]雷吉斯·德布雷:《普通媒介学教程》,陈卫星等译,清华大学出版社2014年9月版,第26页。

生机。新冠疫情暴发之后,每一座城市都有这种迫切的需求。除了城市,农村是更大的生活化的公共空间和媒介场域的遗忘角落,鉴于世界上大部分农村基础设施远比城市落后的现状,给农村提供基础媒介设施是未来要做的一项艰巨的任务。元宇宙,一个也不能少,否则就背离了元宇宙的根本精神。

自传播

以上理念都是现实元宇宙理念,更多的是从技术、构成、目的等方面加以理解的。如果像第三章深究它的哲学意义,从哲学的角度理解,或者从宇宙观出发,元宇宙的核心理念要进行更加宏观的认识。这里强调三点。第一点,元宇宙是人的产物,没有人就没有元宇宙。元宇宙是关于人的,要以人为中心,为人服务,这是元宇宙的第一原则。第二点,元宇宙是相对于物质世界的精神世界,当然这种精神世界和哲学上的精神世界是有区别的。哲学的精神世界是独立于物质世界之外的概念,元宇宙的精神世界是特别强调元宇宙的被创造性,在元宇宙,精神世界和物质世界结成一个整体,它们互相让渡了自己的属性,你中有我,我中有你。单纯的物质世界那是宇宙,单纯的精神世界那就是人的意识,最多是人类社会。精神世界和物质世界就像宇宙中的两个相互影响的黑洞,彼此都有很强的吸引力,最后相互"吞噬",合二为一。第三点,元宇宙和宇宙是一组正反组合,就像精神和物质、意识和存在、虚拟世界和现实世界。没有宇宙,就没有元宇宙;没有元宇宙,宇宙不能被理解。二者彼此之间有一种耦合关系,或者用"对偶关系"描述它们彼此的关系更形象和准确。人类存在于宇宙中,从人出发的元宇宙也存在于宇宙中,因此元宇宙是宇宙的一部分。反之,宇宙无边无际,但是人类通过特殊的器械、技术和逻辑思维,正在逐渐地越来越多地发现和认识宇宙,这种知识固然是自然存在的,但也是被人的精神之花建构起来的,因此宇宙最终成为元宇宙的一部分。当元宇宙的边界足够大时,元宇宙和宇宙必将重合,合二为一。

传播还得关照"精神元宇宙",只有在精神层面,元宇宙才能成为真正的元宇宙。所谓精神元宇宙,就是元宇宙议题要回到人类自己。元宇宙传播也要回到人这个"元媒介"。人不仅通过媒介物质和同类开展人际传播,也要和客观世界直接接触,从客观世界获取信息、知识,这也是传播活动重要的一环。过去,我们都通过自己的视觉、听觉、味蕾、皮肤去感知外界、获取信息,未来我们有了脑机接口技术,可以利用认知神经技术直接用神经元去感知外界、获取信息。我们甚至可以通过虚拟数字人、硅基人类代替我们人类去和外部世界打交道。除此之外,我们每个人还要和自己展开传播。"认识你自己""我是谁"诸如此类的诘问,都是人的内心思维、自我交流。美国社会心理学家乔治·赫伯特·米德将自我分解成"主我"(I)和"客我"(Me)两部分,这两个"我"之间经常会展开自我传播或自传播、"内向传播""人内传播"等。反过来理解,"作为自我传播的人内传播就是一个'主我''客我'之间双向互动的社会过程,互动的介质是信息,用米德的话来说即'有意义的象征符'。这个'象征符'不但能够引起他人的反应,而且能够引起使用者自己的反应。"①

"内向传播一般表现为自言自语、自问自答、自我反省、自我陶醉、自我发泄、自我安慰和自我消遣等多种形式。"② 其实，真正具有传播意义的自传播的主要形式是记忆、思考、想象和梦想。自传播是人际传播的基础，人需要首先"说服"自己，让自己确认某种判断才能开展人际传播、社会传播，所以思考是最主要的自传播形式。人在思考的时候不需要自言自语、自问自答、自我陶醉、自我发泄、自我安慰和自我消遣，反省很多时候都会被省略，大部分人际交流的时候来不及反省，需要每个人快速思考，做出结论，开展交流。当然，我们会给自己安排很多时间去思考、冥想，特别是当一个人独处的时候，又处于清醒状态，一般都会开展自传播。这是一种潜意识，是一种从潜意识迅速转移到自我意识的结果。人还能记忆，记忆才是第一自传播形式。人类即使不思考，也会记忆，这是一种生物本能或能力。我们其实生活在记忆的状态中，我们每天的思维、言行都是在记忆指导下展开的，如果没有记忆，就没有恒定的认识，就没有认识的积累，甚至迈不开一步。当然其他生物也有记忆，甚至物质都有记忆，比如一块金属也有记忆。但人类的记忆不一样，人类的"记忆是一种精神遗产，这个遗产在理解现在、想象未来的过程中扮演着非常重要的角色"③。人类还有想象和梦想，这些活动都是自我思考的特殊形式。想象是对超越现实的结果的期盼，梦想则是失眠状态的精神活动，这些活动都不求助于媒介和他人就能完成，

---

① 段鹏：《传播学基础：历史、框架与外延》第 2 版，中国传媒大学出版社 2013 年 9 月版，第 20 页。
② 胡正荣等：《传播学总论》第 2 版，清华大学出版社 2008 年 10 月版，第 93 页。
③ 胡正荣等：《传播学概论》，高等教育出版社 2017 年 6 月版，第 60 页。

完全是私人的、自我的。事实上，自传播是人的一种生物本能，在自传播过程中，"我"经常被自传播者忽略掉，这也是本著作选择用"自传播"概念而不是"自我传播"概念的原因。

元宇宙不能剥夺人的自传播需求和能力，恰恰相反，元宇宙将给予人的自传播以帮助、发扬。借助认知神经技术或其他脑机接口技术，计算机将能够帮助我们记录我们不经意间的思想火花，还有那持续整宿、醒后让人意犹未尽的梦境。如果需要，我们确实需要一个对话的人，但我们不希望这个对话的人是别人，以防泄露自己的隐私，那我们可以借助于脑机接口和我们的化身，或者直接和我们的硅基化身面对面，开展"人内传播"。2022年7月，埃隆·马斯克已经做到了这一步，未来每一个人都有同样的机会。

太空传播

某种意义上说，从20世纪50、60年代苏联宇宙飞船上天，美国航天员登陆月球起，人类就进入了太空时代。人类发射的太空探测器正不断延伸它们和人类的距离，最早只是在地球近空，后来到达月球，再后来陆续到达火星、土星、木星、海王星、天王星。1977年美国宇航局向太空相继发射"旅行者一号"和"旅行者二号"，两艘飞船在飞掠太阳系几大行星之后已经进入星际空间，目前距离地球200多亿千米。有的科学家判断它们已经飞出太阳系，有的则判断距离飞出太阳系还有3万年。

随着中国加入太空俱乐部，人类进入太空的频次明显加强了。20世纪70年代，中国的"东方红一号"人造地球卫星发射升空成功，标志着中国加入了太空俱乐部。2003年10月15日"神州五号"载人飞船升空，从此中国人进入太空的脚步逐渐加快。到2022年年中，中国已经有14名宇航员累计23人次进入太空。除此之外，2020年12月1日，"嫦娥五号"飞船登录月球。2021年5月15日，"天问一号"着陆巡视器着陆火星，随后"祝融号"火星车到达火星表面。2021年中国空间站在轨建造全面展开，"太空之家"即将落成。中国航天发射次数屡创纪录，2021年全年，中国发射55次，位居世界第一。51年间，中国将700余个航天器送入太空。中国已经从航天大国走向了航天强国。

人类已经把地球、虚拟世界之外的太空当作我们生存的第三空间。而随着"太空之家"的落成及其越来越适宜居住和旅游、越来越多，将会有更多的人进入太空，不仅是宇航员和专业技术人员，还有大量的游客，甚至每个人的虚拟替身。人类不仅在开发地球附近的近空，还准备开发月球、火星，第一步已经完成，人造航天器已经落脚月球和火星，下一步要实现让航天器从月球和火星返回地球，再下一步就是人类登陆月球和火星，然后建立定居点。这些看似遥远，但在加速回归法则的支配下，那一天即将到来。除此之外，我们还向深空发射了探测器，下一步我们可以让探测器载着已经下载人类大脑的数字机器人或硅基人一起进入深空，完成我们人类更伟大的愿望，去银河系寻找另外一个适合人居的行星。这些画卷的展开，意味着一个新的媒介空间或媒介环境的展开。在这一点上，媒介环境学并没有落伍。作为媒介环境学派第三代主力，保罗·莱文森在用思维"扫荡"完地面上所有的物理媒介和虚拟媒介之后，就迅速地盯上了太空。在进入新世纪之际，他创作了《真实空间：

飞天梦解析》，作为媒介研究对太空领域的致敬。比较令人遗憾的是，这本著作并没有提出什么实质性的结论和想法，毕竟20多年前，我们在太空中所取得的成绩还非常有限。但就是在这短短的20年里，我们在太空领域已经取得了令人瞩目的成就，这些成就绝不亚于20世纪50年代卫星升空那样的"存在论事件"，特别是我们进入太空的频次有如上班回家的节奏，太空生活真的已经成为人类新的存在形式了。刚刚，身处中国空间站的中国宇航员向地球发出邀请：中国空间站，等你来出差。

太空因人的入驻而具备了媒介性，这意味着一种新的传播形式——太空传播呼之欲出。

在技术方面，几十年来，卫星通信等太空技术通过核心技术的研发突破，促进了人类社会的信息传播技术，电话通话、数据传输、电视转播、移动通信、导航定位等传播技术都与卫星通信以及太空探索息息相关，深刻地改变着人们的交往方式与信息传播模式。近年来，世界主要航天科技强国的政府和全球性企业纷纷公布或实施自己的低轨卫星互联网星座计划。这些计划通过发射成百数千颗卫星，实现对地球完整覆盖组网，卫星采用相控阵天线与高通量技术，可以为地面用户提供数百兆带宽的超低时延宽带接入。埃隆·马斯克旗下的美国太空探索技术公司每月发射超过100颗卫星，其"星链"计划已累计发射2000多颗卫星，并计划开通全球宽带服务。亚马逊宣布将与3家火箭公司合作推出以卫星提供全球宽带互联网接入服务的"柯伊柏"项目，计划将3200多颗卫星部署在近地轨道，为地面提供高速宽带服务。英国政府主导的"一网"星座也累计发射400多颗卫星。俄罗斯准备推出由600多颗卫星组成的"球体"

星座，计划2024年前实现宽带卫星互联网覆盖本国全境。中国的航天科工推出"虹云工程"，计划发射156颗卫星，实现全球组网。航天科技也推出"鸿雁星座"，计划实现全球任意地点互联网接入。目前，中国各星座计划中组网数量30颗以上的低轨道星座项目约10个，规划总卫星发射数量近2000颗。2021年4月，中国卫星网络集团组建，统筹国内卫星互联网建设与产业发展，着手整合各星座计划。如此多的卫星密布地球上方的同步轨道、低轨道和高轨道，为地球建起了一个地球互联网或太空互联网。位于地球上方的太空互联网将全面超越地面互联网，实现不断网、低延时、无死角的效果。

在内容方面，近年来围绕着太空传播的创作内容与科普内容逐渐增加。人类对于太空的探索激发了大众的丰富想象力，诞生了《银河帝国》《三体》《2001太空漫游》《星际迷航》《星球大战》等科幻小说与电影。根据科幻百科发布的《2020年科幻出版物报告》显示，2020年中国大陆地区出版科幻图书657本，同比增长12.7%，成为近10年来出版科幻图书最多的一年。同时，现象级作品不断出现，《三体》《北京折叠》等科幻文学更是获得了雨果奖，成为世界知名的文学作品。除了传统出版物，科幻作品也开始成为网络文学的关注对象。根据阅文集团联合上海科技报发布的《2021科幻网文新趋势报告》，截至2021年，累计有超过51.5万的创作者在阅文旗下平台创作科幻网文，相比2016年增长189%。《重生之超级战舰》《深空之下》《我在火星上》《千年回溯》等作品先后获得中国科幻银河奖"最佳网络文学奖"。影视作品方面，《飞天》《流浪地球》《未来机器城》等探讨航天航空、宇宙环境与未来城市题材的作品也不断涌现，《流浪地球》更是收获了高达46.86亿的票房成绩以及广泛的社会讨论，成为中国影史上最有影响力的科幻电影之一。除了科幻作品，航天航空的知识科普也越来越受到重视。中国航天科技集团、中国航天科工、中国载人航天、中国航天报、中国航天科普等单位相继设立融媒体传播平台，进行航空航天的知识科普，解答人们对大气窗口、着陆场等专业知识的疑问，有效增进了大众对航空航天的兴趣。

在经济方面，随着航空航天技术的不断发展与深入应用，"太空经济"时代已经到来。"太空经济"是美国宇航局局长迈克尔·格里芬在2007年提出的概念，旨在利用太空技术与市场经济，持续开发太空中的市场空间，寻找新的经济增长点，将太空活动打造为一种可盈利的商业形态。这种商业形态涵盖空间技术与产品、卫星应用、太空资源利用、太空旅游、航天及太空文化产业等。这一新兴的经济模式具有巨大的商业价值与潜力，根据美国三角研究所（RTI International）在2019年公布的《GPS经济效益报告》显示，在1984—2017年间，GPS（全球定位系统）产生了1.35万亿美元的民用收益。在这一方面，我国的卫星导航产业同样体现出一定的经济效益潜力。根据《2020中国卫星导航与位置服务产业发展白皮书》显示，2019年我国卫星导航与位置服务产业总体产值达3450亿元，同比增长14.4%，其中与卫星导航技术研发和应用直接相关的产业核心产品产值为1166亿元，在总产值中占比33.8%。随着"北斗＋"和"＋北斗"应用的深入推进，由卫星导航衍生带动形成的关联产值继续保持较高增长速度，有力支撑了行业总体经济效益的进一步提升。"太空经济"还要求通过开发太空技术，拉动信息、通信、能源等基础产业发展，带动卫星遥感、卫星通信、导航定位、数字地球等应用产业的迭代与转型，促进传统产业的结构调整，使其能够充分利用现代化信息技术成果向知识密集型产业转变，极大地提高生产效率和社会经济效益，进一步推动经济的高质量、多元化发展。

太空传播必将为人类打开一个更大的媒介域、信息场和感知世界。太空传播的高维性、广域性将进一步地把其自身与各种物理传播和虚拟传播无缝对接和完全融合，也将把万物互联的空间延伸到传统媒介和传播无法到达的高边疆。①

2022年7月21日由百度与央视新闻联合举办的"AI深耕，万物生长"2022百度世界大会上，百度与中国航天共同发布全球首个航天领域的大模型项目，计划从航天领域的数据和知识中融合学习，对航天数据进行智能采集、分析和理解，助力深空智能感知、规划和控制等技术突破。百度后续还将发布全球首个航天元宇宙，与中国航天充分发挥各自优势，在深空探测智能技术研发、应用平台开发及项目实施、太空科创科普传播和人才培养等方面开展全面深入合作。

太空传播真的已经来临，一个贴近宇宙的元宇宙近在眼前。

---

① 赵伦：《太空传播时代到来了吗？》，"中传传媒经济研究所"公众号，2021-10-18（2022-09-07），https://mp.weixin.qq.com/s/7vHqOudtxYSFWYfEMfWu6w。

第五章
元宇宙传播结构

拉斯韦尔的传播学"5W 模式"一直被奉为传播学的经典模式,许多人如果想把某个学科和传播学嫁接的话,最简单的办法就是用"5W 模式"检验,看看能否在这个交叉学科内搭建起自己的"5W 模式",或者用"5W 模式"衡量新的准备组建的交叉学科中的 5 方面要素。但其实把 5W 看作一种模式,要么不够准确,要么就是把它大材小用了。按照我们的经验,任何一种传播都必然会有传播者、传播受众、传播内容、传播渠道(媒介)和传播效果等内容,所以这不是一种模式,而是一种结构,是传播得以开展和完成的必备条件。从另外一个方面看也会得出相同的结论。举凡传播学基础理论的教材或著作都有一个特点,那就是书中基本都要把传播者、传播内容、传播媒介、传播受众和传播效果 5 部分分别作为独立的一章进行详尽的阐释。这也充分说明,以上 5 种元素是传播及传播场的主体结构内容,也就是说 5W 是传播及传播场的结构,而不是什么传播的模式。模式说法完全把如此重要的结构和其他可有可无的模式混淆了。这个责任有一部分应该在丹尼斯·麦奎尔。麦奎尔在他的著作《大众传播模式论》第 2 版中把拉斯韦尔的有关论述总结为了"拉斯韦尔模式":

"1948 年,美国政治学家哈罗德·D. 拉斯韦尔(Harold D. Lasswell)在一篇论文的开头,提出了一个也许是传播研究中最有名的命题:'描述传播行为的一个便利方法是回答下列 5 个 W 的问题:

谁?(Who)

说了什么?(Say what)

通过什么渠道?(In which channel)

对谁?(To whom)

取得了什么效果?(With what effect)'

第五章　元宇宙传播结构

此后,这句被称为'拉斯韦尔模式'(Lasswell Formula)的名言便被广为引用。"①

很显然,拉斯韦尔本人并没有把他的判断总结为模式,他强调的恰恰是"描述传播行为的一个便利方法",言外之意是说一个完整的传播行为必然应包含的5个方面的内容。麦奎尔对Lasswell Formula一词特别在第2版的注释中解释道:"本书第一版翻译时,将'formula'翻译为'公式'。鉴于该formula并不是常用意义上的数学公式,而本书作者在下文中又将其一律改称'model',所以本版译成'模式'。"②这个公式称谓也许需要继续深入溯源,才能准确地厘清这一公案。但是事实已经很明显,公式也罢,模式也罢,都不是5W的正确位置。

回顾、辨析、校准5W的意义,并不是要把5W重新摆上神坛,而是在开始新的叙事之前应该把逻辑理顺。在传统传播场中,一种行为、一个过程、一个体系是否能算得上标准的传播活动,只需要用拉斯韦尔的5W模式进行检验即可。然而,元宇宙来了,元宇宙是一种全新的媒介域或传播场,它最大的独特之处就在于它是一切传统媒介、媒介域和传播场的超越,甚至是传统传播过程、结构、理念等的超越,因此它的结构必然发生相应的变化,而且可能是颠覆性的变化,也许一个4W元素足以支撑元宇宙传播过程的"巨结构",也许随着情况的复杂化需要增加为6W,再也许5W数量不变,但是元素内容发生了变化。

---

① [英]丹尼斯·麦奎尔等:《大众传播模式论》第2版,祝建华译,上海译文出版社2008年3月版,第13页。
② 同①:第14页。

第一节
传播角色

传统的传播结构中,有两个活的角色。一个是传播者,是传播过程中第一位的元素,也是最不可或缺的元素,没有传播者就构不成完整的传播链,信息就是死的信息,媒介也是死的媒介,信息传播始终处于一种静默状态或预备状态。传播者涉及谁来把关、传播的权威性、传播者专业性等问题。传统的传播结构中还有一个角色是受众。如果我们把传播者看作第一主体的话,那受众就是第二主体。这个结论可以用拉康的理论加以证实。法国著名的思想家雅克·拉康认为,言语"'作为行为必定有一个主体',同时'作为主体的行为它至少可以说在这个行为中主体又必定有另一个主体',即聆听者"[①]。言语的主体就是传播者,聆听者就是受众。受众不能看作传播的客体,从哲学上讲,客体是相对于人这个主体而言的,在传

---

① 张一兵:《能指链:我在我不思之处——拉康哲学映象》,《社会科学研究》2005年第1期,第55页。

播过程中，被认知的对象、被传播的信息以及传播媒介和传播环境才是客体。把受众看作客体容易制造思维混乱。因此我们把两个主体放到一起叙述。把它们合并到一起叙述还有一个原因，就是元宇宙来了，第一主体和第二主体的界限模糊了，甚至消失了；角色经常在互换，甚至角色就存在于一种不断转变的状态。没有人能够准确地判断谁是第一主体，谁是第二主体。

在元宇宙，每一个进入元宇宙的人自动进入一种传播环境，在这个环境里，你要么是第一主体，要么是第二主体（当然你也可能是客体），绝对不能置身事外。更多的时候，你可能无法清楚地辨别自己是第一主体还是第二主体。who 和 whom 合二为一，who 既是自己，也是 whom；whom 也如此。在传播者结构中，过去，机构或组织是第一主体、第二主体。机构统治主流媒体，个人占据社交媒体；未来，主流媒体未必是"主流"，社交媒体乃至个人媒体会比它们在互联网已经深度发展的今天的影响还要强势得多。

去把关人

把关人理论是传统传播学和新闻学很重要的理论。"把关人"概念源于美国学者库尔特·卢因。第二次世界大战尾声阶段，为了解决食品短缺问题，美国政府希望说服民众食用动物内脏，为此请卢因做一项调研，看如何能说服民众。经过调研，研究小组得出结论，认为参与小组讨论的人购买动物内脏的意愿明显比只是听讲座的人的意愿高。1947 年，卢因正式发文提出"把关人"概念，并给其做出定义式解释：信息总是沿着包含有"门区"（作者注：Gate Areas,

有的翻译为"关区")的某些渠道流动,在那里,或者根据公正无私的规定,或者根据"把关人"的意见,就信息或商品是否被允许进入渠道或继续在渠道中流动做出决定。①卢因后来把这一理论引入了新闻传播研究,从此,"把关人"理论成为传播学的基础理论之一。

在传统公共领域,信息的源头或信源有政府、组织、媒体和个人等。无论是哪一种信源,它们在发布信息的时候,都有一个"审查""筛选""把关"的机制。比如政府和组织正式发布的消息,往往都经历了各级领导或专业人员的层层把关,即使在美国这样自称高度自由的国家,总统及其班子成员在正式场合的发言都有专人提供发言稿,而这些发言稿显然经过了专业人员的把关。新闻媒体就更不在话下。从世界各地、全国各地汇集而来的新闻信息无限多样,如何在固定的、有限的时长内播报有限的新闻信息,一直是考验新闻媒体和编辑人员能力的事情,他们必须从众多杂乱的信息中选择符合本媒体机构价值观、符合国家有关规定、能引起受众兴趣的新闻,这就产生了如何把关、筛选的问题。几乎每天、每次的新闻报道前都会面临这样的抉择。互联网媒体和社交媒体兴起后,传统媒体纷纷转战线上,压缩传播内容的工作可能降低了,因为互联网媒体需要海量的信息,如何选择信息的责任推给了受众自己,但是并不是所有的信息都能在网上发布,一些不符合国家政策、政治正确原则和公序良俗的内容仍然不能传播,因此"把关人"制度依旧有其存在的必要。

个人也如此。个人是自己言论的第一道把关人,个人发表言论

---

① 胡正荣等:《传播学概论》,高等教育出版社 2017 年 6 月版,第 117 页。

第五章 元宇宙传播结构

总是要通过一个媒介平台，所以媒介平台是第二把关人。即使在数字媒体时代，个人有了社交媒体和自媒体等媒介作为发言和评论的平台，个人可以自由地、方便地、不用被编辑地发表言论了，但这种自由并不是无限的，是要受到控制和批准的。如果你是舆论"大V"或别的意见领袖，有自己的微博、头条号、公众号、视频号或百家号，你可以随时创作、上传、发表文章或"帖子"，但是你要发表的文章或帖子首先要通过平台的审核，这个审核者就是把关人。如果你是评论者，你的言论一样会受到监督。随着社交媒体或自媒体的数字化、智能化越来越强，平台除了有专门的工作人员充当把关人，还会通过大数据、精准算法、关键词等设定门槛，自动拦阻个人的评论，或者会提醒："评论违反规定，是否继续发送？"其实，还有一种后置的"把关人"系统，那就是事后审查。如果有网友、事件相关方和平台认为某人的发言或评论侵权、有违法律或公序良俗，那平台会经过判断、权衡后删除该言论或文章。

元宇宙的相关情况继续在发生深刻变化。最大的变化是信息的泛化，过去新闻信息占据主导地位的状况彻底改变，新闻被淹没在信息的海洋之中，新闻传播固有的"把关人"机制在新的信息传播结构下变得无足轻重，或者说，元宇宙传播结构下，"把关人"制度为两种机制所取代。一种是智能门槛，即像现在互联网社交平台的做法一样，通过大数据、精准算法、关键词设置智能门槛，有些言论是无法发表的。另一种是事后追究。元宇宙的区块链技术能做到"一人一身份一通证"，每一个人在元宇宙只有一个身份，无论你用真名还是化名，都无法改变你的身份，所以每个人的一言一行比今天更容易溯源。

在元宇宙，个人几乎可以随便发表言论，但每个发言的个人在开口之前要明确一件事，那就是，元宇宙是有法律、有规矩、有制度的。现在常说"网上不是法外之地"，将来一样可以说"元宇宙不是法外之地"。元宇宙只是现实世界和虚拟世界的结合，不是凭空创造的一个和现实世界完全隔绝的虚拟世界。现实世界的感情、期望、行为可以代入虚拟世界，与此同时，现实世界的法律、规矩、制度等也将代入虚拟世界，即使现实世界的游戏规则可能不再适合虚拟世界，那虚拟世界也必然会按照基本的价值判断制定一套游戏规则。相信在虚拟世界或元宇宙仍将对有些思想和言论设置禁区，比如不能在元宇宙宣扬种族主义、恐怖主义，不能煽动仇恨、暴力，不能颠覆现实世界的政权，等等。

所谓"去把关人"是针对元宇宙这样一个全息社会或全息环境内的信息组成、信息发布机制而言的，其时，信息不以新闻信息为主流信息，信息的政治风险、法律风险下降，信息的智能门槛和事后追索机制进一步完善，传统意义上信息传播的主要角色、作为专职人员的"把关人"也退出历史舞台。

非职业化

社交媒体和自媒体让很多平凡人加入信息提供方一侧，出现了很多新的舆论领袖。特别是一些学者、公众人物，通过社交媒体或自媒体平台频繁发表言论，成为某一领域信息的重要来源，拥有了大量的粉丝，通过与粉丝的互动不断塑造粉丝们的态度、立场和价值观。他们通过文字或视频的流量获得一定的经济报酬，这使得他

第五章 元宇宙传播结构

们可以长期稳定地扮演这一角色，而不用过分考虑生活来源。至少，经济报酬是一项补偿，可以提高舆论领袖们发声的积极性。与此相比，职业新闻记者和新闻编辑反倒成了信息发布的配角。他们首先需要给自己任职的媒体上供稿，然后才能有时间和精力参与社交媒体或自媒体的舆论宣传活动。而他们所供职的官方媒体与若干活跃的社交媒体和自媒体相比，其影响和吸引力又往往处于下风。职业记者和编辑成为配角的另外一个原因是他们无法像"网络大V"们那样采取鲜明的态度、激烈的言辞，从而吸引不到足够多的粉丝。在这样一些复杂的因素影响下，舆论场的话语权越发为一些非职业人员所占据。但是这并不是说国家或政府的舆论权威被削弱了；恰恰相反，能够获得话语权的舆论领袖们的言论一般都是正向的、代表主流价值观的，他们也知道自己的职责，掌握话语尺度和分寸，他们的言论反而成为官方主流媒体的重要补充和配合，所以他们不用担心会被罚而变得胆战心惊、谨言慎行。这是他们可以采取一种稍微激进的态度和言辞的根本原因。

元宇宙当然不是"法外之地"，人们不必担心在那里会因为"去中心化"而秩序混乱。但是因为有更多的个人加入舆论场，加入更大范围的虚拟现实传播场，非职业化的舆论领袖也会呈几何级数增加。智能门槛和事后追究制度也保障了更多的人可以"畅所欲言"，舆论场以及信息场将成为公众更加喜欢的公共空间。此外，官方媒体和主流媒体将"相形见绌"，如果不想办法保持强大的生命力、扩张自己的"触角"，它们的影响将进一步式微。那时大量的职业人员会凭借自己的声望加入非职业舆论领袖的队伍。

元宇宙时代的媒介进化和媒介域的扩展结果会导致这样一种情况

发生,那就是社交传播、宅传播、汽车传播以及自传播将让越来越多的个人成为传播者,太空传播将要求宇航员成为传播者,战场将允许战士成为战地记者,许多特殊领域都要求深处一线的人员充当信息传播者或新闻传播者,这将是传播非职业化的一个终结性的现象。

数字化身(Avatar)

一般人都知道好莱坞电影《阿凡达》,但不知道阿凡达的英文名称 Avatar 的来由。其实 Avatar 一词要早于电影《阿凡达》。Avatar 在英文中是"化身"的意思,来自梵语 avatarah,由 ava-(下来)和 tarati(他穿越过来)组成。[①] 字面意思就是"他下来了"。这个"他"是指神灵,只有天上之神才能"下来","道成肉身",神灵显身。"道"是从希腊语 logos(逻各斯)而来,表示话语、规律、理性;"身"不是真身,是化身。话语、规律、理性无影无踪,要想让人崇拜就得具象化。化身的思维逻辑和行为逻辑不是西方独有的,而是属于全体人类的。佛教的最高精神也有化身,就是释迦牟尼。中国神话中很多神灵也有化身,特别是当他们下凡到达人间时,更需要一个化身,通过化身打通神界和人界两个互不相通的世界。

数字化身是虚拟世界的常规逻辑。它是连接人与数字世界的桥梁,是人进入数字世界的通行证与票据。早期的数字化身是一组由数字组成的、用以描述网络用户身份并记录用户行为的数据,具体体现为电子邮箱地址、微信账号、微博账号等。今天我们每个网民

---

① https://www.etymonline.com/search?q=Avatar。(2022-09-07)

都有自己的账号、昵称,这就是我们的化身,只不过这种化身恰恰相反,是无形的。但是元宇宙虚拟世界或3D虚拟空间中,化身将再次具象化。这是元宇宙超越现在的互联网和数字世界的优势之一。

近年来,各大互联网平台在数字化身的技术布局和商业化投入的竞争日趋激烈,数字化身被逐渐广泛应用于新闻与影视等传媒领域,并催生了小冰、洛天依、玲娜贝儿、柳夜熙等一批知名的虚拟形象。在元宇宙概念的勃兴下,各大平台加速了对数字化身的设计与布局,从品牌化、偶像化、具身化等三个方面进行了数字化身的形象建构与打造,让数字化身能更好地服务于平台的内容传播与产品营销。品牌化是平台打造数字化身的基础策略,面对人与技术深度融合的传播环境,各大平台纷纷开展数字化身的建构,推出一系列虚拟形象。而为了突出平台特性、抢占竞争先机,赋予数字化身独特的形象标识与角色特征并加快关于数字化身的IP(知识产权)运营是数字化身战略的第一步。除了开发IP价值、扩展传播场景、打造出独具特色的数字化身外,对数字化身进行偶像包装也是其重要策略之一,并且由于它迎合了当下热门的偶像产业,因此更加凸显强大的发展动能。最后,元宇宙的数字化身与以前的数字化身有一个极大的不同,那就是要以虚拟世界的3D思维重建数字化身,也就是让数字化身具身化、形象化,这样的数字化身才有利于营造沉浸感与真实感。①

数字化身有一个专业名称:"虚拟数字人"。中国人工智能产业发展联盟发布的《2020年虚拟数字人发展白皮书》报告中提到,虚

---

① 赵伦:《数字化身与元宇宙:品牌塑造、偶像包装与具身感应》,"中传传媒经济研究所"公众号,2022-06-27(2022-09-07),https://mp.weixin.qq.com/s/X02oJrDNODD3Ii5ZejC3iw。

拟数字人是具有数字化外形的虚拟人物，依赖显示设备存在，拥有人的外貌、人的行为以及人的思想。①虚拟数字人可追溯到20世纪80年代日本动画片《超时空要塞》中的虚拟歌姬林明美。林明美以一己之力保卫了地球，以一个平面的虚拟数字人的卡通形象征服了观众。此后，随着3D建模和全息投影技术的加盟，3D虚拟数字人出现了。2020年10月，一个名叫"阿喜"的虚拟数字人出现在抖音上，迅速斩获10万粉丝，到2021年11月，她的粉丝数涨到28万。粉丝可以和阿喜交心，阿喜也会鼓励粉丝。阿喜成为年轻人在网上的第一社交对象。

在元宇宙思维主导下，虚拟数字人已经成为传媒领域的风口，目前在传媒领域最常见的虚拟数字人是虚拟主持人，央视春晚、百度年会、中传毕业典礼等，各种场合下，虚拟主持人纷纷亮相。未来虚拟主持取代真人主持也未必不可能，许多电视台、视频网站可能正在这方面布局。Epic Games公司于2021年2月推出了一款应用软件MetaHuman Creator，能够让用户在短时间内通过实时动作捕捉和人物渲染，快速而轻松地制作自己的虚拟数字人。这意味着虚拟数字人正在迅速地"平民化"，我们每一个人都将拥有一个自己的新型数字化身——虚拟数字人。元宇宙将不断向深域发展，深度元宇宙中的化身将超越数字化身，进一步变身为仿真人和硅基人，它们将代替人类进入元宇宙的"深空"，开展元宇宙深度传播。尽管我们还不能准确地描绘未来的深度传播的结构、模型，但不容置疑的是仿真人这样的数字化身所开展的深度传播将是元宇宙传播未来不可

---

① 赵广义：《元宇宙：新时代新商业新场景》，电子工业出版社2022年2月版，第85页。

扭转的发展方向。

AIGC 将是另外一种隐形的数字化身，它们和虚拟主播一样将给传媒业造成重大的冲击，届时，媒体和机构可能会主动采用 AIGC，以取代传统的 PGC。但 UGC 不大可能会采用 AIGC，因为 UGC 彰显的是个人的能力，个人不会轻易放弃自己的话语权，而且 AIGC 一定是一种投入极大的内容生产方式，一般个人无法承受。一种既耗费成本，又扭曲人性的创作模式，一定不是个人所追求的目标。

在所有这些力量的裹挟之下，传媒业的非职业化趋势会进一步加强。

受众转身

信息从信源传播出去最终必然到达信宿，这样才完成了一个完整的传播过程，因此拉斯韦尔的 5W 公式特别强调了在这个结构中存在一个"对谁"（To whom）元素。这个 whom 就是受众，也就是信息的接收者、传播对象。这种判断应该说在任何一次大众传播过程中都是全真命题，毋庸置疑。媒体、记者、编辑是第一主体，而广大的读者、观众和听众是第二主体，是信息终端。由此可知，受众概念一般用于大众传播种类，而在人际传播中，传播者和受传者是相对而言的，传播过程强调交互性，第一主体和第二主体的位置都是临时性的，甚至是短暂的，当一个人发言时，他就是第一主体，是传播者，而当其他人发言时，这个原来发言的人就从传播者迅速变成了受传者，成为第二主体。这种角色转换非常迅速，区分第一主体和第二主体变成无意义的事情,因此也无所谓存在受众这样的概念。事实上,欧美学者认为即使在大众传播模式中,受众也不是天然地存在的,他们的存在取决于他们当下的状态和所面对的媒介。有学者认为受众分为四类:(1)聚集在一起的人;(2)被处理的一群人(指被媒介针对的人);(3)随机的人(指偶然进入传播场景);(4)听到的或者在听的对象。[①] 这种理论和拉斯韦尔公式是相互矛盾的。如果拉斯韦尔公式是正确的,那把受众不确定化就是多余的;而如果根据实际情况断定受众身份是飘忽不定的,那么拉斯韦尔公式就是有瑕疵的,或者说拉斯韦尔的 whom 就是一个虚位以待的节点,就像薛定谔的猫,视线不对准它就难说它是真实存在的。既然如此,用4W来描述传播结构也不无道理。

　　元宇宙时代传播者和受传者关系将发生根本性的变化,这些变化表现在几个方面。首先,传播对象不再仅仅是被动的信息接收者,他们还是信息的制作者、传播者。随着原来的受众整体上转变为传播者或第一主体,传播者和受众这两大主体之间就不再存在明确的界限,原来的第二主体经常成为第一主体,原来的第一主体则成为第二主体或旁观者。当然,元宇宙不可能完全没有受众,那些永远不发声的"元住民"只能被看作受众。另外,元宇宙还有主流媒体和官方媒体,不要以为哪个负责任的国家和政府会轻易放弃元宇宙"阵地"。无论狭义元宇宙,还是广义元宇宙,肯定会有力量希望主导和控制环境秩序,这样就无法避免主流媒体和官方媒体的进入。权威媒体本来就有其存在的必要性,它能保证信息的可靠性,而这

---

① [荷]丹尼斯·麦奎尔:《麦奎尔大众传播理论》第5版,崔保国等译,清华大学出版社2010年7月版,第324页。

样的媒体和信息自然会找到自己的受众。只不过受众不再像过去那样被动,他们会主动寻找信息和信息源,构建起一种新的受传关系,而不是传受关系。最后,元宇宙虚拟世界要重构现实世界的3D场景,也就是按照"人性化趋势",传播重新回到新的"面对面"场景,参加传播的各方仿佛进入新的人际传播场域,这样一来,区别传播者和受传者就变得毫无意义,两大主体合二为一。

元宇宙中两个主体的交融可以理解为哈贝马斯"自我"与"他我"的身份转换。哈贝马斯认为过去哲学的基本范式是"主体/客体",强调主体对客体的改造,人们生活在"生产世界"状态中,这样主/客关系必然是对立的和倾斜的。进入20世纪生产力"巫术"般提高的时代后,人类关注的问题从"生产世界"转移到"生活世界","人与自然的关系"转移到"人与人的关系"。在"生活世界",别人和"我"一样都是主体,要把别人当成"我"一样去理解和交往。这涉及一个学者们常用的概念——主体间性。[1]"主体间性的实质是生活世界中具有多个主体,其观念(信念)背景是每个主体的言说都是平等的言说。尤其是在关涉价值意义、传播生存的讨论中,每种主体的言说都具有'生活世界'的平等的合法性……主体间性展示的不是'主体/客体'结构,而是'主体/主体'结构。"[2] 有哈贝马斯思想作指导,又有元宇宙这样无与伦比的公共领域提供实践基础,受众甚至传播者都会完成一个完美的华丽转身。

---

[1] 李苓:《传播学理论与实务》,四川人民出版社2002年9月版,第439页。
[2] 刘行芳:《西方传媒与西方新闻理论》,新华出版社2004年7月版,第477页。

用户第一？

前元宇宙传播场域中还发生了一个重大变化,那就是受众身份转变为用户身份。用户而不是受众和传播者或媒体机构建立了一种新型的商业关系,在强调"顾客即上帝"服务意识的传播商业领域里,媒介用户第一次有了"上帝"的感觉。"用户"一词还弥合了第一主体和第二主体之间的裂痕,修正了第一主体对第二主体不公正的态度。在新的传播景观中,进入场景的主体有一个最大的感受是,自己既不是什么传播者,也不是什么受传者,而是媒介的使用者:第一主体用媒介创造商机,第二主体用媒介获取自己所需。仿佛他们都是媒介环境的外来者,而真正的主体似乎是置身媒介域之外的先验者,已经给用户预备了一个完整的媒介域或媒介环境。用户一词似乎是在新的传播时代概括传播者和受传者合体的最佳用语。

传统的传播学理论中曾有人提出"受众商品论",把受众作为消费者,甚至看作一群逆来顺受的"乌合之众"。正如麦奎尔所说,"早期评论家运用'受众'这个术语时通常具有一种贬损的意味,反映出一种对于流行品味与大众文化的悲观看法。"[1] 受众成为被贬低的流行文化、大众文化的代名词,也成为给传播者、传播机制提供动力和财富的"冤大头"。更有甚者,有人"把传播分为'Popular Media'和'Mass Media'两种,而在他看来,'Mass Media'就是缺乏人文精神的群氓,就是粗俗、低级、庸俗、便宜一类的同义词"[2]。

---

[1] [荷]丹尼斯·麦奎尔:《麦奎尔大众传播理论》第5版,崔保国等译,清华大学出版社2010年7月版,第325页。

[2] 刘行芳:《西方传媒与西方新闻理论》,新华出版社2004年7月版,第478页。

这里的 Mass 可以理解为大众传播广大的受众群体。大众传播时代，受众对媒介和信息是没有选择权的，这决定了他们"低下"的地位。但是互联网时代，一切都变了，受众变成了用户，用户对媒介和信息有了选择权，媒体的生存取决于用户的认可、点击、下载、转发以及用户带来的流量。"市场将传播者与接收者变成一种生产者和消费者之间的现金交易关系而非传播关系。"①市场给受传者换了一个平庸的身份，但是抬高了他们的身价。

从一种特殊的认知神经传播学的角度看，传播对象从受众向用户转变也体现出足够的理论意义和实践意义。从理论意义方面看，"受众研究是传播学的主要研究领域，已有受众研究偏重于单向传播的传统媒体领域。在互动、参与已成为常态的新媒介生态环境中，建立在单向传播基础上的受众研究已不能满足学科发展的需要。受众研究有必要升级为用户体验研究。即通过研究'使用者的状态、系统性能以及环境（状况）'等因素，解释用户使用媒介的主观感受、动机、价值观以及使用媒介时的认知反应、情感反应与行为反应。"②从实践意义方面看，则是"基于对媒介用户使用体验的科学研究，构建用户体验影响模型，为媒介产品决策、品牌决策、营销决策等提供客观依据，摆脱仅凭经验与直觉洞察用户的局限性"③。

当受众转变为传播者或第一主体后，传播者或第一主体也变身为用户了。用户身份抹掉了受众不应该承受的歧视，也抹掉了社会

---

① ［荷］丹尼斯·麦奎尔：《麦奎尔大众传播理论》第 5 版，崔保国等译，清华大学出版社 2010 年 7 月版，第 326 页。
② 喻国明：《关于媒介用户使用体验的模型与定量化研究——一项认知神经传播学研究的逻辑框架》，《新疆师范大学学报（哲学社会科学版）》2018 年第 6 期，第 53 页。
③ 同②：第 54 页。

对传播者和受传者的感情色彩，从而让两种主体以一种平和的、客观的、中性的、平等的形象整装待发。用户作为特殊环境下的人，它的需求决定市场，也决定技术的走向，更决定元宇宙的未来。马斯洛的需求理论认为人有 7 种需求：生理需求、安全需求、社交需求、尊重需求、认知需求、审美需求和自我实现需求。在元宇宙，这 7 种需求并不全面，或者说相当一些需求无助于推动元宇宙进步。真正有意义的需求是：超越自我、探求未知、创新发展、充分社交、环境友好。用户向元宇宙提出这样的需求，也是对自己提出的要求。元宇宙不断满足用户的需求，并不断地调适、完善自我，才能精益求精，成为一种大多数人所认可的、开放的、舒适的媒介域和传播场，才能不断朝着宇宙的最佳耦合关系迈进。

然而，"用户"一词是元宇宙主体的最佳概念吗？这个概念固然有很多优点，同时也埋伏下了若干问题。如果我们说元宇宙主体是用户的话，那么是不是抹杀了他们作为信息提供者和制造者的身份和职责？或者说用户只负责接收信息的话，那谁来提供信息？另外，用户是不是也是元宇宙媒介和技术的用户？那么元宇宙媒介和技术的提供者又该是谁？其实，所有这些角色都是一体的。在元宇宙，信息的接收者也是信息的提供者，技术的提供者也是技术的使用者，这才符合元宇宙共建、共治、共享的机制。用户一词难以准确地概括元宇宙的建设者、使用者、居住者们。目前有人用"元住民"或"元宇宙居民"来形容元宇宙里的大众，这需要一个辨析和接受的过程，也许以后还会有人用"元民""元人""元众"，习惯成自然，用得久了就成为公共概念了。

第二节

传播内容：泛信息

任何一种传播都有传播内容，否则传播什么呢？传播内容是传播的核心组成元素，一切传播的主体、媒介（渠道）和效果都围绕传播内容展开。不同的传播类型和传播媒介，其所包含或呈现的传播内容也是不同的。人际传播的内容可能是实物或动作，比如一本书、一个拥抱，书中、拥抱过程包含了更具体的文字和感情。感情、情绪也是一种传播，这种最原始的传播也是永恒不朽的传播，无论传播方式、媒介和环境如何改变和进化，面对面的感情传播永远不会落伍，也不会被嫌弃。人际传播的内容更多是一段语言交流，语言包含大量信息，并直接成为信息符号。语言已经进化为类似感情一样的人的生物性特征，只要有人在，语言就不会被抛弃。语言如此重要，它统治人类的传播功能达几万年或几十万年之久，构建起专属语言自己的"逻各斯域"，但语言不代表原始和落后，在它以后的任何一种媒介都不能取代它。语言背后有思维，有感情，有更深层和复杂的信息。和人际传播有一定的区别，自我传播的思考、冥想、梦想是自我传播自带的传播内容，在这些内容背后又有深层的信息，可能是一段回忆、一种感情、一种生理反应或一种对现实世界中无法实现的境况的期许，再深入进去，又可能是一次眼皮的跳动、一次电击反应或屏幕上的一条曲线。自我传播可能是自觉的，也可能是无意识的，但总归是人的生物本能。这从一个侧面说明传播是人的特殊能力，或者说传播性是人的生物性和社会性的基础表现。在所有传播中最能代表人的社会属性的传播类型是大众传播，在这种类型传播过程中，传播内容因传播人员增多、传播范围扩大、多媒介参与而极大丰富多样。除了自我传播和人际传播的传播内容，还增加了图像、视频以及电子化的文字和声音，这些内容又会融合、叠加、重组为新的复合的内容。传播内容既是内容，又是媒介。麦克卢汉说过，"任何媒介的'内容'都是另一种媒介。"① 这句话也可以转述为"任何传播内容都是另一种媒介"，或者"任何媒介都是另一种传播内容"。内容和媒介通过层级关系而互为表里，相辅相成。

传播内容构成不同的层次，但不管层次多么繁杂，都可以用一个词总结概括，那就是信息。人类生活在信息的空气（空气本身就是信息）中，也浸润在信息的环境中，传播只是在通过不同的媒介和媒介技术在不断地对信息进行解码、编码、传播、再解码、再编码，人类的传播活动就是这样一个永无止境、循环往复的过程，这也是人类的一种生存状态。信息的丰富性表现在媒介及其技术的不断进化能力上，越高级的媒介技术，信息的泛化现象越明显。今天的人

---

① ［加］马歇尔·麦克卢汉：《理解媒介：论人的延伸（增订评注本）》，何道宽译，译林出版社2011年7月版，第18页。

类已经凭借媒介技术的进步进入一个"全息时代"。"在新的传播环境中,传播主体和客体界限在模糊,新闻信息和非新闻信息的界限在模糊,主流媒体的新闻传播属性也在明显地淡化。所有的社交媒体、主流媒体移动端的信息集散的功能远远超越了新闻传播等功能。媒体不再只属于新闻,它同时属于知识、社交、娱乐、商业。一个全信息化、大信息化的传播时代来到了。"[1]从更大的维度看,我们进入的是一个"四全媒体"时代,正如习近平总书记所做出的深刻论述:"全媒体不断发展,出现了全程媒体、全息媒体、全员媒体、全效媒体,信息无处不在、无所不及、无人不用,导致舆论生态、媒体格局、传播方式发生深刻变化,新闻舆论工作面临新的挑战。"[2]"全息媒体"是"全息时代"的具体特征。[3]

元宇宙媒介域集合了历史上所有的媒介,实现了这些历史媒介的全面融合和重构,构建了新的3D界面的虚拟现实媒介场景,开辟了太空传播场域,实现了脑机结合后的全智能传播,其传播内容将达到一种亘古未有的规模,信息将再次发生一次核当量级的爆炸,而如果按照库兹韦尔预测的那样,到达人工智能进入宇宙的奇点,"人"的大脑的存储能力、计算能力、感应能力和传播能力都将无以复加,信息爆炸将是又一次宇宙诞生性质的奇点爆炸。按照"全息理论",整个宇宙就是一个"全息图",是一个在它表面写有信息的

---

[1] 赵雪波:《传播史分期法的技术否思与功能导向》,《现代传播(中国传媒大学学报)》2022年第4期,第55页。
[2] 《习近平:推动媒体融合向纵深发展 巩固全党全国人民共同思想基础》,中国共产党新闻网,2019-01-25(2022-09-07),http://jhsjk.people.cn/article/30590946。
[3] 赵雪波等:《哲学、技术和功能:传播史分期的思想来源和路径选择》,《中国新闻传播研究:课程思政和新文科建设》2022年4月,第181页。

二维数组,在每一个时间点上,宇宙的状态大约相当于1090比特信息。①库兹韦尔所谓的"宇宙觉醒"意味着什么?不言而喻。目前看这还是一种预测和想象,但是如果我们把它和元宇宙终极形态画上等号,鉴于AI正在不断迭代,元宇宙已经开启,那个预测和想象的未来不是已经在加速逼近我们吗?元宇宙的终点就是库兹韦尔的奇点,那个时刻的到来意味着元宇宙和宇宙的重合。

---

① [美]Ray Kurzweil:《奇点临近:人类超越生物》,李庆诚等译,机械工业出版社2014年8月,第220页。

第三节

传播内容：元宇宙新闻

新闻始终是信息传播中最主流的部分，即使是在元宇宙，也不能没有新闻，而且为了维护新闻的真实性和权威性，"主流媒体"和"官方媒体"不可或缺。

"7月21日，由百度与央视新闻联合举办的'AI深耕，万物生长'2022百度世界大会在线上召开。本次大会由撒贝宁搭档百度AI数字人希加加共同主持。"这是《中国基金报》2022年7月22日的新闻。这一条新闻透露出几个信息。一是疫情期间，会议转向线上，线上工作、线上生活成为常态。二是科技进展获得官方媒体和社会各界广泛关注。三是会议除了请央视主持人撒贝宁主持之外，还有一个AI数字人"希加加"联合主持。AI数字人或数字机器人越来越频繁地参与各种社会活动，特别是大型会议的主持，以调动会场气氛。会上，度晓晓再度亮相。度晓晓是百度APP AI探索官，也是国内首个可交互虚拟偶像，有独特的情感交互系统。百度宣布度晓晓上线百度 APP，代表着"人均一个数字人"的时代已经到来。这么一场活动包含了太多的新闻元素。其实会议内容中还有一个环节也与新闻业密切关联。会上，百度首席运营官李彦宏表示在 PGC 和 UGC 之后，利用 AI 进行内容生产的 AIGC 将成为全新的内容生产方式，这种方式不仅会提升内容生产的效率，也会创造出有独特价值和独立视角的内容。按照李彦宏的判断，AIGC 将走过"助手阶段""协作阶段"和"原创阶段"三个发展阶段。"未来 10 年，AIGC 将颠覆现有内容生产模式。可以实现以十分之一的成本，以百倍千倍的生产速度，去生成 AI 原创内容。"①

新闻业伴随整个元宇宙传播的发展，正在发生剧烈的改变，这种改变有可能是温水煮青蛙式的"慢炖"，变化表现为不断进行的量变积累；也有可能在某个时间段突然爆发一个"存在性事件"。不管是量变还是质变，变化的过程都有迹可循。

新闻的没落

20 世纪和 21 世纪交际之时有人曾大声提问："纸媒还能坚持多久？"更多的人则对此不以为然。然而历史很快就做出回答。在美国，创刊 102 年的《基督教科学箴言报》、147 年的《西雅图邮报》、174 年的《安阿伯新闻报》纷纷停止印刷版的出版发行，转变为互联网报。2012 年最后一天，创刊 79 年的《新闻周刊》宣布彻底退出历史舞台。除此之外，几乎所有的纸媒都创办了网络版，给自己"留了

---

① 忆山：《李彦宏重磅发声》，《中国基金报》，2022-07-22，https://www.chnfund.com/article/AR2022072200152693934530。

一手",作为最后的阵地。在中国,由于国家财政支持有限、广告变现能力下降、读者流失殆尽,很多地方报刊和都市报纸也开始了一波又一波的停刊潮,最后留守的只有省级以上的党报党刊。在世界各国,情况都大同小异。21世纪之初,美国学者菲利普·迈尔曾调查了两组数据,一组是1972—2002年读者对报纸的信心分布图,一组是1972—2002年日报读者数量变化趋势图。通过分析,他预测到40年代,日报的读者将归于零。而日本专家的预测结果更悲观——报纸消亡的日子将提前到2030年。[①] 是否如此?我们拭目以待。不过有个事实应该是确定的,那就是今天已经没有多少人通过报纸获取信息了。

在报纸杂志走向日暮时分,广播电视的警钟也敲响了。1998年5月联合国新闻委员会宣布继报纸、广播、电视之后互联网成为第四媒体。从那以后,互联网不仅携广播和电视把报纸逼入绝路,还对自己曾经的合作伙伴广播、电视发起了攻城略地的行动。从广播和电视方面看,电视方面,2001年开始,中国全国电视观众人均每日收视时长开始呈波动下行的发展态势。中间有过小幅回升,但从2010年起,全国电视观众人均每日收视时长基本呈逐年下滑的态势。特别是近些年因为新媒体、新技术和移动互联网的冲击,受众收视方式发生根本变化,这在缓慢但固定地蚕食人们用传统电视收看节目的时间。2019年人均每日收视时长124分钟,成为历年来的最低。2020年,59个城市时移收视市场各类节目的收视比重显示,"新闻/时事"板块占比8.9%,和综艺板块12.7%的比重有一定差距,和电

---

① 杜积西等:《人即媒体:2050年传媒大预测》,北京师范大学出版社2016年4月版,第26页。

视剧板块44.4%的比重相比，差距更大。广播方面没有连续数据，但2020年中国广播电视总台的广播频率在CSM（央视-索福瑞媒介研究）全国18城市中的听众规模为3706.36万人，同比下降2.7%；日均听众规模为672.23万人，同比下降15.95%。几个重要的新闻类和资讯类栏目的收听份额并不令人十分乐观。《中国之声》在北京市场排名第4，在上海市场排名第8，在深圳市场排名第5；《环球资讯广播》在北京市场排名第7，在深圳市场排名第6；《经济之声》在北京市场排名第6，在上海市场排名第9。[1]

广播电视的颓势还表现在产业营收和广告收入方面。2020年，传统广播电视节目的销售收入为411.82亿元，同比下降17.25%；全国广告收入为1940.06亿元，同比下降6.52%，其中，传统广播电视广告收入为789.58亿元，同比下降20.95%。[2]虽然这只是2020年的数据，而且有新冠疫情的影响，但传统广播电视节目销售和广告收入连年下降是众人皆知的一个事实。

从互联网一端看，截至2021年12月，我国网民规模达10.32亿，手机网民规模达10.29亿，农村网民规模达2.84亿，网络视频（含短视频）用户规模达9.75亿，我国网络新闻用户规模达7.71亿，网民的人均每周上网时长为28.5个小时。[3]2020年中国泛网络视听产业的市场规模为6009.1亿元，较2019年增长32.3%。其中，短视频领域市场规模为2051.3亿元，同比增长57.5%，占比为34.1%；其次是综合视频、网络直播领域，市场规模分别为1190.3亿、1134.4亿、

---

[1] 中国广播电视年鉴编辑委员会：《2021中国广播电视年鉴》，2021年12月版，第264、265、269、291、292、293页。
[2] 同[1]：第356页。
[3] 中国互联网络信息中心：《第49次中国互联网络发展状况统计报告》，2022年2月。

同比分别增长 16.3%、34.5%，占比接近 20%；网络音频领域市场规模为 338.6 亿，同比增长 24.5%，占整体的 5.6%。[①] 即使把目标缩小到广播电视行业，和传统广播电视节目相比，网络视听内容收入也持续且惊人地增长，2020 年广播电视机构网络视听收入为 245.53 亿元，同比增长 60.67%；573 家持证及 70 家网络视听备案机构的用户付费、节目版权等收入达 830.80 亿元，同比增长 36.36%。在媒体融合浪潮涌动下，电视台、广播台等传统媒体纷纷实行媒体融合战略，实现转型，2547 家广播电台、电视台、广播电视台同时开展广播电视和网络视听业务，近千家县级融媒体中心取得网络视听节目许可证。[②] 另外一个现象是，传统媒体从业者中不少人舍弃编制，另谋高就，或转战自媒体。

新闻业走下坡路根本上有一个媒介化的历史走向和媒介内容发生质的变化的原因。随着信息爆炸，信息泛化，全息时代来临，新闻彻底被互联网媒体上繁杂的其他各类信息淹没了。在这些海量的信息中，新闻的身价被各种短消息、短视频、商业信息拉低了，上网成为一种娱乐活动和社交活动，而不是为了进入新闻传播过程。新闻的重要性降低了，它的商业价值也随之降低。

对于新闻业来说，以上冲击只是开始。下一步，AI 技术将带来更大规模和程度的冲击。目前虚拟数字人已经走上电视节目的主持岗位，下一步虚拟主持人、虚拟播音员即将正式上岗。新华社已经设计使用了"新小浩""新小萌"和"新小微"等虚拟主持人，特别

---

① 中国广播电视年鉴编辑委员会：《2021 中国广播电视年鉴》，2021 年 12 月版，第 261、262 页。
② 同①：第 356 页。

是"新小微",不仅外貌栩栩如生,还能灵活做出各种动作。这些虚拟主持人也许看起来还是不那么有亲和力和有感染力,但是它们具备真主持人所不具备的能力,比如它们能做到零失误、24小时全天候工作、根据计算随时按照环境和场景更换发型和衣服。在虚拟世界的新闻景观中,主持人本来就应该是虚拟数字人,真人无法替代。我们在虚拟世界停驻的时间越久,我们离自己的同类越远,真人主持和播音员有可能从此消失。从播报新闻信息的角度看,谁播报都一样。甚至于差错越少,用户会更少反感,那用户就更倾向于选择虚拟数字人。在写作方面,AIGC将像李彦宏说的那样横空出世,这样一来UGC和传统的PGC都将改变原有的性质,UGC将成为每一个"元住民"在元宇宙的生存方式,而PGC的专业性将从职业编辑过渡到AI机器人或计算机,编辑的工作也从此让位于AI。新闻采访呢?有两个走向。一个是每一个在各自工作岗位的人都成为新闻记者,特别是那些特殊行业、特殊空间不适合新闻记者前去冒险采访的岗位上的工作者,最有可能最先成为新闻记者。这些"个体记者"当然需要经过考核持证上岗,明天的记者证就像今天的汽车驾驶证一样,将是一项必备的技能和条件。媒介技术的高度智能化和普及化也将为"人人都是记者"的时代提供技术保障。另一个走向是AI记者或者虚拟数字记者取代真人记者。在虚拟空间中固然需要虚拟数字记者,在真实物理空间中,虚拟数字记者和智能机器人记者也大有用场,它们可以"上刀山下火海"去采访危险系数特别高的场合或完全不可能让真人记者进入的场景,比如火场、战场、深海,还有月球、火星一类的人类尚无法随意登陆的星球。

在AI的冲击下,无法断定这是否意味着新闻业的没落,或者说是否会催生一种新的新闻业态。这要看未来新闻业在整个元宇宙信息传播场中的地位，以及它和公共领域、国家权力之间的关系如何处理。但不管怎么说，旧式的、传统的、高高在上的、被把关人操控的新闻已经走上了末路。

元宇宙新闻

尽管新闻没落了，但是新闻作为一个社会的属性将继续存在，新闻业也将继续存在。人们不可能信任没有资质、没有权威的机构或个人提供的新闻为新闻。新闻的真实性、权威性必须保护，新闻只能由专业机构或获得授权的个人提供。

1. 全感知新闻

从狭义上理解，元宇宙就是 XR 系列技术打造的 3D 虚拟现实空间，因此 VR、AR、MR 等技术设备是进入元宇宙的入口。XR 技术设备带来的最直接的感受是交互感、沉浸感、立体感。把这种技术运用于新闻，就出现了一种新的新闻传播模式或新闻体验模式——沉浸式新闻。沉浸式新闻有两种运用方向。方向一是在虚拟世界中仿照现实世界中的新闻制度建构一套虚拟的新闻体系。作为一种社会属性，新闻业在虚拟世界也必不可少。2002 年，美国 Linden 实验室上线了一个基于因特网的虚拟世界，名为"第二人生"（Second Life）。任何人都可以注册成为其会员，实则是成为"第二人生"虚拟世界中的"居民"，或者是成为这款游戏的玩家。"第二人生"不是普通的游戏，而是一种虚拟世界的个人体验，用户可以通过自己的努力创造一个属于自己的世界。很多现实世界的企业和组织，如宝马汽车、美国职业棒球大联盟、美国服装公司都在其中注册用户，进行虚拟业务运营。值得强调的是，"第二人生"和现实世界一样，也有自己的新闻业。它有3份报纸，发行量达10万份。令人惊奇的是路透社也在其中开设了一个虚拟部并指派两名记者报道有关事务。"第二人生"游戏成为元宇宙虚拟世界建设的一次非常有意义的尝试。沉浸式新闻运用的方向二是把VR等技术运用到真实世界的新闻传播活动中。在这方面美英等国的媒体是第一批"吃螃蟹者"，特别是BBC（英国广播公司）和《纽约时报》等主流媒体做了大量的尝试，制作了一些虚拟纪录片、短节目，用VR技术报道了很多新闻事件。尽管口碑不一，但这些大媒体坚持在虚拟现实这条赛道上走下去。《纽约时报》目前研发重点：一是未来将致力于开发基于浏览器的网络体验（即普通上网即可），使读者可以跨设备打开沉浸式故事；二是进一步探索交互模式；三是探索在讲故事中使用地理空间信息的新方法；四是致力于呈现可视化人体运动；五是尝试基于浏览器的多模式体验。[①]《纽约时报》以及其他媒体、高校、科研机构在虚拟现实和新闻相结合方面投入如此大的资金、时间和精力，必将带动整个新闻业对虚拟现实新闻或沉浸式新闻的重视。VR、AI等技术在新闻业的应用也必将从根本上改变着新闻的内涵，正如国内在这一领域引领学术潮流的陈昌凤及其团队所指出的，要对新闻重新定义。"沉浸式新闻呈现时不是突出'事实'这样一种客观存在，技术上尚不能对事件做出新闻的时效性反应，它突出的是用户的参与、观感

---

① 陈昌凤等：《"新闻"的再定义：元宇宙技术在媒体中的应用》，《新闻界》2022年第1期，第58页。

和体验，强调的是用户在与发生的事实之间的互动关系中的判断和理解。传统上，新闻是由事实和报道的特性所定义的，比如'新闻是新近发生的事实的报道'；而沉浸式新闻，则是由新闻与其用户之间的关系定义的，新闻成了用户对重构的事实的临场感知。"①

然而，元宇宙初级阶段的新闻即使是用 XR 技术进行规范，也不止"沉浸式"一种特点，它还有"交互性""立体感""虚实相加"等特点，所以把这样一种新闻称作"沉浸式新闻"或"交互性新闻""立体式新闻""VR 新闻"等，恐怕都不够全面，过分强调这种单一的特征只会限制它的外延。国内有学者认为元宇宙时代新闻业发展有三大核心突破口，第一是沉浸式新闻体验，强调新闻的接收方式将在扩展现实技术支点之上发生感觉系统的变化；第二是智能化新闻生产，认为人工智能技术将引发新闻生产和新闻业彻底升级；第三是产权化创作平台，即在元宇宙新闻生态圈，UGC 内容形式更为多样，这不可避免地制造了很多产权问题，区块链技术为底层架构的经济体系将为此保驾护航。②考虑到 XR 系列技术只是元宇宙的入口，元宇宙是一个无限扩展和无限想象的媒介域，还有一些技术也在不断定义着新闻的内涵、特性、生产和传播，在 VR 产业热潮兴起的同时，新闻理论在其他新技术、新媒介催化之下也在发生着不同的技术导向发酵，有人陆续提出了"机器人新闻""算法新闻""传感器新闻"等概念，事实证明这些创意都是片面的、阶段性的，不能完整地、全面地、连贯地、历史地概括新闻业的现状。处于前所未有的一种媒介环境之下，

---

① 陈昌凤等：《"新闻"的再定义：元宇宙技术在媒体中的应用》，《新闻界》2022 年第 1 期，第 61—62 页。
② 黄怡静等：《元宇宙背景下的新闻业发展趋势研究》，《新闻爱好者》2022 第 6 期，第 10—11 页。

元宇宙的新闻最佳的称谓只能是"元宇宙新闻",当然为了突出人的全感知投入,也可以称其为"全感知新闻"。

2. 新闻的基本特性

传统新闻学认为新闻有几大基本特性:真实性、新鲜性、即时性、公开性。①其他一些特性则次要一些:非预测性、种类的可预测性、片段性、易逝性、显著性、价值性、趣味性等。②元宇宙新闻在重新定义新闻概念之后还具有这些特性吗?毫无疑问,作为新闻在新时代、新环境的延续,元宇宙新闻当然要遵循新闻基本的规律,因此传统的基本特性还会有所保留。不过,毕竟传播主体、传播媒介、传播形式等方面都发生了质的变化,保留下来的旧的特性也需要进行新的理解。此外,元宇宙作为媒介域和传播场有自己的独特性,元宇宙新闻也必然会有自己的独特性。

"新鲜性"是新闻的天然属性,如果不是对新近发生的事情的报道,那就算不上新闻。元宇宙新闻基本也会秉持这一原则。但是元宇宙新闻信息因人人都参与、计算和存储能力提高,其数量和规模将呈指数级增长。面对海量的信息,即使"把关人"通过大数据和精准计算给用户推送新闻,新闻也有先后之分,每一条新闻是否新鲜?那些连续多天被媒体保持热度的事件算不算新闻?要弄清这些问题,就需要首先对"新鲜性"重新进行精准定义。此外,在元宇宙,用户处于一个空气式媒介和空气式信息环境之中,很多时候,用户也会按照自

---

① 郑保卫:《当代新闻理论》,新华出版社 2003 年 11 月版,第 49—50 页。
② [荷] 丹尼斯·麦奎尔:《麦奎尔大众传播理论》第 5 版,崔保国等译,清华大学出版社 2010 年 7 月版,第 307 页。

己的兴趣"按图索骥",找自己感兴趣的信息,包括新闻信息,那么这样"存放"在那里处于静默状态的消息是不是一定是"新近发生的事"?如果不是,就不能算是新闻了吗?现阶段最主要的问题是VR新闻的生产为了提供3D、沉浸式、交互式等效果,往往需要数天或数周时间对素材进行数据化处理、后期渲染、视觉重构,这样一来,新闻的"即时性"根本保证不了,同时"新鲜性"也彻底泡汤,用户所感受的"新鲜性"不是信息内容的新鲜性,而是呈现方式的新鲜性。这与新闻的新鲜性原则或即时性原则格格不入。

真实性是新闻的又一大特性,也是经常引起争论的问题。在传统新闻中,真实性的防线就经常失守,媒介编造新闻、歪曲真相的丑闻屡见不鲜。在美国开展的一项调查结果显示,四分之三的成年人相信他们看到的新闻标题都是假的。在元宇宙是否就能杜绝此种现象发生?没有人能给出肯定的回答。事实是,只要有人的地方,就会有利益之争,就会有欺骗和谎言,元宇宙也避免不了。不过因为元宇宙中每一个参与传播的个体都是一个"去中心化"以后的"中心",信息不可更改地存储在不同的端点,再加上数据足够多、信息足够开放,造假的难度、风险、成本极大提高,假新闻数量也就会大大减少。AI技术也能提供一些支持。"人工智能驱动下的计算机核查可以帮助媒体和读者快速分析、鉴别信息真伪。"[1]国内有人分析元宇宙背景下新闻业发展有三大趋势:一是新闻"真实性"概念重塑,形式虚拟不妨碍本质真实;二是新闻业智能化水平提升,算法新闻成为主流;三是新闻将更加"实在",新闻场域公众权利扩大。[2]其中第一点就是围绕新闻真实性展开

---

[1] 王晓培:《智媒时代机器人新闻对新闻生产的再定义》,《东南传播》2018年第4期,第2页。
[2] 黄怡静等:《元宇宙背景下的新闻业发展趋势研究》,《新闻爱好者》2022第6期,第12页。

的,可见在任何时代真实性永远都是新闻不可剥离的重要属性。

与真实性高度相关的另一特性是"客观性"。新闻的客观性来自两方面,一方面是新闻信息传播者提供的信息不带偏见,另一方面是信息接收者能够采用某种方式对新闻信息进行证实或证伪。前者和真实性一样,会因为有各种因素而得到最大程度的保障,后者则因为时空距离,基本做不到。在元宇宙,这一问题得到了部分解决。VR、AI、3D等多种技术能够充分捕捉、利用各种复杂信息,通过仿真、精确计算、视觉重构等手段,再建与真实环境一致的虚拟真实环境,准确还原虚拟物体和真实环境中物体的相对位置,呈现各种视觉、听觉、触觉甚至嗅觉和味觉效果,让用户感觉进入了新闻事件的现场。但是,虚拟现实技术为用户重构新闻事件的 3D 景观,强化了用户的现场感、沉浸感,就等于强化了新闻事件的场景感和真实性、客观性吗?这显然是两回事。如果 3D 景观是建构起来的,而不是真实景观的位移或移置,那这个建构起来的景观就不是原来的真实景观,谁能保证在这个生产过程中生产者不会对事实进行构境?不会对景观进行造假、夸大、歪曲?张一兵用过一个有趣的词"构境",这个词"是指主体根据自己真实的愿望重新设计、创造和实验人的生命存在过程"。[①] 在这个过程中愿望和想象才是真实的,而景观的真实性反而十分可疑。

想象是元宇宙构建的出发点之一,它把精神和物质两端联系起来,把元宇宙和宇宙联系起来,它成为元宇宙框架的脚手架。"元宇宙脱胎于人类对未来科技的无限畅想,是技术集合与感觉制造的过程,交互(interaction)、想象(imagination)与沉浸(immersion)

---

① [法]居伊·德波:《景观社会》,张新木译,南京大学出版社 2017 年 5 月版,"代译序"第 44 页。

的3I特征无不体现了人类寄托在元宇宙中的媒介想象。"[1]想象在元宇宙机构中充当着一个非常重要的角色。然而，想象作为元宇宙的"3I"特征之一，却不能自然地投射为元宇宙新闻的特征。想象只能是新闻报道的内容，不能是别的。如果想象成为新闻的特性，那新闻也就不再是新闻，元宇宙新闻就会彻底地融合至元宇宙信息。

3. 新闻专业主义

元宇宙不仅有新闻，还得坚持前元宇宙的新闻专业主义。

元宇宙的新闻景观以影像为主，特别是以立体的、沉浸式、交互式影像为主。在技术还处于萌芽状态时，制作一条VR新闻要像制作一个短视频或短电影一样费时费工，给人感觉新闻制作变成了影视作品的制作，随之会枝生出对艺术水准的追求，而忽略掉新闻的"素颜"背后的真实、朴素品质。这对于新闻将是沉重的打击。为此，在元宇宙生态圈必须强调"像做新闻一样做新闻"，而不是"像做艺术品一样做新闻"。新闻就是新闻，不能被看作一种泛化的信息。新闻代表着一种职业和专业。

职业和专业意味着有专门的人从事这一项事业。前元宇宙的社交媒体有各种各样的"公号""博主""UP主""大V"，在元宇宙也会有各种各样的"公号""私号""UP主""DOWN主"或"元主""大V"，此外还有广大的"元住民"只要通过专业考核也能充当记者和编辑发布消息。所有这些机制都继承自互联网时代。现在的互联网用

---

[1]《传媒视界（260）：陈昌凤教授主讲〈新闻的再定义：元宇宙技术在媒体中的应用〉》，安徽师范大学校园网，2022-05-10（2022-09-07），https://chm.ahnu.edu.cn/info/1007/10906.htm。

户就已经在社交媒体和自媒体上，在"事前审核"和"事后追责"机制下自由地发布信息了，这些信息一部分难以区分新闻与否，一部分则是主流媒体或官方媒体根本照顾不到的边缘区域发生的关于"边缘人群"的消息。很多在之后酝酿为重大舆论事件的初期信息都是由网民们发布的。在元宇宙，这些传统肯定会保留下去，这代表了一种时代潮流，如果做不到这一点，那元宇宙存在的意义将大为可疑。但是，这些由广大的网民和"元民"发布的信息中肯定难免鱼龙混杂，充斥着许多不确定的甚至虚假的信息。对大多数民众来说，更愿意把有权威、有影响、专业性很强的新闻机构提供的信息当作可信的信息，尽管新闻机构的信息也是把关人筛选、过滤后的结果。这就是为什么在元宇宙仍然有必要保留权威媒体和专业人员的原因，由专业的人做专业的事，才能最大限度地保障新闻信息的权威性。

有把关人就有观点、立场，每一个个体记者和编辑其实也是把关人，常言道，有一千个人就有一千个哈姆雷特，新闻报道也如此，无数的个体记者和编辑将造成一种局面，那就是在一个新闻事件上附着无数种观点、立场，新闻读者应逐渐适应这种生态。元宇宙是一个"巨结构"（megastructure）和"巨区块链"（megachain），对于处于结构上的每个点，或者说对链条上的每个"块"（block）、每个点而言，元宇宙就是一种框架，与之配套的各行各业也都表现为一种框架结构，这将强化人们习以为常的框架思维，由此而带来的认识、理解、观点、态度上的冲突将更加激烈。在传播环境相当开放的条件下，也许有人看到的是传播的多元化，有人看到的则是新闻传播越发成为思想和观点的碰撞过程。

第四节

传播渠道和环境

传统的"5W 公式"中有一环是 In which channel，即信息通过什么渠道或媒介从信源到达信宿。媒介当然是指具体的传播工具，按照施拉姆的定义，"媒介是插入传播过程的中介，是用以扩大并延伸信息传送的工具。"[①] 这个定义给人感觉是先有传播过程，后有媒介。其实媒介要么早于传播过程，要么因某种需求而出现并于传播过程同在。但有一点是肯定的，那就是媒介的变化、增减随传播类型、状态、时代等不同而发生变化。

从传播类型看，需要媒介"插入"的传播一般分为人际传播、组织传播、大众传播等，它们所使用的媒介都有所不同。人际传播一般是面对面的传播，主要通过语言、动作、表情进行交流，按照传播学大师施拉姆的说法，人际传播是"人到人的传播渠道，没有

---

① ［美］威尔伯·施拉姆等：《传播学概论》第 2 版，何道宽译，中国人民大学出版社 2010 年 10 月版，第 134–135 页。

中介"。① 组织传播可以通过语言、文字、电子媒介、互联网媒介等渠道进行传播。大众传播是印刷媒介诞生以后的产物，采用的是不同以往的媒介设备，传播者与受传者有了特定的关系，受传者的规模也有了特别的规定，传播过程和目的经过了充分的设计和准备。传播专家郭庆光在概括其他几种定义后给大众传播下了一个新的定义："所谓大众传播，就是专业化的媒介组织运用先进的传播技术和产业化手段，以社会上一般大众为对象而进行的大规模的信息生产和传播活动。"② 大众传播的媒介被施拉姆称为"大众媒介"，一般包含印刷机、广播、电视、互联网和计算机媒介、报社、电台、电视台等。

  从传播状态看，人际传播、组织传播和大众传播等都不是一成不变的，它们会随着不同的传播状态和环境发生转变，所选择的媒介也会发生变化。而且，许多状态也会因传播对象的变化而变化。比如，面对面传播是典型的人际传播，那么当两个人隔着电话和屏幕进行交谈呢？当然不能说这是组织传播，也不能说是大众传播，只能说它是人际传播，但这样一来就打破了施拉姆"没有中介"的规定，最关键的是媒介发生了变化，原来的语言、动作和表情之间多了一个话筒和视频图像的界面。我们可以把媒介看作界面，也可以把媒介看作接口。看作界面，媒介就是现实世界和虚拟世界的奈何桥；而看作接口，媒介就是现实世界和现实世界、现实世界和虚拟世界的鹊桥。因为有了新的接口，我们完成了从可触的面对面向

---

① ［美］威尔伯·施拉姆等：《传播学概论》第2版，何道宽译，中国人民大学出版社2010年10月版，第115页。
② 郭庆光：《传播学教程》第2版，中国人民大学出版社2011年4月版，第99页。

第五章 元宇宙传播结构

界面的面对面的移置。再比如,一个人通过交谈从另一个人那里获得了某个消息,转身通过互联网社交媒体作了"广而告之",引发极大的社会舆论,根据定义它算不上大众传播,可是它是人际传播吗?或者是组织传播吗?显然都不是,它更像是大众传播,那这是不是意味着大众传播概念的定义面临修改?

从传播时代看,每一个时代都有符合时代生产力水平的媒介技术和媒介设备。在口语时代,语言、表情、神话、岩画是自己时代的媒介。在前印刷文字时代除了继承口语时代的媒介,还有了文字、纸张、石碑、器皿等媒介。在印刷文字时代,又增加了印刷书籍、报纸、刊物、传单等媒介。进入电子时代以后,电子媒介成为媒介的主角,但传统的媒介也大都保留下来了。互联网媒介时代,计算机、PC、手机、社交媒体、自媒体等新媒介层出不穷,而且互联网还给以往所有的传统媒体赋予了新的生命。传播类型之间的界限也变得模糊不清,过去的人际传播可以转变为今天的大众传播,今天的大众传播也可以涵盖昨天的组织传播。

元宇宙是互联网技术、媒介的深度发展结果,因此元宇宙传播也就继承了互联网传播的许多属性,包括媒介形态。但是元宇宙也是一个超级媒介域,超越了包括互联网时代在内的任何一个时代,它不仅有着超级结构和组织,足以包容历史上的任何一种媒介,也足以给各种媒介生成任意的融合提供可能性,还因为其无限扩展性而准备迎接任何一种符合其特点和要求的新媒介、新技术,最终将走向元宇宙和宇宙重合的奇点。因此,从"广角镜头"看,用前瞻性眼光看,元宇宙传播的媒介渠道应有全新的理解和预判。

在元宇宙中,In which channel 仍然十分重要,没有媒介就没有传播。不过不用担心,因为元宇宙是媒介域,是媒介集群,不仅不会缺少媒介,而且是一个媒介随处可见、媒介种类高度繁荣、媒介高度融合的生态环境。媒介的丰富性除了以上表现,还有更深刻的表现,那就是我们许多人所畅想的"万物皆媒""万物皆屏""无处不界面""空气式媒介"等。以至于具体的 In which channel 都不重要了,我们要考虑的是 In where,即我们在哪里获取信息。在元宇宙中,不是媒介决定媒介域和媒介环境,也不是媒介域和媒介环境决定媒介,而是媒介就等于媒介域和媒介环境,或者说媒介域和媒介环境就等于媒介。在一种媒介充塞空间、信息成为空气的环境中,媒介界面、入口无处不在,我们要考虑的恐怕不是用哪种媒介的问题,因为总是有一种非常智慧的、能高效延伸我们某一器官的媒介在我们的周边服侍着我们。我们要考虑的是在"哪里"进入"哪个"我们想去的景观或场景,是在家里进入虚拟工作环境,还是从梦想状态直接进入一个远离自己肉身的其他现实世界。In which channel 或者和 In where 重合,或者独立显现,但最终二者是同在的。

第五节

传播状况

"5W 公式"中的第 5 个元素是传播效果（With what effect）。所谓传播效果是指"受传者在接受了传播媒介传递的信息后，在思想感情、立场态度、行为举止等方面所发生的变化。从传播者角度讲是指传播者通过媒介发出信息以后对受众产生的作用和影像"[①]。麦奎尔认为传播学研究的主要内容是传播效果研究。为什么传播效果这么重要呢？他自己解释说，"为了能使媒介带来想要的效果，人们投入很多精力和金钱，尤其是在广告和公共关系领域。如果人们不相信媒介具有这些效果，那么他们就不会采取这样的行动。"[②] 这句话只说对了一小部分，更大的目标是要针对个人、社会和文化诸方面分别考察传播所发挥的作用，如刺激、认知、宣传、劝服、涵化、建构、

---

① 陈龙：《现代大众传播学》，苏州大学出版社 1997 年 12 月版，201–202 页。
② [荷] 丹尼斯·麦奎尔：《麦奎尔大众传播理论》第 5 版，崔保国等译，清华大学出版社 2010 年 7 月版，第 374 页。

创新、扩散、发展等。

传播效果理论十分丰富,诞生了"枪弹论""有限效果论""两级传播理论""使用与满足理论""创新扩散理论""议程设置理论""知识沟理论""涵化理论""'沉默的螺旋'理论"等一系列理论,许多理论久负盛名,影响深远。当然,有些理论并不成熟,提出不久就遭到质疑,比如"两级传播理论"是拉扎斯菲尔德等人在20世纪40年代开展关于媒介是否影响选民态度的研究时发现的,他们提出一种假设:"观念常常先从广播和报纸流向舆论领袖,然后从舆论领袖流向不太活跃的那部分人。"① 但人们很快发现,"大量的信息从媒介直接流向媒介使用者,无需通过中间人"②,"划分意见领袖与非意见领袖的定义界限模糊"③,"将传播划分为两级,实际的传播过程可能更多或更少"④,诸如此类的批评一直伴随这一理论走到终点。还有的理论在历史条件变化下不断发生改变,比如"枪弹论",也称作"魔弹论""皮下注射论"或"刺激-反应论"。该理论认为媒介就像子弹,受众就像靶子,媒介对受众的影响就像子弹击中靶子一样直接、迅速、明显、必然。"枪弹论"流行一段时间以后,有人发现"大众传播的威力远比人们预料的要小得多"⑤,于是"有限效果论"出现并取代了"枪弹论"。20世纪70年代,研究者们经过研究推翻了"有限效果论",认为大众媒介产生了强大的效果,要求"回归强

---

① [美]威尔伯·施拉姆等:《传播学概论》第2版,何道宽译,中国人民大学出版社2010年10月版,第122页。
② 同①:第123页。
③④ [美]沃纳·赛佛林等:《传播理论:起源、方法与应用》,郭镇之译,华夏出版社2000年1月版,第233页。
⑤ 同③:第13页。

大的大众媒介概念"①，强大效果理论又出现了。理论总是在经验判断下不断地修改，特别是当新情况、新条件、新发展、新环境出现后，理论不得不一次次做出调整。

"新媒介极易产生与旧媒介相当但又不同于旧媒介的社会及文化影响。在我们目前使用的理论机制中，仍有许多不足和缺陷，如果仓促将新发展纳入旧架构中，便可能遗漏那些看似并不新颖但却可能在不知不觉中促使传播与社会转型的元素。"②这一思考适用于元宇宙传播，在元宇宙传播中，同样存在"新发展"与"旧架构"相适配的问题。不过相关思考的思维逻辑应该换个顺序，把新发展和旧架构的位置互换，思考旧架构能否适应新发展，而不是新发展能否纳入旧架构。在互联网时代或数字时代就已经出现了新发展和旧架构关系调适问题，在元宇宙及元宇宙传播中，这种调适关系会显得更加明显和剧烈。

元宇宙是一个巨大而超级的"新发展"，有关传播效果的认识不仅要在理论架构上去分析彼此的关系，更应该把传播效果本身作为一个问题去思考——在元宇宙传播中，传播效果的意义何在？

任何传播都会有传播效果，问题是这种效果是不是传播者所关心的，如果传播者不再追求传播效果，那传播效果即使客观存在，也不再有任何实质意义。元宇宙传播可能会面临这样一种可能。在元宇宙宏大的媒介域和传播场，信息传播更应该被看作一种信息供应。这个世界本身就有海量的信息，除了政府、媒体机构、个体提

---

① ［美］沃纳·赛佛林等：《传播理论：起源、方法与应用》，郭镇之译，华夏出版社 2000 年 1 月版，第 306 页。
② 段鹏：《传播学基础：历史、框架与外延》第 2 版，中国传媒大学出版社 2013 年 9 月版，第 314 页。

供的信息，还有指数级增长的由智能媒介提供的信息。信息供应保证元宇宙处于全息状态。信息的供应方不再指望自己的信息可以劝服、塑造用户们的观念、态度，因为用户有太多的选择，而且主动权已经掌握在用户手中，他们之所以选择某个信源是因为他们彼此有着共同的价值观、宇宙观，没有共同的价值观、宇宙观，传播者和用户走不到一起，而走到一起的传播者和用户，又不需要刻意的宣传和说教。信息传播者更加关注的是如何留住、增加粉丝，提高自己的黏性，追求用更多的点击率换取更高的收益，因此那些没有政治属性的媒体的传播者甚至会对自己的粉丝用户投其所好，按照粉丝的要求，提供粉丝们喜闻乐见的信息。

对传播效果的重视会转变为对传播状况（What conditions）的重视。传播能否改变粉丝用户的观点、态度不再那么重要，除非是一些喜欢搞信息战、舆论战的官方或主流的媒体，他们仍然顽固地想把某种观念灌输给用户，大部分媒体会把客观、公正提供信息作为一种职业规范。在这种生态环境下，用户会关注哪一家媒体提供的信息是自己想获取的，是有价值的，是可以让自己愉悦的；传播者关心的是粉丝用户是否喜欢自己的信息，关注自己的用户有多少，每一条信息下面有多少点击量。前元宇宙时代传播者和受众之间那种单向传播、强势传播在元宇宙传播中已经转变为弱势传播、反向选择的状况，这是传播状况最大的变化。

第六章
元宇宙传播模式

在谈论传播模式之前首先要明确模式的定义是什么。当我们提到某种模式的时候,这个模式是针对什么而言的?我们要谈的模式究竟是关于结构的,还是关于过程的,或者是关于要素的?元宇宙传播模式又是什么?不弄清这些问题,就有可能混淆对象,或者可能无的放矢,还可能南辕北辙、指东打西。

第一节

概念和基础

模式研究是传播学研究的重要内容,传播模式种类繁多,令人目不暇接。麦奎尔在《大众传播模式论》一书中列举了66种模式,可大致分为三类,第一类是显示一个理论所涉及的主要概念及其关系,用图形表示是"结构图";第二类是不一定标明各概念及其关系,但形象地传达了有关理论的意图或隐含,用图形表示是"隐喻图";第三类不仅揭示所涉及的概念和关系,而且进一步规定了它的关系方向、分析单元、时间维度等,可以直接用作假设检验,用图形表示是"检验图"。[①]尽管有这样的概括,但是面对几十种模式,我们还是有些无所适从的感觉。这是因为我们对以下问题尚没有一个清晰的认识:传播模式究竟是针对什么而言?哪些传播模式是基础模式?那些模式是有价值的模式?传播模式和传播种类是什么关系?

[①] [英]丹尼斯·麦奎尔等:《大众传播模式论》第2版,祝建华译,上海译文出版社2008年3月版,"译者的话"第3-4页。

传播模式有没有层次之分？元宇宙传播模式指的是什么？

为此有必要抽丝剥茧地梳理一番以上问题。

传播种类

从跨学科角度看，传播分为国际传播、政治传播、跨文化传播、健康传播、军事传播等；用媒介技术进化历史作为衡量标准的话，传播分为模拟传播、语言传播、文字传播、印刷传播、电子传播、互联网传播等；以传播者和受众的关系为尺度，传播分为自传播、人际传播、群体传播、组织传播和大众传播等。元宇宙传播可以看作媒介技术进化的终极形态，但是又不能简单地以技术眼光来衡量，它更代表着一个新的传播时代和新的传播时空，在这个超越一切的媒介域和传播场中，构成整个结构的各种力量之间会不同程度地凸显出一种多层次结构关系。

这里简要介绍的是以传播者和受众（用户）关系为标准划分而成的几种传播种类。从自传播出发，经过人际传播、群体传播、组织传播，到大众传播，体现了一种传播主体从自我（第一主体）出发向他我、他者（第二主体）发展的轨迹。在大众传播出现以后，或者说从电子传播、互联网传播出现后，传播随着媒介的"人性化趋势"又开始逆向发展，重新回到自我。事物的发展总是从起点到终点，周而复始，然后又开始新一轮的发展。媒介的发展似乎也是这样。最早的媒介从人自己出发，然后不断地发明制造出各种人体之外的物质媒介和精神媒介（语言），并循着"媒介是人的延伸"的逻辑逐渐远离人的身体，最后在到达电子媒介、互联网媒介之后又逐渐地开始"人性化趋势"的回归。到元宇宙传播，这一反身性过程将完成媒介的回归。这个回归可以看作元宇宙闭环运行的回归，因为传播和媒介从人本体出发的那一刻起就是元宇宙的出发。而在宇宙之中这样的"出发—结束—再出发"的循环往复已经在不同的星系中发生过无数次了。这种循环往复的发展轨迹既是宇宙的逻辑，也是元宇宙的逻辑。

自传播在别的章节已有介绍，不再重复讨论。

1. 人际传播

"人际传播是在两者或者两者以上之间进行的、面对面的或者凭借简单媒介如书信、电话、网络等非大众传播媒介的信息交流活动。"[①] 这个定义超越了过去很多学者关于人际传播的定义。过去关于人际传播的定义分别强调了"意义的交流""一对一交流""直接交流"和"相遇"。[②] 那些旧定义很明显地暴露出旧时代的缺陷。人际传播不一定是"一对一"，也不一定是直接交流。街坊邻居扎堆聊天除了能归为人际传播，不能被看作其他任何一种传播，还说明人际传播允许有多人在场。人际传播也不一定非要直接交流，人们可以口口相传，所谓"咬耳朵""嚼舌根""传闲话"，都是人际传播的形式，它们强调的恰恰是超越"一级传播"和"二级传播"以上的"多级传播"。人际传播概念突出的是传播主体之间面对面的互动，脱离和超越这一意义的解释都是多余的，或者说必须在不同时代做出符合时代特征的解释。比如"相遇"，过去是指物理空间上的面对面，

[①][②] 胡正荣等:《传播学概论》，高等教育出版社2017年6月版，第63页。

但是在电子时代、互联网时代，人们完全可以通过 2D 影像中的虚拟景观形式实现虚拟的"相遇"；在元宇宙时代，人们可以通过 3D 虚拟景观形式进入仿物理空间，开展类似于"部落鼓时代"的面对面传播。新的手段并没有消解"相遇"的意义，反而给"相遇"增加了新的体验。

2. 群体传播

群体代表着社会和社交，群体的存在让传播走向社会成为可能，传播塑造了不同的群体。群体传播"是一个非组织化的群体内部以及群体和群体之间的信息传播活动"[①]。它有几个特征：非组织性、一定规模、手段灵活、面对面或者背靠背。"非组织性"是为了把它和后面的组织传播进行区分；"一定规模"是把它和人际传播加以区分，人际传播可以是一对一，群体传播肯定超越一对一；"手段灵活"是指群体传播既可以通过人际间传播，也可以通过媒介进行传播；"面对面或背靠背"强调它是人际传播的延伸，可以面对面地进行一对多、多对多的传播，也可以通过多级传播方式延伸这种一对多和多对多的传播。

群体传播强调传播过程的人数规模，它区分的是个体传播，因此就其他属性看，它与人际传播并没有实质区别，甚至可以看作人际传播的延伸。如果抹去了"非组织性"的话，它和组织传播别无二致。而如果继续忽略权威信源因素，甚至看不出它和大众传播的区别。传播的类型区别只在于某一个构成因素的不同。

---

① 胡正荣等：《传播学概论》，高等教育出版社 2017 年 6 月版，第 73 页。

3. 组织传播

"组织传播就是各种相互依赖关系结成的网络，为了应付环境的不确定性，也是为了完成组织目标而创造和交流信息的过程。"① 组织传播特别强调组织性，即传播要在组织内部成员之间、组织与组织之间、组织和社会之间展开。组织传播展现了一种特殊的圈层性和结构性，这与互联网传播和元宇宙传播的开放、透明等精神有很大的差异，甚至是抵触。在元宇宙传播中，传统的组织传播的重要性可能会大大降低、减弱，但这是相对于前元宇宙传播而言的，也是相对于元宇宙结构中节点平等状态而言的，并不意味着组织传播会消除。恰恰相反，因为兴趣爱好、价值观、职业等因素作用，由个人之间组成的各种社交圈、自组织、自媒体平台反而会增多，这样一来组织传播不仅没有减弱，反而会加强，会成为元宇宙传播中一种独特的现象。

4. 大众传播

美国传播学者杰诺维茨在20世纪60年代给大众传播创设了一个定义：大众传播由一些机构和技术所构成，专业群体凭借这些技术化的设施（如报刊、广播、电影等）向为数众多、各不相同而又分布广泛的受众传递符号化内容。② 这个定义被公认为是较早的、较为全面的定义，后来其他人的定义基本上都会参照他的定义。从定义上看，大众传播一词在清晰性上有着和其他传播类型完全不同的特征，它不是人类社会的天然附属品，是人类社会发展到一定的技

---

① 胡正荣等：《传播学概论》，高等教育出版社2017年6月版，第82页。
② ［英］丹尼斯·麦奎尔等：《大众传播模式论》第2版，祝建华译，上海译文出版社2008年3月版，第6页。

术高度，有了专门的、工业化传播技术的产物。它有一些与之匹配的专门的技术和工具。它不是随意的交流和沟通，而是由专业人员发起的传播活动。它有固定的受传者。它通过符号的编码、解码把信息传播到全球范围的任何角度。它虽然"半路出家"，但是因为有组织、有专业、有技术、有固定对象——受众，因此能够涵盖并超越其他传播类型。它把全球恢复成一个整体，从此人类的视野不断延展扩张。它在传播领域启动了摩尔加速定理，让人类的传播活动进入指数级发展速度的轨道。

以上传播种类只是简单地以传播者和受众关系为尺度介绍了几种常见形式，为的是给后面的传播模式做一个铺垫，因为传播模式主要是分析传播主体之间、传播者与受众、受众之间等的关系结构。跨越这一章，我们经常会触及以其他标准划分出来的其他传播种类。

传播模式

模式约等于模型。模型强调外形，模式除了有外形，还有配套的理论。换成施拉姆的话就是，"模型就是我们思考一种过程或结构的有用的方法，是一种清楚的描绘；模型使我们可见其重要部分，而不会见树不见林。有些模型是数学模式，但不必有方程式，甚至不必有图解，重要的条件是**模式**提供洞见，使人窥见事物的内部关系，借以了解事物的运作过程及内部结构。"[①] 我们以为施拉姆发现了模型与模式之间细微差别的秘密，但实际上是翻译者在翻译过程中，

---

① [美] 威尔伯·施拉姆等：《传播学概论》第 2 版，何道宽译，中国人民大学出版社 2010 年 10 月版，第 186 页。

把 model 一词分别翻译成了"模型"和"模式"。[①]但是这句话中这个小小的偏差提醒我们这两个词之间确确实实存在意义上的差别。

麦奎尔和搭档斯文·温德尔没有刻意区分模式和模型,他们将模式看作"图形形式对某一客观现象进行有意简化的描述。每个模式试图表明的是任何结构或过程的主要组成部分以及这些部分之间的相互关系"。这个定义很重要,它指出了对模式的两个关键认识,一个是要有图形,便于具象地简化描述;另一个是模式要体现结构和过程的组成部分之间的相互关系,也就是恩格斯所讲的"力的平行四边形"中,各种组成多边形结构的要素"力"或"点"或"网结"或"区块"之间的关系状态。

传播模式就是传播机制,是信息从信源到信宿的过程描绘;是传播结构在不同环境、不同条件、不同元素主导情况下的不同结构重组。模式绝不是单一的,否则就不成其为模式。模式代表了多样性。

传播模式和传播结构虽然不是一回事,但是又有密切的关系。模式一般是关于传播过程的,结构一般是关于传播场的,但是模式和结构有时是可以转换的,当模式的内容足够多且足够大时,也可以把它看作下一级模式的结构。传播模式和传播种类息息相关,同一种传播类型中有若干种传播模式,不同的传播种类可能有着相同的传播模式,同一种传播模式可能适用于不同的传播类型。传播场、大众传播、人际传播和自传播彼此之间构成一种阶梯关系,上一级的模式往往是下一级模式的结构,而下一级模式则往往是上一级模式的组成部分。

[①] [美]威尔伯·施拉姆等:《传播学概论》(英文影印本),北京大学出版社 2007 年 11 月版,第 169–170 页。

元宇宙传播模式要谈论的是元宇宙传播的基本模式——远比传播学理论中被麦奎尔等人赞誉的"格伯纳传播基本模式"的结构要宏大得多，而且为了简化框架，暂且从中抽离了事件、形式、内容、媒介等环节。元宇宙传播模式是系列模式，分属于不同的"堆层"，所体现的是这些不同"堆层"中各种力量之间的结构关系，是元宇宙传播各主体彼此之间在不同层次的媒介域和传播场中的关系，是元宇宙的主体间性模式。

主体间性（Intersubjectivity）

主体历来是哲学研究的核心概念之一，也是哲学的出发点。无论是存在论、本体论还是认识论，都绕不开主体。正是有了主体，客体的存在意义才显现，进而形成主体/客体的二元关系；正是因为主体觉醒，才能意识到"我思故我在"（笛卡尔语），或者意识到"我在我不思之处"（拉康语）；也正是因为主体有了自我意识，才意识到自我与其他主体共在（海德格尔语）。

历史上笛卡尔、莱布尼茨和康德等哲学家都非常重视人的主体性。主体性分为个体的主体性和自然的主体性。主体是单个的主体，每个人都是独立自由的"单子"（莱布尼茨语），主体是客体的对立物，个体主体不仅把客观世界看作客体，也把自我以外的同类看作客体，这样，一来造成主体与自然界的对立，二来也造成主体与主体之间的对立。胡塞尔改变了这种主体观，他提出了"主体间性"概念，质疑一项对自我有效的知识如何对他人也同样有效，提出世界是为每个人在此存在着的世界，他人的身体存在于我的感知中，我的身体也存在于他人的感知中，我把他人经验为我的他人，他人也把我经验为他人的他人，这样一来主体性就有了一种双向交互性。"自我与他人处于不断的意向交流中，意向交流是自我与他人的唯一联接方式。正是通过这种方式，自我与他我构成了单子共同体，个别的主体性构成了主体间性。"① 这其中的"他我"一词给自我主体找到了镜像，也找到了证明自我存在的参照，还可以看见更大的世界。"他我是作为一种单子映现在自我中的，因为单子能够反映整个宇宙的面貌（莱布尼茨观点），宇宙是放大的自我，自我是浓缩的宇宙"②。但其实，在自我和宇宙之间有一个中介，这个中介就是我们研究的核心——元宇宙。主体只有通过元宇宙才能实现和宇宙的回归。

拉康延续了主体间性这一理论，或者说他用弗洛伊德的精神分析学和结构主义语言学重新观照主体和主体间性，提出了自己的见解。他指出主体是由自身存在结构中的"他性"界定的，"人在他的同类身上认出自己，人以一种不可磨灭的心理联系关连在他的同类身上。"③ 简单来说就是，主体是他人眼中的主体。拉康最大的影响是用一句"我在我不思之处"④ 颠覆了笛卡尔的"我思故我在"，他那个"不思之处"，既可以理解为先验的、内在的出发点，也可以理解为是他性的主体——当他性主体思考我、经验我的时候，我出现在了

---

① 马晓辉：《从"自我的对象化"到"共同此在"——海德格尔对胡塞尔主体间性思想的发展》，《聊城大学学报》（社会科学版）2009 年第 6 期，第 13 页。
② 同①：第 12 页。
③ ［法］拉康：《拉康选集》，褚孝泉译，上海三联书店 2001 年 1 月版，第 82 页。
④ 同③：第 449 页。原话为：我在我不在的地方思想，所以我在我不思想的地方存在。拉康进一步补充：在我是我的思想的万物的地方我并不存在；在我并不以为在思想的地方，我在想我的自身。

他的感觉之中，我是存在着的，但那个思考着的主体并不是我。所以我在我不思之处。海德格尔把胡塞尔的主体间性大大地往前推了一步，甚至达到一种超越式前进。海德格尔从研究存在出发，创新出"此在"概念，用此在说明存在的真实，用此在代替主体。他认为此在不是一种独立不依的自足的意识主体，而是处于世界中的。此在和世界同时出现、同时在此，此在的世界是公在的世界。无世界的单纯主体并不首先存在，无他人的绝缘的自我归根到底也不能存在。世界与此在乃是同一的，人作为此在不是孤立的，而是融于世界和他人中的。很明显，胡塞尔认为每个人都是一个自我，这些自我拥有一个共同的世界，世界既是我的，也是大家的，自我与他我通过共同世界形成共同体，单一的主体因此过渡到主体间性。而海德格尔强调的是主体不可能单独、孤立地存在，主体总是与他人、他物不可分割地在同时、同一世界中存在。海德格尔把主体间性从认识论问题转变为了存在论问题。

哈贝马斯出于挽救现代性危机、恢复交往理性的目的，再次介入主体间性。他继承了胡塞尔、海德格尔等人关于主体存在于主体间性中的思想，指出"任何人都不能脱离开其他人同他共同具有的相同性来建立他自己的同一性。这些相同性当然是其他人在相互作用参与者的行动中所认定的相同性，不是在观察者的陈述观点中所认定的相同性。甚至，自我也不是用陈述的观点实现他自身的相同性；作为实践的自我，他是在交往行为的实施过程中表现自己的。在交往行为中，交往者必须认识到自己同其他人的区别，总是要得到其他人的承认。因此，维护各自固有的同一性的基础，不是自身的相同性，而是主体相互间都承认的自我相同性。"[①] 只不过哈贝马斯不是从认识论或意识层面进入主体间性的话题,而是从社会交往的角度开始主体间性的反思。"在交往行为中,参与者遵循言语行为的有效性要求,在主体间构建一种相互平等、互相尊重的交往关系,从而通过语言这一中介达成共识。在此过程中体现'主体间性',以区别意识哲学中将他人视为客体呈现出的被动交往关系。"[②] 如果把传播场域看作一种交往行为的场域(它当然是),把言语行为放大为所有的传播行为,那么就等于说哈贝马斯在传播领域中重新建构了主体间性,这种建设性意义在所有的媒介域和传播场都有效,在元宇宙也有效。

无论是胡塞尔,还是海德格尔,或者是拉康、哈贝马斯,他们的主体间性概念及思想对于建立或重塑一种合理的主体-主体结构关系,都有着醍醐灌顶的启示。元宇宙是一个新的媒介域和传播场,一个新的公共领域,在其中有着一张看不见的网,每一个主体都处在各自的网结或区块上。这些主体有的是个人,有的是群体;有的是组织,有的是国家。它们既以独立的身份存在,也以其他主体的感知而存在。它们相互依存,相互影响,并与元宇宙大环境共存共在。它们彼此之间在真实世界或虚拟世界或虚拟现实世界形成一个巨型的多层结构,并通过不同的传播媒介和传播方式连接为整体。

元宇宙主体间性可以从以下几方面更加深入地认识。首先,元宇宙有许多的"域"和"场",处于各个网结、区块或节点的国家、社会、组织、企业、媒体和个体(元民)都是元宇宙的主体。至少在

---

① [德]尤尔根·哈贝马斯:《重建历史唯物主义》,郭官义译,社会科学文献出版社2000年12月版,第17页。
② 刘云霏:《哈贝马斯论主体间性的生成——从先验到实践维度的转向》,《昭通学院学报》2021年第3期,第17页。

媒介域和传播场中，各主体在身份、地位、重要性上是平等的，没有优劣之分。任何一个主体再如何庞大复杂，在元宇宙面前只是微尘一粒，正像处在宇宙之中的星球一样，尽管它们在一起比较时有大小、轻重、疏密、强弱之分，但在浩瀚的宇宙面前都是一颗尘埃。元宇宙的所有主体都必须放下身段，丢掉傲慢。其次，在同级主体中，也就是针对自然人这个主体而言，主体的对象不仅有既主体亦客体的国家、社会、组织、企业、媒体，也有同类中的你、他/她、你们、他们等"他我"，还有自己的"客体"Me，即"客我"。再次，所有的主体都有共同的客体，那就是元宇宙本体、元宇宙媒介域、元宇宙媒介、元宇宙中非主体的所有客观的真实或虚拟事物。所有的主体都以其他主体的存在而存在，也仍然以客观自然的对立面主体而存在，主体－主体的重建丝毫不影响主体－客体结构的稳固性，改造客体的历史使命不会被放弃，只会因主体的加强而加强。最后，所有的主体与其他主体共同构成元宇宙的主体间性。主体间性是元宇宙巨结构能够稳固存在、扩展的基础条件。就像宇宙在大爆炸之前存在一种隐形的网络一样，主体间性是元宇宙中看不见的社会网络。除此之外，还有媒介集群之间的技术网络、现实世界和虚拟世界之间轻松贯通、穿越的逻辑网络，它们共同构成了元宇宙的巨型暗网。

第二节
传统传播模式回顾

在设计元宇宙传播模式之前，有必要回顾一下大众传播的主要模式，以期获得一些灵感和启示。传统的传播模式包括传播过程模式、传播效果模式、受众中心模式和组织传播模式等，麦奎尔和温德尔在其著作中介绍了近40种模式，对这么多的模式全部进行回顾是不现实的，也是不必要的。元宇宙传播模式是元宇宙传播结构中力量元素的组合模式，因此传统模式中有借鉴意义的主要是传播过程的模式，也就是被麦奎尔及其同伴称作"基本模式"的部分内容。

香农－韦弗模式

这个模式首先是20世纪40年代由著名数学家和信息学家克劳德·香农提出来的，被称为传播学史上第一个传播模式。有人评价说："在促使人们今天普遍对模式发生兴趣的所有贡献之中，要数香农的贡献最为重要。就传播研究的技术层面来讲，后来在这方面所做的许多努力，都是由香农的数学公式激发起来的。"①

图 6-1 是香农和沃伦·韦弗于 1949 年共同创建并宣布的。它显示为一种直线和单向的过程：信源，也可以看作一级传播者，发出一个讯息或一组讯息；发射器接收到讯息以后把讯息转换成信号传播至接收器；接收器将信号再还原为讯息；然后讯息到达信宿，也就是信息接收者或受传者。在发射器和接收器之间可能会存在噪声干扰信号的传输。麦奎尔认为，由信源发出的讯息和由接收器还原而传到信宿的讯息不一定是同样的含义。这会导致传播失败。②

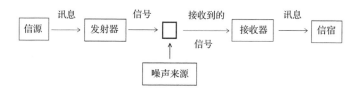

图 6-1　香农 – 韦弗的"数学模式"

奥斯古德 – 施拉姆模式

传播学史上另一个著名的模式是施拉姆于 20 世纪 50 年代在心理学家奥斯古德的思想基础上设计发表的。该模式的特点和香农模式正好形成一种互补。香农模式是讯息发送者和接收者之间的直线传播，奥斯古德 – 施拉姆模式是传播过程中各主体之间对等的传播行为，而且形成一种循环，如图 6-2 所示。该模式省略了中间的发

---

① ［英］丹尼斯·麦奎尔等：《大众传播模式论》第 2 版，祝建华译，上海译文出版社 2008 年 3 月版，第 16 页。
② 同①：第 17 页。

射器和接收器等媒介环节，但不表示传播过程中不存在媒介，它恰恰强调的是主体之间的直接关系。

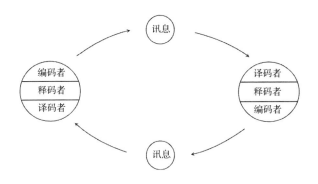

图 6-2　奥斯古德－施拉姆模式

当然这种模式也可以展现为一种方形的模型，并且让它看上去仍然是一个循环关系，但既然要表示循环关系，倒不如直接用圆形图来展现传播者与受传者之间的关系，以示这一传播是自我满足的闭环。

格伯纳模式

这一模式由美国大众传播学者乔治·格伯纳于 1956 年提出，并给其冠名曰"General Model"，麦奎尔一开始把它翻译为"总模式"，后来感觉概念太大，名不副实，遂改为"基本模式"。其实按照图 6-3 中所显示内容来看，格伯纳还是想展示一种包含事件、媒介、传播者和传播内容的"全景图"，所以至少应该尊重格伯纳的个人意见翻译为"整体模式"。

格伯纳模式有一个文字模式：

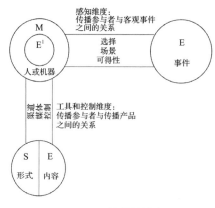

图 6-3 格伯纳模式

（1）某人；
（2）感知到的某事；
（3）并作出反应；
（4）在某种场合下；
（5）借助某种工具；
（6）制作可用的材料；
（7）于某种形式中；
（8）和语境中；
（9）传递某种内容；
（10）获得某种效果。

格伯纳模式几乎囊括了传播过程全部的元素，但是有一个很重要的元素被他忽视了，那就是受众。一个传播过程没有受众那就不是完整的传播，这样的传播模式就是有重大缺陷的模式。由于模式是固定的，在现有的这个模式中想要把受众插进去也找不到受众的立锥之地。

纽科姆模式

该模式是美国心理学家纽科姆在另一位心理学家海德早期心理学理论基础上发展而来，因为由 A、B、X 三个因素构成，也称为"纽科姆 ABX 模式"，或称"纽科姆对称模式"。如图 6-4 所示，模型是一个三角形，其中三个点中 A 和 B 代表传播过程中的两个主体，X 代表共同环境中的第三者。该模式认为 A 和 B 互相关注，并分别都关注 X，

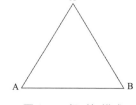

图 6-4 纽科姆模式

且对 X 的意向存在差异才刺激了传播的发生。

纽科姆模式更适合人际传播。

风筝型互向模式

该模式由麦克劳德和查菲于 1973 年提出，继承、借鉴了纽科姆模式和早前社会学领域提出的"互向模式"。从图 6-5 可以看出，风筝型互向模式和纽科姆模式非常相似，唯一不同的地方是多出了一个点，并引出三条线。按照麦奎尔及其同伴的解释，这个模式有几个主要特征，一是注重人际传播和群体间传播，也就是说该模式更适用于在物理空间中开展的人际传播和群体传播，这样也就具有了第二个特征：双向传播和互动传播。三是强调在任何研究中同时包括信源、传播者和接收者三元素，从而要关注传播环境的动态。①

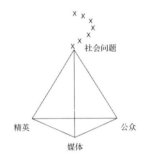

图 6-5　风筝型互向模式

模式有四个点位，社会问题就是信源及信息内容。精英指政治利益集团，在人际传播、群体传播和组织传播中相当于二级传播中的意见领袖。公众指受到信息影响的社会大众，或者是受众。媒体没有歧义，是负责新闻信息发布的一端。四点当中，精英、媒体和公众相互构成一种传播关系，相当于在纽科姆模式的 A、B 之外增加了一个元素，可能增加的是"精英"，因为它本质上也是受众的一

---

① ［英］丹尼斯·麦奎尔等：《大众传播模式论》第 2 版，祝建华译，上海译文出版社 2008 年 3 月版，第 28 页。

部分。社会问题作为外部因素，类似纽科姆模式中的X，可以看作一种媒介环境，同时影响精英、媒体和公众。

从本质上来讲，这个模式对大众传播来说，可参考意义不大，并没有比纽科姆模式先进多少。另外，从公众中分化出"精英"是参考了拉扎斯菲尔德等人的"二级传播"模式中的意见领袖，那种模式从一开始就广受质疑，因为在实际的人际传播活动中，传播过程远不止"二级"，而且在跨入电子传播时代之后，信息可以直达无限的受众，二级传播理论中的意见领袖没有了用武之地，这一理论也就不再受到重视。风筝型互向模式倒是有一个有用的启示，那就是传播模式的图形也许可以用立体图来展现，特别是针对元宇宙传播这样一种立体空间，3D模型图才真正契合元宇宙精神。

马莱茨克大众传播过程模式

马莱茨克大众传播过程模式是德国学者马莱茨克于20世纪60年代构建的体现"大众传播场"理念的传播模式，如图6-6所示。从总框架看，它由传播者、信息、媒介和接收者四个基本元素组成，但既然是"大众传播场"，那这个场就不是由几种元素简单组成，而是有更多的元素加入这个框架，附着到每一种主要元素上，或者介入每一组元素关系结构。在传播者一端，增加了传播者的自我形象、个性结构、社会环境，以及媒介内容的公开性所产生的压力和约束等因素。在接收者一端增加了接收者的自我形象、个性结构、社会环境等因素。在传播者和信息之间，增加了内容的选择和组织、来自信息的压力和约束。在传播者和媒介之间增加了来自媒介的压力和约束。在媒介和接收者之间增加了媒介内容的选择，内容的效果、感受，来自媒介的压力和约束，媒介在接收者心目中的形象等。在媒介和接收者之间增加了媒介在接收者心目中的形象。在传播者和接收者之间还增加了彼此在对方心目中的形象和来自接收者的自发性反馈。

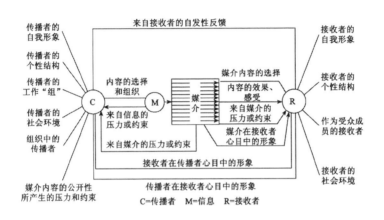

图 6-6 马莱茨克大众传播过程模式

几乎所有的模型图都有一个问题，那就是图形根本不可能百分之百反映实际现状，马莱茨克大众传播过程模式也如此。比如该模式就把传播者和媒介、信息和接收者彼此之间表现为没有直接关系的两组因素，但实际上两组因素之间都在直接发生联系。这个事实说明二维模型和现实之间存在不可逾越的鸿沟，它只能表现一种大概的、非精确的轮廓。

融合模式

融合模式的提出者信息不详。该模式只有两个元素 A 和 B，分别代表两个参与同一次传播过程的两个主体。该模式看起来更像是人际传播的模式，但也可以解释大众传播过程中两个个体或两组人群之间的传播。尽管只有两个元素，整个传播过程却是一个较为复杂的循环过程，如图6-7所示，具体解读为，A准备与B分享信息I_1，B收到后将信息I_1理解为I_2，并做出反应；接着继续理解为I_3、I_4；这些环节反复执行，直至双方相互达成共识（有时会中途终止）。途中灰色区域代表双方达成相互理解的范围，其他区域为没有达成共识的部分。循环过程也可以反向从B端开始。

融合模式看似复杂，从结构看却非常简约，无法全面地展示有媒介介入以后的全部传播过程。一个全面的传播过程不仅有主体，还有讯息、媒介等元素。用两个主体之间的关系就想剖析传播全过程，这是不可能的，它只能看作一个整体的横切面，代表不了全局。不过这个图形不经意间所展现出来的中心与边缘的结构，对于我们去给一个元宇宙中某个局部所具有的这种结构关系进行建模，具有很大的启示。

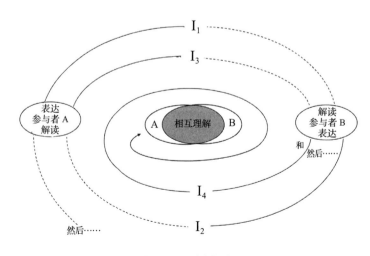

图6-7　融合模式

第三节

元宇宙传播模式

麦奎尔说过,"谁都可以就传播过程的某一侧面来设计他们自己的模式。我们希望本书能激励大众传播学者把这一过程作为阐发理论的一种工具。"本着这样一种精神,我们也给元宇宙传播设计出它自己该有的模式。元宇宙是一个"堆栈"结构,是一个包含若干层级和结构的媒介域和传播场,因此它的模式不能简单地说明,而应该分层式、解剖式地设计。传播学所谓的传播模式主要是针对大众传播而言的,个别也针对人际传播,但是在元宇宙中,传播重新分解为大众传播、人际传播和自传播等不同层级,因此给元宇宙设计模式,就等于是分别要给元宇宙和元宇宙之下各"堆层"设计模式。最后,整体模式和部分模式共同构成元宇宙传播模式。

一级模式:"创世模式"

许多人强调元宇宙的特点之一是去中心化,如果说这个特点存在的话，那也只是针对元宇宙金融、产权而言的，不能对这个概念进行扩大化理解。认为元宇宙将在一切领域都实现"去中心化"是对这个概念的误解，这源自他们对现实世界中权力结构的误解。在他们看来，统治权力集中在国家手中，因此国家就是权力的中心，或是国家事务的中心。然而，拥有主导权并不意味拥有主导权的主体就处于权力结构的中心，所以国家并不必然是国家事务的中心。之所以这样强调，是想在着手设计元宇宙的一级模式（或最高模式、总体模式）之前，预防一种中心思想，以至于用中心-边缘思维去考虑元宇宙的一级模式。

作为宇宙的耦合对象，元宇宙应该具备宇宙的根本特性，这样它们才能在未来实现重合。宇宙是没有中心的，即使我们所处的宇宙诞生于一个大爆炸前的奇点，但这并不能证明它就是中心。通过观察，宇宙呈各向同性分布，无论从哪个角度看，宇宙都是一样的。用一种简单的思维也能说明问题，那就是宇宙没有边缘，一个没有边缘的空间自然也不存在中心。元宇宙也如此，首先它是无限的，其次元宇宙传播场中处在各个网结、区块、节点之上的国家、组织、媒体、个人等都只是主体的一分子，相互之间是平等的，没有主次之分，没有贵贱之分，没有中心边缘之说。其次，元宇宙是一个巨大的结构，按照亚卡托的"堆栈"理论，堆栈的内容分为六个层面，它们虽有主次之分，但没有中心边缘关系。而按照本书作者观点，元宇宙传播分为三个堆栈传播场：太空、地球、人类。它们彼此没有层级的区分，没有贵贱之分，因此也不存在中心。再次，元宇宙是媒介域，是一个超级媒介域，其中充斥着有史以来所有的媒介以及它们彼此融合后的新形式，这些媒介并不因自己是主流媒介或新兴媒介而成为媒介域的中心。最后，把元宇宙看作一个传播场的话，它至少拥有传播角色、传播内容、传播渠道和环境三个元素，这三个元素同等重要，谁都可以称为中心，但谁也不是中心。

所以元宇宙和宇宙一样，从整体上看，它更像是一种"创世模式"，一种看不见的结构之中，各种力量混沌但有序地排列，各自孤立但又彼此联系，如图6-8所示。此外，在这个巨结构之外，或之后，或之下，有一种或一些无形的、但是自为的力量在支撑整个元宇宙结构，同时在约束、操控着各种散落的实体、力量。如果愿意，你可以称它为"上苍"，但它其实是由国家意志、国际合约、元宇宙自律等元素共同组成。这些元素作为一种内在的、"先验的"力量，在上、在后、在内一直在"关注""监督"、约束、制衡着元宇宙中的一切，保障元宇宙是一个有序的、可控的空间，而不至于走向无序、混乱，最后走向它的反面。

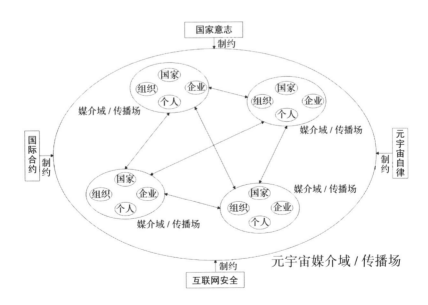

图6-8 元宇宙一级模式：创世模式

"棱镜门"事件充分地证明，在秩序严密的国家，国家（政府）既是游戏参与者，也是游戏裁判者，它一直就是游戏的"创世主"，作为监督者，它外在于传播过程，监督、控制、约束整个传播环境，它俯视"下面的"由（自）媒体、个人、内容组成的传播场，媒体阵群等。当然，除了国家意志，对元宇宙进行托举、监督、约束、制衡的力量还有国际条约、互联网安全意识和制度、元宇宙内在的规律以及所有成员的自律。

二级模式：太阳系模式

宇宙是一种无中心的结构，我们姑且把它一样称作"创世模式"。不过在宇宙中散落着无数的星云、星团和星系，它们作为一个相对孤立的实体一般都是有中心的，比如银河系有银河中心，太阳系有太阳这个中心。参照宇宙的结构，元宇宙一级模式中遍布各种传播实体或媒介域实体，如国家、企业、媒体组织以及几十亿个体，它们作为信源都有自己的核心，它们自己就是核心。当然它们彼此之间也可以在确定某个核心之后结成更大的"星系"和"星云"。

这就是元宇宙的二级模式。用一个我们最熟悉的星系做比喻，这个二级模式最恰当的代称就是"太阳系模式"。

这就是为什么说传统的传播模式中的融合模式会给我们启发的原因。融合模式结构中元素很简单，但是两个元素之间那种循环的图形给予我们极大的震撼，让人们第一眼看上去仿佛看到了太阳系的星系图。元宇宙的二级模式图形就应该是这样子，中心标注为国家、企业、媒体组织、个人，在它们的外围环抱着其他的国家、企业、媒体组织、个人，如图 6-9 所示。每一个国家、企业、媒体组织、个人都是自己的传播场的核心。

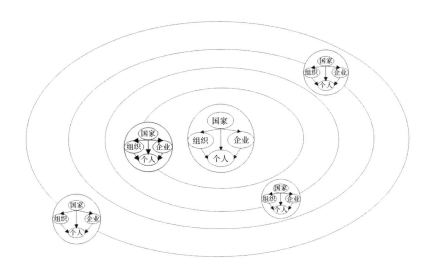

图 6-9　元宇宙二级模式：太阳系模式

二级模式仍然是一种元素之间的力量结构，尽管各种力量之间已经在开展信息传播，但是在这个层级仍然不需要过多地关注信息传播的过程，对信息源、传播主体、传播过程、反作用的深描留待三级模式及其之后的其他模式解决。

二级模式以下各种模式都是开放性的，也就是没有一种模式是权威模式或唯一正确的模式，任何能够自洽地说明问题的模式都是可行的。正如在回顾传统传播模式时所强调的，没有一种模式能够百分之百准确展示传播过程及其各种因素之间的关系，应该允许不完满、不成熟的模式存在。这是创新的原则，创新允许人们大胆设计，小心求证。

三级模式：钻石模式

三级模式是对二级模式中每一个或每一组传播主体与其他传播主体或与整个传播场展开传播活动的过程解构。在这个层级我们要开始关注信息是从哪里发出、谁来接收、怎么接收等问题。不过本质上还是要展现各种主体之间的结构关系。由于传播主体无限增加，它们彼此之间都可能存在于各自的传播场或传播投影，因此这是一种立体的关系，用传统模式或 2D 模式无法准确显示出来，需要我们突破过去的传统思维，找到一种新的展示图形。

"风筝型互向模式"的意义在于它看起来很像一个 3D 锥体，这提醒我们可以试着把三级模式设计成为一个 3D 模型。元宇宙传播中任何一个信源（传播者）都会面对无数的第二主体（信宿）——用户或元住民，而这些第二主体之间又有着千丝万缕的关系，因此展示元宇宙信源与第二主体之间立体关系的最佳立方体应该是钻石形状，这个模式可以称作"钻石模式"。为了表示信源的多维性，特设定 A、B 两个信源，它们可以是国家、企业、媒体组织和个人中的任意一个主体。它们分别和同一个面上的几个点（每个点又可能是国家、企业、媒体机构和个人等任意一个主体）建立传播联系。在这个模式中，信源处在宝石模式的底部或上部，放倒以后可能是左侧或右侧；其他无数的信宿或信息接收者看作和钻石尖对应的无数个点，无数个点彼此之间形成无数个面，这里暂且表现为四边形面，但最终形成的是一个八面体，如图 6-10 所示。这个形状从表面看似乎和钻石不太相似，但是了解钻石的人都懂得，钻石的原石是金刚石，就是八面体。所以这个模型根本上还是钻石模型。所谓"没有金刚钻,别揽瓷器活",没有钻石模式,元宇宙传播中构成元宇宙结构的若干主体之间的主体间性关系就不能得到有效支撑。钻石模型还有一个优点,那就是它把模型立体化,最大限度地吻合了虚拟世界和元宇宙的3D特性。

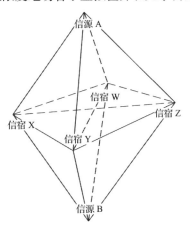

图6-10 元宇宙三级模式:钻石模式

如果把信息作为出发点,三级模式还可以设计成喇叭形,如图6-11所示。信息通过传播者判断、自我审查等"把关"环节发送出去以后像空气一般弥漫,谁捕获它谁就是接收者。在元宇宙中信息发布是一种常态,传播过程能否完成不在于信息传播者,而在于信息接收者。信息就像海水或空气,其他"受众"像鱼或飞鸟,主动捕食虾米和浮游生物、昆虫或飞虫等。所以,这个模式也可以称为"弥漫+反应"模式。受传者也有可能是在被动状态下接触信息,这时候有人能感知到,有人感知不到。感知到的人有可能又开启了二级传播,有的到此结束,有的开始自传播——自我消化、处理信息,有的接收到信息后做出反应乃至行动。

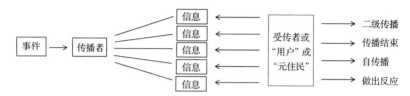

图 6-11　元宇宙三级模式：喇叭模式

四级模式：响应者模式

所谓响应者模式就是主体间点对点的传播，这实际上是对钻石模式的进一步解构，也就是从信源到信宿的无数条传播线索中提取出一条进行解剖。如图 6-12 所示，响应者模式既体现"香农–韦弗模式"的单向传播特征，也体现"奥斯古德–施拉姆模式"的双向循环特征；既考虑"纽科姆模式"中对第三者因素的兼顾，也考虑"卡茨–拉扎斯菲尔德二级传播"那种传播过程的层级思维；既要像德福勒"心理动力模式"那样简洁明了，也要像马莱茨克大众传播过程模式那样尽可能多地把各种可能的因素都包罗进去。此外，因为传播发生在元宇宙中，传播环境变了，媒介技术变了，信息接收方式变了，层级关系变复杂了，因此响应者模式展现出与以上模式都非同一般的特征。

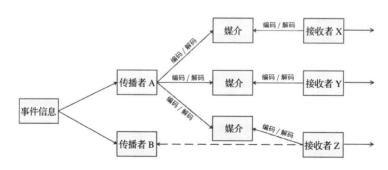

图 6-12　元宇宙四级模式：响应者模式

响应者模式首先表现的是事件发生后信息到达传播者 A 和传播者 B 后会出现什么不同的结果。传播者 A 有高度的媒介素养，且有信息提醒装置，故在第一时间被事件信息击中并穿透意识，开始下一阶段的传播过程。传播者 B 则因为个人素养、无提醒装置、缺位等原因，失去了和事件信息第一时间接触的机会，于是变身为受众。传播者 A 开始对事件信息解码、编码，利用多种媒介把信息传播出去，一个具体的信息形成并漂浮在"空气式媒介"组成的传播场中。接收者 X、接收者 Y、接收者 Z（传播者 B 转变而来）主动去获取信息，再次开始解码，做出反应或者再次开始传播，整个第一回合的传播过程结束。鉴于每个人都掌握媒介，甚至可能都获得开展传播的授权，接收者（第二主体）有可能开展二次传播。以此类推，会有三级传播、四级传播。整个传播过程的末端是开放的，射线没有止境，就像恒星的光线可以到达无远弗届的地方，只有主动去获取光信息的主体才能通过技术手段感知那一缕光。因此这个模式也可以称作"射线模式"。

五级模式：自传播模式

自传播是传播主体对自己的传播，这种传播有两种形式，一种是传播者的体内传播，即记忆、反思、冥想、梦想等自己开展的大脑活动；另一种是传播者和自己的化身如智能计算机、虚拟数字人或硅基人进行沟通、交流，或下达指令，或通过脑机连接直接用中枢神经接收信息。如此一来，自传播模式就不是唯一的模式，而是有两种模式，一种就是体内传播模式，另一种则是"化身模式"或"化身传播模式"。

体内传播过程表现为一个"线性+蛛网结构模型",信息从外部通过感觉器官到达大脑,信息被压缩为信号,然后负责分析信号的神经元迅速介入,同时把信号分别分配给负责记忆、用记忆对比信号、调动大脑中的认知"大数据文献"、判断真伪、精确计算结果等神经元进行分析、处理,最后汇总到负责做出接受或拒绝结论的神经元。

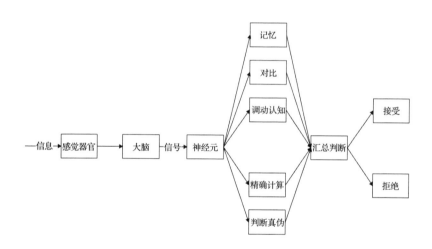

图 6-13　元宇宙五级模式:自传播—飞船模式

形象地看,体内传播模式更像是一个"飞船模式",如图 6-13 所示。它可以理解为一种暗喻,即人脑是人类意识进入元宇宙的"太空飞船"。

化身传播类似于"奥斯古德-施拉姆模式",传播过程在本体和化身两个传播主体之间展开,有可能是本体发起,也有可能是化身发起。他们采取双向循环的方式,但由于是自传播,解码、编码的程序被省略掉了。如图 6-14 所示，如果是本体发起，一般是下达指令，指令到达化身，化身采取行动。如果是化身传回信息，则又有两种模式，一种是通过脑机接口，信息从化身直接传输至本体的大脑，中间环节省略；另一种是化身通过语言、文字、影像等形式把信息传递给本体，这相当于一次一对一、面对面的人际传播，整个传播过程就像省略 X 因素的纽科姆模式，简单、直接、粗暴。

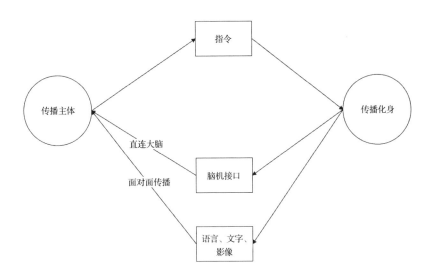

图 6-14　元宇宙五级模式：自传播—化身模式

化身传播模式的神奇之处在于，当我们把图形画完以后，它看起来真的像一个机器人头像。

现实中的自传播远比理论层面的自传播要复杂，当我们用一个简单的模型来表现它的主结构时，不能完全无视还有很多其他的情况存在，比如元宇宙的自传播不可避免地会继承、延续前元宇宙时代的自传播。而在前元宇宙，自传播并不是和其他传播完全隔离和独立的。传播学芝加哥学派学者唐·韩德尔曼认为,"只要醒着,人就会不断地对自己讲话,并时常陷入自我内部的话语或交谈。自我内部的话语虽很私密,却具有强烈的社交性。"[①] 这可以理解为,当我们进行自传播的时候,传播的内容不是自己独创的,而是与人际传播、群体传播和大众传播的内容有基本一致的结构和意义,寻根究底,自传播还是社会交往的一部分。另外,有很多自传播是在人际传播和大众传播等社会交往环境中开展的,那这样的自传播就是社会传播的一部分。最后,人本身是社会产物,是社会性生物,所以无论是在什么场景中开展的自传播都具有社交性。因此韩德尔曼特别强调"个体自我的内部互动与个体之间的外部互动是可以互相转换的"[②]。那么问题来了,这种内部传播和外部传播是随即转换还是要设计特殊条件才能进行转换?它们转换的机制如何?它们转换的模式又应该是什么?

关于自传播的思考适用于其他所有的传播,相信还有很多未知的问题和来不及深入思考的问题在等待我们去探究。

以上所有的传播模式或者说传播模型逐级分别展现了元宇宙的力量结构和元宇宙传播过程。力量结构模型参照宇宙和星系的结构设计出一个基本的框架;传播过程模型则分别展现了大众传播、个体传播、自传播几个层次的传播过程中传播各元素之间的关系,它们分别可以理解为是对上一级传播模式的分解。如果模型能传播一种隐喻或暗喻,那它就发挥了超越本身的意义,何乐而不为?

---

①② [美]伊莱休·卡茨等:《媒介研究经典文本解读》,常江译,北京大学出版社2011年1月版,第154页。

第七章
元宇宙传播原则

元宇宙传播的缘起、结构、展开、目标等都遵循一些基本的原则，正是在这些内在的、自然的规律，原则和特定的规则之下，元宇宙才能正常、健康地运行，才能让繁杂的主体、内容保持起码的秩序和纪律，才能开展正常的传播活动。元宇宙传播原则秉持了元宇宙的特点、属性和原则，结合传播活动的性质、特征、结构和模式，形成元宇宙传播自己的原则。这些原则涉及元宇宙传播的发生发展导向、传播主体间性关系、传播主体与环境关系、传播生态环境建设等。

第一节
技术决定原则

卡西尔在论述科学的时候，赞扬科学"是我们全部人类活动的顶点和极致，被看作人类历史的最后篇章和人的哲学的最重要主题"[①]。这句话可以移植到元宇宙话题上来。如果把元宇宙看作人类科学技术的最高形态，看作走向回归宇宙的奇点的话，那元宇宙就是人类历史的最后篇章。需要说明的是，无论是卡西尔的"最后篇章"，还是这里所说的"最后篇章"，当然都不是指人类历史已经接近尾声，而是强调按照一般把人类历史划分为蒙昧、起步、发展、成熟、超越几个阶段的话，科学技术把人类文明和人类历史推进到了那个最高级的阶段。从此，人类文明和人类历史打开了一个新的篇章、新的天地，人类有了把自己的精神世界以元宇宙形式和外在的物质世界——宇宙进行对照、融合、统一的能力。正是在这个基础上，卡

[①] [德] 恩斯特·卡西尔：《人论：人类文化哲学导引》，甘阳译，上海译文出版社2013年6月版，第355页。

西尔因此也强调科学是"人的哲学的最重要主题"。他预判到了科学和人类历史、人的哲学之间深远的内在逻辑，而我们今天的人类正在实施和完成他的预判。

人类之所以能走到今天，得益于自己掌握了高深的科学和技术。科学是知识、理论，技术是工具、应用，二者相辅相成，所以当卡西尔在赞扬科学的时候，也包括了对技术的赞扬。事实上，如果科学知识不能转变为技术应用和技术设备，科学就会止步于精神世界，永远也进入不了物质世界，也就不能对人类历史和人类文明有实质性的推动。因此说，推动历史前进的科学知识在很多时候是以技术的面目出现的。事实上，在法兰克福学派批判工具理性的时候，科学和技术已经合二为一了：科学是一种先验的技术学和专门技术学的先验方法。[①]

元宇宙就是技术的产物，是技术高度发展的体现。元宇宙是媒介域，媒介域的主要内容就是媒介，而媒介就是技术，一种具体的媒介技术。没有媒介和媒介技术的发展、推动，元宇宙只能停留在前元宇宙时期的哲学领域，也就是只能以一种纯精神现象存在。正是高度发达的技术才推动互联网迈向了元宇宙，推动精神的元宇宙变身为物质的元宇宙。技术决定元宇宙的来临和走向，技术决定整个人类文明的走向。

技术导向

现阶段，人们对元宇宙有两个基本的认识，一个是认为元宇宙

---

① ［美］赫伯特·马尔库塞：《单向度的人——发达工业社会意识形态研究》，刘继译，上海译文出版社2008年4月版，第126页。

第七章 元宇宙传播原则

是互联网的终极形态,还有一个认为元宇宙是深度媒介化状态。无论是前者,还是后者,都直接说明元宇宙是技术进化的结果,元宇宙自始至终都有技术导向的特征。

本书第一章概述部分回顾了媒介发展的全部历史,从中我们知道媒介基本就是技术——之所以说基本,是因为我们尚不能断言出现在 200 万年前左右—5 万年前左右时期的模拟传播能否称得上是技术。从 10 万年前到 6000 年前的语言传播时期的语言作为一种媒介技术已经取得了大多数人的共识。麦克卢汉为此特别做了一番考证,他借法国哲学家亨利·柏格森的话强调,"无论过去和现在,语言被认为是人的技术……如果没有语言,人的智能会全部卷入其注意的客体。语言之于智能犹如轮子之于脚和人体……语言使人延伸和拓展,却又使人的官能割裂。人的集体意识或直觉,由于言语这种意识的技术延伸而被削弱了。"①波斯曼则把语言与数字、管理、统计、民调、评分、课程等都看作一种"隐形的技术","它不仅教导我们事物的名称,它还教导我们什么事物可以命名。它把世界划分为主体和客体。它指明什么事件被当作过程,什么事件被当作事物。它教导我们时间、空间和数的观念,形成人与自然、人与人关系的概念。"②而之所以把它们称为技术完全是出于实用主义的考虑。"为了实用的目的,我们不妨把这些机制称为技术,或许它们是身披伪装

---

① [加]马歇尔·麦克卢汉:《理解媒介:论人的延伸(增订评注本)》,何道宽译,译林出版社 2011 年 7 月版,第 100 页。
② [美]尼尔·波斯曼:《技术垄断:文化向技术投降》,何道宽译,中信出版集团 2019 年 4 月版,第 135 页。

的技术，但毕竟是技术。"① 语言确实是一种技术，只有具备一定智力的幼童才能开始掌握语言。语言和语言之间有着很大的差异，个别具有语言天赋的人才能掌握较常人更多的语言种类。

如果语言作为技术没有异议的话，那从6000年前左右开始出现的文字就更应该称得上是技术。文字从画符一跃变为象形文字，其中浸透了远古先人们极大的智力，没有一个高度抽象的能力，就不可能把画符转变为象形文字。历史上妇孺皆知的四大古文明之所以被称为古文明，原因之一是它们都发明了象形文字（印度的印章文字略微存疑）。中东地区的象形文字后来被腓尼基人的字母文字取代了，后来逐渐衍生出世界各地各种字母文字。西方学者们夸赞字母文字使得西方人更加具有想象力，这成为它们超越其他文明的原因。这种解释显然太过牵强，因为我们同样可以认为，把一种象形文字系统原封不动地保留几千年，也是一种对文字的继承、变革以及进一步高度形象化和框架化的能力的技术性体现。文字被称为技术的另一个原因是，文字不是一种独立的媒介，而是一个媒介域。但从媒介形式本身看，文字域除了文字，还有抄写、展现文字的笔墨、纸张等工具和载体，这些工具更是技术的表现。纸张作为中国的四大发明，表明它是一种很高级的技术，这一点已经被培根和李约瑟等人高度肯定。

印刷术发明以后，媒介真正进入了无可争议的技术阶段。从18世纪50年代进入电子媒介传播时期后，媒介已经无法脱离技术而存在了。尽管传统的媒介还存在，但是它们也需要在技术的赋能之下

---

① ［美］尼尔·波斯曼：《技术垄断：文化向技术投降》，何道宽译，中信出版集团2019年4月版，第139页。

提高传播效果，比如语言需要通过扬声器、广播才能传播得更远，通过耳机才能保护受传者的私人领域，通过耳蜗才能让听力障碍者恢复正常的听觉能力。任何一种新媒介都是新技术的体现，任何一种新媒介的出现都是一种新技术的突破。互联网技术、数字技术、智能技术不断地给传播媒介和媒介传播带来耳目一新的体验。当XR系列产品出现并和游戏等产业密切结合后，元宇宙传播时代开启了。下一步，各种更新的技术将会推动元宇宙传播向更深、更远的领域迈进。

人类依靠自己强大的精神力量创造发明了满天繁星般的技术，为人类适应自然、改造自然、战胜自然、回归自然提供了强有力的支持，同时，人类自己发明创造的技术反过来又极大地开发了人类的大脑，让人类自己的感知进入自然界，形成一种和自然界相对独立的既是精神的又是物质的世界。这个世界从本质上讲就是元宇宙，一个和自然界（即宇宙）完全耦合的世界。人类的元宇宙建立在自己的感知能力之上，建立在自己的精神力量之上，换句话说，人认识世界、改造世界的能力一经建立，原初的元宇宙也就出现了。但是在这个阶段，人类不能单纯通过自己的生物器官感知到元宇宙，她在等待一种或一些独特的技术装置，这些技术装置是一种特殊的中介物质——我们称其为媒介，只有通过这些媒介，人才能看到、听到、触摸到自己的精神世界。元宇宙经过一维的思维（有时是虚拟三维的）、二维的图像、影视，终于借助于技术彻底进入了三维结构，初步实现了和宇宙的局部物质世界的重合。没有技术，就没有元宇宙的显现；没有技术，我们感知不到今天的元宇宙。

在人类进入太空并将自己的感知和触觉继续向深空延伸之时，

人类也开始了构建元宇宙的过程。元宇宙这个概念是新近出现的，但是和它有关的实践活动已经在此之间展开。元宇宙这个概念好就好在为人类的精神世界找准了位置，这也是中国人抛弃了"超元域"而选择"元宇宙"的原因。这样的事实是无可置疑的，那就是认识元宇宙和认识宇宙的进程现在几乎进入一种同步的节奏，这绝不是偶然，而是人类认识世界、认识自我的过程在人类几百万年之前开始拥有意识之后的又一次并轨。而我们之所以能做到这一切，完全仰赖于技术，仰赖于我们的认知水平和先验地、隐形地存在于宇宙架构之中的"技术暗网"的匹配——技术就在那里，它在引导着我们不断走向元宇宙和宇宙的深处。

工具理性

工具理性也被称为"技术理性"，既是有关理性的概念，也是有关技术的思想。对工具理性的批判成为历史上著名的法兰克福学派的重要思想之一。

法兰克福工具理性批判的思想有两个来源。其一是德国古典哲学，尤其是黑格尔哲学中的批判精神。法兰克福学派的主要思想家霍克海默、阿多诺和马尔库塞等人被认为是黑格尔哲学的忠实信徒，他们继承了黑格尔的理性观、真理观等思想，特别是继承了黑格尔的批判精神，对工具理性进行了深入的批判研究。他们有关工具理性的专著研究有很多就是围绕黑格尔的理性、辩证法等思想展开的。细加比较就会发现，他们的研究和黑格尔的研究之间有着很大的渊源关系和一致性。"黑格尔将思维划分为知性和理性，抨击知性而颂扬（辩证的）理性，反对形式逻辑而创建辩证逻辑；法兰克福学派则将理性划分为主观的理性或工具理性和客观的理性或批判的理性，攻击工具理性而赞扬批判理性，反对形式逻辑并拥护辩证逻辑。"[1]其二，法兰克福工具理性批判的思想更直接来源于马克斯·韦伯的观点。韦伯将理性划分为形式的理性和实质的理性两种形式。"形式的理性意味着可计算性、效率和非人性，即理性还原为它的形式的工具方面；实质的理性则是有着多种意义的概念，它并不限于纯粹的形式事实，即行动不只是以理性的可计算性作为基础，而且包含了人的伦理、政治及其他方面的需要。"[2]法兰克福学派把这一组概念改造为主观的理性或工具理性与客观的理性或批判理性。既然他们坚持批判精神，那批判的对象只能是主观的理性或工具理性。当然，法兰克福学派批判工具理性（即技术的合理性）的事实原因并不是以上逻辑推理的结果，而是缘于他们的政治立场。法兰克福学派自认为是西方"新马克思主义"，他们的职责之一是批判资本主义。既然韦伯的工具理性让资本主义取得了合理性，还保护了这种合理性，使人对人的统治合理化，使人被控制并深陷不自由，且开始全面统治一切，那工具理性就必然成为批判的对象。批判工具理性成为批判资本主义的重要抓手。

这里我们不准备展开关于工具理性的对错分析，也不准备剖析用工具主义能否切中资本主义的肯綮，而只是中性地、客观地面对这一概念，试图从中找出"技术的合理性"思想，或者搞清楚对"技术的合理性"思想的批判是否对元宇宙有所启示和帮助。

---

[1] 陈振明：《法兰克福学派与科学技术哲学》，中国人民大学出版社1992年6月版，第70页。
[2] 同[1]：第71页。

工具理性有几个基本特征:(1)它把世界理解为工具,即把它的构成要素看作器具或手段,凭借它们,可以达到我们自己的目的,因此,它是工具主义的;(2)它关心的是实用的目的,有用的便是真理,一切以物或人的用途为转移,因而它是实用主义的;(3)它分离事实与价值,所关心的是如何去做,而不是应做什么,它排除思维的否定性和批判性,使人消极顺应现实,而不是积极去改变现状,因此,它是一种单面性或肯定性的思维方式。[1]法兰克福学派之所以批判工具理性就是因为技术完全成为一种实用主义的工具:技术它竟然只关心目的,而不关心真理;只注重事实,而不注重价值。法兰克福学派对此不满意。马尔库塞有一段比较晦涩的话可以对此做一个注解。"社会是在包含对人的技术性利用的事物和关系的技术集合体中再生产自身的——换言之,为生存而斗争、对人和自然的开发,日益变得更加科学、更加合理。'合理化'的双重涵义在这种场合下是相互关联的。劳动的科学管理和科学分工大大提高了经济、政治和文化事业的生产率。结果:生活标准也相应得到提高。与此同时并基于同样理由,这一合理的事业产生出一种思维和行动的范型,它甚至为该事业的最具破坏性和压制性的特征进行辩护和开脱。科学-技术的合理性和操纵一起被熔接成一种新型的社会控制形式。"[2]什么意思呢?马尔库塞的意思是技术已经成为人类生存、开发人类自己和自然的必不可少的工具,人们的有关活动在技术逻辑之下展开有其科学性和合理性,但是,技术在提高生产力的同时,也

---

[1] 陈振明:《法兰克福学派与科学技术哲学》,中国人民大学出版社 1992 年 6 月版,第 51–52 页。
[2] [美] 赫伯特·马尔库塞:《单向度的人——发达工业社会意识形态研究》,刘继译,上海译文出版社 2008 年 4 月版,第 116–117 页。

改善了人们特别是工人阶级的生活,这无异于说这种制度、统治和社会以及其中的技术是合理的。技术最终间接地证明了资本主义的合理性。马尔库塞接着有句话:"技术合理性是保护而不是取消统治的合法性,理性的工具主义视界展现出一个合理的极权主义社会。"① 这句话直白地表达了马尔库塞对工具理性导致资本主义社会高度控制、固化的担忧。

"技术理性的工具主义、实证主义、单面性、功利主义以及对现实的顺从态度等特征使它自身成为统治的工具,成为意识形态。"② 这说明,法兰克福学派有关工具理性的"社会合理性"批判思想可能吻合于任何一种社会、任何一个国家,当然也意味着工具理性吻合于任何一种社会、任何一个国家。很简单的道理是,技术能提高生产力,技术能提高生活标准,哪一个国家不愿意掌握技术从而改善民众的生活标准?哪一个社会会反对在工具理性指导下极大地提高生产力?看来,法兰克福学派的"新马克思主义"在与资本主义的斗争中,虽然看对了病,但是抓错了药。对我们来说,工具理性概念最大的启发是技术的力量,无论是肯定的力量,还是否定的力量,都有着无可比拟的作用。事实上,作为法兰克福学派的第二代中坚力量的哈贝马斯已经意识到了技术进步的肯定性意义。他在《技术的进步和社会的生活世界》一文中一改其他人对技术的批判,转而对技术持一种更加理性、客观并寄予厚望的态度。在此文中,哈贝马斯首先沿用了胡塞尔的"生活世界"概念。胡塞尔的"生活世

---

① [美]赫伯特·马尔库塞:《单向度的人——发达工业社会意识形态研究》,刘继译,上海译文出版社2008年4月版,第127页。
② 陈振明:《法兰克福学派与科学技术哲学》,中国人民大学出版社1992年6月版,第54页。

界"是一个复杂的现象学概念,它既是物质的"事实世界",还是精神的"经验世界";既是横向的"意识世界",还是纵向的"历史世界",学界对此的理解各不相同。哈贝马斯显然是选取了最直接和最简单的意义,这个世界是"人们在其中诞生、生活和最终死亡的世界,是人们在其中经历爱和恨、胜利和失败、希望和失望的世界",[1]正是在这个属于个人的世界和属于主体间性的世界中,技术身负历史的重任,国家领导在遇到战略、管理问题时要借助技术加以解决,技术进步成为劳动世界的核心和实体,技术要帮助解决生活世界中的矛盾冲突和利益纠纷,技术要促成公民在生产和交往中达成共识。[2]技术终于挣脱了批判的枷锁,准备扬眉吐气地迎接历史的机遇。技术在元宇宙生逢其时。元宇宙既是生活世界,也是意识世界;既是现实世界,也是虚拟世界;既是事件世界,也是历史世界。元宇宙这个奇特的世界给技术提供了大展拳脚的机会,技术则把元宇宙世界以及宇宙世界拉近到人类面前。从这个角度说,我们要比哈贝马斯更进一步,要彻底地给工具理性或技术理性平反。

我们当然清楚工具理性批判思想是想提醒人们要提防技术带来的"非人的管理和操纵"以及对人性的压迫,要提防威权力量利用技术实行高度的控制并"取消"个人的自由。但是事实证明这些担心好像都是伪命题。互联网普及以来,技术确实成了重要的统治工具,但是技术并没有对个人造成毁灭性的后果。恰恰相反,个人因为拥有了互联网技术、数字技术、移动媒介设备,通过各种社交媒体、自媒体上

---

[1] [德]尤尔根·哈贝马斯:《作为"意识形态"的技术与科学》,李黎等译,学林出版社1999年版,第85页。
[2] 同[1]:第87、89、92页。

的"帖子"、留言、点赞，提出自己的观点，亮明自己的态度，成为政治参与的一员。这绝对是 20 世纪 60 年代前后法兰克福学者们所始料未及的。现在的情况是，在互联网初期"初试牛刀"之后，有人希望能在元宇宙实现类似"去中心化"的更大的目标。他们的勇气正是来自自己所掌握的技术。也许，在下一个 10 年，人们很快要面对的是铺天盖地的民粹主义带来的混乱，而不是自由不足的问题。这些问题曾经因技术而泛滥，届时又需要技术再次挺身而出。

"技术决定论"

技术不仅在媒介技术和媒介环境的优化方面扮演决定性的角色，在人类社会的各个领域都扮演着决定性角色。正如有的学者所言，"我们只称之为'技术'的东西，是在我们的世界中建设秩序的手段。"[①] 这个世界不只是生活世界、科学世界，还是意识世界、历史世界等。

技术和媒介有着如此的决定性力量，那么能否称其为"技术决定论"或"媒介决定论"呢？当然能，有人认为媒介环境学派的观点就是"技术决定论"，甚至于媒介环境学派自己的学者如洛根、莱文森等人也认为技术和媒介具备这种决定性。但也有人反对，有的出于指责媒介环境学派而称其为"技术决定论"和"媒介决定论"，有的则为了撇清这种关系而反对这些称谓。首先表示反对的恰恰是媒介环境学派的领军人物麦克卢汉和波斯曼。当有人"指责"媒介环境学是"技术决定论"时，麦克卢汉迅速加以否认，他不认为自己是"技术决定

---

① ［英］安德鲁·查德威克：《互联网政治学：国家、公民与新传播技术》，任孟山译，华夏出版社 2010 年 4 月版，第 24 页。

论者",他表示自己只是强调技术的重要性而已。而作为媒介环境学第二代代表人物的波斯曼为了撇清和"技术决定论"之间的关系,则直接对技术决定论发起反击。他在《技术垄断:文化向技术投降》一书中认为文化分为三种类型:工具使用文化、技术统治文化和技术垄断文化。这里需要说一句题外话,波斯曼的逻辑和韦伯一样,韦伯从理性推导出工具理性和实质理性,而不是从技术和工具推导出工具理性;波斯曼从文化推导出技术文化,而不是从技术推导出文化。这体现了黑格尔绝对理念思想对他们的影响。波斯曼对文化的三种类型划分其实就是认为人类历史经历了从工具时代到技术统治时代,再从技术统治时代到技术垄断时代的三个历史时期。漫长的远古到中世纪是工具时代,中世纪到18世纪晚期是技术统治时代,18世纪晚期的蒸汽机开启了技术垄断时代。波斯曼认为技术垄断是对技术的神化,它使信息泛滥,继而导致抵御信息过剩的防御机制崩溃。信息过剩的失控是混乱之源,政党、国家意识到只有技术才能防止信息泛滥,但没想到反而加强了技术垄断,如此一来就冲毁了学校、家庭、政党、宗教和国家依靠的理论基础。[①] 技术垄断还催生了一种"唯科学主义"——用自然科学能解决一切自然的、社会的、心灵的问题;导致传统文化符号流失和衰竭。技术垄断"是无极限的增长、无责任的权利和无代价的技术。技术垄断的故事没有一个道德核心。它强调效率、利益和经济进步。它凭借技术进步创造的方便设施许诺一个地上天堂。它将一切表示稳定和秩序的传统的叙事和符号弃之不顾,用另一个故事取而代之;这个故事是能力、专业技巧和消费狂欢的故事。

---

① [美]尼尔·波斯曼:《技术垄断:文化向技术投降》,何道宽译,中信出版集团2019年4月版,第79–90页。

故事的目的是努力为得势的技术垄断论培养技术官僚"[①]。波斯曼不无恨意地称其为"绝望中的希冀和愿望""虚幻的信仰"以及"技术垄断的大错觉"。他警示人们对每一种技术去细察、批评和控制,在认识论和精神上与技术拉开距离,鼓动斗士起来抵制这种技术垄断。他为抵抗技术垄断的斗士定了 10 个目标:

- 除非知道民意测验里设计的是什么问题并为何这样问,否则就不理睬民意测验;
- 不接受效率是人际关系最优先目标的思想;
- 摆脱对数字魔力的迷信,不把计算当作替代评判的充足根据,也不把精确的计算和真理画等号;
- 不让心理学或任何"社会科学"占据优先的地位,不让它们排挤常识里的语言和思想;
- 至少对所谓的"进步"观念抱怀疑态度,不把信息和理解混为一谈;
- 不认为老年人无关紧要;
- 认真对待家庭忠诚和荣誉的意义,准备伸手去接触人时,期待他人也有同样的需要;
- 认真对待宗教的宏大叙事,不相信科学是产生真理的唯一体系;
- 理解神圣和世俗的差别,不会为了追求现代性而漠视传统;
- 钦慕技术独创,但不认为技术代表了人类成就的最高形式。[②]

---

① [美]尼尔·波斯曼:《技术垄断:文化向技术投降》,何道宽译,中信出版集团 2019 年 4 月版,第 200 页。
② 同①:第 205–206 页。

平心而论，波斯曼的思想有一定道理，特别是他这10条准则有相当一部分内容是中肯的、合理的。但他把整个时代称作"技术垄断时代"，而且以一种充满对立的态度对待技术，似乎又走到了另一个极端。毕竟他之所以有这种观点，与他的媒介环境学学科创始人身份以及外界有人指责他为"技术决定论者"有莫大的关系。麦克卢汉和波斯曼等人对待"技术决定论者"的态度说明这个概念本身就是一个贬义词，或者是一种不被人喜欢的称号。

从理论沿革看，对技术决定论的嫌弃的逻各斯深藏于对"决定论"三个字的恐惧和排斥之中。"决定论"是波普尔等人为"批驳"马克思和恩格斯创立的历史唯物主义而发明的词语。马克思和恩格斯的历史唯物主义，也称唯物史观，认为历史进程不是观念的产物，而是物质生活和生产的现实过程，不应该去头脑中去寻找历史发展的过程、动因和结果以及彼此之间的关系纽带，而应该去现实中探索历史发展的真谛。唯物史观强调人类历史发展不是随意的、偶然的，而是自然历史的一部分，有其必然性和规律性的一面。历史表面上看是一大堆彼此独立的事件的组合，实际上在背后隐藏着阶段性地、渐进式地、不断进步的规律，这个过程被总结为从氏族社会到资本主义社会，再到"自由人的联合体"几个历史阶段。唯物史观主张历史发展的背后有一种或多种决定性因素，最主要的是建立在生产基础上的生产关系、交换关系等经济关系，以及由此形成的阶级因素，此外还有其他各种物质力量，甚至包括宗教、哲学、道德等上层建筑的诸因素。这些决定性因素也被称作历史的动因或动力，它们或者单一，或者组合，或者彼时，或者此时，以不同的结构、在不同的时空下，形成历史发展、进步的动因。马克思和恩格斯的唯物史观是一个伟大的创见,但是很快就遭到了来自现实社会和哲学、科学等知识领域许多人的反对。其中最有名且最系统地提出反对意见的当属英国科学家和哲学家卡尔·波普尔。波普尔认为不能把自然科学的逻辑套到社会科学上,任何科学方法都不能预测人类历史的进程。为此他发明了"历史决定论"一词以指称唯物史观。波普尔为"历史决定论"罗列了很多"罪名",认为它是极其古老的思想倾向,是进化论的一部分,是反对"唯名论"的本质主义,反对自然主义,反对定量的数学方法,坚持社会科学必须进行因果解释,预测革命的可能性,承认历史力量的根本重要性,诸如此类。今天看来,这些完全是一些莫名其妙的"罪名"。为此,波普尔总结了5个论题"反驳""历史决定论":

- 人类历史的进程受人类知识增长的强烈影响。
- 我们不可能用合理的或科学的方法来预测我们的科学知识的增长。
- 所以,我们不能预测人类历史的未来进程。
- 这就是说,我们必须摒弃理论历史学的可能性,即摒弃与理论物理学相当的历史社会科学的可能性。没有一种科学的历史发展理论能作为预测历史的根据。
- 所以,历史决定论方法的基本目的是错误的,历史决定论不能成立。[①]

---

① [英]卡尔·波普尔:《历史决定论的贫困》,杜汝楫等译,上海人民出版社2009年7月版,"序"第1—2页。

很显然，波普尔主义污名化"历史决定论"的思想误导了很多人对"决定论"一词的理解，以至于这个词成为理论界、学术界避之不及的概念。但问题是，波普尔对唯物史观的指责从根本上是不成立的。马克思和恩格斯为了回应各种批评的声音，在多处做了进一步的解释。针对有人把唯物史观简单化、僵硬化，马克思和恩格斯批评道："历史同认识一样，永远不会在人类的一种完美的理想状态中最终结束；完美的社会、完美的'国家'是只有在幻想中才能存在的东西；相反，一切依次更替的历史状态都只是人类社会由低级到高级的无穷发展进程中的暂时阶段。"[1] 针对有人指责唯物史观是一种唯一的、绝对的"历史决定论"，恩格斯指出"历史是这样创造的：最终的结果总是从许多单个的意志的相互冲突中产生出来的，而其中每一个意志，又是由于许多特殊的生活条件，才成为它所成为的那样。这样就有无数互相交错的力量，有无数个力的平行四边形，由此就产生出一个合力，即历史的结果。"[2] 恩格斯为此做了大量工作。他在致符·博尔吉乌斯的信函中指出，"政治、法律、哲学、宗教、文学、艺术等的发展是以经济发展为基础的。但是，它们又都互相作用并对经济基础发生作用。这并不是说，只有经济状况才是原因，才是积极的，其余一切都不过是消极的结果，而是说，这是在归根到底不断为自己开辟道路的经济必然性的基础上的相互作用。"在致约·布洛赫的信函中他又专门说明，"青年们有时过分看重经济，这有一部分是马克思和我应当负责的。我们在反驳我们的论敌时，常常不得不强调被他们否认的主要原则，并且不是始终都

---

[1]《马克思恩格斯选集》第3版第4卷，人民出版社2012年9月版，第223页。
[2] 同①：第605页。

有时间、地点和机会来给其他参与相互作用的因素以应有的重视。"[1]

马克思和恩格斯从来没有排斥过历史中的其他决定性因素，也没有排斥过"决定性""决定论"这样的概念。首先，正如上文所述，马克思恩格斯强调历史进程中的多种因素，比如他们在强调生产关系的同时，也强调了生产力的作用。马克思在批判蒲鲁东时指出，"人们是在一定的生产关系范围内制造呢绒、麻布和丝织品的。但是他不明白，这些一定的社会关系同麻布、亚麻等一样，也是人们生产出来的。社会关系和生产力密切相联。随着新生产力的获得，人们改变自己的生产方式，随着生产方式即保证自己生活的方式的改变，人们也就会改变自己的一切社会关系。手推磨产生的是封建主为首的社会，蒸汽磨产生的是工业资本家为首的社会。"[2] 这里，生产力就是技术，技术就是在一定的社会环境下推动社会环境自身变化的力量之一。其次，"决定性"或"决定论"概念在他们那里根本不是问题。恰恰相反，历史唯物主义并不避讳"决定论"概念。作为历史唯物主义的继承者的列宁甚至为"决定论"作了正名。"决定论思想确定人类行为的必然性，推翻所谓意志自由的荒唐的神话，但丝毫不消灭人的理性、人的良心以及对人的行为的评价。恰巧相反，只有根据决定论的观点，才能做出严格正确的评价，而不致把一切都任意推到自由意志的身上。"[3]

第二次世界大战后，传播学英国文化研究学派声名鹊起。他们指责马克思主义是所谓的"经济决定论"和"阶级决定论"，反对用

---

[1] 《马克思恩格斯选集》第4卷，人民出版社1972年5月版，第479页。
[2] 《马克思恩格斯选集》第1卷，人民出版社1972年5月版，第108页。
[3] 《列宁选集》第1卷，人民出版社1960年4月版，第26页。

经济和阶级去分析资本主义,理由是:在福利资本主义之下工人阶级正在消失,传统的马克思主义理论的现实基础不复存在,应该从文化层面去批判资本主义。雷蒙·威廉斯说:"我们习惯了用政治和经济的术语来描绘我们的整个日常生活……作为一个经验的问题,人和社会并不局限于权力、财产和生产。他们对经验的描绘、学习、说服和交换的关系同样是基本的。"①"西方马克思主义"学派不知不觉跳进了自己挖的陷阱。如果他们反对"经济决定论"和"阶级决定论"的话,那说明他们的观点就是"文化决定论",但他们好像从来不认可自己是决定论者,那么"经济决定论"和"阶级决定论"就不是没道理的。另一方面,如果他们所谓的"经济决定论"和"阶级决定论"同时存在或曾经同时存在过的话,那说明"决定论"背后的决定性因素确实不是唯一的,那用"决定论"形容经济因素和阶级因素也无不可。

总而言之,还得回到马克思和恩格斯、列宁的立场,"决定论"不能被看作一个天然的贬义词,"技术决定论"也不能被污名化,担心被戴上"技术决定论"帽子的想法完全是多此一举。一句话,技术的决定性力量毋庸置疑。其实,威廉斯等人的文化观恰恰证明了文化在历史进程中的决定性作用,而传播和媒介正是文化的重要组成部分。

---

① 罗钢等:《文化研究读本》,中国社会科学出版社2000年1月版,"前言"第7页。

第二节

生态共治原则

有学者在 21 世纪之初就预见性地指出，后现代传播（大众传播）"应该在原则上由在质上无中心、在量上无限制的秩序模型所构成，而且，每个传播模型都是由一套相对自治的实践所产生的"[①]。这个判断的前卫性表现在几方面。一是，它提出了后现代传播应该是"去中心化"的，该学者虽然没有直接用"去中心化"概念，但是"在质上无中心"的含义就是去中心化。二是，在数量上没有限制只能是针对传播者和受传者两类传播主体，这意味着随着媒介的普及、民众的媒介素养的提高，将有更多的主体进入他所处的媒介域或传播环境中。三是，在新的传播环境或传播机制下，传播主体将担负起自我治理、自我管理的责任。后来的互联网传播和移动互联网系统中社交媒体、自媒体确实都朝着这个方向发展了，特别在传播主

---

① 刘行芳：《西方传媒与西方新闻理论》，新华出版社 2004 年 7 月版，第 479 页。

体数量不断扩大、传播主体积极参与媒介治理两方面，互联网媒介表现得淋漓尽致。这些特征在元宇宙传播中同样适用，与元宇宙传播的特征、属性、原则等也十分相似。元宇宙传播将会更好地体现生态共治的精神。

大家的元宇宙

　　元宇宙的生态共治原则的第一条是"大家的元宇宙"。我们经常听人说在元宇宙每一个人都有自己的元宇宙，那是指在元宇宙统一的生态体系里每个个体都可以有自己的一席之地。这句话并不是要让元宇宙碎片化，而是要突出个人的权力。元宇宙是大家的恰恰说明元宇宙是属于每一个人的整体世界。真正的元宇宙到来之时，不存在谁想不想进元宇宙的情况，元宇宙是一个时代，元宇宙是一种现实状态，你只要生活在这个时代，或者你只要在这个世界上存在，你就在元宇宙里。当然在初期也有特殊情况，比如因经济原因、年龄原因、媒介素养原因等无法接触到媒介的人可能会被暂时地隔绝在元宇宙之外，但从根本上说这是元宇宙不完整、不全面的原因，真正的元宇宙是不会抛弃任何一个个体的。

　　"个人与人类整体不可分割，是其中活生生的一分子。他把全人类作为一个整体而通过社会和遗传的渠道从中吸收生命的养料。他不能脱离人类整体；遗产因素和教育已经构成了他的生命。而另一方面，社会整体也在某种程度上依赖每一个人，因为每一个人都给整体生活贡献了不可替代的一部分。"①库利的这句话既揭示了个人和集体的关系，也揭示了人类与自己所处环境的关系。没有个人就没有集体，没有集体则个人无法独立存在；人只有在一个共同的生活世界里才能充满生机，人不进入其中则这个共同的生活世界也了无生机。

在元宇宙众生是平等的，也许在初始阶段仍然做不到，但是众生平等无法回避地会成为元宇宙长期坚持的原则。这正如我们今天的社会，尽管贫富悬殊、地位差异现象在很多国家遍地皆是，但这丝毫不影响我们为此设置一种理想化的目标。在元宇宙，种族主义、种姓制度、性别歧视、生理歧视、地缘歧视等都在自律机制之下无处容身，元住民们不仅不宜有这些乱七八糟的思想，从技术上看，也会被严格控制。

在元宇宙巨大的结构和网络中，曾经高高在上的国家、政府、组织、媒体机构也只是其中的一个点位，点位没有大小，每个个人也都是其中的一个点位，个人与国家、政府、组织、媒体机构等都成为平等的一员。对国家来说，它既是元宇宙中一个平等的主体，也肩负维持元宇宙秩序的责任。过去强调国家是阶级统治的暴力机器，在元宇宙的平等社会中，国家应恢复它的真身——协调国际关系、维持国内秩序和元宇宙秩序、为民众服务、设立服务型政府、成为服务型国家。对个人来说，不仅在对应虚拟景观的媒介应用上实现了用第一人称视角观察世界，在精神上也实现了对国家、组织、集体的第一人称视角。只有在这样一种视角下，个人才能以主人翁

---

① [美]查尔斯·霍顿·库利：《人类本性与社会秩序》，包凡一等译，华夏出版社1999年1月版，第26页。

的身份参与元宇宙的建设、管理、治理。第一人称不是要恢复主体与客体的对立,或者恢复主体与主体的对立,而是要强调每一个元住民的主体意识。一个头戴 VR 设备进入虚拟场景的用户,此时此地,他首先捕获的感知是自己成为这个世界主体。技术将强化每一个主体的主体意识。元宇宙有望在一个虚拟与现实结合的世界中率先达成"自由人联合体"。如果这一天到来,谁还能说元宇宙是乌托邦呢?

"共生"原则

生态共治原则只是强调了元宇宙公共领域公共性的一个方面,其实在它之后是一个更大的"共生"结构,包含"共建""共治""共享""共有""共荣"等多种要素。

中共十九届四中全会《决定》提出"坚持和完善共建共治共享的社会治理制度,保持社会稳定、维护国家安全"。"共建"回答社会治理依靠谁的问题,指的是社会需要所有的社会成员都参与建设,社会治理主体不仅仅是国家或政府,企业、个人等主体也是。国家和政府要加强自身的公共服务职能,破除妨碍社会治理顺利推进的各种体制机制弊端,拓展公众参与社会治理的制度化渠道,建立政社互动、政企互动、政民互动的联动机制,充分调动各方力量参与社会治理的积极性、主动性、创造性,激励社会组织、企业、公众多样化、多渠道、多层次参与社会治理,形成人人有责、人人尽责、人人享有的社会治理共同体。"共治"回答社会治理怎么开展的问题,即通过党委领导、政府负责、民主协商、社会协同、公众参与、法治保障、科技支撑实现社会治理的社会化、法治化、智能化、专业化。推动政府治理和社会自我调节、居民自治良性互动,调动群众参与人民内部矛盾化解、社会治安防控、公共安全预警与应对等方面的积极性。探索创新基层群众自治实现途径,搭建便捷议事平台,提高基层群众自治活力和能力。"共享"回答社会治理为了谁的问题,即通过社会治理确保人民安居乐业、社会安定有序,实现社会治理成果共同享有,不断提升人民群众的获得感、幸福感、安全感。实现"共享",必须坚持以人民为中心的发展思想,健全为民谋利、为民办事、为民解忧的机制,抓住人民群众最关心最直接最现实的利益问题,完善公共服务体系,补短板、强弱项、提质量,促进基本公共服务均等化,让发展成果更多更公平惠及全体人民。[①]

这些治理理念完全适用于元宇宙生态。元宇宙因为是大家的,是所有人的,那么所有人都有义务、有责任、有权利参与元宇宙的建设,只有让每一个个体都积极主动地参与建设,加强个体的能动性和创造力,元宇宙及元宇宙传播才能有效地、有力地回报于、服务于每一个个体。建设与治理是一个完整的统一体,元宇宙一方面需要建设,同时也需要有效地治理。建设更倾向于硬件、环境,而治理则更倾向于运行、管理。元宇宙建设之初就应该树立正确的治理理念,设计合理的治理制度,在建设过程中则要采取有效的治理措施。每一个个体都要把元宇宙看作自己的家园,积极地参与元宇宙及元宇宙传播的治理、管理。在元宇宙建设过程中必然会经历更复杂的局面,甚至会出现无序状态,元宇宙的元住民们、传播主体

---

① 蒋晓萍:《思想纵横:社会治理须坚持共建共治共享》,人民网—人民日报,2020-09-16(2022-09-07),http://theory.people.com.cn/n1/2020/0916/c40531-31862877.html。

们要自觉地开展自治,用元宇宙自律原则要求自己,配合其他主体保证元宇宙回归良性、有序的状态。元宇宙是一种极高形态的生活世界的社会状态,它必然惠及全社会、全体成员,最终的受惠者是每一个人,这是共享理念的核心。共有原则不用赘言,它体现的就是元宇宙属于大家、属于全体人类的世界以及宇宙的终极状态。

《元宇宙》一书作者提出了"共创、共享、共治的价值观",形象地比喻道:"共创是一起做蛋糕,共享是一起分蛋糕,共治是一起制定做大蛋糕、分好蛋糕的游戏规则。'共创''共享''共治'分别关乎生产力(共创)、生产关系(共享)、上层建筑(共治)三个元宇宙社会结构的根本方面。"[①]其中特别强调,共治是"区别新经济与旧经济、新理念与旧理念、新模式与旧模式的关键点"[②]。作者还提出了"共荣"概念,认为"共荣是从元宇宙整体来讲,达到的最终目标——元宇宙的繁荣。"[③]这些想法和中共十九届四中全会《决定》"共建共治共享"原则是一脉相承的。

多中心化

对于一种全新的、理想型社会,大家肯定会寄予厚望,特别是会非常关注这样的社会能否保障每一个人的权利不受侵犯,或兑现全体人的参与治理的民主权利。在"去中心化"概念后面莫不隐藏着这类担心或期盼。

"去中心化"并不是元宇宙的专利,在互联网时期有人就在呼吁

---

①③ 赵国栋等:《元宇宙》,中译出版社2021年8月版,第20页。
② 同①:第21页。

去中心化。查德威克在《互联网政治学：国家、公民与新传播技术》一书中判定技术具有政治属性，为了证明他的观点，他开列了8个概念性主题：去中心化、参与、社团、全球化、后工业化、理性主义、治理、自由主义[①]。其中第一个就是"去中心化"。查德威克是从正反两面解释"去中心化"概念的。从"正面"看，去中心化首先表现为"非中介化"。这是指在前互联网时代有很多职位、人员、机构是必不可少的，比如股票交易员、杂货店主等，在互联网技术面前，它们都成了历史。甚至一些负责游说、把关的政治团体、政治精英也不需要了，而同样作为媒体的传统报纸、电视、广播等的优势也丧失殆尽。其次，信息传播速度加快，信息扩散到整个社会，主流传媒机构和政治精英无法继续主导公共舆论，政治多元力量回归，权力从中心向外围扩展。再次，互联网文件高度共享，人们可以点对点地免费下载和传播文件，历史上第一个此类大型网络是Napster，因此文件共享逐渐转变为一种政治性的"纳普斯特化"运动。从"反面"看，查德威克认为互联网虽然缓慢地改变着公民与已经建立的政治程序之间的关系，但是没有迹象表明把关人和中介形式正在被弱化，而且不断有新的中介出现，中介形式将长期存在。另外，技术可能为权力转移提供了机会，但这需要互联网之外的各种资源的配置，互联网单方面无法做到让权力转移。在国内，现有的政治势力一旦掌握互联网之后，他们的权力不是被削弱了，而是被加强了，并且可能导致更大的权力不平等。在国际上，没有证据表明互联网造成了权力扩散，也就是说互联网并没有能够撼动主要

[①] [英]安德鲁·查德威克：《互联网政治学：国家、公民与新传播技术》，任孟山译，华夏出版社2010年4月版，第27—46页。

国家的权威，并改变权力的结构。查德威克为西方的政治威权作了旁证，但正如他所说的，改变权力结构需要互联网之外其他的因素，而这些因素以及它们带来的变化显然被查德威克无视了。从他出版《互联网政治学：国家、公民与新传播技术》一书到现在10多年了，这期间情况发生了很大的变化，一方面国际权力结构并不是像他所说的那么牢固，正好相反；另一方面互联网概念正在成为历史，一种新的技术生态、生活世界已经降临，"去中心化"旧瓶装新酒，再次呈现在世人的面前。

  元宇宙的"去中心化"同样是从技术层面出发的，它推崇的是点对点的网络结构。"所谓点对点是指加入网络中的所有计算机均互为对等关系。节点与节点是平等的，没有特殊性，所有节点共同承担网络服务的责任。网络节点间以一种'扁平'的网状拓扑结构互联。网络中没有服务器，没有中心化服务，没有层次化。处于点对点网络中的节点同时提供和消费服务，互惠互利。"[①]"去中心化"首先是一个金融问题，它最早是一个和比特币和区块链有着高度相关性的概念。按照中本聪的设计，比特币建立在一种去中心化的自发共识机制基础之上，没有中央权威机构，每个节点都有一份复制的、完全相同的、权威的、绝对安全的公共账本，节点之间通过区块链方式开展业务往来。通俗一点讲，这种金融就是去中心化金融或分布式金融（DeFi：decentralized finance），一种不由任何人控制的、点对点金融业务。"DeFi本身就是点对点、全球化、平等地面向这个

---

① ［美］安德烈亚斯·安东诺普洛斯：《区块链：通往资产数字化之路》，林华等译，中信出版集团2018年4月版，第175页。

世界上所有人的超级'银行'。"① DeFi 与传统金融服务的核心区别是前者以技术为信任背书，后者以中心化的第三方机构为信任背书。两相比较，当然是 DeFi 更安全、更保险。

去中心化正在从金融去中心化泛化为一种元宇宙的底层理念。然而，去中心化理念在实际推广中会遇到各种传统力量的阻击，人们会担心没有中心的结构会导致失序、混乱，会担心这种理念过于乌托邦化。事实确实如此，比特币在许多国家并不被认可，就算从理论上是行得通的，它也要经过相当漫长的道路，或者被另外一种拥有国家主权的虚拟货币取代。至于政治方面的"去中心化"，则完全是某些人的一厢情愿。科学表明，去中心化压根儿就无法绝对实现。当人们把"去中心化""安全性"和"可扩展性"作为元宇宙的特性组成一个集合后，发现这三个特性根本无法同时满足，最多只能满足其中的两个特性。这就是"不可能三角"，也被称为"区块链三元悖论"，如图 7-1 所示。

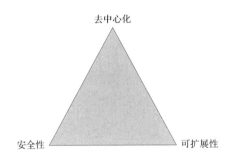

图 7-1 不可能三角

这个三角关系显示的是，一个区块链如果高度满足去中心化和

---

① a15a:《一本书读懂 Web3.0：区块链、NFT、元宇宙和 DAO》，电子工业出版社 2022 年 5 月版，第 257–258 页。

安全性，那么需要所有节点参与计算和存储，这需要网络吞吐量和硬件设施性能极大提高，而这将面临技术限制和高额设备成本的限制，如此就限制了许多节点的加入，可扩展性就不再现实。如果满足去中心化和可扩展性，说明区块链节点非常分散，需要分散计算和存储，也就无法达到全量共识，攻击区块链的难度就会降低，当不可靠节点或恶意节点出现时，整条链的安全性不复存在。如果要高度满足安全性和可扩展性，就需要参与共识的节点是可靠的，也就是需要做到中心化管理，但这样一来去中心化程度就会降低。①

"区块链三元悖论"说明世界上很少有绝对合理的事物，特别是在强调精准性方面，几乎没有唯一的结果。去中心化只能是一种理想状态。不过，虽然去中心化不现实，多中心化却是事实。由于元宇宙以及区块链的无限性，就产生了无数的节点，每一个节点在区块链机制保护下，形成自我中心，也就是每一个个体节点都会成为以自我为核心的中心结构，这样去中心不可能，但是让中心增加乃至无限成为可能。多中心化对元宇宙是有意义的，一来它让每一个个体都变成有价值的节点和中心，提高了个人的身份、尊严，最大化地发掘了个人的能量；二来，宇宙是无限的，宇宙中的节点——星球是无数的，这种无限性使得宇宙与元宇宙具备了本质上的一致性。

活跃的螺旋

"参与"是查德威克八原则之一，这几乎是互联网时代人们关于

---

① a15a:《一本书读懂Web3.0：区块链、NFT、元宇宙和DAO》，电子工业出版社2022年5月版，第43-44页。

互联网政治最具有共识性的结论。在前元宇宙时代，人们已经习惯了在社交媒体、自媒体上面积极发言、点赞、评论，表达自己的观点，发泄自己的情绪。调查数据显示，截至2021年底中国网民数量和手机网民数量双双达到10亿多人，人均每周上网时长达28个小时左右，平均每天4个多小时，对于部分人群来说，这个数字会更高。他们中有很多人高度关注各种政治、经济和社会舆情，并习惯在网上发表评论、点赞。"评论式参与"和"点赞式参与"成为他们参与政治和社会交往的特殊方式。在元宇宙时代，这些习惯将会延续，而且随着元宇宙技术的继续改进，媒介越来越易得，使用越来越方便，"元住民"数量绝对增长，个人参与元宇宙政治、经济、文化等各个领域活动的程度、强度、积极度只增不减。

过去一般人习惯于对政治保持敬而远之的态度，对自己周边的政治舆论、社会舆论也会在大部分时间内保持沉默，并顺从于主流舆论。这种现象被德国学者伊丽莎白·诺利-纽曼称作"沉默的螺旋"。1965年德国举行大选，领先的两个政党分别是基督教民主党和社会民主党，民调显示两党势均力敌，但最后前者以9%的优势选票获胜。纽曼对此进行了研究，发现选前一刻社会民主党支持者错误地认为自己一方缺乏支持，不敢公开表达观点，而基督教民主党支持者则认为大多数人会支持自己，因此敢于公开表达观点。最后，沉默的扩散和优势意见的扩散一起对公众意见产生了决定性影响——选举结果。纽曼认为，"社会中大多数人在表达意见时会存在一种趋同心态，当个人的意见与所属群体或周围环境的观念发生背离时，个人会产生孤独和恐惧感，于是个体会选择沉默，或与优势群体、优势意见相一致。这个过程不断把一种优势意见强化为主要意见，因此，在公共场域内，优势意见越来越强大，而另一方则逐渐弱小乃至消失，双方的势力消长呈螺旋状。"① 这就是"沉默的螺旋"理论，如图7-2所示。这种理论有几个主要的假设：

- 社会使背离社会的人产生孤独感；
- 个人常常恐惧孤独；
- 对孤独的恐惧感使人不断地估计社会接受的观点是什么；
- 估计的结果影响了个人在公开场合的行为，特别是公开表达观点，还是隐藏自己的观点。②

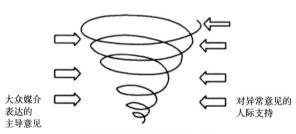

图 7-2 "沉默的螺旋"模式

纽曼的这一理论在学界引起了很大的反响，有人支持，更多的人则提出了质疑，但是不管如何，这一理论后来在传播学站住了脚跟，成为传播学研究者们耳熟能详的理论。撇开该理论的条件充分与否、结论准确与否，"沉默的螺旋"理论所揭示出来的从众心理、

---

① 胡正荣等：《传播学概论》，高等教育出版社2017年6月版，第283-284页。
② [荷] 丹尼斯·麦奎尔：《麦奎尔大众传播理论》第5版，崔保国等译，清华大学出版社2010年7月版，第424页。

羊群心理是真实存在的，在任何时候都不要指望每一个人都有一种与众不同的思想、观点。每一次事件、每一种舆论或舆情所面对的意见、观点不可能是绝对无限的，对于大多数人来说，不是附和，就是反对，或者选择沉默。沉默不一定代表支持或反对。判断大众的积极性应该换一种思路，那就是在舆论发酵、爆发、蔓延的过程中，他们是否发声？从大众政治学的角度看，参与远比态度、立场重要。互联网的贡献和价值即在此处。元宇宙传播中，类似"沉默的螺旋"问题依然存在，但由于元宇宙中每一个人都是一个节点，节点和节点之间原则平等，每一个人都有匹配的、足够的媒介工具，因此将有更多的人参与是非判断、政策决策、政治情绪宣泄等过程。届时，大众将不再是沉默的螺旋，而是活跃的螺旋。

其实，处在今天这样一个跨时代的传播场中，我们已经能够清晰地感受到那个曾经沉默的螺旋已经足够活跃了。毕竟纽曼提出她的理论的时代是报纸统治一切的时代，其时电视也刚刚崛起，整个传播生态是传播者强势、受传者劣势的单向传播结构，媒介掌握在精英手中，大众没有自己的媒介，没有充分表达自己意见的渠道，他们不得不沉默。从互联网时代开始一切就都已经改变，网上的舆情常常呈现两种极端的现象。在有的国家，政府常常因公众舆论气势汹汹而制定或修改相应的决策；在另外的一些国家则因为宣扬极端的政治正确而呈现麦卡锡主义式的歇斯底里。几十年前这种情形正好相反。这反映的正是沉默的螺旋中所暗藏的从众心理，不管这个"众"是公众，还是"主流声音"。在元宇宙，这种趋势只会更加强化。所以，对于有限的权力中心要预防或担忧的不再是"从众"和随大流问题，而是"率众"和左冲右突的主流。需要帮助的是那些在"活跃的螺旋"中保持沉默的少数。

第三节
议程共识原则

元宇宙的无限节点、无限开放和无限扩展孕育了它的无限可能性,但所有的可能性都建立在规律、原则、制度、机制基础之上。元宇宙不会杂乱无章,而会井然有序。这里面由于没有强中心权力,每个节点身份平等,因此其规则、制度基本是所有节点上的主体达成的共识。共识是自上而下制定的刚性法令,而不是自下而上一级又一级地汇总而成的意见。这里没有明显的层级,只有职责不同的节点。共识是各主体按照元宇宙规律和原则以及大部分主体的经验达成的共同的"合约"。共识可能是成文法律,也可能只是运行规则。比如"去中心化"就是一种共识,这种共识不需要制定专门的法律,却是每一个人认可并执行的原则,因为没有一定的去中心化的游戏规则,节点之间就没有公平和平等,就没有区块链结构,也就不会有元宇宙。

元宇宙共识机制有很多,相当一部分共识需要通过规程和技术才能建立起来。比如只有获得权限的节点才能够参与网络治理,为的是确保整个网络的参与方都是可靠的和值得信赖的。这种共识就可以称为"权威证明共识",或称为"PoA（proof of authority）共识"。除此之外，还有工作量证明（PoW: proof of work）共识——节点在争夺一个新的区块的出块权时，需要对上一个区块的区块头进行运算，直到得到目标值，才算出块成功；权益证明（PoS1: proof of stake）共识——更多的计算带来了更多的能源浪费，通过使用质押数额来提高自己的投票权，进行签名就可以验证身份，省去了中间的能源消耗环节；历史证明（PoH: proof of history）共识——将时间戳编码为一个简单的可验证延迟函数来维护时钟体系，每个验证者用这个函数证明自己已经获得传输区块和验证者的时间段；信誉证明（PoR: proof of reputation）共识——建立在每个节点自身的信誉值基础之上的出块机制；存储证明（PoS2: proof of storage）共识。[①] 这些共识本来是比特币挖矿者之间的共识机制，但因为和元宇宙同理，所以就直接被元宇宙采纳为元宇宙共识机制了。它们有个特点，就是都要通过计算和技术来得到保障。

有一种共识不需要计算，也不需要技术支持——当然如果有技术支持则它会更加合理和科学。这种共识是关于内容、规则、合约等的议程共识。它是前元宇宙时期大众传播的议程设置在元宇宙传播中的"漂移"和"异轨"。

议程设置

议程设置有一个关于观念形成的历史悠久的传说。柏拉图在其

[①] 参考 a15a：《一本书读懂 Web3.0：区块链、NFT、元宇宙和 DAO》，电子工业出版社 2022 年 5 月版，第 44—46 页。

《理想国》中设计过一个"洞穴叙事"。一群人世代居住在一个洞穴里,且自始至终只能面向洞壁。然后有人在他们背后放一堆火,并用一些物体在洞壁上投影,结果这些投影因此成为洞穴人看到的全部客观事物。美国著名评论家沃尔特·李普曼把这个情节写进了自己的《舆论学》,总结出现实由客观现实、媒介现实(拟态环境)和主观现实(头脑图像)三种完全不同的现实构成的结论,并认为新闻媒介影响人脑中的图像,人看到的事实只是媒介设置的拟态环境,而不是事实的本来面目。20世纪60年代美国政治学者伯纳德·科恩提出了一个著名的结论:很多时候,就告诉人们应该思考什么问题而言,媒介可能并不成功,在告诉人们有什么问题可以思考方面,媒介却是非常成功的。①这被称作最早的议程设置理论。1972年,马克斯韦尔·麦考姆斯和唐纳德·肖联合发表文章《大众传播媒介的议程设置功能》,正式提出了媒介设置概念和理论。该理论总结为:大众传播媒介具有一种为公众设置议程的功能,大众传播媒介的新闻报道和信息的传达活动会赋予议题不同程度的显著性,进而影响着人们对周围世界大事及其重要性的判断。②

施拉姆认为议程设置有两个基本观点:(1)媒介必然是报道世界新闻的把关人;(2)在复杂的政治世界里,人们需要不断定向,换言之,在自己有限的经验范围外,人们需要把关人帮助,方能决定哪些事件和问题值得关心,值得注意。③说彻底点,这两个观点可以合并为一个观点。即使这样,这个观点也经不住推敲。施拉姆

---

①③[美]威尔伯·施拉姆等:《传播学概论》第2版,何道宽译,中国人民大学出版社2010年10月版,第262页。
② 胡正荣等:《传播学概论》,高等教育出版社2017年6月版,第271页。

放大了把关人的正确，看低了受众的辨别力和判断力。很多时候不是受众需要定向，而是媒介和把关人想为受众定向。施拉姆的观点不仅不准确，而且也没有超出科恩、麦考姆斯等人的判断。倒是拉扎斯菲尔德的观点才体现出议程设置理论的新价值。他认为议程设置显示了一种"建构事件"的权力。①这句话有两点是开创性的，一是权力观。议程设置绝不仅仅是简单的观念引导、思想灌输、注意力定向，还是一种秩序安排和权力彰显：谁掌握议程设置的资格，谁就拥有权力；谁拥有权力，谁就能够设置议程。二是建构力。很多观念、思想、态度、立场、认识、判断等不是天然生成的，而是后天形成的，且一般不能自我形成，是在某种外来因素影响下建构起来。建构的含义是某种客观事实或事件本来没有，或者大脑中的图像没有直接反映客观实在，但通过观念、思想等可以把"事件"建构起来——你甚至可以用"虚构"一词。这绝对是一种非常有冲击力的思想。

需要指出的是，尽管有这样那样的不足，议程设置还是被人们普遍接受，而且成了传播学最有影响力的理论框架之一。议程设置一词几乎无人不晓。不过，很多人在谈论议程设置时显然都陷入了科恩等人的窠臼，很容易就事论事。一个最基本的问题反而被忽略了，那就是：媒介如何进行议程设置？这里试着提出一种媒介角度的假设。

- 按照事件的政治意义、新闻价值，对事件做出预判，然后进

---

① ［荷］丹尼斯·麦奎尔：《麦奎尔大众传播理论》第 5 版，崔保国等译，清华大学出版社 2010 年 7 月版，第 418 页。

行报道。一般来说，在众多的新闻事件中被挑选出来的新闻都是有价值的，并会吸引公众的注意力。

- 对某个事件或事实进行连篇累牍的报道，强化人们的记忆，并给人"这是很重要"的印象。
- 对该事件或事实表达观点，用观点影响受众，让受众接受自己的观点。
- 有意识地制造话题，编造事件或事实。
- 不容受众反驳。

在这样一种逐级强化语气、气氛、媒介事实的过程中，建构起媒体和政治精英们认为应该那样的事件或事实，议程设置的过程完成。

这一系列的过程假设建立在议程设置理论形成和盛行的历史基础之上，在互联网时代和深度互联网时代，传播结构逐渐从单向传播改变为双向传播，受众的媒介素养大幅提高，他们有更多的信息选择机会，也有了更加独立的立场和判断，议程设置可能只能做到把一个事件设置为新闻事件，再想走得更远一些则难上加难。在元宇宙，传播环境和传播结构在继续发生着颠覆式的变化，议程设置理论是否还能成立？令人质疑！

议程共识

即使在电子传播时代，议程设置理论也面临诸多质疑和挑战。麦奎尔就认为现有证据"不足以证明各种事件议程之间存在因果关系"，也没有数据支持议程设置假说。[①] 在互联网时代，议程设置理论开始发生倾斜，在元宇宙时代，它完全有可能崩塌。

元宇宙的特点之一是节点无限且分散，所有的主体包括国家、政府、组织、企业、媒体机构、个人等都处在一个独立的节点或区块上——当然它们也会彼此之间结成较大的节点和区块，节点一般无所谓大小，再大的节点在元宇宙巨结构和巨网络上都渺小无比，这是宇宙和元宇宙的性质决定的。这样一来，主体之间就是平等的关系，主体间传播不再是单向传播，而是双向传播，或者是逆单向传播——原来的传播者成为接收者，原来的接收者成为传播者。在每一次传播中尚有主次之分，但是从结构上看，传播主体已经合二为一，无所谓传播者和受众之分。传播不定向之后，议程设置也变得不确定了。原来是传播者负责议程设置，现在所有的传播主体都可以进行议程设置；原来受众被安排在议程设置的末端，现在他们来到前端，逆向议程设置形成。长此以往，所有的主体都既是议程的设置者，也是议程的接受者。

但是议程设置总是有主动与被动之分、有主次之分，如果另一方不接受，议程设置就是无效的。元宇宙还有一个特点，就是强调效率和精确性，如果在大数据和精确算法之下还做不到让信息处理更有效、更精准的话，那大数据和算法就是无能的，这会形成一种元宇宙的悖论。因此，为了瓦解这个悖论，在议程问题上不能再采取"设置机制"，而应该采取"共识机制"。议程设置应该修正为议程共识。

[①] ［荷］丹尼斯·麦奎尔：《麦奎尔大众传播理论》第5版，崔保国等译，清华大学出版社2010年7月版，第418页。

议程共识是前述所有元宇宙共识的基础架构。如何做到议程共识呢？元宇宙议程共识的基础有三点。其一是参与原则，也就是说要让"元住民"们参与元宇宙政治、经济、社会等各项活动，要允许他们发声，就像在互联网社会一样。在元宇宙不需要强调公众参与社会活动、社会交往的重要性，也不需要强调调动公众的参与积极性，因为元宇宙是"我们的元宇宙"，是我们的公共领域，参与社会活动和社会交往就像是吃饭、睡觉、呼吸空气一样，自然而不自觉。每个人都身处其中，不需要刻意地精心准备和组织。其二是协商原则，即凡事要采取协商模式，而不能由某一方单方面制定游戏规则、设置议程并强行通过，要求其他主体接受。无论是国与国之间、政府与政府之间、政府与机构之间，还是国与民之间、机构与人之间、人与人之间，都将通过协商达成共识、解决分歧。所谓协商民主，就是这样一种主体间性民主、大家的民主、全过程民主，也可以总结为元宇宙民主，而不是所谓的坐庄式民主，有名无实。其三是技术保障原则。参与也罢，协商也罢，必须要作为一种程序固定下来，要在技术基础之上做到万无一失，使进入某个议程制定过程的主体不得不采取全体或大多数参与、协商的机制，摒弃模糊的、非精确的理念和人为的举措，消除议程共识机制的不确定性、人为修改性。此外，技术要保证元宇宙公共领域提前嵌入保密、公平、少数服从多数等不可改程序；保证游戏规则不可人为修改，但可以在议程改变、成员扩容状态下自动完成各种授权；保证每一个因具体议程或利益形成的公共领域可以是元宇宙性质的3D景观，达到虚拟世界和现实世界的贯通和一致。

第四节

人类主导原则

尽管我们一再地强调技术的决定性作用,但是这并不等于说我们要把一切,特别是把元宇宙的未来命运和人类的命运完全交给技术,把人看作待在羊圈里"沉默的羔羊",任技术宰割。第一,技术导向只是说明元宇宙建立在技术基础之上,是技术发展进化的结果,没有技术就没有媒介、没有互联网,也就没有媒介和互联网深度发展之后的产物——元宇宙。第二,决定元宇宙走向的因素不只是技术一种因素,还有许多其他因素。这就像人类历史的发展不仅取决于生产关系,也取决于生产力、人类精神、传播媒介等多因素一样,元宇宙的走向也要看生产力、生产关系。在世界各国贫富悬殊的情况下,在还有很多国家人均GDP只有几百美元、尚不能解决温饱的现状下,谈论元宇宙就是对空气说话。我们只是从总体观出发,站在已经掌握相关技术、具备相当经济实力的国家角度谈论元宇宙。但如果全球还有相当一部分人挣扎在生死边缘,元宇宙就是不完全的元宇宙,就不是全人类的元宇宙。因此,经济实力就跃变为决定元宇宙前景的最关键因素。只有当我们真正面对元宇宙的时候,我们才能感受到要想进入元宇宙,绝不是说具备一两个因素就能完成的。第三,元宇宙是精神世界和物质世界的汇聚。技术是元宇宙的筋骨,国家、生产力、生产关系、社会环境、国际秩序等是元宇宙的血肉,人类及其创造力、想象力等精神和思想是元宇宙的灵魂。没有人和人的精神,元宇宙无以为元宇宙,它要么在宇宙中没有出发点,要么将回归没有人性的宇宙。元宇宙和宇宙汇合的奇点不是让元宇宙淹没在宇宙之中,而是在生命存在的状态下让宇宙进入元宇宙。是归于沉寂的宇宙,还是在元宇宙中让"宇宙觉醒"?一切依赖于人类。

秩序主导

法兰克福学派认为工具理性导致技术对统治的加强,同时统治也作为技术来自我巩固和扩大:"技术合理性是保护而不是取消统治的合法性,理性的工具主义视界展现出一个合理的极权主义社会。"[1]法兰克福学派认为技术必然导致一切被工具化,甚至会让一切屈从于技术装置。这种逻辑其实是比较含糊的,也有点言过其实。正如有的学者所讲,"法兰克福学派直接从技术、理性及逻辑的结合而形成'工具理性'概念,这是很费解的,他们将理性划分为工具理性

---

[1] [美]赫伯特·马尔库塞:《单向度的人——发达工业社会意识形态研究》,刘继译,上海译文出版社 2008 年 4 月版,第 127 页。

和批判理性的根据也不足,缺乏明确的划分标准。"[1]没错,技术对历史具有推动性,甚至是决定性作用,但是技术绝对不可能主宰一切,甚至成为凌驾一切的权威。技术也不会单向地保护某一方面的力量,而是会均衡地让社会各个领域"雨露均沾"。互联网技术普及以后,我们看到事实与法兰克福学派的理论并不相吻合。在媒介普及的现状下,各种统治获得了更好的工具,也促使管理者普遍地强化了工具理性思维,但是与此同时,技术也让民众拥有了对抗威权的工具,使管理的难度和成本提高。在其他领域亦如此,技术并没有让任何一方对另外的力量形成压倒性优势。正如作用力与反作用力一样,作用力越大,反作用力也越大。如果技术加强了作用力,那必然也会加强反作用力。

技术是属于人的,是人的感觉、力量、需求和目的的延伸,必然受人的掌控和指挥。在元宇宙,人类确实面临技术带给人前所未有的压力,这种压力不是法兰克福学派所认为的人自己被工具化了,而是人可能被工具战胜、操控,甚至被消灭。当库兹韦尔的"奇点"来临时,人工智能将超越人类智能,届时,人工智能还在人类的掌控之下吗?这是人类最为焦虑的可能性。

元宇宙既是真实世界,也是虚拟世界;既是物质世界,也是精神世界。它是"虚拟+真实"世界,也是"精神+物质"世界。它之所以被称作"元宇宙",是因为它是人类能动性的产物,它来自人类。"元"在这里体现了它的本意:起源、超级。在人类生命存在的地方,人及其精神才是一切的本源,没有人,历史就不会走到今天,

---

[1] 陈振明:《法兰克福学派与科学技术哲学》,中国人民大学出版社1992年6月版,第56页。

因为历史是人类社会的历史；没有人，就没有媒介，没有互联网，没有数字技术，没有人工智能，也没有元宇宙。把"元"去掉，宇宙就是宇宙，就是没有人类的宇宙，就是没有精神意义的宇宙，与我们何干？

鉴于此，元宇宙的命运必须由人来主导，元宇宙传播作为元宇宙的组成部分也必须由人主导，特别是元宇宙传播秩序要由人来主导。在这一点上，元宇宙传播和前元宇宙传播的性质相同，传播必须在有序的结构、健康的环境、理性的精神之下开展。元宇宙传播的目的是增进和改进主体间性关系，构建良性的公共领域，促进元宇宙社会的进步和完善，而不能让传播颠覆元宇宙秩序、危害人类的利益、把人类物化为传播的奴隶。公众的自治、自律将会再一次被推到议程的前台，为此现在就要积极探索相关问题的合理性、可行性。同时要强调，个人角色的突出不意味着国家和组织的没落，在元宇宙，国家以及政府、组织等依然是管理、治理社会的主要行为体，是调节各种关系的主要角色，更是处理国际关系的主要行为体。元宇宙不等于去国家化，更不等于无政府主义。元宇宙秩序以及元宇宙传播秩序离不开国家治理和国际合作。最佳的维持秩序模式是：国际合作，国家监督，专业组织或机构主导，个人参与。这要求国家、组织和个人高度理性，相互达成共识，彼此确认各自拥有不同的权力。最后，因为国家、组织也都是由人组成的，所以所有的主体落在人身上，人才是真正的主体。人对元宇宙的主导性不是相对于国家、组织而言的，是相对于技术、生产力、生产关系、媒介而言的。

人当然不是完全自然的人，技术也不是完全无人性的技术，所以，当我们说人主导元宇宙的未来时，我们不是说赤手空拳的人，而是用技术武装到牙齿的人，只有人机一体，人才能真正地主导元宇宙。正如哈贝马斯所说的，"只要人是创造者，那么，他不仅能够第一次完全把自身客体化和同他的产品中表现出来的独立活动相对立；人作为被创造者，如果能够把目的理性活动的结构反映在社会系统的层面上，那么人也能够同他的技术设备结为一体。"[①] 人之所以是"被创造者"，是因为人用技术重塑了自己。

信息权威

多中心化结构可能导致一种结果，那就是每个节点都是中心，结果变成了都不是中心。那么谁的信息是权威信息和可信信息？信息用户该相信谁的信息？今天的社会我们已经感受到信息爆炸导致信息泛滥，其中鱼龙混杂、真假难辨。在元宇宙那种梅罗维茨式的信息环境中，信息不断裂变出更多的信息，信息辨别的难度继续增大。尽管有大数据和精确算法保证信息的真伪，甚至可以鉴别信息的价值，但是因为节点的平权性，信息权威性无法保证。而信息权威是必不可少的，它之所以需要存在，就是要对信息进行确权，在同样一个事件上，受众愿意相信有权威的信息，而不是不着边际、信源难考的信息。没有一种信息的权威性能超过国家和专业的媒体组织提供的信息，尽管它们有时候也造假。近年来发生在西方的大面积的、大规模的、结构性的造假行为严重地打击了公众对这些"主流媒体"的信任。但是从普遍性上看，西方媒体并不代表全世界媒体，

---

① ［德］尤尔根·哈贝马斯：《作为"意识形态"的技术与科学》，李黎等译，学林出版社1999年版，第64页。

因此信息权威不得不继续交给国家和专业媒体组织。而这一切的前提是，国家、专业媒体机构要继续保留下去。特别是国家，它是无与伦比的权威。

在互联网开始普及的时候，人们普遍对互联网有一种误解，或者说是对互联网有一种"奢望"，希望互联网能够削弱国家和政治精英的权威、加强个人的权力，认为这样的社会才是开放的社会、民主的社会、进步的社会，尼葛洛庞帝也在其《数字化生存》中断言，在数字化生存状态中，"传统的中央集权的生活观念将成为明日黄花""民族国家本身也将遭受巨大冲击，并迈向全球化"①。但是事与愿违，30年后我们再回过头去看，中央集权也罢，民族国家也罢，似乎正在无以复加地主导着一切。正如查德威克所说，国家的权威不仅没有削弱，反而凭借技术增强了。国家权威的加强有两方面的原因。一方面，国家本身代表了一种权力，历史上没有哪一种权力愿意主动退出历史舞台。更何况国家的对手根本不是个人，而是国家赖以形成的、其背后的生产关系、家庭、族群利益等诸因素。按照马克思主义观点，在共产主义时期当阶级消灭后国家也就自然消亡了。所以说，国家不会把个人当作自己的对手，相反还应保护个人；个人也不应该把国家作为自我发展的障碍，而应该从国家那里获得更多的授权和支持。个人的对手是阻止其发展的制度、异化自己的事物、商品、技术。另一方面，权威是一种结构形态，或者说是任何结构中都不可或缺的因素。19世纪开始西方就出现了反权威主义，其目标就是反对政治权威，继而反对国家、反对"权威"二字，

---

① ［美］尼古拉·尼葛洛庞帝：《数字化生存》，胡泳等译，电子工业出版社2017年2月版，第231页。

实行自治。兜兜转转，200年后，人们还在纠结究竟是要权威，还是要自治（自由）。恩格斯早就给出了答案："把权威原则说成是绝对坏的东西，而把自治原则说成是绝对好的东西，这是荒谬的。"① "一定的权威，不管它是怎样造成的……都是我们所必需的。"② 恩格斯认为即使要废除权威，那也需要权威的手段。

  这是一个巨大的悖论和循环。我们不喜欢权威，那我们就得用更大的权威取代它。我们不喜欢盛气凌人的宣讲式新闻，那就得有一种更加权威的令人信服的信息来取代它。元宇宙要想成为一种权威的时代趋势，那就需要有权威的力量来推动它，这种权威的力量就是我们人类自身，特别是现阶段人类社会最强大的权威——国家。元宇宙传播要想令人信服、减少虚假信息，那就得保有权威力量来发布信息。权力分散是消解盛气凌人、高度垄断信息的有效手段，当推特（Twitter）封禁特朗普账号，从而屏蔽有关信息时，后者研发了自己的社交软件"真相社交"（Truth Social），从而打破了信息的不平衡。但是Truth Social的粉丝人数太少了，影响太小了，撼动不了由精英群体和主流媒体对特朗普的信息"压迫"。而这些主流媒体之所以这么有影响力，一部分原因是它们本身就是掌握信息权威的媒体，另一部分原因是它们背后还有一个更大的权威——美国政府（包括立法机构）。所以权威信息只能依赖于权威正在被逐渐消解的国家。这一点也不矛盾。正像尼葛洛庞帝所总结的数字化生存有四大特征：分散权力、全球化、追求和谐和赋予权力。③ 这里的"分

---

①② 《马克思恩格斯选集》第2卷，人民出版社1972年5月版，第553页。
③ ［美］尼古拉·尼葛洛庞帝:《数字化生存》，胡泳等译，电子工业出版社2017年2月版，第229页。

散权力"和"赋予权力"所针对的对象是不同的主体,但是如果说针对的对象是同一个或同一类主体,它也没错。元宇宙媒介正在进一步分散国家的权力,但也在赋予它新的权力。

一般人谈论到权力、权威、主导等概念时总是充满了抵触情绪,其实没必要,权力是一个中性词,关键看权力为谁所用,用来做什么。我们每一个人都有权力,难道要把我们自己的权力放弃掉吗?学习一下半个多世纪前法国思想家福柯的思想吧:"我们必须停止总是用否定字眼描写权力效果:它是'排斥',是'镇压',是'压抑',是'审查',是'抽象',是'面具',是'隐瞒'。事实上权力在生产,它生产真实,它生产对象的领域和真理的仪式。个人和从他自身获得的知识都是这种生产的产物。"[1]

以人为本

第四章"元宇宙传播核心概念和理念"中介绍了"以人为本"是元宇宙传播核心概念和理念之一,这个概念是如此重要,它同时也是元宇宙传播的原则之一。作为核心概念和理念,以人为本强调的是元宇宙因人而生,遵循人的创造力发展轨迹;作为原则,以人为本强调的是元宇宙的未来由人决定,存在的意义在于为人服务。

围绕人类生命体,元宇宙的存在有四大法则。第一,元宇宙来自人类生命体,它的形成、存在依赖于人类。正是人类的大脑意识凭借技术的支持,构建起了元宇宙,让精神世界进入物质和精神相

---

[1] FOUCAULT M, et al: *Discipline and Punish:The Birth of the Prison*, translated by Alan Sheridan, New York: Pantheon, 1977, P194.

加、真实和虚拟相加的全新景观状态,也让物质世界绽放新的光芒。第二,元宇宙要为人类服务。元宇宙不是技术发展的自然结果,也不是人类大脑意识短暂的、无意义的灵光闪现,它的出现符合这样的目的,即人类为了穷究自然和宇宙的未知世界、发掘人的最大创造性,为人类营造一种更加舒适、方便、快乐、幸福的生存空间。第三,元宇宙不得危害人类。元宇宙既然是为人类服务的,那它就不能任性地、没有制约地发展,不能损害人的利益,不能对人的发展形成阻碍,不能因技术高度发展而被技术左右,进而左右人的命运。第四,元宇宙将在人类生命体退出历史舞台的同时与人类脱离关系,届时人类的化身也许可以找到新的落脚点继续维持元宇宙运行,但元宇宙的人类性其实已不存在。

原子能技术、互联网技术、数字技术和 AI 技术出现以后,先后有人惊呼这些技术会颠覆人类社会。确实,自从这些技术出现以后,整个人类社会发生了翻天覆地的变化,很多产业消失了,相关产业的人员失去了工作,核武器导致整个地球笼罩在核阴云之下,有人用克隆技术孕育出克隆人,所有的这一切都对人类社会的生存状态形成巨大乃至致命的挑战。元宇宙汇集了一切过去的、现在的和未来的技术,它对人类社会的挑战将更加巨大,我们必须要有心理准备。但在另一方面,人类必须主导元宇宙的发展方向,让元宇宙为人类服务,而不是危害人类,这既是元宇宙的根本目的,也是它的最低下限。

元宇宙传播同样如此,它存在的目的也是为人类服务,如果它不能为人类服务,甚至危及人类,那它就没有存在的意义和必要。在元宇宙时代和元宇宙世界,人类不可避免地存在前元宇宙时期的各种需要，获取知识、交流信息、提高素养、修身养性、疏解心理、鼓舞精神、维护关系、降低冲突、维护和平、保持和谐，诸如此类。它们都是人类所追求的目标，也都应该是传播的功能。此外，在元宇宙，人类还要求元宇宙能够良性地发展，能够完成在电子传播时代和互联网时代没有完成的人类平等、消除贫困、减少犯罪、制止侵略战争、让人类社会更加文明等任务，元宇宙传播任重道远。

如果细加梳理，元宇宙传播原则应该还有很多，即使是本章所列4种原则，也不是单独的、孤立的原则，它们所涉及内容高度相互交叉、融合、依赖，每一种具体的因素都可以单独看作一种原则，比如众生平等、共建共治共享、多中心化、权威主导等。限于篇幅和认识，暂且把它们概括为4种原则。

第八章 元宇宙传播功能

元宇宙传播：未来传播学框架

传播的功能问题最早于 1948 年出现在拉斯韦尔的博士论文中，他在其中提出传播有三种功能：守望环境、协调社会以适应环境、使社会遗产代代相传。[①] 后来，查尔斯·赖特增加了第 4 个功能——娱乐。还有经济学家增加了经济功能。施拉姆总结以上观点，帮助拉斯韦尔和赖特等人从政治、经济和社会三个领域对传播的三种功能进行了分析。政治功能有监测（收集情报），协调（解释情报，指定、宣传和执行情报），传承社会遗产、法律和习俗。经济功能有关于资源、商机资讯的监测，解释以上资讯，制定经济政策，运作和控制市场。一般社会功能在监测方面有监测关于社会规范、角色等资讯，监测接受或拒绝这些规范、角色等的资讯；在协调方面有协调公众的理解和意愿，协调市场的运行与控制；在传承社会遗产方面解释为向新社会成员传承社会规范和角色规矩。此外增加娱乐功能，包括休闲活动、从工作和现实问题中得到解脱、无意为之的学习、社会化。[②] 最后，施拉姆提出了自己的观点，在几次修正自己观点之后，他一锤定音，认为传播有四大功能：社会雷达、管理、传授和娱乐。他又把传播功能作了外观面和内观面、口语社会和媒介社会两种不同向度的区分认识，[③] 使得传播功能的理解进一步被复杂化。然而，施拉姆的这个传播功能模式仅仅是对传播的社会功能的概括，而他曾经帮助别人分析过的传播的政治功能、经济功能已经被悄悄地抽离掉了。

麦奎尔也在总结拉斯韦尔和赖特观点的基础上，提出自己的判

---

① ［美］威尔伯·施拉姆等：《传播学概论》第 2 版，何道宽译，中国人民大学出版社 2010 年 10 月版，第 30 页。
② 同①：第 31 页。
③ 同①：第 32-35 页。

第八章 元宇宙传播功能

断,认为传播功能有5个方面:信息、联系、持续、娱乐、动员。①其中,"联系"意为解释信息的意义、建立共识、促进社会化、支持既有权威和规范等,"持续"意为表达主流文化、认可亚文化和新文化、促进和维持共同价值。麦奎尔关于"联系"的认识注入了两种不同的含义:解释信息和建立共识、促进社会化和确立权威制度。这两种含义不是一回事,应该区分开来。前者实际上属于"信息"的范畴,后者和"持续"可以合并,表示对社会的管理、运行。麦奎尔的另外一个小错误是他不加解释地用"媒介功能"取代了"传播功能",在他看来媒介等同于传播,但这种认识显然是有问题的。在媒介学也成为一门相对独立的学问的当下,直接把媒介和传播画等号的举动不会得到主流认识的支持。

其实,如果要全面概括的话,即使把拉斯韦尔和施拉姆的理解结合起来也不能说传播的功能理论就已经彻底了,否则就不会有罗宾森的13种功能说和联合国教科文组织的8种功能说。

准确来说,传播的功能是多维度的,在不同的历史时期、不同的面向,或不同的媒介域条件下,传播功能可能会有完全不同的理解,至少要做局部的调整或侧重,但功能的含义不会有根本的不同。所谓传播功能,简洁地说就是传播能发挥什么作用。每一个时代都对传播提出了不同的要求,导致传播在不同时代会发挥出不同的作用,这说明传播功能是有时代性的。

元宇宙传播继承了之前时代或媒介域的传播功能,并准备接受和丰富新媒介域的历史使命。在移动互联网及其各种新媒体日趋发

---

① [荷]丹尼斯·麦奎尔:《麦奎尔大众传播理论》第5版,崔保国等译,清华大学出版社2010年7月版,第79页。

达的背景下,很多传播功能日趋裂变,并通过某一款媒介及其应用得以体现和完成。这种特点在元宇宙会继续弥散并不断得到加强,以致元宇宙传播功能看起来会更像是元宇宙传播在不同领域的应用和普及。

第一节

信息传播

传播不正是为了传播信息而存在的吗？不要企图一上来就给传播赋予许多沉重的历史使命，传播首先要满足人类最基本的需求：感知、交流、获得信息。令人遗憾的是很多传播学大师在他们的功能理论里面都忽略了这一点，无论是拉斯韦尔的"三功能说"，还是施拉姆的"四功能说"，抑或是赖特的"四功能说"，都没有注意到传播信息这个传播最基本、最原初的功能。好在麦奎尔注意到了。他关于传播的"五功能说"的第一大功能就是传播"信息"。他关于传播的信息功能的解释是，信息可以提供关于社会事件与情境的信息；显示权力关系；促成创新、适应及进步。按照上文所理解的，传播的"联系"功能还有一些内容可以划归"信息"功能，如"解释、诠释与评论事件及信息的意义""建立共识"。[①] 这样，信息功能的内

---

① ［荷］丹尼斯·麦奎尔:《麦奎尔大众传播理论》第5版，崔保国等译，清华大学出版社2010年7月版，第79页。

涵就进一步丰富了，它意味着需要对信息功能继续解剖，才能真正理解信息传播在传播功能中的意义。特别是在元宇宙传播中，信息成为一种无所不在的空气，每一个主体都可能是一个信息传播主体，信息的主体间性不再是从传播者到受传者的单向输出，而是受传者主动去获取信息。元宇宙的种种特质都要求对元宇宙传播中的信息传播功能进行颠覆性的认识。

尼葛洛庞帝在20多年前就预言，信息时代——计算机时代之后是"后信息时代"。后信息时代与信息时代相比，一切都发生了根本性的转变，特别是传播的本质发生了转变。大众传播将变成小众传播，甚至是个体传播，受众变成单独的个体，所有商品和信息更加个人化；个人可以通过《我的日报》或一些志同道合者的《我们的日报》归类、获取新闻；广播（broadcasting）变成了"窄播"（narrowcasting）和"广捕"（broadcatching），信息以比特流的形式充斥空间和光纤，以一种"随选信息"（on-demand information）的状态存在，人工智能或智能机器人作为代理人界面，"拉"（pulling）而非"推"（pushing）从中检索、过滤、捕获有用信息，供"用户"而非受众使用；信息的获取不再需要一个固定的空间，到处都是界面，界面也已经突破四边有框的模式。今天，回顾尼葛洛庞帝当年的预言，不得不佩服他的洞见能力。那些预言有的已经成为现实，而有的无疑将并入元宇宙轨道。在计算机时代没有实现的预言，必将在元宇宙时代实现，这是技术自我革新的归途，也是元宇宙终极存在性质的必然结果。

元宇宙传播的信息传播功能包含以下几种主要内容。

第八章　元宇宙传播功能

传播

　　传播的功能之一是信息传播，信息传播的功能之一是传播，这有点像车轱辘话。但在这里是必要的。因为信息传播不只是简单地传播信息，即让别人"知道"某种信息，还有出于社会交往、社会管理而开展的信息传播，比如交流、宣传等。为了避免逻辑上不严谨甚至错误的循环证明，也可以把信息传播的功能改为模式。完整的结构就变成了：传播的功能之一是信息传播，信息传播的模式有若干种。麦奎尔在"新媒体－新理论"一章中就用了"信息传播的新模式"子标题，他认为在新媒体时代，信息传播有"训示""交谈""协商""登录"四种新模式。[①] 这种理论的意义在于对信息传播作了第二级的深入剖析，至于四种具体的新模式则未必精准，而且由于太具体，大大缩小了它的外延，比如他就忽略了传播自身。

　　信息传播会通过面对面、媒介设备等手段，以口述、通知、报纸新闻、广播新闻、电视新闻、社交媒体新闻、决议文件、电话、语音通话、视频通话、手机短信、邮寄、电子邮件、Twitter 或微博、Facebook 或人人、微信或 Whatsapp、抖音或 TikTok、YouTube 或优酷、Instagram 或小红书笔记等形式，把信息告知其他人或群体。在元宇宙，信息无处不在、无时不在的状态继续加强，人类存在于信息场景或自带信息的"空气式媒介"，信息直达用户，传播者不再占据统治地位，主导和完结信息传播过程的是受众或用户，以前是传播者把信息推给

---

① ［荷］丹尼斯·麦奎尔：《麦奎尔大众传播理论》第 5 版，崔保国等译，清华大学出版社 2010 年 7 月版，第 118–119 页。

受众，现在变成用户采取"广捕"、遴选、筛选的方式主动提取信息。在精确计算技术辅助下，信息正智能化地和用户一一对应，不仅传播者给用户精准推送信息，用户也精准地获取自己想得到的信息。限于存储、流量等技术，目前这些都还做不到。未来，一切信息都要存储在云端，用户也可以在云存储系统中找到任何一种公开信息。

信息有广义和狭义之分。广义的信息概念属于信息科学，在这个学科中，"信息是物质的普遍属性，是一种客观存在的物质运动形式。信息既不是物质，也不是能量，它在物质运动过程中所起的作用是表述它所属的物质系统，在同其他任何物质系统相互作用（或联系）的过程中，以质、能波动的形式所呈现的结构、状态和历史。"[①] 按照有的人的观点，广义的信息分为物理信息、生物信息和社会信息。威廉·汤姆森测出信息在电线中的传播速度，这个信息就是物理信息；赫尔曼·冯·亥姆霍兹把青蛙的肌肉通电，测算出信息在动物神经中的传播速度，这个信息就是生物信息；人们在生产、交往、生活中相互交流和交换的信息，则是社会信息。传播学研究的对象一般就是社会信息。但随着传播学研究视野的拓宽，不仅信息概念从信息科学走进传播学，传播学属性的信息内容也从社会信息扩展到了物理信息和生物信息。由于人类和技术的高度结合，空间的、非生命体的物理信息正在深度影响社会传播。自传播（体内传播）本来是关乎人类生物体的生物信息的传播活动，但现在已经成为传播学的重要研究对象，特别是随着人机传播、化身传播的来临，自传播这种生物体内的信息活动已经把生物信息、物理信息和社会信

[①] 郭庆光：《传播学教程》第2版，中国人民大学出版社2011年4月版，第3页。

第八章 元宇宙传播功能

息牢牢地捆绑在一起。

信息在元宇宙中扮演着一个更加重要的角色。元宇宙内节点无限,这意味着会发生无限的关系,也会出现无限的不可预测。而随着我们能感觉到的向外和向内的、物质和精神的宇宙空间不断扩大,未知和不确定性也呈指数级增加,同时意味着信息的指数级增加。有人可能会有疑问:传播过程中的信息,包括新闻不是指那些真实、客观发生的事件吗?怎么会是未知和不确定性增加了信息?这正是信息的薛定谔猫的临界,当我们感知它的时候,它是确定的、真实的、可知的,但是它的这种确定性、真实性和可知性恰恰来自它的不确定性、不真实性和不可知性。试想,如果一个信息对受传者来讲是确定的、可知的,传播还需要发生吗?正是从不确定性到确定性、从不真实到真实、从不可知到可知,才启动了传播程序。"信息到底衡量了什么?它衡量了我们所克服的不确定性。它衡量了我们学习新事物的可能性,或者更具体地说,当一件事物承载了关于其他事物的信息(正如计数器能够告诉我们一个物理量,或一本书能够告诉我们人生),它所涵盖的信息数量反映了未知情况的减少……当一切都充满了确定性的时候,并不能产生信息,因为没有什么可以传达。"[①] 这就是信息的神奇之处,而在元宇宙中这种神奇正在变得越来越多,这也证明元宇宙传播与前元宇宙各种时期的传播有着天壤之别,证明了元宇宙传播本身作为信息传播功能或形式之一的重要性。

元宇宙传播不会像麦克卢汉所讲那样,作为人体器官延伸的媒介不断延伸,和人越来越疏离,好像人完全离不开媒介;也不会像

[①] [美]吉米·索尼等:《香农传:从 0 到 1 开创信息时代》,杨晔译,中信出版集团 2019 年 2 月版,第 163—164 页。

莱文森所讲的那样在"人性化趋势"之下媒介重新回到感觉附近,让人犹如回到"部落鼓"时代。元宇宙传播将要重现过往一切的传播形态,它不干扰、不拒绝任何"原始"的传播形态,它对一切媒介都张开双臂;元宇宙传播要求把一切媒介整合成为一个无所不能的媒介域,对未知世界展开更多的感知方式;元宇宙传播会在技术的支持之下向人们提供最便捷、最合理的传播平台,甚至实现人机合一,重塑人的身体器官,开发新的感知神经。元宇宙传播本身就是一个深奥的未知世界。

交流

信息传播的另一种功能或模式是交流。传播学者郭庆光认为,社会传播有五大特点。(1)社会传播是一种信息共享活动。共享意味着社会信息的传播具有交流、交换和扩散的性质。(2)社会传播是在一定社会关系中进行,又是一定社会关系的体现。"传播"和"社区""共同体"等英文单词有共同的词根,这证明了施拉姆所说的:没有传播就不会有社区,没有社区也不会有传播。(3)从传播的社会关系性而言,它又是一种双向的社会互动行为。信息的传播总是在传播者与传播对象之间进行的。(4)传受双方要有共通的意义空间。共通的意义空间意味着传受双方必须对符号意义拥有共通的理解,否则会传而不通、误解意义。(5)传播是一种行为、一种过程、一种系统。[①]很明显,在五种特点中有四种明显体现出交流性质。共

[①] 郭庆光:《传播学教程》第2版,中国人民大学出版社2011年4月版,第4-5页。

享、关系、互动、共通,都是一种交流,或者说都要通过交流来得到体现。

传播关系是一种主体间性,传播环境是一种公共领域,传播媒介联系起各传播主体,这些莫不表现的是人类社会中的交流、互动等动态行为。至于传播目的,除了单纯的自传播、为了传播信息而传播,有相当一部分内容是为了进行交流。语言的发明绝对不是为了自娱自乐,而是为了人与人之间的交流。在族群、部落、工厂、小组、讨论会等不同的场合建立起公共领域一方面是为了争取、保护群体利益,另一方面就是为了交流。文字的发明有一部分目的可以理解为解决不在场的交流、解决跨越历史长河的思想交流。电话、电视则是梅罗维茨所谓的在远距离状态下恢复面对面交流。互联网概念本身就蕴含着联系、互动和交往的含义,它不仅用通信工具和社交媒体之类的平台活跃了社会交往,提高了交流的体验感,还让原来单向传播的新闻传播转变为双向传播的信息交流。

交流最大的特征是互动,而互动有赖于传播主体的体验,特别是面对面的经验感觉。凯欧西斯给出了互动性的四个指数:接近性(同他人的社会距离)、感官性活动、可察觉的速度、远程呈现。[①] 接近性当然是指物理空间上的面对面;感官性活动是指交流过程中除了动用视觉、听觉之外,还可能要动用味觉、嗅觉和触觉;可察觉的速度强调的是在场感与非在场感的区别;远程呈现是电视、移动媒体等新媒介带来的体验,传播主体可以远距离交流,但是能亲耳听见对方的声音,亲眼看见对方的容颜。这四个指数有很多是同语

---

① [荷]丹尼斯·麦奎尔:《麦奎尔大众传播理论》第5版,崔保国等译,清华大学出版社2010年7月版,第117页。

反复，没有讲出多少道理。唐尼斯和麦克米兰对此作了修正，提出互动性有五个维度：传播的导向；信息交换当中时间与身份的灵活性；在传播环境当中拥有空间感；控制层级（在传播环境当中）；可察觉的目的。①看不出"传播的导向"和"可察觉的目的"之间有何区别，且和互动性没有直接的关系。"时间与身份的灵活性"特别说明互动和交流可在非同一时间、非现场展开，而且也不强调传播者和受传者彼此之间泾渭分明的脱离关系，当你观看自己作为传播者的过往视频时，你既是传播者，也是受传者。这是电子媒介带来的变化。"在传播环境当中拥有空间感"区分了新媒介和旧媒介，报纸媒介曾经让受众失去了空间感，但是电视媒介却重新找回了空间感。"控制层级"应该强调的是互动、交流的主体之间存在主次之分，存在中心和边缘之分，也存在控制者与被控制者之间的区分。四个指数也好，五个维度也好，其中有很多内容确实是关于互动属性的，也是属于交流属性的。交流作为传播的功能之一是传播这种社会活动亘古不变的表现方式。在元宇宙，这些属性同样有效，但泾渭分明的时空感会被技术击败，人们或者传播主体可以在"远程呈现"的同时感觉到"接近性"，在不在场的时候体验到在场感，在当下回到过去或者穿越未来，在仍然等级森严的制度下保持生活世界的公平性，在带宽和存储性能极高的状态下忽略传播的速度，在传播者与受传者之间自由切换身份。诸如此类，交流也因元宇宙而发生根本性的变化。

提出"拟剧理论"并把"框架理论"引入传播学的戈夫曼还提

---

① ［荷］丹尼斯·麦奎尔：《麦奎尔大众传播理论》第5版，崔保国等译，清华大学出版社2010年7月版，第117页。

出过一种"偶遇"理论,认为人与人的每一次会晤都构成一种"偶遇"（encounter）。他提出判断是否共同在场的偶遇有4个标准:（1）注意力的视觉性或认知性集中;（2）作为一种可测的社会行为类型,个体行动的重要性得到双方强烈的认可;（3）相互可见的生态人群中,每一个参与者都能在最大程度上感知他人对自己行为的监视;（4）口语交流的开放性。偶遇既可能发生在面对面的人之间,也存在于一系列错综复杂的人际交往中。为此,唐纳德·霍顿等人认为,在观众与电视荧屏之间存在一个"类社交模式",电视中的角色和观众共同营造了一个虚拟的互动空间,最终触发"人内互动"机制,即人在内心深处开展自传播,对自己所看到的景观作出反应。"媒介实际上变成了自己的延伸,于想象的虚拟空间中激活了个体的反身性（reflexivity）。在观众进入荧幕的同时,荧幕也进入了观众。"[①]韩德尔曼为了分析霍顿等人的观点,特别创造了"虚拟凝视"和"虚拟偶遇"等新词。这些词语给人最大的启示是,虚拟偶遇、虚拟凝视、虚拟空间在前元宇宙时代已经出现了,在元宇宙千真万确的虚拟现实世界中,这些虚拟属性岂不是更加强化?由此,我们是不是也可以把元宇宙的社交称作虚拟社交?答案是,元宇宙是无限包容和无限开放的媒介域和传播场,因此用"强化"二字描述这些虚拟事实其实并不具有突破性,而应该这样表述:前元宇宙的虚拟属性都将被元宇宙吸收继承,同时元宇宙将把前元宇宙的虚拟偶遇、虚拟凝视、虚拟空间和虚拟社交"现实化",即用一种特殊的技术手段让原来看起来虚拟的一切景观看起来很真实、很现实,而"偶遇"则转

[①] ［美］伊莱休·卡茨等:《媒介研究经典文本解读》,常江译,北京大学出版社2011年1月版,第152-154页。

变为"常在"或"共生","虚拟偶遇"也转变为了"虚拟现实的常在"或"虚拟现实的共生"。这才能体现虚拟现实的意义。

宣传

一般认为宣传是一种自上而下的传播，它的历史要比传播晚。人有了自我意识以后就有了传播——一种最原始的交流，可以说传播既是人的社会性的开始，也是人的生物性的延伸——大脑一旦成熟就有了传播的欲望。而宣传既然是自上而下的传播，那就意味着人类要等到进入等级社会以后才开始产生宣传的需要，这个历史当然比人类拥有智慧要晚几十万年。从文字的历史可以窥出"宣传"一词的端倪。《说文解字》解释汉字"宣"是天子宣室，就是天子上朝或祭祀时发布圣旨的地方，考古学家认为"宣"字的甲骨文字体表示卷起来的竹简，将竹简打开当众宣读天子圣旨就是"宣"。"传"就是传递、传送本意，《说文解字》解释说"传"是传递急事。汉朝时有了"宣传"固定搭配的词，表示政令发布。在西方，propaganda 来自宗教。1622 年罗马教皇格列高利十五世成立"De Propaganda Fide"（圣道传信部），并且配备同名的学院，宣传一词在西方正式出现。"圣道传信部"的职责是"把信仰放大到世界的每个角落"和"把基督徒领到教会的故乡"。18 世纪末，罗马的传信部成为世界范围内最强大的传播机器网络的源头。[①] 19 世纪末 20 世纪初，日本人用"宣传"翻译西文 propaganda 一词，中西这两个有着相近意义

---

① ［法］阿芒·马特拉：《全球传播的起源》，朱振明译，清华大学出版社 2015 年 4 月版，第 205-207 页。

第八章 元宇宙传播功能

的词最终走向重合。

按照拉斯韦尔的观点，宣传是指通过重要的符号，通过故事、谣言、报道、图片以及社会传播的其他形式来控制意见。[①]伯内斯说，"现代宣传是一种持续一贯的努力，旨在制造和形塑事件，以影响公众和特定事业、观念、团体之间的关系。"[②]牛津词典解释，宣传是政治领袖、政党等为获取支持而编造或夸大言论与观点的行为。还有人把宣传定义为"通过谎言和欺骗，来向大众散播扭曲观点与意见。"[③]宣传一词的内涵注定它比宣传本身经历还要坎坷。罗马教皇设立"传信部"的目的本来就是要和基督教中的其他势力争夺影响力，触动了新教的蛋糕，新教从此把天主教的宣传看作邪恶之举，这埋下了一部分人仇视宣传的种子。"一战"期间战争双方都用宣传作为战争的手段，宣传的作用开始被重视。拉斯韦尔在传播学奠基著作《世界大战中的宣传技巧》中系统地研究了宣传在战争中的作用。他认为宣传是敌对行动中除"军事压力"和"经济压力"之外的第三种工具，说彻底了，是思想对思想的战争。然而，由于苏联和纳粹德国都设立过宣传部来开展相关工作，"二战"之后，宣传一词开始遭到美国和西方其他国家的嫌弃，但是宣传本身是客观存在的，美国和欧洲各国尽管嫌弃宣传，但是它们照旧要开展宣传，只不过"粗糙的宣传正被精心设计的宣传所替代，短期的鼓动被长期的整合宣

---

① [美]哈罗德·D.拉斯韦尔：《世界大战中的宣传技巧》，张洁等译，中国人民大学出版社 2003 年 10 月版，第 22 页。
② [美]爱德华·L.伯内斯：《宣传》，胡百精等译，中国传媒大学出版社 2014 年 8 月版，第 50 页。
③ [美]安东尼·普拉卡尼斯等：《宣传力：政治与商业中的心理操纵》，林夕榆译，新华出版社 2014 年 8 月版，第 9 页。

传所替代",①于是宣传一词后来就被置换为最常见的"公共关系"和"传播",在国际上对应的是"公共外交"和"国际传播"。西方在宣传概念上的表里不一、自我矛盾直到今天还很普遍。美国学者安东尼·普拉卡尼斯的《宣传力》(Age of Propaganda)即代表。他的书名用了"宣传"二字,但文中在论述宣传的正面作用时换成了"劝导""劝说",而在论述劝导的对立面"误导"时又恢复成宣传——"误导的宣传"。普拉卡尼斯的基本态度是要抵抗宣传,为此他提出了抵抗宣传的三种策略:(1)调控和用立法控制劝说以让劝说公道正派;(2)抬杠,故意辩护相反观点和与宣传者背道而驰的主张;(3)发展抵抗某个特定纷争或话题劝说的方法,具体有先声夺人、灌输防御思想。

在元宇宙时代,应该还宣传以本来面目。事实上,20世纪初的伯内斯和60年代的埃吕尔在宣传问题上都曾有过人的、冷静的思考和判断。被称为"公关之父"的爱德华·L.伯内斯在1928年出版的《宣传》一书中曾一针见血地指出,"在任何事情上,宣传之好坏取决于它所推动的事业承载的价值以及所发布信息的正确性。宣传一词具有某种技术性含义,如同世上的大多数事务一样,'无所谓好坏,但习以为之'。"②他还介绍当时的杂志《科学美国人》有一期呼吁人们重新在积极意义上使用宣传这个"本是褒义的词语",批评在英语中没有一个词像"宣传"这样被令人遗憾地曲解。"宣传在其真正的意义上乃是一种具有完全合法性的人类活动形式。任何社群所抱持

---

① 刘海龙:《宣传:观念、话语及其正当化》第2版,中国大百科全书出版社2020年1月版,第151页。
② [美]爱德华·L.伯内斯:《宣传》,胡百精等译,中国传媒大学出版社2014年8月版,第47页。

的信念，不论是社会的、宗教的还是政治的，只要是通过口语或文字昭告天下的，那么它就可归为宣传实践。"①法国哲学家埃吕尔在1965年也出版过专著《宣传》，在其中，他坚持一种客观、理智的态度，"要研究宣传，首先要去除两个陈见。第一个陈见是宣传是罪恶的。他认为学术研究要悬置伦理判断，不要带着偏见去观察宣传现象；第二个陈见是宣传就是谎言。二战中形成的反宣传刻板印象让人们相信宣传就是撒弥天大谎。其实宣传除了捏造事实外，还有许多其他形式。现代宣传越来越多地以信息或事实的形式出现。宣传是一个社会现象，不要把宣传与特定国家和意识形态联系在一起。"②作为一只脚已经踏进元宇宙的人，我们的思想不应该比伯内斯和埃吕尔更落后，更不应该和抵制宣传的人一样偏执和激进。

在元宇宙，宣传恢复它的"真身"，它就是一种特殊的传播，是一种有态度、有立场、希望人们和自己保持一致或记住自己的传播；每一个有思想的个人都是一个宣传者，正如埃吕尔所言，不仅国家需要宣传，个人也需要宣传，而且因为媒介的高度成熟、普及和界面的随机化，个人完全有能力开展积极的宣传；宣传不再是自上而下的传播，而是扁平的、平等的、双向和多向的交流；宣传不再生硬地劝导和教化，而只是冷静地表达自己的观点，个人拥有极高的自律意识，同时国家也有更加完善成熟的法律体系来规范一切宣传行为；宣传将融入教育，正像埃吕尔所谓的"前宣传"，前移到每个人世界观形成阶段，以制度体系培养人们的行为规范。

---

① ［美］爱德华·L.伯内斯:《宣传》，胡百精等译，中国传媒大学出版社2014年8月版，第48页。
② 刘海龙:《宣传：观念、话语及其正当化》第2版，中国大百科全书出版社2020年1月版，第152页。

为此，宣传要有新的规则：

- 宣传本身具有正当性，无须设定条件；
- 宣传的正当性来自宣传符合国际条约、国内法律和公序良俗；
- 培养一种交流式宣传；
- 在国际范围内禁止挑唆对立和冲突；
- 宣传和个人自由并不矛盾，宣传鼓励和支持每个人的个性和个体宣传；
- 宣传不需要技巧，只需要坦诚。

元宇宙的宣传是元宇宙传播的特殊形式，它和元宇宙传播一样遭遇新的环境、挑战，但同时也面对新的机会和新的跨越。

第二节

监督社会

元宇宙并非十全十美，也并非永远充满光明、令人神往，在某些方面它和自然界没有本质区别，它也贯彻物竞天择、适者生存的原则，它在继承前元宇宙的光荣传统的同时，也不得不接收很多"糟粕"。但是站在理性的立场上，精华也罢，糟粕也罢，它们都是客观存在，是元宇宙的客观属性。

拉斯韦尔"传播三功能说"的第一功能是"守望环境"，施拉姆的"传播五功能说"的第一功能是"社会雷达"，这都讲的是传播和媒介要发挥监督社会的功能。"监督"这个词看起来不令人舒服，不过需要强调这里的监督并不是针对某个人或某群人的，不是为了约束人的言行的，或者说不是为了约束人而约束人的，它是对整个社会的监督，对社会可能出现的社会问题、地方治安、国家安全等危机的预报、预警、修正。传播一般通过负面报道、批评、讨论、建议等方式兑现监督社会的职责。"守望"和"雷达"两个词组过于被动和媒介化，它们不是第一主体，它们只是非能动地接收社会传递过来的信息，然后转交给第一主体去进行处理。麦田里的守望者一般是个稻草人，它甚至不接收信息，而是在第一时间把入侵的鸟群吓跑。雷达则是一种非常被动的中介，它只负责对外来信息进行解码、编码，然后传递给自己一方的控制者，不会主动去吓阻入侵者。这两个词都是一种形象的比喻，不够直接，张力有限，甚至没有"瞭望哨"一词更有内涵。

守望一词因塞林格《麦田里的守望者》一书而大热，成了一个人人争相使用的热媒介——热词，不过这个汉译书名归功于翻译者。该书英文名称为 The Catcher in the Rye，直译为"麦田捕手"，但译者巧妙地用了"守望者"，一下让这个角色生动活泼起来，也让这个词增加了新的含义。正如 metaverse，翻译成"超元域"让人摸不着头脑，但翻译成"元宇宙"让人一目了然、亲切自然，特别是赋予了这个英文单词新的意义。这是一种特殊的干预环境的手段，它通过话语的创新、重组、解释、赋权，给社会建构一种新的理念、关系、结构和体系。这是传播监督和媒介监督的最高境界。尽管如此，作为一种大众化的表述，我们仍然建议用"监督"，因其更加直截了当。

监督和监视在英语中对应同一个词 surveillance。"监视是大众传播媒介的第一个功能，它向受众提供并告知新闻。媒介发挥的这种功能通常表现为，向人们发出危险警报，例如极端的和危险的天气情况或威胁人的军事情况。监视功能还包括媒介提供那些与经济、公众和社会生活密切相关的重要的新闻，例如股市行情、交通路况、天气预报等。"[1] 监督显示一种力量，也显示一种系统。监督不仅有监

---

[1] ［美］沃纳·赛佛林等：《传播理论：起源、方法与应用》，郭镇之等译，华夏出版社2000年1月版，第347—348页。

第八章 元宇宙传播功能

视的含义，也有预警、警示、督促、引导、干预、纠正、管理、治理的含义。因此不能把监督看作一个负面的词语。监督和宣传一样都是中性的词语，任何政治制度、任何社会都需要监督，因为它是维护社会安全的手段。就像一艘航行在大海上的轮船，天气预报要提醒轮船能否出航；在航行中要有专人和仪器监视前方是否有暗礁，一旦发现暗礁要迅速采取对策进行躲避；如果偏离航线，船长要及时命令调整方向；如果遇到海盗，可能需要自卫或通知军舰前来救援；整个航行中要不断监控仪器设备是否正常，还要关心船员们彼此之间的关系，以免他们因长期隔绝产生心理疾病，影响团队合作。在一个社会中，或者在一个国家内，就需要这样的监督体系。监督是一种权力，传播也是一种权力。传播具备监督的功能，传播也具有转移权力、重组权力的能力，因为传播就是权力的承载物，"传播成为权力认可的仪式，传播的话语则体现了话语的社会结构，表明了谁可以讲话，可以讲多少，可以讲什么，以及在什么场合讲。"[①]在电子时代权力就被认为是多元的，是双向性的。电视"行使监督的权力，揭露世界的权力，侦察人民的秘密的权力，监视人类行为的权力"[②]。但是电视的监督权力是多元的、双向的，民众因为有了电视，他们一样可以行使监督政府和社会的权力、揭露社会的权力、侦察贪腐者秘密的权力、监视政府官员行为的权力。这样反而"使人民从使他们臣服和顺从的自身力量中解放出来"。自然界中充满了这种神奇的力量，本来是控制他者的力量，却解放了他者；本来要加强

---

① 陈卫星：《传播的观念》，人民出版社2004年4月版，第170页。
② ［美］约翰·费斯克：《大众经济》，罗钢等主编《文化研究读本》，中国社会科学出版社2000年1月版，第238页。

自己的力量，却束缚了自己的手脚。这一点，在权力问题上表现得最明显。所以福柯敏锐地指出，"权力是通过网状的组织运作和实施的。不仅个人在权力的线路中来回运动；他们同时也总是处于实施权力的状态之中。他们不仅是被动接受的对象；他们也是发号施令的成员。换言之，个人是权力的运载工具，而不是权力实施的对象。不应该把个人看成单一的元素，一种没有生气的材料，权力碰巧抓住他，把它击垮和驯服。事实上，权力的主要效应之一，就在于某些身体、某些姿态、某些话语、某些欲望被确认和构成为个体。个体不是权力的对手，个体是权力的一种效应，同时，正因为具有这种效应，它是权力发号施令的要素。权力构成的个体同时又是权力的运载工具。"[①]

在元宇宙，这种特征会更加明显，个体和国家、政府、组织、政治精英都汇聚到集合了第一主体和第二主体属性的传播主体旗帜之下，身负双重责任，既是权力的监督者，也是权力的被监督者。从个体角度看，每一个个体都变成了主体，他们不再是被动的信息接收者，而成为主动的接收者和占据主导地位的传播者，因此他们在原来那种"权力的运载工具"身份之外又多了一重"发号施令"的身份。

元宇宙将会和其他媒介和媒介环境一样，重塑个体主体并给个体主体以更大的权力。西方马克思主义大师路易·阿尔都塞当年指出，在国家结构中，传播及其媒介是一种意识形态的国家机器，但它正逐渐地放弃强制性的监视手段，"而是利用受其支配范围的社会

[①] [法]米歇尔·福柯：《权力的眼睛——福柯访谈录》，严锋译，上海人民出版社1997年1月版，第232–233页。

解释聚集而形成社会现实的表象符号"。① 传播在这样的意识形态之下把原来生物的个体塑造成了社会的主体:"个体乃自然所生,而主体是文化的产物;个体一词注重人们之间'自然天生'的差异,而主体则注意人们的身份定义和想象的社会实践……我们都是意识形态国家机器塑造的意识形态主体,这些机器使得意识形态规范变得理所当然,因而塑造了我们的世界观,也塑造了我们对自身、对认同,以及对其他人和社会关系的看法。所以,我们每个人都在意识形态的管辖之下,臣属于它。"② 传播作为意识形态的国家机器不再简单地受制于经济基础,也主动地对现存的社会关系再生产。只要有国家,传播的"意识形态国家机器"身份就很难彻底改变,在元宇宙也如此,只不过主体与主体的位置可能互换了,主体的权力结构改变了。以前在大众传播时代,信息传播在传播者主导之下确定传播对象、传播关系、传播环境和传播内容,从而塑造传播者的权力。现在,元宇宙传播中一来越来越多的个体转变为了主体,拥有了真正塑造权力、重构权力的权力;二来传播过程的主动权从传播者转移到了在规模上占多数的受众或用户手里,因为信息传播的结构从"推"变成了"拉",信息传播成功与否不是传播者说了算,而是接收者说了算。在这样的巨结构改变之下,个体主体就拥有了更大的权力。他们可以使用这些权力对原来的传播者、政治精英甚至政府和社会行使监督的权利。

从国家、政府、组织和政治精英角度看,原来作为信息传播第一主体、"发号施令"的它们的身份也发生了双向转变,它们不仅是

---

① 陈卫星:《传播的观念》,人民出版社 2004 年 4 月版,第 155 页。
② 同①:第 157–158 页。

第一主体和发号施令者,还身兼接收者和"权力的运载工具"。但这并不影响它们在权力结构中的主导性。元宇宙公共领域,不仅属于"元住民"们,也属于某些集体、机构,同样也属于国家。有人希望抛弃国家监督、管理而构建一个完全的用户和团体自治的乌托邦,这很大可能是个人的一厢情愿。元宇宙是既封闭又开放的虚实一体空间,它拒绝不了现实世界的一切,特别是拒绝不了国家力量的"渗透"。就像充分利用互联网开展外交、贸易、人员往来一样,一个深度互联网或"互联网的终极形式"的元宇宙自然也会被国家高度重视,并争取积极介入。在这方面,国家的嗅觉和敏锐不比个人差,甚至可能会未雨绸缪,提前进入,提前行动。目前在这方面国际上已经有一些国家闻风而动,韩国制定了元宇宙国家战略,塞尔维亚等国在元宇宙设立了大使馆,萨尔瓦多宣布比特币为国家货币并以国家行为参与网上炒币。目前还不能随便对这些国家的这类行动轻易评判,但它们说明了一个问题,那就是元宇宙不仅是媒介域、传播场,也是政治域、权力场,无论各国是否参与元宇宙建设,在元宇宙成熟的那一天,国家、政府、政治精英都将是元宇宙的常客。它们天生自带的监督与被监督、控制与被控制、主导与被主导、抵制与反抵制都将明显无误地表现出来。

客观地讲,元宇宙可以看成一张巨大的网,它会将现实世界中的一切一网打尽,并让所有成员们各安其位。而这张网也像一堵墙,谁也挣脱不了,也跨越不出去。它形成了一个边沁所谓的"全景敞视建筑"(panopticon)——也有人把它翻译为令人不寒而栗的"全景敞视监狱""全景监狱"或"圆形监狱"。这个建筑为监狱而建,周围是环形的相互隔绝的、关押囚犯的牢房,囚犯彼此之间互相看不见,也不能交流。环形监狱中心有一座瞭望塔,四周都是窗户,监督者可以在塔上清楚地监视牢房内的犯人,犯人看不到监督者,但又觉得监督者无时无刻不在监督着自己。在"全景敞视模式"中,权力躲在暗处,权力对象则无处藏身。即使监督者不在场,被监督者也会以为监督者在场,技术不但巩固了监督与被监督的关系,也固化了彼此的心理。福柯自己也不得不感慨,"我们的社会不是一个景观社会,而是一个监督社会;在图像的表面下,深深地掩埋着身体;在交换的大抽象背后,继续进行着有生力量细致具体的操练;传播环路是知识积累和集中的支柱;符号游戏界定了权力的停泊地;不应说个体的那种美妙的总体性被我们的社会秩序所肢解、压抑和改变,而应说在这一社会秩序中,根据种种力量和身体的一整套工艺,个体被仔细地制造了出来。"[①] 马克·波斯特在分析他的信息方式和数据库时借用了这一概念,他认为,"今天的'传播环路'以及它们产生的数据库,构成了一座超级全景监狱(Superpanopticon),一套没有围墙、窗子、塔楼和狱卒的监督系统。"[②] 在元宇宙,情况又要发生逆转了。从元宇宙传播模式的第一模式"创世模式"可以印证边沁和福柯的"全景敞视建筑",也就是说我们可以把元宇宙看作一个相对于宇宙的全景监狱,在无形的围墙之内是元宇宙,在无形的围墙之外是宇宙。元宇宙并不是和宇宙一样自生自在,在它之外存在一些预先给定的力量——"监督者",它们是国家意志、国际合约、元宇宙自律、互联网安全协议这些无形的力量。这四种监督者

---

① FOUCAULT M, et al: *Discipline and Punish*: *The Birth of the Prison,* translated by Alan Sheridan, New York: Pantheon, 1977, P217.
② [美]马克·波斯特:《信息方式:后结构主义与社会语境》,范静晔译,商务印书馆2014年8月版,第132页。

隐藏在暗处，元宇宙中各个节点上的主体看不到监督者，但能感觉到。然而，由于国家同时也是元宇宙内部节点上的主体，所以国家意志、国际合约等无形因素就以有形的实体出现在元宇宙内部，这样国家就成为可见的对象，一方面要接受外围的监督者的监督，另一方面还要接受同为主体的个体、组织等的监督。至于个体和媒介组织、政治精英这些在旧式的"全景监狱"中的"囚徒"，因为整个建筑是透明的，所以他们彼此之间时刻可以互相监督。媒介和传播在其中扮演主要的角色。

监督无处不在。这里需要辨析的是，福柯《规训与惩罚》一书法文原著名称中不是用的"规训"（discipline），而是用的"监督"（法文：surveiller，英文 surveillance 就来源于这个法文单词）。后来在译成英文版时福柯自己建议把"监督"改为"规训"，因为后者在他著作中占了大量篇幅，这一改却大大地削减了原文的力度。要知道，福柯的"监督"与"全景监狱"、权力等有着不可分割的关系，把监督取消了，"全景监狱"也就成了"无托邦"，权力也不复存在。尽管我们都不喜欢被监督，但是没有监督的元宇宙则真会成为乌托邦。在查德威克看来，边沁和福柯的思想是"全视主义"，它自带"高效率""非人性化""无所不在""优先占有"和"社会规则"5 大主要特征，这些特征早就背离了奥威尔的极权主义模式，已经深深地嵌入人类社会，在人们期望或者惧怕自身被监督时，也开始监督自己了。[①] 或者，回到韩德尔曼"偶遇"4 原则，第三条原则指出"相互可见的生态人群中，每一个参与者都能在最大程度上感知他人对

[①] ［英］安德鲁·查德威克：《互联网政治学：国家、公民与新传播技术》，任孟山译，华夏出版社 2010 年 4 月版，第 352 页。

自己行为的监视"。不管我们接受与否,斯诺登揭露出来的"棱镜门"事件所证明的各种后门、猫眼、窃听器,无处不在。大数字时代,每一个人的信息早就曝光在网监和黑客的面前,我们能做的是监督他们,预防他们滥用我们的信息。在元宇宙,精准、快速、高效的社会,奠基于这样一个基础之上,那就是我们每个人都把自己更多的甚至全部的隐私让渡给管理方。既然如此,就让我们秉持一种更加客观而全面、平和而勇敢的态度对待权力、监督以及我们人类自己吧。

第三节
社会交往

麦奎尔的《麦奎尔大众传播理论》和沃纳·赛佛林等人的《传播理论：起源、方法与应用》都把"联系"看作大众传播或大众媒介的第二种功能，但是他们关于联系功能的论述都比较短浅，有的论述则比较牵强，就像前面所指出的，他们把很多明显属于信息传播功能的内容也塞到联系功能中，令人不辨东南西北。赛佛林等人关于这一功能的定义就能说明问题："联系是大众传播媒介的第二个功能，它是对周围环境信息的选择和解释。"[①] 传播的社会交往功能或者说传播的联系功能远没有这么简单，除了对具体新闻事件的前因后果，特别是对有关社会关系进行分析之外，更要分析人是如何开展社会交往的，即传播和媒介如何支持人开展社会交往；传播媒介的社会交往形式是什么；传播媒介如何协助人类跨越不同的历史阶

---

① ［美］沃纳·赛佛林等：《传播理论：起源、方法与应用》，郭镇之等译，华夏出版社2000年1月版，第348页。

第八章 元宇宙传播功能

段达成什么样的社会状态；元宇宙传播的社会交往功能如何延续并发展这种功能。"联系"概念也明显比"社会交往"概念的外延窄很多，限制了人们的思维空间。

要了解社会交往的属性，应该从生理、地理和社会关系三个方面分别进行大概的考察。

在生理上，人类是一种对外部环境高度敏感的动物，我们一刻也没有停止自己的精神化进程。人类从无机物、有机物、生物、动物中一步步地走出来，并与它们分手，沿着感觉器官的进化不断拓展自己的机能。无机物走向有机物是因为它体内细胞的自我反应、感知、进化的系统形成。之后，生物在大海中发育出了触觉、口腔、眼睛和鳃，鳃又进化出耳骨、耳膜和耳朵。生物从大海中走向陆地后，进一步进化出了四肢、脊椎，从而能够灵活地在新的空间中移动，并托起沉重的大脑，为其下一步的进化做好了准备。然后视觉、听觉、发声等器官进一步改善，同时还发育出了嗅觉、味觉。在哺乳动物阶段，动物们懂得了用同类可以理解的声音召唤同伴们团结协作、共同捕获猎物并分享食物。其中，猿类动物发育出较大的脑容量，它们中一些个体的脑容量相对更大，以致它们更聪明，掌握了使用火、石器的技巧。它们可能和其他哺乳动物一样具备了用权力和血缘结成群体的意识，并且排斥近亲繁殖，以利于群体的繁殖。400万年前左右，一些猿类可以直立起来，这促使它们要比站立不起来的猿类更聪明，它们后来被称作直立人。200万年前后，一群被称作智人的人类，也就是和我们今天的人类具有最亲密关系的人类开始统治地球上的一块区域，目前主流的考古结果认为最早的区域在非洲东部，也有人认为同时或更早在亚洲东部也出现了智人。相信在这个时期智人掌握了更加成熟的模拟传播技术，比如通过挤眉弄眼、手舞足蹈、咿呀发声进行交流。这些传播方式加快了智人的进化速度，使他们彼此之间的社会关系更加紧密，而且可以勉强地与其他族群展开交流，至少可以避免误解以减少同类冲突，最后有利于不同族群之间的延续。10万年前后非洲智人开始走出非洲，这个时候他们的大脑、咽喉、舌头等器官进化成熟了，原来简单的发声技能经过不断的训练、磨合、共识后在器官的配合之下，转变为包含明确意义的最原始语言。人类开始进入传播意义上的文明社会，并准备占领全球。摩尔定律在那个时候就开始发挥作用了，之后人类只用了5万年左右的时间学会了图画，开始在非洲、欧洲、亚洲等地留下大量的岩画。一万年前左右，中东和东亚地区的人类出现了最早的农业文明。2021年11月10日，中国、德国、日本、韩国、俄罗斯、美国等多国科研人员在《自然》(*Nature*)发表文章，指出包括日语、韩语、通古斯语、蒙古语、突厥语在内的泛欧亚语系可能起源于约9000年前的中国东北部辽河谷种植谷子的古代农民。[①]在氏族、部落等社会关系高度发达的地区，社会交往开始反作用于人类的交往技能，因为需要处理更加复杂的生产、人际、天人关系，人类从6000年前左右先后在中东、北非、南亚和东亚发明了文字。

在地理上，人类在4万年前就遍布全球了。按照"非洲起源说"，人类最晚在5万年前走出非洲，先后征服尼安德特人和丹尼索瓦人等古人类，占领亚欧大陆。在印尼苏拉威西岛发现4.5万年前的岩画，说明那个时候已经有人类踏足这一地区了。但是不是智人留下的，没有人提供更进一步的信息。如果智人走出非洲说成立，那么这可以看

---

① 《〈自然〉最新论文：泛欧亚语系或起源于9000年前的中国》，中国新闻网，2021-11-11（2022-09-07），https://www.chinanews.com.cn/gj/2021/11-11/9606913.shtml。

第八章 元宇宙传播功能

作第一波全球化。人类凭借语言、岩画等媒介手段建立起了大大小小不同的族群部落，这是人类进入语言文明阶段后的最早的公共领域。而这些族群部落一旦落脚并扎根于某一地区之后，族群部落形成相对封闭的社交圈，它们只和其他较近的族群部落之间可能存在两性交往关系，和距离较远的族群部落之间可能就形成了"老死不相往来的"的格局。彼时的社会交往是相对简单的，一个族群可能由一个女人领导，也可能由一个男人领导，这取决于它是母系氏族还是父系氏族。有人说人类社会发展的过程先后经历了母系氏族和父系氏族，这种理论需要考古学结果进一步佐证。在家庭出现、阶级出现、文字出现之后，人类进入了城邦时代，这被很多人认为是真正的文明社会的开启，因此有了四大文明古国之说，这四大文明古国无一例外都有自己的文字。总之，全球各地开始出现星罗棋布的城邦古国，国家开始成为一种更大的公共领域，一种把更大空间内的部落和部落联盟严格控制起来的黏合剂。几乎每一种国家文明都有自己的宗教系统和神话系统，这些系统有效地把国民团结得更加紧密，加强民众对国家特别是对统治者的认可度和忠诚度。每一种强大的文明都会利用文字、军事制度、政治制度和文化影响有意识或无意识地把自己的外交边界尽可能地扩大，如中国历史上的秦、汉、唐、元、明、清几个朝代，欧洲的罗马帝国，中东的阿拉伯帝国，等等。有的靠传播媒介和文化媒介，如中国；有的靠军事媒介和宗教媒介，如罗马帝国、阿拉伯帝国等。16世纪西欧人的航海大发现开启了第二波全球化，欧洲人重新"恢复"了地球人的联系，这种"恢复"在美洲靠的是军事占领、殖民扩张、人口迁移、文化入侵，在其他地区靠的是军事恐吓、商业贸易、宗教推广。地球是圆的这样的认识开始塑造欧洲人的全球观念。19

世纪工业革命之后的欧美挟当时最先进的资本主义制度迅速开始全球殖民,此为第三波全球化。"资产阶级,由于开拓了世界市场,使一切国家的生产和消费都成为世界性的了……过去那种地方的和民族的自给自足和闭关自守状态,被各民族的各方面的互相往来和各方面的互相依赖所代替了……各民族的精神产品成了公共的财产。"[①] 尽管在这里看不到明显的、传统的传播媒介的身影,但是其中仍然有传播和媒介因素。按照法国传播学者戴拉海的观点,传播是指一个社会不断创造新的生产、流通和消费状态,并使属于这些状态的社会关系与之相适应。[②] 因此,"传播现象是肉眼看不见的,但它们仍然作为基础的推动力在发挥着作用。"[③] 比如印刷技术、建立在语言文字基础上的政治制度、法律制度、经济制度、文化制度等,都"使未开化和半开化的国家从属于文明的国家,使农民的民族从属于资产阶级的民族,使东方从属于西方"[④]。陈力丹把这一过程解释为"从民族交往到世界交往"的转变。第二次世界大战后全球化的第四波浪潮开始了,这一次它完完全全是在传播和媒介的裹挟下展开的。广播、电视和铁路、航空把地球缩小成了"地球村",互联网则用时间彻底弥合了空间的距离,新闻或信息的即时传播也给人类的社会交往建构起了一种即时社交模式,人们不需要再通过邮政投递或电报形式耗费几天或几个小时的时间进行交流,而是可以随时随地在地球的任何一处和另一处的人进行"面对面"的交流——可以互相听到对方的声音、看见对方的容貌,并把影像和声音重合为一种在场景观。

---

① 《马克思恩格斯选集》第 1 卷,人民出版社 1972 年 5 月版,第 254–255 页。
② 陈卫星:《传播的观念》,人民出版社 2004 年 4 月版,第 375 页。
③ 同②:第 374 页。
④ 同①:第 255 页。

第八章 元宇宙传播功能

信息传播与人类最具精神意义、哲学意义和历史意义的交往关系体现在人类的社会关系上。传播既是物质的交往，也是精神的交往。人与人都是物质的，媒介及其技术也是物质的，传播的环境更是物质的，我们存在于一个共同的空间，无论这个空间被看作面对面的空间，还是地球上的任意一个空间，抑或把它放大到宇宙维度，它们都是物质的。这些因素决定了传播的物质性。但是从传播的内容、目的、效果以及看不见的思想、理论等方面看，传播又是精神的。传播还塑造了"想象的民族"、国家意志、包括人际关系形态的人类精神，这些无不说明传播有其精神性。马克思和恩格斯在他们的著述中大量地使用了一个词——交往，这些交往有世界交往、商业交往、交通交往、信息交往，陈力丹也把它们概括为物质交往和精神交往两种："弄清楚马克思和恩格斯使用'交往'概念的情况后，可以发现，他们许多关于交往的论述，不仅是物质意义上的，同时也是在宏观上论证精神交往。"[1] 在这个基础上有了马克思主义的精神交往研究，也有了陈力丹呕心沥血的成果《精神交往论：马克思恩格斯的传播观》。

信息传播是如此重要，没有信息传播就没有人类社会。"信息交流渗透到我们所做的一切事情之中，它是形成人类关系的材料，是流经人类全部历史的水流，不断延伸着我们的感觉。"[2] 按照唯物主义历史观，"历史并不是作为'产生于精神的精神'消融在'自我意识'中，历史的每一阶段都遇到有一定的物质结果、一定数量的生产力总和，人和自然以及人与人之间在历史上形成的关系。"[3] 用更直接的话

---

[1] 陈力丹：《精神交往论：马克思恩格斯的传播观》修订版，中国人民大学出版社2008年7月版，第2页。
[2] 同[1]："题记"。
[3] 《马克思恩格斯选集》第1卷，人民出版社1972年5月版，第43页。

说就是,"历史过程中的决定性因素归根到底是现实生活的生产和再生产。"① 然而,马克思和恩格斯并没有把经济因素看作历史的唯一决定性因素。"政治、法律、哲学、宗教、文学、艺术等的发展是以经济发展为基础的。但是,它们又都互相影响并对经济基础发生影响。"② 这些因素里当然包含着传播活动形式的精神交往。传播、传播媒介和传播技术在生产力、生产关系、社会关系和民族国家等方面不断影响、重塑、建构着人们的社会交往形态。

信息传播和媒介奠定了一定的生产力和生产关系的基础。尽管生产力决定生产关系,继而决定人的交往方式,但是交往方式反过来也会对生产力和生产关系产生反作用。没有语言,人类就不可能摆脱自己的动物性,人类就不会进入氏族社会;没有文字,人类就不会进入一种更大、更高级的国家交往形态和文明交往形态;没有地中海的早期新闻业和来自东方文化的启发,这一地区爆发文艺复兴就是值得打问号的;没有印刷术,就没有欧洲后来的资本主义,正是印刷术的普及,导致宗教的解放、大西洋沿岸印刷作坊的兴起继而取代地中海地区的贸易中心地位,直至催生了荷兰的资产阶级革命和英国的资产阶级革命,也没有马克思、恩格斯所说的资本主义生产方式和交往方式;没有"二战"以后媒介技术的快速发展,也就没有信息时代的生产力水平和相应的生产关系,没有马克·波斯特的"信息方式"③。

---

① 《马克思恩格斯选集》第 4 卷,人民出版社 1972 年 5 月版,第 477 页。
② 同①:第 506 页。
③ 美国学者马克·波斯特在《信息方式》中解释这一术语时借用了马克思的生产方式理论,意即人类社会不仅可以从生产力和生产关系的线索展开,也可以用信息传播的逻辑剖析。正如他本人说的:"历史可能按符号交换情形中的结构变化被区分为不同时期。"(参见《信息方式:后结构主义与社会语境》,范静哗译,商务印书馆 2014 年 8 月版,第 9 页)

第八章 元宇宙传播功能

信息传播和媒介塑造了人类社会关系。信息传播和媒介在融入生产力和生产关系并进而推动生产力的提高、生产关系的改进的同时或首先在影响和塑造着人类的社会关系或社会交往关系。语言时代,人们"不得不"面对面地开展交往;文字时代,传播有了明显的时间偏向和空间偏向,人类既可以跨越千山万水把信息保真地传播出去,又可以通过碑刻、墓葬、誊抄等方式把信息代代相传。而进入电子传播时代以后,传播媒介及其方式的时代性、空间感、社会关系性等特征更加明显,"由传播工具引入的社会关系,例如广播与收听、写作与阅读、说与听等等,始终伴随着社会关系的表达、物化和调整,正是传播建立了这些社会关系的框架、限制和含义。"[①] 在互联网时代,随着媒介技术的"人性化趋势",新的商业行为摧毁了传统的实体店经营模式,疫情让更多的活动从线下转移到线上,虚拟生活成为一种常态;另一方面,很多旧式的社会交往形态和关系正在以一种新的模式"回归",比如"麦克卢汉式部落鼓""面对面""口耳相传""哈贝马斯的私人领域"等。与此同时,一些令人担忧的社会交往现象也层出不穷:网络游戏导致许多年轻人染上网瘾,造成自己和社会、家庭关系的紧张;手机则制造了一大批低头族,每天要在手机上花费大量的时间,家庭成员之间失去了往日的亲情交流,他们更倾向于专注手机给自己营造的虚拟空间;影视明星和粉丝构成了更紧密的"饭圈",形成"饭圈文化"和粉丝经济,这种文化走向极端就成了新时代的个人崇拜狂热,引起很多不必要的麻烦、纠纷,甚至情感畸形;网络诈骗屡禁不止,骗子躲在暗处更容易得手,

---

① 陈卫星:《传播的观念》,人民出版社2004年4月版,第377页。

许多人被骗，造成人们对网络媒介的不信任，但同时又摆脱不开互联网络搭建起来的生存方式，从而形成一种暗流涌动的怀疑情绪；网民们有了强有力的"武器"，可以在各种社交媒体和自媒体上发表自己的言论，声张自己的权力，对各国政府都形成一种前所未有的压力，社会和精英的关系变得紧张，但同时政府不得不转变工作作风，尽可能地解决问题以缓解社会矛盾。社会交往在信息传播及其媒介的推动下一直在进行着坚决的转型和沉稳的延异（différance）。

信息传播和媒介塑造了现代最大的社会交往形式之一——民族。历史上，语言凝固了氏族和部落的社会关系，文字则和阶级、城邦一起催生了最早的城邦国家（中国远古也有城邑国家，为便于语义一致，统一采用"城邦国家"）。文字得以让这些国家文明建立起庞大的官僚体系、礼仪制度、宗教习俗和传播系统，苏美尔、古埃及、古印度在这方面流传下来的东西有限，但是古代以来的中国因为汉字作为统一而唯一的文字沿用几千年，让由文字开始的远古的文化通过誊抄、墓葬、一代又一代的官方记录得以保存下来。在近代西方，一种新的更大的社会形态——民族出现了。民族几乎和民族国家是同频共振的，都是17世纪"三十年战争"之后破土而出的，彼时的西欧四分五裂，它们在战胜哈布斯堡王朝后，获得了罗马教廷对每个独立君主国君权的承认，而由于这些君主国几乎都是由较为单一的、使用与众不同语言的民族组成，因此民族（nation）概念和民族国家（nation）概念作为一个统一体就都获得了认可。但是对概念的认可不代表着对实体的认可，另外民族实体之间又如何相互认可和自我认识呢？本尼迪克特·安德森认为靠想象。他把民族称作"想象的共同体"，他的逻辑是："资本主义、印刷科技与人类语言宿命的多样性这三者的重合,使得一个新形式的想象的共同体成为可能。"①安德森特别重视印刷语言在塑造民族意识过程中的作用,他认为印刷语言用三种不同的方式奠定了民族意识的基础。首先是欧洲人在拉丁文之下、口语方言之上创造了统一的交流与传播的领域;其次是印刷资本主义赋予了语言一种新的固定性,这种固定性长期地为语言塑造出对"主观的民族理念"而言极为关键的古老形象;最后是印刷资本主义创造了和旧的行政方言不同的权力语言。②民族在传播和媒介的催化之下以一种"想象的共同体"的意识形式出现了,在民族意识和国家意识之上,哲学意义上的社会交往的最高形式即各种各样的主义也随之出现了,它们无不是一群人对其他不同人群或族群的"想象",从这个意义上说,不仅是民族和民族主义,所有存在自我与他者区分的概念如种族、国家、帝国以及在其之上建构起来的主义都是"想象的共同体"。

信息传播在社会交往中还能发挥一些具体的、局部的作用,比如它可以调适人际关系,当某人的人际关系出现危机时,劝导者总会说:多沟通多交流。这意味着通过沟通和交流可以把存在于个体之间的紧张关系的原因和来龙去脉了解清楚,让彼此认识到症结所在,如果有人主动承担责任并愿意缓和关系,那么误会就会消除,紧张关系也会解除。交往和交流还可以改善、增进人与人之间的关系,让彼此之间永远保持一种融洽的、友善的关系。这种人与人之间的社会交往原则同样适用于政府与个体之间、国家与国家之间。

---

① [美]本尼迪克特·安德森:《想象的共同体:民族主义的起源与散布》,吴叡人译,上海人民出版社2016年8月版,第45页。
② 同①:第43—44页。

信息传播和媒介技术与社会交往之间相辅相成、互为动力的关系在元宇宙时代将会得到进一步的加强。这源于两个大角度最后的交汇。一个大角度是元宇宙的本质。元宇宙本身是技术的高度集合，是前所未有的、包罗万象、无限扩展的媒介域，按照媒介深刻影响社会和推动历史进步的媒介唯物史观逻辑，元宇宙必定会对与自己高度关联和依存的人类社会及其各种关系产生深远而不可避免的影响和推动。元宇宙传播将会提升整个社会的传播技术，改善传播环境这个公共领域，构建新的传播机制和传播社会关系。元宇宙依托互联网技术、数字技术、AI技术、存储技术、计算技术、芯片技术、脑机接口技术、太空技术等最新型、最高级的技术，在技术所自带的"摩尔定律"和"加速回报定律"暗力量的推动下，极大地提高了人类认识世界、探索世界、改造世界的能力和效率，也同时持续地、坚定地改变着人类社会的生产关系、交换关系和交往关系。人际关系方面，人类在保持传统的"面对面"、历史传递、远距离、二维等传播特征之外，将会在虚拟现实技术支持下统合所有传统的特征，获得一种虚实结合、不受时空限制的3D场景等新特征的传播模式。人们宁愿在虚拟场景中承受"会面"的虚情假意，也不愿意花费时间、精力去领略肌肤接触带来全真感。人际关系可能会进一步淡漠、粗糙、程式化、仪式化，缺少了情感投入、细腻、不加掩饰的真情流露。与之相应，家庭关系将会受到进一步的冲击，人们的婚姻观、性爱观首当其冲。VR提供的性服务场景看似解决了部分人的需要，但是也将助长非传统的性爱观。对个体特征、特点、需求的过分主张将可能造成性别方面更大的矛盾、纠结、冲突。社会关系方面，元宇宙的结构注定造成个体的孤立——因为他们本质上是

第八章 元宇宙传播功能

独立的节点。为了摆脱孤立,一些个体会按照自治原则制定游戏规则,形成自己的"中心-边缘社交圈",他们拥戴某个个体或化身为中心,自己作为边缘。这部分大众并不在乎自己的边缘人身份,就像互联网时代的"饭圈文化",组成自己的狂热的、偏执的情感交往圈,为此他们甚至会六亲不认。单个的情感交往圈不会对整个巨结构造成影响,但它可能有示范效应,如果这样的"圈子"多了,那巨结构就会被分化。因为文化属性的多样化,个体对圈子的忠诚是有限的,他可能同时忠诚于不同的圈子,这体现了作为最基础节点的个体"弦"的不确定性。不确定的"弦"不可怕,但是他们组成的社会交往的原子单位——一个个的圈子有可能具有巨大的裂变潜能,当他们聚合成民粹主义等有内核的"核弹"时,杀伤力就呈现了。个体和国家之间尽管在元宇宙结构中都是平等的节点,但是在政治权力结构中,将继续保持一种主导与被主导、统治与被统治、此消彼长的关系,任何一方对权力的用力争夺和使用将导致彼此关系的紧张。个体不会计算成本,因为它本来就是弱势一方,它想改变现状。国家要计算成本,一个服务型的国家和政府会获得更多个体的信任和支持,与之相反则会引发个体和国家之间的对立。所以国家应该弱化自己"阶级统治的暴力工具"理念,而加强"自由人共同体"的理念,主动地向个体"示好",让个体更加心甘情愿地顺从现有的国家结构和社会结构。民意调查结果中,最受民众信赖的政府肯定是在这方面做得最好的政府,它们也能更加自信地成为国家的代理人。个人和国家彼此友好型关系将有助于元宇宙的安全、健康和完善。国际关系方面,国家和国家之间不会因为元宇宙大一统的结构而彻底改变现有的国际关系秩序和格局,大国仍然是国际关系的主角,它们的权力之争将会延伸到任意一个角落。各主要科技大国、传播和媒介大国将会密切关注元宇宙的动态,占据元宇宙的技术高地,拥有元宇宙的话语权,将在新的一轮技术文明变革时代全方位地保有或超越国际政治权力。今天的政治是技术政治,今天的经济是技术经济,今天的文化是技术文化,各大国深知元宇宙的重要性,也必将在此展开新的争夺和较量。元宇宙是地球的存在状态,谁也摆脱不了,谁也不可能另起炉灶,只能是要么在其中苟且,要么在其中掌握主动。各大国为核心的节点将是决定国际格局变化的原动力,谁吸附的周边节点越多,谁的力量越大。

另一个大角度是社会交往的性质。社会交往的性质注定在元宇宙中的各个节点之间互为依托,任何一个节点的脱节将导致整个网络的断裂和崩溃,因此无论节点愿不愿意,它必须承担起连接、交互的责任。社会交往因传播和媒介而形成,但是社会交往的需求和过程也逆向影响元宇宙传播的传播媒介、传播环境、传播结构、传播内容、传播模式、传播原则和传播功能。社会交往要求所有的传播方式和媒介共在,以便能够快速地选取,当你想见一个人时你马上能见到他(她),当你想当面训斥一个人但又不想让他(她)知道时,你也能做到。社会交往会在传播和媒介改变的前提下主动地创建新的传播环境、公共领域。以前开会、聚餐、约会都是线下活动,现在已经出现了"云开会""云聚餐""云约会",未来"云"要解决的问题是如何做到身临其境。电影《王牌特工2》中有个镜头,当王牌特工总部的头儿要召集世界各地的间谍头目开会时,他们迅速以化身出现,在场的人没有任何"不在场"的感觉。人们将会从容地选择社会交往的方式,而不用被迫地、勉为其难地做出抉择。一些技术公司将会给特定的人群——某些粉丝,投其所好地打造一个偶像,让真实的人群和虚拟形象建立更为贴心的社交关系。2020年11月,中国国内的乐华娱乐公司打造了一个名为A-SOUL的虚拟偶像女团,共有5名成员,每名成员都有自己的名字。A-SOUL女团于当年的12月发布第一首团体单曲,迅速火爆全网,2022年年初被哔哩哔哩授予"2021年度百大UP主"称号,2022年8月,该女团在哔哩哔哩上的粉丝数量达到165.5万。追星似乎是人类的天性,而且历来部分真实、部分虚拟,但这丝毫不影响人们对其的追随。元宇宙技术开创了按照"粉丝"属性和粉丝意识镜像制造偶像的社交新路径,这将会是未来最受欢迎的社交方式,毕竟谁也不愿意自己的偶像人设有什么问题,真人难免,化身将完美无瑕。既然可以打造虚拟女团,那自然也可以打造其他的化身,一切历史偶像都将以3D形式复原。国家在元宇宙建设方面似乎比较迟钝,但是一旦当国家介入,要么给元宇宙更大的助力,要么将阻滞延缓元宇宙的进程。国家始终是一种强大的力量,无论是在一个多么"自由"的国家,国家或其代理人政府都在自己的辖区上有无限的裁量权,元宇宙的命运在一定程度上操控在国家和政府手上。元宇宙不是一种比国家更高级、更有裁判权的势力,它只是一种地球人的存在状态,是一个无形的媒介域和巨结构,是一张无形的由各种暗力量组成的大网,是一个时代和一种文明形态,国家和个体一样也存在于其中。为了在这个结构中占据更为有利的位置,国家之间将会延续旧的竞争基因,要么在元宇宙里展开激烈竞争,要么用元宇宙助力在现实世界中的竞争。国家当然也会继承旧的合作基因,因为理性的政府都不会否认,在一个高度相互依存的结构和秩序中,没有合作只有竞争,结构和秩序就永远处于动荡之中,永远有断裂的可能,那将导致人类社会万劫不复。理性将战胜非理性,理性的政府和国家也将主导元宇宙和世界,那些到处舞枪弄棒、希望用军事霸权统治世界的国家,与元宇宙的理念和原则不一致,不受元宇宙的欢迎。

信息传播及其媒介和人类社会的历史进程有着密切的关系,它们水乳交融,相辅相成。一方面,信息传播已经融入了社会交往和人类社会的历史洪流,成为其中重要的不可分割的组成部分;另一方面,它对社会交往的形成、历史的发展走向一直给予决定性的影响。陈卫星把这种关系称作"唯物主义的传播史观"[1],其实我们可以更大胆地说,这是一种"传播唯物史观"或"媒介唯物史观"。

---

[1] 陈卫星:《传播的观念》,人民出版社 2004 年 4 月版,第 374 页。

第四节

教化育人

    通过媒介达到教化育人一直是传播的主要目的之一，也是人一生的目标。婴儿呱呱坠地，首先就面对来自父母长辈各种各样的温言软语，然后开始学习语言及其背后的各种知识。语言是每个人在人生中接触的第一媒介，掌握语言媒介的过程既是学习语言的过程，也是学习、探求语言媒介背后巨量的未知知识的过程。文字诞生以后，成了又一种教育目标和教育手段，识文断字成为一个正常人所应掌握的基本技能，是否识字以及识字率成为判断个人是否为文盲的基本标准。语言让人掌握了认识世界、思考世界、适应世界、改造世界的基本能力，文字则让大部分人更加智慧，也让一部分人脱离了体力劳动，进入脑力劳动的行列，完成人的第一次分工。文字让人类掌握了一种能够把信息、知识记录下来以备轻松、重复使用的传播方式，方便开展空间偏向的传播，也方便进行时间偏向的精准传播。传播无须设定特殊的传播对象，也无须考虑时空的限制；

传播既可以在眼前开展，也可以远隔重洋、穿越历史去延伸。从此传播成为有迹可循、清楚明了的精神交往过程。金属印刷术诞生后，宗教教义的解释权还给了每一个信徒手中的《圣经》印刷本，而当定期的印刷报纸出现后，大众传播也诞生了。传播所面对的公众突破了小众圈子，再次走向更大的公共领域和公众群体，一个更大的群体概念——"人民"成为传播的对象。

"人民"一词古已有之，《诗经·大雅·抑》曰："质尔人民，谨尔侯度，用戒不虞。"①《周礼·地官司徒第二》记载，"大司徒之职：掌建邦之土地之图与其人民之数，以佐王安扰邦国。"②《管子·七法第六》有云："根天地之气，寒暑之和，水土之性，人民、鸟兽、草木之生，物虽不甚多，皆均有焉。"③中国古代的"人民"没有政治含义，也没有感情色彩，等同于"民众""老百姓"。在古希腊，"人民"（demos）一词有两层含义，一是指公民全体，二是专指普通民众、多数人或穷人。拉丁文里的"人民"（populus）同样具有这两种含义。④"人民"一词一直有贬义的味道。"法国大革命爆发以后，'人民'开始醒来。"⑤在雅各宾派眼里，这个词开始被赋予正义、褒义的意义。《人权宣言》、民族国家和人民都在革命和革命的传播中确立了自己的正当性，从此，人民开始登上历史舞台，人民开始争得受教育权，剩下的就是去寻找一种合适的传播媒介，要么是讲台，要么是报纸；

---

① 《诗经》，云南教育出版社 2010 年 1 月版，第 318 页。
② 《周礼》，中州古籍出版社 2018 年 1 月版，第 102 页。
③ 《管子》（上），中华书局 2019 年 4 月版，第 98 页。
④ 孙经纬：《西方"人民"和"民族"概念的历史交融与互动》，《广西民族研究》2020 年第 2 期，第 28 页。
⑤ 祝灵君：《读懂"人民"的含义与价值》，人民网，2019-10-21（2022-09-07），http://theory.people.com.cn/n1/2019/1021/c40531-31411484.html。

第八章 元宇宙传播功能

要么是课本，要么是经典文本。

图书的数量还在不断增加。14世纪初期，欧洲最大的图书馆巴黎索邦大学图书馆藏书为1388册，1472年，英国剑桥女王学院图书馆只有199本书。而到21世纪初，世界上很多图书馆的藏书都达到了几百万册，有的更多。美国哈佛大学图书馆藏书1500万册，纽约公共图书馆藏书410万册，英国大英图书馆里包括书籍、期刊、报纸、剧本、图画、专利等藏品达到1.5亿件，中国国家图书馆藏书3119万册，其中古籍善本就达到200余万册。电子传播时代和互联网时代的相继到来引发了新一轮的信息大爆炸、知识大爆炸和媒介大爆炸。有人统计，20世纪80年代全球信息量每20个月增加一倍，90年代开始到现在则不断呈指数级增加。人类知识的倍增周期在19世纪是50年，20世纪前半叶为10年，20世纪70年代为5年，80年代为3年，现在则应该以月为单位，未来会以小时为单位。这符合库兹韦尔的加速回报定律。我们不用纠结于这些数据的准确性，它们还在不停地朝一个方向变化，但信息量和信息存储能力都急速提高是一个不争的事实。世界著名的数据统计公司Statista统计，2020年全球数据中心的储存容量大约有6.7ZB（Zettabyte，意为十万亿亿字节），预计到2025年将增长到16ZB。与此同时，还有各种新的知识需要我们去掌握，至于没有掌握的知识，那更是无以计算。按照天文学家估算，人类目前只能掌握全部宇宙知识的4%，姑且认可这个结论，而这4%是被几千年来的全人类所掌握、记录下来的，对于一个个体来说，估计连这4%中的千万分之四也掌握不了。这就是现实。我们面对的是无止无尽的知识，我们需要更强有力的工具帮助我们去了解各种信息、掌握各种知识。在这种情况下，媒介的爆炸就是不可避免的。进入互联网时代以后，媒介不再是原来某一种具象的工具，而变成了各种各样的软件应用和媒介技术，诸如脸书、推特、油管、微博、微信、抖音、大数据、云计算、越来越大的存储器、越来越快的宽带、越来越小的芯片等，此外还有大量的门户网站。根据 NetCraft 公司官网对全球网站数量统计，2022 年 7 月收到网站的反馈数为 1139467659 个站点，其中独立域名的有 271728559 个。① 这样海量的新媒介和媒介技术为人类求索未知、获得知识提供了极其强大的工具。从另一方面看，人类的教育事业也越来越依赖各种软件、设备。在不同的客观条件和不同的传播环境中，总是会有一种适宜的媒介供人类使用。如果现有的设备和媒介不能满足人类的需要，那很快就会有人去研发一种合适的软件或硬件。教育过去离不开媒介，现在更离不开媒介。没有课件和教材，老师无法开展教学；没有网络和电脑、手机，老师、学生以及普通民众无法快速获知新闻，因为几乎没有人会专门抽出时间、正襟危坐地在电视机前收看新闻；没有搜索引擎，人们无法及时掌握专业的信息和知识。电脑和手机已经取代了纸质版字典和词典，电子媒体正在把纸质版报纸、杂志驱赶出媒介域。在媒介发生裂变的同时，媒介也在创建不同的教育模式。新冠疫情期间传统的教育模式受到很大的冲击，教室停课，校园关闭，但好在人类已经熟练地掌握了互联网，线上教育迅速成为线下教育的替代方式，教学工作有条不紊，丝毫不受影响。在经历疫情期间的特殊教学方式后，很多人在未来估计宁愿继续待在线上的虚拟空间里，因为它虽有不足，但也优势明显。

---

① 以上数据参考了百度、维基百科、Statista、NetCraft 等网站。

事实上，线上教育并非始自新冠疫情期间，早在2013年，美国聚焦线上运营的大学就产生了。密涅瓦大学（Minerva Schools at KGI）总部位于旧金山，它没有什么校园，也没有什么操场、图书馆、阶梯教室等传统建筑设施。学校面向全球一次性选拔200名学生，其中30%来自亚洲。学校录取率为2%，比哈佛大学和麻省理工学院4%—7%的比例还要低。教学体系有两个特点，其中之一是全部课程实施远程教学，学生可找一个环境舒适的地方在线登录。教授不会"满堂灌"和单向讲授，只讲15分钟，大部分时间留给学生就教授提前提供的学习材料展开主题讨论。为了保证教学质量，一般只允许16名学生进入教室。密涅瓦大学还给学生提供全球范围内的合作机会，让学生学以致用。这种线上教学模式的优点非常明显。首先降低了投入成本，传统大学要花费大量的资金建设一个校园和相关建筑设施，但它们做不到100%利用所有的教室、器材等设施，总要产生管理费用。而线上教育的投入则少得多，也不用担心浪费资源，更不用考虑产生管理费用。其因教学模式的改变，提高了学生的学习兴趣、学习专注度和参与度，也丰富了教育管理手段，加上在世界各地游历、参与全球性的科研项目，大大拓宽了教学内容。最后因没有了空间移动、协调教室等教学资源、预先长时间准备等因素，时间的使用效率大大提高。

线上教育是元宇宙教育的一种开端和尝试，未来会有越来越多的技术加盟教育领域。2020年"六一"儿童节期间，数字王国旗下的虚谷未来科技公司推出虚拟少儿阅读推广人"小艾"。"小艾"年方12，狮子星座，脸长雀斑，身穿彩裙，具备实时动态追踪、眼球追踪和重力计算技术，能够惟妙惟肖地展露表情、腾转跳跃，当她动起来时，发丝和裙摆都会相应地真实变化。"小艾"的任务就是专门面向学前和小学低年级小朋友，分享学习和生活经验，陪伴小朋友健康成长。现在很多孩子因独生子女、父母繁忙等，缺少人陪伴，"小艾"解决了不少家庭的这一痛点，大受欢迎。"小艾"一定会启发其他更多的虚拟数字人教师走上前台。现在的线上授课都采用的是传统的2D界面，3D的一对一虚拟教师授课将会提供一种身临其境的真实感受，将会提高学生的学习兴趣。最近几年中国国家教育部实行"双减"政策，课外辅导业务已成明日黄花，但是因为学生个体的差异，难免会有部分学生有这方面的真实需求，虚拟数字人教师将会查缺补漏，满足这部分学生的需求。难以预料将来会有什么政策出台，但是只要有需求就会有市场，小学生、中学生的需求受限，还有成人教育，还有培智教育，还有孤独老人的陪护服务，这些都是虚拟数字人服务潜在的需求方。在面对儿童和老年人时，希望元宇宙技术能像数字化时代的技术一样，让他们在尼葛洛庞帝倡议的"一边玩，一边学"中开展学习，这有助于提高学习的兴趣和效果。

未来教育会和技术进一步绑定，大数据、云计算、算法、大存储将会提供更多的信息，系统将自动把无用信息过滤掉，为用户精准地储备、提供、推送有用的信息。教室将建成一个3D景观环境，人们可以在远程状态、非现实状态下进入虚拟现实场景，进行仿真面对面交流。VR、全息等3D镜像技术将让学习者浸入太空、细胞两种与现实完全不同的世界。AI技术将替代一部分教师的职责，或成为教师的好助理，甚至会逼迫腹内空空、尸位素餐的人下岗转岗。学生也可以通过人机接口获得知识，或把最有用的信息存储在自己大脑中，把历史档案存储到化身大脑。人机接口技术将让感觉缺失或智力缺失的人获取信息和知识变得更容易一些，化身将进入不可能的地方完成有关任务。老师讲课的时候或者讨论双方在讨论的时候，一个和语言的音调相吻合的景观会否悄然出现？——在没有后期剪辑的情况下音像同步生成。所有这些设想值得期待。

在元宇宙时代各种技术的保障下，教育行业的诸多痛点将得到解决。这些痛点可能包括：（1）知识爆炸，记忆有限；（2）畏难情绪，逃避学习；（3）工作量大，指导不足。痛点（1）很好理解，信息爆炸，我们记忆有限，需要存储设备来帮助我们记忆，但同时要能够做到及时调用，而不是存储在电脑、手机中，想用时还得花时间检索、调取。痛点（2）是每个人都曾有过的经历，学习再好的人也会因学习而有片刻的烦恼，更不用说还有许多对学习畏难的人，帮助他们改善对学习态度的办法是研制一种能提高学习兴趣、帮助记忆、快速反馈的机器设备。痛点（3）是相对教师而言的，很多教师都有类似的感觉，一门课程的选课学生人数多的话，中期或课程结束时阅卷将是一件很有压力的工作，如果是标准化考试，这个问题已经不复存在，机读卡技术可以轻松搞定，但是如果是非标准化考试，比如设计、论文，那就得人力完成阅卷。假定一个班有30名学生，每名学生论文字数要求是3000字，那老师最后就得批阅9万字，这相当于一本小册子书籍。如果同一学期开设两门课，则老师得批阅18万字，这相当于一本正常的书籍容量。如果学生数量再多呢？前元宇宙没有解决这个问题，元宇宙得解决。其实，痛点还有很多，只是没有想到而已，这都需要在未来发现一个解决一个。

提到媒介和教育就不得不提媒介素养问题。"媒介素养指的是一种视角，我们积极地运用它来接触媒介，解释我们所遇到的消息的意义。"① 詹姆斯·波特的这个定义不够清晰，为此他用分类方式进一步明确媒介素养的含义。他认为媒介素养有8种类型：获得基础知识、学习语言、学会叙述、开始质疑、内涵发展、经验探索、批判欣赏、社会责任感。这8种类型和我们上文叙述的内容在意义上基本一致，就是如何利用媒介开展教育和学习，获得知识、掌握探索知识之道、培养自我体验能力，最终获得为社会服务的能力。中国学者刘勇在《媒介素养概论》中比较全面地介绍了其他若干学者对媒介素养的定义，最后自己提出一个定义："所谓媒介素养是指人们对不同媒介的特质与功能的认知能力，对媒介传播信息的解读与批判能力，以及参与媒介、运用媒介及其信息为个人生存发展和社会进步服务的能力。"② 大部分有关媒介素养的定义都重视如何解读信息和传播信息的能力，不过他们似乎都忽略了一个问题，面对信息空气化的现状，如何去遴选信息是受众或用户要解决的问题。特别是在元宇宙时代，不再是"推"给用户信息，而是用户将信息"拉"过来。那么哪些信息是有用的，那些是无用的？

信息和我们接收信息的能力始终是一对难以达成完全一致的矛盾体。波特有过一个计算：如果你想把全球全年出版的书都读一遍，那你必须3分钟读完一本书，每天24小时不间断地读一年才能读完。也就是说每小时读20本书，每天读480本书。这只是跟上了美国出版的速度而已。你根本没有时间去阅读其他地方出版的6600万本新书。如果是电视，全世界每年大约生产3100万小时的原创电视节目，如果你想把全部电视节目看一遍的话，要用35个世纪才能看完，这

---

① [美]詹姆斯·波特:《媒介素养》第4版，李德刚等译，清华大学出版社2012年10月版，第19页。
② 刘勇:《媒介素养概论》，中国人民大学出版社2016年1月版，第14页。

中间不能有任何停歇。①这不包括我们电脑和手机里的信息。正如前文引用的数据，2020 年全球数据中心的储存容量大约有 6.7ZB，2025 年将增长到 16ZB，一个 ZB 是十万亿亿字节，中等价位的华为手机内存为 512GB。ZB 和 GB 之间如何换算呢？

1kB = 1024B

1MB = 1024kB

1GB = 1024MB

1TB = 1024GB

1PB = 1024TB

1EB = 1024PB

1ZB = 1024 EB

1YB = 1024 ZB

1BB = 1024 YB

就是说 1ZB 等于 1024 的 4 次方 GB。这简直是宇宙级的数量。不用说 6.7ZB，就是我们自己手机中未满 512GB 的内容我们也看不过来。这就是为什么有人每天在手机上花费几个小时的原因了，信息具有成瘾性，但是信息量太大，根本看不过来，最后是我们自己提醒自己不能这么浪费时间，才结束了网上冲浪。

依靠人自己的能力无法对海量的信息进行甄别，必须依靠技术，依靠媒介技术，通过算法给用户进行多层过滤，再让用户能够便捷地、快速地、全面地获取有关信息或知识。之所以强调全面，是因为现有的搜索引擎所提供的信息和数据远远不够，特别是数据，用

---

① ［美］詹姆斯·波特:《媒介素养》第 4 版，李德刚等译，清华大学出版社 2012 年 10 月版，第 5-6 页。

户获取还很困难。这样一来又回到了信息匮乏的起点了。一方面我们面临着信息泛滥的威胁,另一方面其实还处于信息匮乏阶段,这真是一种很滑稽的矛盾现状。

前述若干定义中很多人还忽略了一点,就是运用媒介的能力。在今天仍然存在一个媒介可及性的问题,这由几方面原因造成。一个是贫富差距还存在,很多地方还很不富裕,中国也刚刚宣布全面脱贫,但是脱贫的人只是解决了温饱,相当一部分人是用不起手机或别的媒介的。放眼全球,在南亚、非洲等地区还有很多国家更多的人群尚没有进入现代文明社会,不用说电脑、手机,连电都不通,更没有网,还没有报纸、广播、电视,相当多的人甚至是文盲。这些人是被媒介遗忘的角落。还有一种情况是一些人特别是老年人仍然生活在过去的状态,一来没有较为先进的移动媒介,二来也不懂得如何去操控使用这些媒介,疫情期间健康码、行程码的使用凸显了一部分人被挡在时代大门之外的尴尬境地。最后一种情况是变动性的,那就是在元宇宙时代将会继续诞生新的媒介,现代人如果想在元宇宙安身立命,那就得不断地去学习掌握新媒介或新的媒介应用,媒介创新总是会制造新的"媒介无能",我们必须以一个小学生的姿态谦虚地去不断学习才能不被时代抛弃。至于"创作各种媒介的能力"[1],就交给专业技术人员吧!这当然不拒绝我们更多的人启动自己的大脑进行思维创新、专利创新。

---

[1] 1992年美国"阿斯彭媒介素养领袖会议"将媒介素养界定为"近用、分析、评判和创作各种媒介的能力"。参见张艳秋:《理解媒介素养:起源、范式与路径》,人民出版社2012年8月版,第81页。

第五节

文化娱乐

赖特给拉斯韦尔的传播功能增加了一项"娱乐",施拉姆的传播四功能"社会雷达、管理、传授和娱乐"也有娱乐内容,麦奎尔认为传播功能有5个方面:信息、联系、持续、娱乐、动员。其中有娱乐。可见,娱乐是传播的重要功能,且在传播学界具有高度的共识。

娱乐是传播媒体中重要的板块。报纸中会有文艺副刊,会有章回小说、报告文学、诗歌,会有大量的关于明星、各种文艺作品的介绍,还有漫画;广播中会有音乐、评书、相声以及各种文艺信息;电视中会有电视剧、下线电影、音乐会、动画片;网络上除了有以上各种节目外,还有大量的影视明星、体育明星的花边新闻和八卦新闻,有粉丝和明星互动的消息,等等。如果说在报纸中娱乐还是次要信息的话,在网络媒体中娱乐信息绝对不会比新闻信息少。

娱乐不是单纯的情感发泄,它首先是一种文化,只谈娱乐不谈文化,娱乐永远不会有格调;只谈文化不谈格调,那娱乐就只能束之高阁。娱乐是文化的重要组成部分，表面看是一种精神消遣，实质上是一种社会交往，或者让观众快乐，或者让自己快乐；或者让观众悲伤，或者让自己悲伤；或者让观众精神升华，或者让自己精神升华，都会以一种特殊的信息形式呈现出来。

文化

文化是人类精神的一种高度概括，虽然在哲学中把一切事物都概括为物质和精神，或者存在与意识这一对最高的范畴，但是在哲学之外进行分类时，政治、经济、文化、军事等概念就都成了各自领域的最高范畴，所有的精神性事物就又都划归了文化。这真是一种神奇的认识。文化一词看似简单，但对它的理解历来充满争议，因此有关它的定义也就千差万别。这里从英国文化学派出发，他们反对用他们所谓的"经济决定论"和"阶级决定论"批判资本主义，意味着他们决定从历史的高度去分析文化和文化对历史的决定性作用。

雷蒙·威廉斯在其《文化分析》一文开篇就开宗明义地指出文化有三种定义。首先是"理想的"文化定义，它针对某些绝对或普遍价值而言，是人类完善的一种状态或过程。文化分析在本质上就是对生活或作品中被认为构成一种永恒秩序，或与普遍的人类状况有永久关联的价值的发现和描写。其次是"文献式"文化定义，文化是知性和想象作品的整体，这些作品以不同的方式详细地记录了人类的思想和经验。与之一致的文化分析是批评活动，借助这种批评活动，思想和体验的性质、语言的细节，以及它们活动的形式和惯例，都得以描写和评价。最后是"社会"定义，文化是对一种特殊生活方式的描述,这种描述不仅表现艺术和学问中的某些价值和意义,而且也表现制度和日常行为中的某些意义和价值。这类文化分析就是阐明一种特殊生活方式、一种特殊文化隐含或外显的意义和价值。特殊生活方式包括生产组织、家庭结构、表现或制约社会关系的制度的结构、社会成员借以交流的独特形式。[①] 威廉斯实际是想"通吃"人们在不同维度上对文化的理解。他强调"任何充分的文化理论必须包括这些定义所指向的三个事实领域",这就是说,任何文化事实和文化事实领域都能够被这三个定义界定。这样我们也可以说,这些文化事实和文化事实领域无论从哪里出发,都能找到传播和媒介的影子。作为一种永恒状态,传播和媒介的决定性位置早已说明。至于知性和想象的作品,媒介绝对是绝无仅有的知性作品,而且它还创作知性的、想象的作品,一切作品都必须要在媒介范畴下创作,在传播中完成。最后从特殊生活方式角度观察,传播不仅独立自持,形成相对封闭于其他领域的生态环境,还积极介入一切精神生活和物质生活。那些生产组织、家庭结构、社会制度、社会交流无一不需要得到传播和媒介的支持,没有传播和媒介,它们寸步难行。这一切决定了文化的传播性和媒介性,也决定了传播及媒介的文化性。如此说来,作为最宏大的媒介域和传播场的元宇宙自然也可以看作一种文化事实或文化领域。

其实,文化的精神性早就为元宇宙准备好了快速进入的场域或虚拟空间。有两种具体的文化现象最能说明问题。一个是文学,一个是艺术。

---

① [英]雷蒙·威廉斯:《文化分析》,罗钢等主编《文化研究读本》,中国社会科学出版社 2000 年 1 月版,第 238 页。

"元宇宙"一词诞生于尼尔·斯蒂芬森的科幻小说《雪崩》,这给人一种印象,是不是小说或文学天然地与元宇宙有关呢?尽管"元宇宙"一词并不必从文学作品中产生,但是"元宇宙"(超元域)概念的产生证明了文学作品,特别是小说的叙事结构完全能够建构起来一个与元宇宙同质的精神世界及其景观。元宇宙至少有一半是精神性的,如果把它和宇宙进行对比,则它完全就是属于人类精神世界的空域,没有人类的精神,元宇宙马上塌缩为宇宙。文学就是人类的精神产物,是人根据现实的经验,按照自己的想象、期望、目的建构起来的虚拟世界,即使不是完全虚构的,它也只是对客观世界的反映,并不是客观世界本身。

神话,诗歌,小说,文学经历了一个从语言到文字、从具象到抽象的历程,这符合媒介发展的逻各斯,在这个历程中有一种逻各斯是永存的,那就是想象。想象为人类搭建起精神殿堂的脚手架,想象还为人类建构起一个无与伦比的景观世界。

神话是最早的历史,是最早的媒介和传播,也是最早的文学。斯宾格勒认为神话来自两种感情,一是恐惧,二是热爱(崇拜),所以希腊神话、罗马神话中有大量正面的角色,也有大量反面的角色。神话反映了创造神话的民族与大宇宙或小宇宙(即自然和意志)的关系,反映了本民族的历史。早期历史没有文字记载,通过口耳相传,一代一代地传承下去,久而久之,历史就被改造了,就被神化了,最后变成了神话。每一个民族都有自己的历史,因此每一个民族也都有自己的神话。神话既是民族的历史,也就成为承载历史的媒介。把这种媒介总结为语言就显得过于简单了,因为它还有神话故事内容,有讲故事的"荷马"们,还有讲故事的场景和环境,因此它实际是一种媒介域——语言域。文字被发明之后，就有人把先人们流传下来的神话记录下来，神话一跃成为文学，被人们拿来反复地诵读，从此也能够流芳百世，成为经典文本。神话当然是想象的产物，早期的人类没有逻辑思维，只有形象思维，甚至是一种想象思维，也就是把他们不理解的力量神秘化、神圣化，比如中国人把宇宙的创世理解为盘古开天地，基督教把宇宙的创世解释为上帝之功；中国人把太阳和地球的运动理解为有夸父、后羿在主事，埃及人塑造了拉蒙，罗马人认为是阿波罗诸神在主宰。历史要么被天神所主宰，要么被英雄所领导。造物主和英雄都生活在一个高高在上的宇宙空间，只有身处人间之外和之上，他们才能领导人间，挽救人间。这种十分相似和同源的叙事框架完全来源于人类对自然和人与自然关系的想象。"任何神话都是用想象和借助想象以征服自然力，支配自然力，把自然力加以形象化；因而，随着这些自然力之实际上被支配，神话也就消失了。"① 马克思对神话的判断是神话与想象关系的最经典的结论。不过，卡西尔挑战马克思的神话自然观，他说自然（指物的存在）对神话来说是不存在的，"神话的世界乃是一个戏剧般的世界——一个关于各种活动、人物、冲突力量的世界。"② 其实，站在今天的时间轴上，应该把这样两种观点看作彼此能够相互解释和相互支持，进而对神话的解释更加全面的不同表达。马克思指明了神话的本质，即神话是人关于自己征服自然、支配自然过程的思维反映，这是一种神话哲学观。卡西尔对把神话从自然扩展到人类社会的现

---

① 《马克思恩格斯选集》第 2 卷，人民出版社 1972 年 5 月版，第 113 页。
② ［德］恩斯特·卡西尔：《人论：人类文化哲学导引》，甘阳译，上海译文出版社 2013 年 6 月版，第 129 页。

象，对人征服自然和支配自然的实质进行了诠释，体现了一种神话现象观。总而言之，神话的主角或者是人，或者是神化的人。神话是对人征服自然、改造自然和支配自然早期历史的想象。

从神话中还派生出一种文学，那就是童话。我们每个人都从童年走来，都有过接触童话的经历。当我们依偎在父母长辈的身旁，听他们讲述各种神话或童话故事的时候，我们脑海中是不是就会浮现出故事中的各种景观？让我们闭目回忆一下，这些景观是形同图画的二维的平面景观吗？好像有一部分是这样，但是也有很多景观不似图画那样纤薄，而是很有厚度，很有立体感，它们看起来是三维的、立体的，就和真实的景观一模一样。远古人类头脑中的神话也是如此。这些景观，特别是3D景观让人着迷，他们不懂得这是想象，但这些想象的景观让人类自认为真实地存在着这样的世界，人类开始把自己的前途、出路全部寄托于这样的想象世界。想象是有厚度或深度的，这种向度为人类建构起了精神范畴的现实世界。斯宾格勒认为深度是在长度和宽度之外的第三向度，在深度加入之前，长度和宽度只代表纯粹的感觉印象，但是，"深度是表现的一种表征，是自然的一种表征，有了它，才有所谓的'世界'。"[1]可见，三维确实是真实世界的必要条件。只不过，三维也是真实世界的充分条件，只要具备三维的条件，任何事物都可以转变为真实世界。神话就是这样成为古代人可信的现实存在的。

语言纵有千般伟大，也有它的不足。最大的不足就是在没有录音技术的时代不易于保存、流传，更不能原封不动地记录留存。它

---

[1] ［德］奥斯瓦尔德·斯宾格勒：《西方的没落》第1卷，吴琼译，上海三联书店2006年10月版，第162页。

要靠不断地表述、集体记忆等方式传承，但这样一来它的失真性就出现了。今天的人们之所以不把神话传说当作古代历史的全部，一是因为它们不符合历史逻辑和事实逻辑；二是因为神话传说在一代一代的传播过程中被修改过了无数次，只要历史传播过程中有一个环节因记忆缺失、人为改动，神话传说的文本就会失真。这个难题只能靠文字解决。文字不是为了神话而创造，而是为了更当下的生活而发明。人类需要记录更紧迫的事务，需要一种比语言更具象但比图画更抽象的符号，人口数量、收成、战利品、分配、承诺等项目都需要"有账可查"。于是文字就从图画和画符中脱颖而出了。远古各文明的文字都是象形文字，这说明了文字与画符之间有着密切的关系。不管是象形文字，还是字母文字，或者是表音文字，都有个特点，那就是字、词本身只是一个符号，如果不给它们注入内容、意义，这些符号就不会进入传播。在文字足够丰富、文字语言足够成熟的情况下，每一种客观实体都有一个对应的字或词，每一种事实也都对应着一段文字，这个对应和搭配是固定的，久而久之它们彼此之间融为一体，当我们要描述某一事物的时候，我们会脱口而出并能轻而易举地在书本上、黑板上、电子设备上写出来，而当我们面对一段文字朗诵或者默读的时候，我们的脑海中马上就会浮现出一个三维的景观。文字和图画的区别在于，图画进入大脑以后，虚拟景观可能保持图画的二维状态，也可能转化为三维模式，但是文字建构起来的景观则会直接以三维的模式呈现出来。文字延续了语言与景观之间的纵深关系，并且把这种"3D建模"的原理一直扩散到所有的以文字为媒介的文学形式，最典型的是诗歌、小说。小说要通过几万字、几十万字承载起一个多线索叙事的故事情节，其中有环境的描写，有人物的描写，有故事情节的描写。好的小说之所以能感动人并让读者感同身受，是因为小说所描写的内容高度可信、高度真实，读者高度代入，仿佛自己已经进入了小说场景。而且高度投入的读者会在自己的大脑中主动建构故事的环境、场景和人物，这些建构起来的景观只能是三维的，否则做不到让读者把自己代入故事情节。这个时候读者其实已经进入了一种不同于大宇宙的小宇宙，进入了一个不同于宇宙的元宇宙。在斯宾格勒的历史哲学中，大宇宙就是宇宙，就是"把现实性视作是一种与心灵相关联的所有象征的总和观念"[①]，小宇宙当然就是心灵的"所有象征的总和观念"（本书作者语）。他把植物看作宇宙一类的东西，也就是客观存在的东西；把动物则既归属于宇宙，又同时归属于自己的小宇宙，也就是说动物（主要是人）既是客观存在的东西，又是具有主观意识的东西。这样说来，元宇宙确确实实就是斯宾格勒所说的小宇宙，也确确实实一直和人类同在。这又等同于说，我们每时每刻可能都在一种元宇宙状态之中，只是我们没有意识到而已。斯蒂芬森笔下的主人公阿弘进入的是元宇宙，斯蒂芬森笔下的《雪崩》故事景观本身就是元宇宙。阿弘进入的是一个第二阶的元宇宙。

神话有一个神奇的特点，那就是它总是和诗歌同在。卡西尔在论述神话时强调神话与诗歌有近亲关系，他引用了一位叫普雷斯科特的作者的一段话："古代神话，乃是现代诗歌靠着进化论者所谓的分化和特化过程而从中逐渐生长起来的'总体'（Mass）。神话创作者的心灵是原型；而诗人的心灵……在本质上仍然是神话时代的心

---

① ［德］奥斯瓦尔德·斯宾格勒：《西方的没落》第1卷，吴琼译，上海三联书店2006年10月版，第159页。

灵。"① 很多早期的《吉尔伽美什》《荷马史诗》和中国的诸多神话作品的内容，无不都是以诗歌形式呈现的。

> 他修筑起拥有环城的乌鲁克的城墙，
> 圣埃安那神苑的宝库也无非这样：
> 瞧那外壁吧，[铜]一般光亮；
> 瞧那内壁吧，任啥也比它不上。
> 跨进那门槛瞧瞧吧，是那么古色古香；
> 到那伊什妲尔居住的埃安那瞧瞧，
> 它无与伦比，任凭后代的哪家帝王！
> 登上乌鲁克城墙，步行向前，
> 察一察那基石，验一验那些砖，
> 那砖岂不是烈火所炼！
> 那基石岂不是七[贤]所奠！
> ——《吉尔伽美什》②

据说《吉尔伽美什》歌颂的是苏美尔时期乌鲁克国王吉尔伽美什，既是史诗，也是神话。当我们诵读上面的文字，读到"城墙"的时候，我们脑海中只有"城墙"二字吗？当我们读到"烈火"的时候，我们脑海中只有"烈火"二字吗？有可能是，也有可能不是，这取决于我们的阅历和知识储备。如果我们的阅历足够丰富，知识

---

① [德]恩斯特·卡西尔：《人论：人类文化哲学导引》，甘阳译，上海译文出版社 2013 年 6 月版，第 126-127 页。
② 《吉尔伽美什》，赵乐甡译，辽宁人民出版社 2015 年 5 月版，第 15 页。

储备足够充足的话，相信很多人在读到这些文字的时候，脑海中会同时浮现相应的景观。平面的文字马上经过我们中枢神经的处理转变成了三维立体的景观，这其实就是元宇宙的生成原理。

如果把神话看作历史的一部分的话，甚至就把它看作历史不可否认的组成部分的话，神话、历史和诗歌三者之间紧密的关系就构成了一幅更加壮丽的景象。很多介于神话和历史记录之间的文献就会给我们提供更加丰富的、以证明神话与诗歌关系的实例。海登·怀特在评介布克哈特的历史观时指出，"布克哈特毫不怀疑，任何文明中最有内容的文献，即最清晰地揭示该文明真正的内在本质的文献就是诗歌：'历史的诗歌中不仅能发现最为重要的内容，而且能找到最纯粹、最精细的资源。'（布克哈特语）"[1] 所以，我们反而能够从一些历史文献中揭示出神话文明的实质，以及神话文明给今天的启示。

> 白云在天，丘陵自出。
> 道里悠远，山川间之。
> 将子无死，尚复能来。
> ——《白云谣》

这首诗收在《穆天子传》，据传是西王母送别周天子时所作。西王母在历史上是一个传说，到《西游记》里以后就转化为神话人物了。但根据历史记载，她似乎又是一个真实存在过的历史人物。看到这首诗，读者脑海中有什么样的景象？蓝天白云，周穆王即将离别，

---

[1] ［美］海登·怀特：《元史学：19世纪欧洲的历史想象》，陈新译，译林出版社2013年9月版，第325页。

西王母垂泪道别：此行道长且阻，有生之年，你还能来看我吗？这是多么美好的人间温情！如果可能，谁不愿意穿越回上古时代西北地区那个长亭短道旁边去见证那一刻？这哪是什么帝王间的外交礼仪，活脱脱一幅才子佳人生离死别的景象。哪个读者不为他们惋惜、神伤？此刻，我们脑海中会涌现出多少故事桥段啊！一段文字引发我们如此多的遐想，这就是诗歌的神奇之所在，文字的神奇之所在，它不仅是媒介，也不仅是媒介域，它就是一个能够信手拈来地塑造3D景观的魔法大师。正如黑格尔所说，诗是一种造型艺术。[①]

从文字到3D景观，我们根本不需要任何额外的技术手段。文字和文学本身就是转换器。但是如果有了额外的技术手段，情况会如何？元宇宙时代已到，它在攻城略地般占领每一个领域，它也会占领文学阵地。可以想到，文学领域至少会有三种变化。第一种变化是文学写作可能会变得简单。以前文学写作需要写作者具备相当的能力，需要储备大量的知识和生活素材，需要通过无数次的训练高度熟练地掌握语言的使用，元宇宙时代，我们可以求助于专门的技术系统，让每个人的写作水平都迅速提高，并且让写作辅助系统提醒、辅导我们写出一篇成功的稿件、一部成熟的著作。第二种变化是写作工作高度自动化。我们无须自己大费脑筋去构思、去挑灯夜战，只需要把自己的诉求、主题、章节结构等信息编入写作系统，系统将就主题、结构、情节、感情色彩等提供若干方案，作者，不，应该是导写（类似于导演）对其进行取舍，并在创作过程中不断发出修改指令、新的要求，系统将自动修正，最后完成作品。鉴于技

---

① 黑格尔在《美学》"诗歌篇"开头就指明"诗是造型艺术和音乐的统一体"。

术设备过于昂贵，一般人买不起这样的设备，这有可能形成一种新的商业。第三种变化是就像前述课堂场景自动生成一样，当文学作品全部完成后，让它瞬间或同时转变为3D景观，就像空气在一定的温度下变成水，液体在一定温度下变成固体。

画面、景观最直观的表达方式是绘画、雕塑、建筑和舞蹈。这里只分析一下绘画与元宇宙的关系。雕塑、建筑、舞蹈本身就是三维的，它们不存在维度的转换，不能很好地体现元宇宙生成或进入元宇宙的过程。

人类历史上最早的集艺术和传播于一身的、同时体现人的创造性的精神实在是岩画。据考证，最早的岩画是印尼苏拉威西岛上一个山洞里距今4.5万年历史的岩画。岩画内容是"半兽人"围猎疣猪等动物。更早年代在欧洲的法国、西班牙、德国也发现了创作于上万年前的山洞岩画，此外在非洲、亚洲都分布着大量的岩画。中国内蒙古阴山、宁夏贺兰山、广西花山、云南都有大量岩画。岩画说明远古人类已经部分地掌握了绘画技能。他们之所以要在山洞岩壁或露天崖壁上绘画，有几种可能，或者是为了展示自己的艺术才能，或者是为了表达崇拜或纪念，再或者就是对某次活动的记录。不管怎么样，绘画的人要把三维的景物转变为二维的图画，而观赏、祭拜的人则要以三维的视觉重塑岩画的内容。这是人类第一次在不同维度间自由转换的明证，只不过这一次要做的是降维，人类的智力尚不支持自己把一个三维的东西从它所在空间平移至另一个三维空间。岩画的这一"变维"逻辑后来被绘画继承下来了，所有的画师所做的事就是把一个三维景观改变为二维景观，而绘画的观者则要做一件相反的事：把二维景观恢复为三维景观。黑格尔高度肯定从三维到二维的绘画空间压缩,他用了"度"而不是"维"的概念。"绘画虽压缩了三度空间的整体,却仍保留了空间关系,只将三度空间压缩为平面。它没有对空间彻底否定,只是取消了三度空间中的一度。这是由绘画转向内心生活这一原则决定的,由于这种内在化,外在事物只有通过压缩它们处在空间整体中的那种形态,才能呈现内心观念。"①黑格尔对空间压缩和内心观念的关系做了进一步的解释和分析。绘画"内容是表现精神方面内在的东西,只有在脱离外在事物而回到精神本身之中才能通过外在事物作为精神的反映,而把精神表现出来。"②他的意思是绘画不能"照抄照搬"现实,而应该从中提取内在的精神,空间的整体性对单纯的精神来说是一种障碍。要想将聚焦于精神和绘画背后的独特性表现出来,就必须主动地打破空间的规定。"物质方面的各种差异如果要显出对艺术作品的重要性,空间整体就绝不能是最后的表现手段(媒介),它必须破坏三度空间的完整性,以便将物理方面的差异现象突现出来。"③

然而,黑格尔毕竟不是画师,他不具备画师们内心的灵验和欲望,也不能真正地看破绘画的历史变化和时代精神。绘画的历史和黑格尔的判断正好相反,文艺复兴开启后,一种新的艺术风格成为引领时代的精神。这就是通过科学透视法重新"找回"久违的三维空间。第一位在这方面做出惊世之举的是马萨乔,他为佛罗伦萨新圣马利亚教堂创作的《圣三位一体》隆重呈现了真实世界的三维空间,如图8-1所示。"首次,三维空间,借助科学的透视画法,空前真实地呈现在平坦的壁画上。在这个令人信服的似真环境中,马萨

---

①②[德]弗里德里希·黑格尔:《美学》,寇鹏程编译,重庆出版社2005年1月版,第326页。
③ 同①:第376页。

图 8-1 《圣三位一体》
马萨乔，约 1425 年，663cm×285cm，现藏于佛罗伦萨新圣马利亚教堂

乔描绘出同样可信的真人般大小的人物，通过明暗变化和人体结构的把握，他们立体的形象全自然地处在一个三维空间里。"[①] 从此以后，用透视法、光线变化建构三维空间和立体感，营造拟真环境就成为整个文艺复兴期间的主要绘画风格，包括意大利"三杰"无不都在这方面争先恐后。19 世纪 60 年代，发源于法国的印象主义再一次把绘画的焦点转移到对纯粹的、真实的世界感受的追求上。历史哲学家斯宾格勒一语道破这是印象主义对空间感的追求。印象主义"艺术家的内在的慧眼穿透事物的实体，突破他的物质性的边界表面的魔障，而把它祭献给至上的空间。"[②] 斯宾格勒再次把这种变化和他的"小宇宙"联系起来：印象主义的"画家或音乐家作为艺术家，他的艺术就在于：用寥寥几笔、几个色块或几个音调创造出一个意味深远的意象，一个迎合浮士德式的人的眼睛或耳朵的小宇宙"[③]。这就等于把绘画又和元宇宙结合起来了，或者按照斯宾格勒的意思，印象主义的绘画创造了元宇宙，而且是继文艺复兴以来第二次用绘画创造了元宇宙。

有一种网络语言结构：如果说某人（物）是第二，没有人敢说是

① 欧阳英：《外国美术史》，中国美术学院出版社 2008 年 11 月版，第 150 页。
② ［德］奥斯瓦尔德·斯宾格勒：《西方的没落》第 1 卷，吴琼译，上海三联书店 2006 年 10 月版，第 276–277 页。
③ 同②：第 277 页。

第八章　元宇宙传播功能

第一。在绘画和元宇宙的关系史上，这个句式可以用在毕加索身上。如果说毕加索的画作没有创造元宇宙的话，那就没人敢说还有什么人的画作和元宇宙有关系。20世纪初以毕加索为领袖的立体主义是绘画史现代主义最杰出的代表。他的成名作是《阿维尼翁的小姐》（见图8-2），刻画了巴塞罗那阿维尼翁红灯区的5名裸女，画中人物全

图8-2　阿维尼翁的小姐

毕加索，1907年，243.9cm×233.7cm，现藏于纽约现代艺术博物馆

由生硬的线条和区块组成，"毕加索抛弃了从单一试点观察和描绘对象的文艺复兴绘画原则，对形进行了分解和重组，并把裸女放置在背离文艺复兴绘画深度空间感的浅空间中，使整个绘画成为与再现现实无关的，纯为自身构成存在的艺术。"[①] 这段话似乎把毕加索的绘画打

---

① 欧阳英：《外国美术史》，中国美术学院出版社2008年11月版，第341页。

回了二维空间，让人觉得他的作品根本没有立体感和纵深感。确实，单从表面看，一点也看不出三维的效果，观众只能从中看出不规则的线条和拼叠的色块。但是，不要忽略"立体主义"中"立体"二字的意义，毕加索绝对不是要用变异的二维展现三维的景观，而是要用一种变异的三维表现二维结构，坐着的女子脸部并不是她就长那么丑，而是被毕加索解构之后重新进行了组合，为的是体现女子脸部立体的形象。

如果这幅画还不能充分体现立体主义风格的话，那他中后期创作的大量的个人侧脸肖像画都专注于同时表现脸部的正反两面（见图8-3）。毕加索没有准备回归古典的二维空间，他只是力图打破文艺复兴之后500年内被推崇的透视法则，用一种新的手法去展现

图8-3 雕塑家

毕加索，1929年，85.1cm×63.5cm，私人收藏

画面的空间感、立体感，如果不这样理解的话，那"立体主义"就是徒有虚名，名不副实。正如有人深入分析的那样，"形在毕加索眼里不再是客观物象的外部形态，体也不是固定一个视觉中心的体，在三维透视空间的作用下，视觉是移动的，这样就产生多视角的画面。因此，形体在移动的视角下经过分割后产生不同的组合块面，形成若干的几何形体，不受物体外部表面形态的影响，从物体的内在结构去分析。因此，毕加索创立的立体主义打破了一个固定视点的绘画方式，以多视域的角度把人物的后面、侧面、正面都表现出来，在一个平面上表现全方位的空间，解放了人被动的作画限制，随心所欲地组合新的画面图形。"① 我们再用麦克卢汉的语言辅助理解一下。麦克卢汉在《理解媒介：论人的延伸（增订评注本）》中评论立体派时说了一大段话："立体派用物体的各个侧面同时取代所谓的'视点'，或者说取代透视幻象的一个侧面。立体派不是表现画布上的第三维这一专门的幻象，而是表现各种平面的相互作用，表现各种模式、光线、质感的矛盾或剧烈冲突。它使观画者身临其境，从而充分把握作品传达的信息……换言之，立体派在两维平面上画出客体的里、外、上、下、前、后等各个侧面。它放弃了透视的幻觉，偏好整体上对事物的迅疾的感性直觉。"② 麦克卢汉茅塞顿开，惊呼："它（指立体派）抓住迅疾的整体直觉，猛然宣告：媒介即讯息。一旦序列性让位于同步性，人就进入了外形和结构的世界……这一现象在物理学中发生过，正如在绘画、诗歌和信息传播中发生过一

---

① 梁华：《激情的斗牛士——从立体主义看毕加索探索绘画的道路》，《郧阳师范高等专科学校学报》2013年第6期，第111页。
② ［加］马歇尔·麦克卢汉：《理解媒介：论人的延伸（增订评注本）》，何道宽译，译林出版社2011年7月版，第23—24页。

样……对专门片断的注意转移到了对整体场（Total Field）的注意。现在可以非常自然地说：媒介即讯息。"[1]原来"媒介即讯息"的初衷在这里，是"整体""序列性""结构""立体""身临其境"等的感觉赋予了"媒介即讯息"这一结论以本意。而这不正是对真实世界的回归吗？它们不就是宇宙的特征吗？而如果我们再把三维空间还给它，并且用人的精神去再现、重塑或者重构那个真实的宇宙，不就是元宇宙吗？事实证明，只要我们怀着一颗童真之心，我们就可以到达元宇宙。

我们可以简单预测一下在元宇宙时代绘画将会出现什么样的变化。最集中的变化仍将是绘画领域按照时代的政治文化特征、兴趣爱好、风格求变等因素的变化而发生绘画内在的变化，这种变化不在我们的考虑之内。技术和媒介的变化将给绘画的创作、技艺的普及、空间性的表现等方面带来革命性的变化。首先，绘画不再要求那么高的专业技能，也就是说在技术的辅助之下，很多人只要有兴趣，都可以成为"画家"。这就像某些国家的人可以随意选择性别去参加选美、体育比赛，人的个性也许得到了保护，但是不可避免地冲击了原来的游戏规则，会招致传统选手们的抵制。所以，未来类似艺术、文学的创作评比要分成"技术组"和"人工组"，而不是"专业组"和"业余组"，技术绝对可以以假乱真，所以专业和业余的区别将会消失。这个问题在很多领域都会出现。其次，更进一步，人们可以给一套特殊的绘画系统或者我们的电脑化身或硅基人化身下达指令，智能机器将帮助我们完成这些任务。AI绘画已来。有人会

---

[1] ［加］马歇尔·麦克卢汉：《理解媒介：论人的延伸（增订评注本）》，何道宽译，译林出版社2011年7月版，第24页。

问,那样一来,艺术创作还有何意义?先别管有无意义,只要有需求,技术就要迎合需求,这是技术需求的商业逻辑之一,技术要变现,否则它无以为继。另外,我们在前面纠缠了半天空间问题,也就是绘画必须体现三维才能表达它与元宇宙的关系。其实元宇宙并不只有三维理念,也包括二维、一维,或者多维。但鉴于人类几百年来一直在为绘画的三维空间努力,那元宇宙必须满足这个要求。虚拟现实的特征之一就是要在虚拟世界中重构现实世界的真实场景,那绘画也将贯彻这一逻辑,也就是说只要有人需要,三维的、立体的、纵深的、有空间感的画面就在那里等待观众,观众要做的只是进入场景,体验景观。任何一幅画可能都需要有两种维度的存在形式共在,以方便观众能够在不同维度之间自由切换。

类似的变化可能还能设想出来,未来时代,没有做不到的,只有想不到的。

影视

影视既是艺术,也是娱乐,本质上却是传播,是一种饱含着社会交往属性的传播行为。影视需要走进一种专门的场景,即有一个布置好电影屏幕或电视屏幕的空间。电影院是公共空间,电影不独为一个人放映,是同时为一群人放映,这形成了一种相对静默的、临时的社会交往。电视所在的空间一般是家庭的客厅,看电视有可能是家庭式的体验,也有可能是独自一人的体验,所以电视的社会交往性在受众方面是不确定的。但是无论是电影还是电视,观众总会和屏幕里面的角色形成一种被唐纳德·霍顿等人称作"类社交互动"的关系。"在霍顿和沃尔看来,类社交互动表面上看是一种亲密关系,类似于面对面互动;然而这种互动中也同时存在着错误、残缺以及不规范之处……与面对面互动相比,类社交互动的现实性和本真性都要稍逊一筹。"① 尽管如此,影视和其他媒介相比,仍有很大的诱人之处,那就是影视文本以活动的、连续的、附带声音的画面呈现,尽管是二维景观,但仍然给人与众不同的真实感。这种真实感不是由文字、绘画所产生的想象提供的,恰恰是二维空间提供的,而这种二维空间之所以看起来很真实,乃是因为它改变了过去那种僵化的、静止的画面。它对过去的叙事逻辑进行了一次彻底的革命。

1895 年 12 月,法国摄影师卢米埃尔用活动电影机在咖啡馆首次公开放映短片,电影从此进入公众视野并在其后的一个世纪里迅速发展。1902 年第一家专门为放映电影而设计的影院在美国加州洛杉矶出现,1913 年在纽约成立的统治者戏院是现代影院真正意义上的雏形。1926 年好莱坞最大的制片商拉斯基公司收购了一批独立影院,建成了彼时世界上规模最大、利润最优的 Publix 连锁院线。这条院线也是北美最早的电影院线。从此,院线模式迅速向全球推广,开始正式成为全球电影产业的主要发行放映模式。所谓院线,是指以影院为依托,以资本或供片为纽带,由一个发行主体和若干影院组合形成的,实行统一品牌、统一排片、统一经营、统一管理的放映模式。② 它成为观察电影发展史、衡量电影产业的兴衰的重要标尺。

电影的发展并不是一路高歌猛进,在其历史上经历了无数次内

---

① [美] 伊莱休·卡茨等:《媒介研究经典文本解读》,常江译,北京大学出版社 2011 年 1 月版,第 143 页。
② 参考国家新闻出版广电总局 2001 年 12 月 18 日发布的《关于改革电影发行放映机制的实施细则》(2022-09-07),http://www.chinafilm.gov.cn/chinafilm/contents/160/806.shtml。

在的和外在的因素的冲击。每一次经济危机的爆发必然拖累电影产业的发展;两次世界大战不仅摧毁了世界经济,也摧毁了电影产业;电视的出现则从媒介迭代意义上对电影产生了重大冲击。"电影产业发展要具备几方面的条件,技术、资金、体制、政策、创作团队、市场、观众等等,缺一不可,在哪一方面出现问题都会给电影产业造成障碍、阻力,甚至是危机和挑战。"[1] 20世纪90年代以后,随着经济的繁荣、资金的大投入、中国市场的开放、全球市场的扩大,世界电影产业进入了黄金期。这种势头一直延续到21世纪第二个10年的结束。今天,电影业的危机举世皆知,这种危机和困境依然可以和经济联系起来,更直接的原因是新冠疫情的暴发。在疫情暴发之前,2019年全球票房曾达到425亿美元,北美票房115亿美元,中国票房总额642.66亿元人民币(约91亿美元);2020年,这三个数字分别降到120亿美元、22亿美元和129.5亿元人民币(约合19.3亿美元)。北美票房和中国票房降幅都达到约80%。从目前的情况看,2019年前的盛况很难再现。其实,从长远看,电影产业的疲态早已显现。以中国为例,过去10多年间,中国票房连年攀升。2010年为101.72亿元人民币,2015年达到440.69亿元人民币,2019年达到了创纪录的642.66亿元人民币。然而,票房增长并不等于票房增长率增长,从2015年起,票房的增长率一直在下滑。这说明电影发展脚步的减速早有预兆,且连续下滑的根源显然不在短期爆发的危机,而在更深刻的产业发展规律。

电影产业近年来增速放缓的结构性原因有几点。一是电影产业

---

[1] 赵伦等:《后疫情时代的院线危机与救赎》,《当代电影》2021年第3期,第97页。

和其他产业一样有其周期性，更何况电影产业已经发展了130年了，院线制也已经走过近100年的历史了，它需要不断地注入活力，比如需要一种新的技术、新的模式或新的环境。二是互联网对传统放映模式造成重大冲击。任何一种新媒介都会对旧媒介造成冲击，有的甚至是颠覆。互联网暂时没有颠覆电影，但是抢走了大量的注意力。人们不再像过去那样只能紧盯着电影和电视，还有电脑和手机可供选择，而且更愿意选择电脑和手机，因为网络上的选择更多，不仅有网络自制的各种长视频和短视频，还有下线以后的院线电影。2020年初，徐峥团队将自己的电影《囧妈》从春节档撤下，以6.3亿元人民币卖给字节跳动后，大年初一开始在互联网平台免费上映。此举打破了电影第一窗口期在影院院线"线下"放映的模式，直接转身去视频网站"线上"首播。与此同时，在美国，原定于2021年10月15日在影院首映的迪斯尼音乐剧《汉密尔顿》后来选择了上线流媒体平台迪斯尼＋。华纳兄弟公司的《史酷比狗》宣布放弃院线，改为网络播出。派拉蒙公司的《爱情鸟》则放弃院线卖给了网飞（Netflix）。还有一些制片方和发行方则采取院线放映和线上播放结合，缩短院线窗口期。这一切表明互联网正在对传统的院线模式发起冲击，电影制片方也愿意配合，希望采取这种"短平快"的方式迅速盈利。三是观众的体验感觉在发生变化。尽管电影的运动画面改变了传统媒介的僵化、静止的画面，给观众带来了新的体验感，但是观众的兴趣总是在变的，而且会不断地提出更高的要求。1953年能够赋予影视画面立体感的3D电影诞生了，它是对传统二维运动画面的补充和完善，或者按照麦克卢汉的说法，是一种感官的补偿。原来的电影虽然有一定的真实性，但是真实性来自故事情节激发观众所产生的感情,并不是电影景观本身对环境、人物的真实性的找回。3D 电影一下子让三维概念进入了电影制作和电影观赏过程中。

3D 电影当然不是电影三维空间的终点,它需要一种更加全面的技术。这种新的技术终于诞生了,这一下皮球踢给了电影产业界——能否摆脱困境,取决于电影产业界的抉择,如果产业界顺势而为,一种新的商业模式也将随机应变,呼之而出。这种新技术就是类似于 VR 的具身性设备,我们可以称其为"眼幕"。它的原理在 XR 系列产品不断迭代革新的今天,已经变得非常简单了,也就是说它可以直接采用 XR 的主体器件,简化掉其中的虚拟现实、增强现实和混合现实等功能,只保留立体感、沉浸感,改善院线立体电影所缺失的沉浸感,同时也解决银幕的移动性、观影的随机性等问题。另外一种路径是,顺应 VR 技术,把电影景观升级换代为完全的虚拟现实景观,这将是一种彻底的改观,目前已经有很多电影人开始这方面的尝试,全球生产了数十部 VR 电影。它目前的缺陷是投资成本太大,如何回收成本是一个需要研究的问题。

VR 本来就被很多人看作元宇宙的入口,而 VR 电影或"VR 院线"所呈现的景观恰恰是 VR 要达到的视觉效果,这是一种最自然的契合。未来的影视元宇宙或元宇宙影视不会局限于一副头盔,在某种特殊的开放式环境中呈现 3D 景观、沉浸式感觉,甚至"补偿"触觉、味觉、嗅觉,都是影视发展可能的结果。观众的体验感才是最重要的,如果电影或电视的观影过程能够实现立体感、沉浸式、具身性、随机化,影视媒介长什么样并不重要。对目前的电影院线方来讲,他们摆脱困境的方略不是抵制这些新技术、新模式,而是应该解放思想,顺应形势,主动出击,迎接新技术,通过线上线下相结合,主动拓宽市场；贯彻移动优先思想，跨界转型，继续保持自己的优势；把所有的人都当作自己的用户，打破城市农村界限，全方位地打造新型媒介环境。

影视业是元宇宙初期的主战场，主动迎接元宇宙是它立于不败之地的不二法宝。

游戏

不要小看游戏。游戏是元宇宙的第一应用场景，也是元宇宙的主场景。

人类的文明历史离不开游戏，至少每个人的童年时代都是在游戏中度过的。很多人认为游戏是文明的起源。荷兰学者约翰·赫伊津哈在第二次世界大战期间著书《游戏的人：关于文化的游戏成分的研究》，研究游戏与人、文化的关系。他在书中多处强调了游戏与文化的"创世关系"："在文化本身存在之前，游戏就是一种给定的重要存在，从文化最早的起点一直延展到我们目前生活其中的文明阶段，游戏伴随着文化又渗透着文化。"[1] "文化乃是以游戏的形式展现出来，从一开始它就处在游戏当中。"[2] 他甚至认为，"把文化看作 subspecieludi（在游戏的状况下），远不止是一个修辞性的比拟。"[3] 这相当于是说，文化就是在游戏中展开的。另一个更早时期对游戏作出深刻理解的是德国思想家弗里德里希·席勒。200 多年前在

---

[1] ［荷］约翰·赫伊津哈：《游戏的人：关于文化的游戏成分的研究》，中国美术学院出版社 1996 年 10 版，第 4 页。
[2] 同[1]：第 49 页。
[3] 同[1]：第 6 页。

1795年出版的《审美教育书简》中,他从哲学的高度肯定了游戏的地位和作用。席勒认为,人能够把人内在的精神世界和外在的物质世界结合起来是因为人内心身处有两种冲动力量,一种是形式冲动,另一种是感性冲动,也称为质料冲动。但是光有这两种冲动是不行的,"在形式冲动和质料冲动之间应该有一个集合体,这就是游戏冲动,因为只有实在与形式的统一,偶然性与必然性的统一,受动与自由的统一,才会使人性的概念完满实现。"① 因此,"在人的一切状态中,正是游戏而且只有游戏才使人成为完整的人,使人的双重本性一下子发挥出来。"② 席勒最后以仙师的口吻宣布:"只有当人是完整意义的人时,他才游戏;而只有当人在游戏时,他才是完整的人。"③

如果在电子时代之前我们还不能充分理解席勒和赫伊津哈的游戏思想的话,电子媒介将会解释清楚游戏与人类社会的关系。电子游戏给我们彻底打开了游戏的"景观世界",而这个景观世界完全就是斯宾格勒的"小宇宙"——游戏者需要全神贯注地投入视觉、听觉、触觉,特别是要投入自己的情绪、想象,把自己当作游戏操控者,或者作为游戏的主角,不达胜利决不罢休。在游戏过程中,游戏场景是游戏者唯一的宇宙,游戏者心无旁骛,心外无界。游戏如人生,人生亦如游戏,这正是电子游戏带来的乐趣。电子游戏还带来了一种新的生活方式,越来越多的不同年龄阶段的人加入了游戏的行列。根据美国娱乐软件协会(The Esa)统计,全世界每天有数十亿人在

---

① [德]席勒:《审美教育书简》,张玉能译,译林出版社2009年7月版,第45页。
② 同①:第47页。
③ 同①:第48页。

玩电子游戏，美国有 2/3 的人每周都会玩电子游戏。根据荷兰市场研究公司 Newzoo 发布的《2022 年全球游戏市场报告》，预计 2022 年全球玩家人数将达到 32 亿，到 2025 年将增长到 35 亿人。在中国，2017—2021 年的 5 年时间内，电子游戏用户从 5.83 亿人增长到 6.66 亿人，[①] 这意味有一半的中国人在玩各种各样的电子游戏。这个数字可以用中国互联网络信息中心的年度报告加以佐证。"截至 2021 年 12 月，我国网络游戏用户规模达 5.54 亿，较 2020 年 12 月增加 3561 万，占网民整体的 53.6%。"[②] 电子游戏还改变了社会经济的格局，越来越成为主要的增长性产业。根据美国娱乐软件协会统计，美国 2019 年视频游戏市场收入 434 亿美元，2020 年达到 561 亿美元，2021 年达到 604 亿美元。根据 Newzoo 发布的报告，2022 年全球游戏市场整体营收有望达到 1968 亿美元，2025 年将上升至 2257 亿美元。在中国，2017—2021 年，电子游戏实际收入从 2036.1 亿元人民币增长到 2965.13 亿元人民币，每年都有增长。近 3000 亿元的电子游戏收入相当于江西省上饶或河南信阳各自 2021 年的 GDP 总量。

电子游戏的发展与电子时代并不同步，一直到 20 世纪中期，电子游戏才开始出现。过往的电子游戏的历史可以大致分为早期、中期、后期三个时期。关于电子游戏起源的说法有很多种版本，典型的说法是，美国人认为 20 世纪 60 年代早期由史蒂夫·拉塞尔在麻省理工学院制作的《太空大战！》(*Space War!*) 是世界上第一款电脑游戏。英国人认为 50 年代 A.S. 道格拉斯在剑桥读博士期间制作

---

① 参考 2017—2021 年，《中国游戏产业报告》，中国音数协游戏工委"游戏产业网"，http://www.cgigc.com.cn/。
② 中国互联网络信息中心：《第 49 次中国互联网络发展状况统计报告》，2022 年 2 月。

的"OXO"电脑程序是电子游戏的源头。一直到70年代末,日本人进入电子游戏制作,电子游戏都处于早期阶段,这个阶段最大的特点是美国人垄断了电子游戏行业,游戏媒介主要是卡机和电视机。70年代末到90年代末电子游戏进入中期阶段,美日双方开始争雄。任天堂1983年推出了第一代家用游戏机FC,索尼于1994年发行PlayStation(PS)家用游戏机。1981年家用电脑上的第一个三维游戏《3D怪物迷宫》发布。街机、家用机风靡一时之后,游戏开始采用互联网媒介,游戏方式也打破原来的单人、双人模式,改变为大型多人在线角色扮演游戏。超级马里奥、魔兽争霸、Maxis的"模拟"系列等影响一代人的游戏相继诞生。大型多人在线角色扮演游戏、体感游戏、Xbox、手机游戏的风行标志着电子游戏进入了后期阶段。2001年11月,微软挟Xbox家用游戏机切入电子游戏行业,掀起一股旋风。Xbox研发代号为"中途岛",暗示微软将与强大的日本游戏主机产业进行对抗。2005年任天堂Wii Remote推出手握型遥控体感装置,2010年微软推出了Kinect,改用身体当作体感装置,抢夺Wii的市场。不久,苹果公司推出自己的iPad游戏,加入电子游戏的争夺战。与此同时,"手游"(手机游戏)成为炙手可热的概念,资本的热捧让其用户规模迅速超越主要媒介游戏的,手机则成为主要的游戏媒介。当网游、手游等大火之时,电子游戏的概念也急流勇退要让位于新的概念了。现在游戏产业中使用更多的概念是移动游戏、网页游戏、客户端游戏、主机游戏等。这个阶段还有一个最大的变化是中国游戏的迅速崛起。一方面,中国的游戏用户规模迅速增加,成为游戏用户规模最大的国家,这既带来了国内游戏产业的火爆,也刺激了国际游戏产业的持续升温。另一方面,中国自主研发游戏能力也迅速提高，从自主研发游戏海外市场的实际收入看，2017年为563亿元人民币，2018年增长到682.8亿元，2019年是825.2亿元人民币，2020年为1050.6亿元，2021年达1170.8亿元。在自主研发游戏盈利能力提升的背后，是中国游戏公司雨后春笋般崛起和部分大型游戏公司如腾讯、网易、米哈游等积极参与国际竞争的局面。

现在，元宇宙游戏又来了。2021年3月10日，Roblox在成立17年后终于在纽交所上市，因其在招股书中使用了"元宇宙"一词而掀起了元宇宙风暴。Roblox是一家游戏公司，也是一款沙盒游戏，还是一个游戏平台（Roblox Studio）。所谓沙盒游戏（Sandbox Games），就是玩家以化身进入游戏，创设一个目标，通过探索和建设，在维持自我生存的前提下达成影响、改变游戏内虚拟世界的目标。Roblox的特别之处是免费向游戏者提供上千款游戏，支持与各应用系统对接，也支持与VR设备对接。更为重要的是，平台向玩家提供游戏创作工具，玩家可在没有编程开发经验的情况下轻松开发自己的游戏并上传。

除了沙盒游戏，还有VR游戏。VR游戏当然是指戴上VR设备开展的游戏，为此要为VR设备专门创作游戏，游戏者戴上VR设备进入游戏，往往是以第一人称视角参与游戏，不再使用鼠标、摇杆操纵游戏中人物动作或移动物体，而是通过转动身体、头部和游戏场景进行360°交互，有些游戏需要用手柄辅助捕捉目标、完成处置动作。目前已经有几十款游戏可以支持各种VR设备。

Roblox事例说明元宇宙游戏概念是开放的概念，它并不是人们所想象的一定得是VR游戏，它也可以是沙盒游戏，或别的游戏。

总之，元宇宙游戏应该具备这样一些性质：(1) 3D，这是整个媒介内容顺应元宇宙逻辑发展的方向，否则就和前元宇宙的媒介内容没区别了。(2) 真实，虽然游戏场景是虚拟场景，但是元宇宙游戏场景必须做到仿真、拟真、乱真，让游戏者有身临其境的真实感、沉浸感。(3) 代入，也就是游戏者要以一个化身进入游戏，并且以第一人称视角参与游戏，达到和环境的互动，而不仅仅是和游戏内人物的互动。(4) 交互，交互不仅是指与界面的交互、与游戏中角色的动作交互、与环境的交互，作为一个相对封闭的虚拟现实公共空间，游戏者们要有能够开展各种互动、交流的机制、条件、规则。这些性质与元宇宙的特征是基本一致的。唯一不一致的是元宇宙是开放的，但元宇宙游戏是相对封闭的，有着自身独特的游戏规则，这些规则有可能与整个元宇宙体系的规则不一致。但这种情况是元宇宙所允许的，因为元宇宙是开放的、无限扩展的。这种矛盾、对冲也是元宇宙的特性。它追求和谐，但是它也允许冲突存在；它追求统一，但是它也承认个体独立的合理性。

现在要跳出电子游戏、元宇宙游戏等的概念，回望一下游戏的普遍性功能。游戏有三大基本功能：娱乐、体验、社交。这些功能在推动游戏不断向纵深发展。无论游戏是否能等同于人生，游戏的首要目的是游戏本身能让人愉悦、开心、幸福，至少能让人通过消磨时光而达到快乐。人们游戏也是为了获得一种在现实世界中没有的体验，可能是痛快淋漓的杀伐过程，也可能是最后胜利的成就感。游戏背后有一个普遍属性，它"隐藏在我们迄今为止所考察的定义当中。这便是游戏的虚构本质——也就是说，游戏是与'日常生活'相分离的……游戏中事物的意义和它们在现实生活中的意义存在着相当耐人寻味的差异"①。虚构本质是所有文化的属性，即使内容如何真实，它最终要在人的意识中建构起一个精神世界的景观，这也决定了游戏和媒介之间有着广阔的合作空间，元宇宙将无限扩展地为游戏提供一切物质空间和精神空间。游戏的第三种基本功能是社交。不要以为一个人玩就不存在社交了，按照霍顿等人观点，游戏者和媒介界面之间也会建立一种"类社交"，更何况从理论层面看，一切活动都有社会性。"游戏当然也是一种社会活动。从字面意义看，这适用于我们选择和别人一起玩游戏的时候，但即使我们一个人玩，广义的游戏文化当中也必然牵涉大量的人际交往，既有面对面的，也有虚拟的。"②大卫·白金汉的观点说明游戏当中存在着复杂的社会关系和社会属性，它的社交性不是由单人游戏或非单人游戏决定的。但这个问题提醒我们，在社会联系高度紧密的元宇宙中，游戏如何应对变化了的社会交往。如果有人决意要远离社交，那么怎么才能在游戏中做到？游戏的开发者如何为这些人群服务？

除了以上几种基本功能，游戏还会延伸出更多的功能，比如经济、政治、军事等。经济好理解，游戏巨大的收入已经成功地把自己送进了文化产业、经济结构当中，并且占据了重要的位置。有人还对游戏寄予更大的期望。"游戏是元宇宙的雏形，将会综合艺术、文化、技术形成探索元宇宙文明的大潮。游戏必将担负起先行者、引领者的角色，拉动上游产业、带动相关产业，逐次进入元宇宙时代。"③ 游戏也有其政治性的一面。游戏体现了一种权力。"游戏，除

---

① ［英］戴安娜·卡尔等：《电脑游戏：文本、叙事与游戏》，丛治辰译，北京大学2015年8月版，第9页。
② 同①：第13页。
③ 赵国栋等：《元宇宙》，中译出版社2021年8月版，第50页。

了是快感的一个源泉外,也是权力的一个来源。儿童在电视上的'游戏'是对电视行使权力的一种形式。"①如此说来,成人在电脑和手机上游戏也是他们对电脑和手机行使权力,任何人在元宇宙中展开游戏也是他们在对元宇宙行使权力。这里的权力仅仅是他们拥有用某种媒介进行游戏的权利。真正的权力另有他意。在元宇宙,人们投入游戏不是仅显示游戏者掌握了某种复杂的技术那么简单,而是说在一种虚拟世界之中,游戏者包括设计游戏者通过游戏的方式临时或短暂地主宰了一个3D世界,在这个世界中游戏者作为游戏主人,通过游戏景观中的第一人称和第一视角,设定一个战胜竞争者或战胜自己的目标,再或者设定一个征服游戏场景中的对手或敌人的目标,最终到达游戏的终点。如果中途失败,游戏者将重启游戏,直到取得胜利。只有取得胜利,游戏过程才算结束,否则游戏将继续进行下去。这是一场争夺主宰场景权力的战斗。很多游戏项目是竞争式的、打斗式的、模拟实战式的,这是一种军事行为的虚构。它们可能对军事有很大的启发,如果把元宇宙看作一个超级虚拟战场,那其中的所有行为就是一场游戏,每一个主体都是一个游戏者,游戏和游戏者将决定元宇宙的力量格局。无论愿意不愿意,每一个人都得参加这场游戏。

---

① [美]约翰·费斯克:《大众经济》,罗钢等主编《文化研究读本》,中国社会科学出版社2000年1月版,第238页。

第九章
元宇宙政治经济学

政治经济学是马克思主义三大学科之一，有时也被称作批判政治经济学。政治经济学一直是传播学研究的主要范式之一，由此派生出"传播政治经济学"流派。加拿大学者文森特·莫斯可的《传播政治经济学》是较早研究传播政治经济学的专著。令人遗憾的是查遍全书，他没有对传播政治经济学给出一个准确的定义，只是解释政治经济学"分析研究的趋势是集中探讨传播是如何在社会中建构的，形成传播渠道形态的社会因素，以及通过这些渠道传播信息的范围"①。查德威克在其著作《互联网政治学：国家、公民与新传播技术》中对互联网媒体的政治经济学有过详细的分析，对我们研究元宇宙政治经济学有直接的参考价值。

查德威克在这一部分提出了三个具有争议的主题：互联网媒体的所有权、新闻生产与传播、知识产权。分别探讨了三个问题：（1）互联网媒体领域的所有权集中模式在多大程度上类似于旧媒体（印刷媒体与广播电视媒体）的所有权集中模式？（2）互联网在多大程度上改变了塑造媒体内容核心领域的新闻生产与传播过程？（3）互联网文件共享、开源软件的兴起以及其他有关知识产权的争端等现象产生了怎样的影响？最终指向一个问题：互联网是否正在改变着当代媒体的权力结构特征？查德威克特别对批判政治经济学的研究路径进行了一番研究。他总结传播政治经济学的研究路径有这样一些特征：（1）集中于一个以市场为基础的社会中，基于所有权的经济不平等是如何使媒体报道内容窄化；（2）批判研究要解释媒介运作是经济与社会关系这个复杂体系的一部分，并且媒介在使社会现状合法化方面起着很关键

---

① ［加］文森特·莫斯可：《传播政治经济学》，胡正荣等译，华夏出版社2000年1月版，第72页。

第九章 元宇宙政治经济学

的意识形态作用;(3)消费者主权是一种神话,所有者主权才起作用;(4)自由市场中的竞争促进媒介报道内容多元化的理念只是一些学者沾沾自喜的想法,没有准确描绘出在全球大多数国家的媒体市场中存在着寡头垄断;(5)在传播结构如何改善大范围的社会、经济与政治不平等方面,批判政治经济学有一套规范性理念和原则。查德威克还把批判政治经济学划分为三种类型,第一种是强的批判政治经济学,坚持认为媒体应该被看作直接服务于广泛的物质生产体系的组织;第二种是弱的批判政治经济学,对媒体生产中的个人给予更多的信任,同时对社会组织通过消费来积极建构生活方式与身份认同的做法寄予厚望;第三种是工具性的批判政治经济学,主要关注媒体所有者与政治精英如何将媒体直接作为竞选中的意识形态动员工具,认定媒体会和政府以及占主导地位的经济利益集团合作以达到控制舆论的目的。[①]

尽管有人已经给传播政治经济学开创了一种研究模式,但是元宇宙政治经济学暂且并不准备用政治经济学的批判思维审视元宇宙,这一步未来会进行,但现在远不到时候。这里只是想从政治和经济两方面对元宇宙做一个框架式的预测分析。正如第一章所指出的,元宇宙具有政治属性和经济属性,因此这里是对这两种属性的深入探讨。尽管元宇宙刚刚起步,但是我们从互联网时代或者媒介发展的历史脉络中已经看出,元宇宙不会和政治、经济绝缘。麦奎尔曾断言传播活动无法摆脱经济和政治的影响,元宇宙传播亦如此,而且它自会形成自己的经济和政治。

按照经济基础决定上层建筑的逻辑,我们首先从元宇宙经济说起。

[①] [英]安德鲁·查德威克:《互联网政治学:国家、公民与新传播技术》,任孟山译,华夏出版社2010年4月版,第388-390页。

第一节
元宇宙经济

元宇宙和经济的关系从几个方面说起。

一方面，虽然说推动技术进步和创新的动力，也即是说技术的基因是解决问题的方法或手段，但是还有一种力量也是不容小觑的，那就是技术的商业利益。出于对更大市场和商业的诉求，技术人员或投资商会主动进行创新，在现有技术基础上寻找新的突破，然后开发新的商业应用——无论这种好处是一个"蓝海"，还是一个机会利基。另一方面，在商业社会，成熟技术肯定会具备商业属性，这是因为"一项新技术的到来会引起经济中的价格和生产网络在各行各业伸展、重塑。"① 无论是个体技术，还是技术体（技术集群或技术域），都会引起经济模式的扩展性调整。此外，传播行为从近代新闻业开始就已经具有了经济属性，正是因为市场需求才催生了报纸和

---

① ［美］布莱恩·阿瑟著，《技术的本质：技术是什么，它是如何进化的》，曹东溟等译，浙江人民出版社 2014 年 4 月版，第 171 页。

新闻。这种关系后来成为传媒业发展的强大动力,后来的几乎每一种新媒介都是在人们感官延伸和市场需求两方面因素主导下产生的。在传媒业成为经济结构中重要的组成部分后,它具备了自己的商业进化和发展规律,那就是市场、资本、消费行为会在感官延伸的自然需求之外刚性地推动技术的革新、新模式的创建、新市场的建立。

传媒经济

传媒和媒介二词是同义词,在英语中就是一个词,因此传媒经济也被称为媒介经济。传媒经济学教材中一般关注的是"传媒经济学"概念,对"传媒经济"一词的解释一般包含在了传媒经济学的定义中。比如传媒经济学的奠基人罗伯特·皮卡德的定义是,"经济学研究宗旨在于揭示有限或匮乏的资源如何分配才能够满足彼此相互竞争而永无止境的需要与欲求;经济学同时研究上面列举的这些活动受制于哪些力量。"[1]吉莉安·道尔的定义是,"传媒经济学试图把经济学和传播研究结合起来,它关注的是不断变化的经济力量,这些经济力量引导和限制着传媒业中经理人、从业者和其他决策者做出决策……传媒经济学关注若干问题,包括影响传媒公司和产业的国际贸易、商业策略、市场细分、风险分担、权力开发、定价政策、广告市场发展、敬重和产业集中。"[2]只有极个别人对"传媒经济"或"媒介经济"一词给予了关注。艾莉森·亚历山大和若干学者联合写

---

[1] [美]罗伯特·G.皮卡德:《媒介经济学:概念与问题》,赵丽颖译,中国人民大学出版社2005年8月版,第2页。
[2] [英]吉莉安·道尔:《理解传媒经济学》,李颖等译,清华大学出版社2004年9月版,第2页。

作的《媒介经济学：理论与实践》中用简短的语言做出一个定义："媒介经济这个术语用来指各媒介产业内生产和销售产品的公司的商业运营和金融活动。"① 这是个非常简单的定义，省略了很多重要的因素和相关概念，人们几乎无法从中准确把握媒介经济这一概念。

麦奎尔从传播学的角度提出了媒介（传媒）市场的10大原则：

- 媒介类型依据是否拥有固定成本或可变成本而不同。
- 媒介市场具有双重性：收入来源于消费者和／或广告。
- 基于广告收入的媒介更容易遭受无法预料的外部因素的影响。
- 基于消费者收入的媒介容易出现财政短缺。
- 不同的收入来源需要不同的方法测量媒介表现。
- 双重市场存在的时候，一个市场的表现会影响到另一个市场。
- 大众媒介对广告的依赖会产生同质化。
- 专业媒介上的广告会促进多样化。
- 某些类型的广告受益于手中市场的集中。
- 为同一收入来源的竞争会导致同一性。②

尽管信息很多，但信息量有限，他把传媒经济局限于广告和消费两个环节中，完全忽视了生产、销售、传播内容、媒介产品等极其重要的要素。

---

① [美] 艾莉森·亚历山大等：《媒介经济学：理论与实践》第3版，丁汉青译，中国人民大学出版社 2008 年 6 月版，第 5 页。
② [荷] 丹尼斯·麦奎尔：《麦奎尔大众传播理论》第 5 版，崔保国等译，清华大学出版社 2010 年 7 月版，第 182 页。

第九章 元宇宙政治经济学

要想了解传媒经济概念，确实不太好从定义入手，那就不妨从传播和媒介两方面所面临的具体经济问题着手，也就是分别探究以下具体问题即可：传媒市场供给、受众需求、传媒市场结构、传媒要素市场、传媒产业、国际文化贸易和新媒体经济。

传媒市场供给应该从传播产品和媒介产品两方面加以理解。做这种区分是有意义的，因为内容生产、消费和硬件设备的生产、消费模式完全是不一样的。"传播产品是传播的内容，属于精神产品，具有商品属性、宣传属性和公共物品属性。"① 从"精神产品"可知传播产品指的是信息传播中的信息内容、新闻传播中的新闻内容。信息当然是可以进行价值评估的，并且可以交易、交换，这就让信息具备了商品属性。别看我们今天的新闻基本都是免费阅读、收看、收听，但这不意味新闻没有价值，也不意味着新闻是彻底免费的。只不过它的价值已经发生了转移，新闻生产方和提供方为了能够吸引更多的受众，把受众获取新闻需要付出的成本转移给了广告商、电信运营商，他们发现从后者拿到的收益远比直接向受众收取的信息费要可观得多，而且还能更好地兑现信息的宣传属性和公共属性。在报纸时代，我们不是没有付过费，除了那些行政人员能够享受到的官媒，大部分人看报纸是要付费订阅或在报刊亭、街边摊现场买报的。在电视面前，除了少部分公共频道，大部分频道的内容需要付费，要么像在中国、美国要向有线电视台付月费或年费，要么像在英国买电视机的时候就把 BBC 的 License Fee（收视费）交过了。

---

① 卜彦芳:《传媒经济学：理论与案例》第 2 版，中国国际广播出版社 2017 年 8 月版，第 23 页。原话用的是"传媒产品"，本章已经把传媒区割为传播和媒介，故此把卜彦芳教授用的"传媒产品"改为"传播产品"，意义不变。但传媒市场供给的所有产品应统称为"传媒产品"。

世界各地几乎所有的商业电视台的节目都是要付费的。我们只是在互联网时代习惯了"免费"看新闻，所以觉得新闻就应该是免费的，其实广告商和电信运营商提前替我们"预付"了阅览费，你"免费"看了人家的新闻，那你就得看人家的广告，然后不知不觉就会去掏腰包买人家推荐的其他商品，或者你需要不断地消耗信号传输流量，帮助电信公司和电视台、互联网平台合谋赚取流量费。在元宇宙，这种传播模式基本不变，反正信息提供方不会白干活，至少他们要"可持续发展"。如果说有什么变化的话，那极可能是负责元宇宙巨结构的公司、机构或者是国家承担巨结构的成本投入，消费者通过一次付费、电信公司或广告商"代缴"、劳务置换、信息交换等方式完成信息购买。在UGC模式冲击下，PGC很难直接用销售内容盈利。元宇宙传播环境中，AIGC将会逐渐取代PGC，内容制作的成本还会降低，因此用内容直接变现基本是无意义的，信息的价值必须找到替身来体现，比如如果我们要进入一个能用来呈现新闻信息的虚拟现实景观的话，那需要付费进入，费用可以摊在会员制、体验时设备的使用费用、硬件设施售卖、广告、流量、附加商品增值等之上。

除了新闻信息，传播产品还包含大量的文艺作品、体育竞技现场直播，这些信息中很多内容的获得一般需要直接付费。随着信息商业化的提高、版权意识的提高，很多内容需要付费，消费者已经逐渐适应了这种信息获取模式。在元宇宙，类似信息提供方要做的是继续提高内容的质量、画面的清晰度、更舒适的体验感。体验感包括五官的感觉、意念的沉浸等。

媒介产品顾名思义指的是媒介技术设备产品，属于物质产品，具有商品属性、技术属性和信息（内容）属性。新闻时代①，人们买报纸就是买信息，买信息就是买报纸，报纸和信息内容的售卖是绑定在一起的。进入信息时代以后，媒介和信息分家了，消费者或者受众要想获取公共信息，得先买一个能持久使用的媒介设备，即使你不用它，你也得备着一个；但你拥有了它，不等于可以随心所欲地获取信息，想获得信息，还得付收视费、流量费，或用别的方式"有偿"交换信息。媒介技术设备的商品属性从到达消费者手上那一刻就得到了体现，而技术属性包含在产品里面——没有技术，媒介进化的历史就不存在。至于信息属性，是指媒介技术设备是用来获取信息的。麦克卢汉所说的"媒介即讯息"另有他意，暗指媒介本身就代表了一种时代特征、与社会的相互影响、公共关系的变化。实际上，就信息而言，也可以理解为任何一种媒介都自带信息，因为每一种媒介的功能就是传播信息，还因为不同的媒介所负载的信息的形式是有区别的，报纸的信息用文字呈现，电视的信息用图像呈现，广播的信息用声音呈现，元宇宙媒介域的信息既用传统的形式呈现，也以 3D、在场形式呈现。媒介不同，信息表现方式也有所不同。媒介产品在另一条轨道上推动传媒事业的进步。

受众需求就是市场需求。"受众消费市场不仅实现了传媒产品的传播价值，更能够通过广告、电商等方式直接转化为收益，实现经济价值。"②可以说，没有受众就没有需求，没有需求就没有市场。信息

---

① 赵雪波：《传播史分期法的技术否思与功能导向》，《现代传播（中国传媒大学学报）》2022 年第 4 期，第 54 页。作者按照功能路径把人类传播史分为记录/记忆时代、新闻时代和信息时代。
② 卜彦芳：《传媒经济学：理论与案例》第 2 版，中国国际广播出版社 2017 年 8 月版，第 71 页。

传播只有在信息到达受众或消费者或用户那里，才算完成了整个过程，因此受众既是传播的终点，也是传播价值的起点；既是传媒产业的起点，也是传媒产业的原动力。受众对传媒有多种需求，几乎所有的传播功能都是对应于受众需求的，有什么样的传播功能，就有什么样的受众需求，或者说就可以培养出什么样的受众需求。受众的需求有些是天然的，有些不一定是天然的，是被传播主体培养起来的。比如信息传播是传播的第一功能，信息需求也是受众的第一需求。社交需求是人的天然属性，也是传播场中受众的天然需求，受众彼此之间需要社交，受众也愿意和传播主体间建立起一种有中介的主体间性关系。知识需求是信息需求的延伸，有些信息只是让受众获知而已，有些信息会提高受众的认知、判断能力，并成为整个知识储备的一部分，这就是知识需求。娱乐需求是受众的又一本能的需求，但受众一开始并没有期望媒介能提供这方面的内容，是娱乐借助媒介传播出来，碰上了受众的感觉，从此双方达成一种默契，传播的娱乐性就此和传播媒介形影不离。以上的这些需求最终都构成了交易、交换的商业关系。在某种程度上，娱乐是传媒给受众培养起来的需求。此外，在电商时代，传媒还给受众培养起了商业需求。在元宇宙时代，受众还会培养起创作的需求、主动发布信息的需求、更深入的自传播需求。受众的需求是可以被培养起来的，这就像广告刺激消费者的消费欲望一样。受众或者消费者对媒介产品的需求是另外一种刚性需求，任何人想要加入传播过程，就必须拥有媒介设备。这不像在报纸时代和广播时代，你可以在宣传栏里阅读新闻，可以随时听到各种广播播放的消息。元宇宙虚拟现实场景中的很多体验、需求都需要在技术、主导者等各方的引导下激发出来。元宇宙要让受众或消费者认识到，元宇宙里能够

第九章 元宇宙政治经济学

生活、社交、娱乐、商业交易。

从网络时代开始，受众就已经在不断塑造着自己的新形象，也就是把自己从"受众"向"用户"的角色转变。受众不再只是信息的接收者，也"不只是经过'二次销售'打包给广告客户的商品，还可以是内容创造者、自发传播者，是承担着丰富职能的'用户'"①。关键在于受众不再是无所适从、任人摆布的传播终端，而是一个重要的交易终端，如果受众不领情、不喜欢、不愿意，那他们就会摆脱传播链，传播就找不到对象，传播过程会中途夭折，受众也不会成为消费群体，传播的经济价值就体现不出来。如果把受众看作媒介产品的消费者的话，也是这个道理，如果他们不喜欢、不同意，那媒介产品的商业交换环节就建立不起来，媒介产品就是多余的、剩余的产品，就不能制造价值。因此，无论是针对传播产品，还是针对媒介产品，受众或消费者都不再是被动的第二主体，要么和第一主体结合，要么就转变成了更能体现自己存在价值的"用户"。用户第一，用户是上帝，这是现代，也是未来传播经济学的核心原则。

新媒体（或"媒介"）经济是进入电子传播时代以后的一种现象，由于有加速回报定律，技术的进化速度不断加快，新的技术设备和媒介产品不断推陈出新，以致成为一种时代现象。不过，新媒体刚成为关注重点的时候是有特定含义的。罗伯特·洛根认为，"我们所谓的'新媒介'是这样一些数字媒介：它们是互动媒介、含双向传播，涉及计算，与没有计算的电话、广播、电视等旧媒介相对。"② 这就是

---

① 卜彦芳：《传媒经济学：理论与案例》第 2 版，中国国际广播出版社 2017 年 8 月版，第 78 页。
② [加] 罗伯特·洛根：《理解新媒介——延伸麦克卢汉》，何道宽译，复旦大学出版社 2012 年 9 月版，第 4 页。

说新媒介是计算机、互联网的产物。不过互联网是一个笼统的概念，它不直接等同于新媒介，因此不能把互联网看作新媒介。为此洛根提出了新媒介区别于大众媒介的14条特征：（1）双向传播；（2）信息容易获取和传播；（3）有利于继续学习；（4）组合和整合；（5）社群创建；（6）便携性和时间灵活性；（7）媒介融合；（8）互操作性；（9）内容聚合与众包；（10）多样性和选择性；（11）生产者和消费者鸿沟弥合；（12）虚实结合；（13）再混合文化；（14）从产品到服务的转变。① 无法对新媒体总结定义，只能通过描述、举例等形式解释。

"'新媒体'（new media）是一个很难界定的概念。如果我们接受了'各个时代都拥有其特定的新媒体'这一预设，就无法对新媒体提出一个能够涵盖全部代群的界定。"② 潘忠党认为应该将"可供性"作为衡量和比较不同"新媒体"的整合概念，可供性越高，媒体就越新。他将新媒体的可供性分为三部分：信息生产的可供性（production affordances）、社交可供性（social affordances）和移动可供性（mobile affordances，即在时空点上的自由度）。在此基础上他列举了13种可供力，分属于以上三部分。生产可供性包括：可编辑（edit-ability）、可审阅（review-ability）、可复制（replicability）、可伸缩（scalability）和可关联（associability）。社交可供性包括：可致意（greet-ability）、可传情（emotion-ability）、可协调（coordinate-ability）和可连接（connect-ability）。移动可供性包括：可携带（portability）、可获取

---

① ［加］罗伯特·洛根：《理解新媒介——延伸麦克卢汉》，何道宽译，复旦大学出版社2012年9月版，第42—43页。为了更加凝练，此处对洛根的表述做了概括。
② 潘忠党等：《以何为"新"？"新媒体"话语中的权力陷阱与研究者的理论自省——潘忠党教授访谈录》，《新闻与传播评论》2017年第1期，第6页。

（availability）、可定位（locatability）和可兼容（multimediality）。[①]

新媒介层出不穷，超过了我们的理论总结速度，当更新的媒介出现后，理论可能会"理屈词穷"，于是就会出现"新新媒介"的概念——保罗·莱文森称推特、脸书、"油管"一类媒体为新新媒介[②]，以别于在此之前的其他"新媒介"。如果更新的媒介出现以后怎么办？继续叠加"新"这个形容词吗？显然不妥。新媒介只有一个含义，那就是相对于旧媒介而言的，最新的媒介。任何时代都有新媒介，我们需要一些新的特征、描述、概括、总结。元宇宙媒介已经来了，我们不会说它是"新新新媒介"，我们最多说它是最新的媒介。"新"的本质含义就是创新——理念创新、技术创新、模式创新、商业创新等，我们要从这诸多方面去理解每一时代的新媒介以及新媒体经济。

熊彼特在近一个世纪前就发现了创新对经济有重要的推动。他认为经济发展来自五种情况：（1）引入一种新的产品——消费者还不熟悉的产品——或者一种具有新特征的产品；（2）引入一种新的生产方法，这种生产方法是有关的制造部门还没有通过经验检验的，而且这种方法不需要建立在科学新发现的基础上，这种方法也可以是在商业上对商品的新的处理方法；（3）新的市场的开放，新的市场就是一个国家的某一个生产制造部门之前没有进入的市场，不论这个市场之前是否存在；（4）征服或控制原材料或半制成品的新的供给来源，不论这种来源已经存在还是首次被创造出来；（5）任何一种工业

---

① 潘忠党：《以何为"新"？"新媒体"话语中的权力陷阱与研究者的理论自省——潘忠党教授访谈录》，《新闻与传播评论》2017年第1期，第10页。
② ［美］保罗·莱文森：《新新媒介》第2版，何道宽译，复旦大学出版社2014年7月版，第4页。

实行新的组织,比如制造一种垄断地位(如通过"托拉斯化"),或打破一种垄断地位。① 在元宇宙,我们把这几点修改一下。第一,元宇宙媒介域包罗万象,充满无限可能,因此将会有更多更新的媒介技术和媒介产品推陈出新,这是元宇宙经济欣欣向荣的产业基础。第二,元宇宙经济从生产到流通到消费,将会去本位、去中心、去中介,用户将同时是生产者、传播者,原来的组织化的生产者、传播者缩小为更小的单位,尽管规模化生产依然存在;传播管理和产业管理的中心还有,但是市场的、观念的中心将不复存在;传播过程、交易过程的中介成为多余,或具备了最大化简略中介的条件。总之元宇宙的生产、流通、消费都将高度数字化、智能化,数字经济、虚拟经济、共享经济等一系列新经济主宰元宇宙经济。第三,元宇宙新产品、新模式推动下出现元宇宙新市场。不仅新的市场不断出现,旧的市场也在不断地裂变、重组。元宇宙催化下的国际市场和国际贸易将进一步融合,壁垒越来越不可能,一荣俱荣一损俱损的市场牢不可破。第四,对原料和能源的殖民式、霸权式征服与控制早已行不通,一来元宇宙追求节点之间的公平,二来元宇宙的原料和能源不再是化石能源,而是数字原料、生物原料、太空原料、原子能源、再生能源、绿色能源等取之不竭的原料和能源,这些原料和能源无须争夺、抢占、控制,只要掌握技术就可以拥有、掌握、利用,技术将决定一切。第五,垄断如过街老鼠,无论在哪种制度下都不被允许。垄断更是和去中心化精神相背离,它代表的是旧经济而不是新经济,是走向衰落的经济而不是勃勃向上的经济。

---

① [美]约瑟夫·熊彼特:《经济发展理论》,王永胜译,立信会计出版社 2017 年 1 月版,第 61-62 页。

第九章　元宇宙政治经济学

对于经济学色彩特别浓厚的传媒市场结构、传媒要素市场等问题，这里不再展开，这是将来"元宇宙传媒经济学"的分内之事，而有关元宇宙传媒产业、国际文化贸易的问题，有的需要"盖棺定论"或在其形成一定规模以后才能展开论述、研究，这里无法预测，也无意义，有的则并入以下"元宇宙经济形态"部分。

新经济形态

游戏公司 Epic 的 CEO 蒂姆·斯威尼在接受采访时指出，元宇宙经济有四个要素。第一个是数字创造，就是说要创造出化身们需要的产品。第二个是数字资产，即进入元宇宙销售流程的产品必须解决产权归属、标记创作者、避免被无限复制等问题。第三个是数字市场，即有一个交易数字产品的市场以及相关的交易规则。第四个是数字货币，现实世界都已经有数字货币了，虚拟世界更需要数字货币。在这四种因素支撑下，建立起数字消费。[①] 很显然，斯威尼完全把元宇宙经济等同于数字经济了，但实际上这二者是有区别的，世界上一些主要的经济体早已经进入数字经济时代，如果说元宇宙经济就是数字经济，那元宇宙经济概念完全就是多余的。

这里需要先厘清元宇宙经济和数字经济两个概念的不同。

早在 2016 年杭州召开的 G20 峰会发布的《二十国集团数字经济发展与合作倡议》中就明确了数字经济的定义："数字经济是指以使用数字化的知识和信息作为关键生产要素、以现代信息网络作为重

---

① 邢杰等：《元宇宙通证：通向未来的护照》，中译出版社 2021 年 8 月版，第 75 页。

要载体、以信息通信技术的有效使用作为效率提升和经济结构优化的重要推动力的一系列经济活动。"[1]我们现在已经充分地感受到了数字经济带来的便利和优惠，但是元宇宙还只是一个新事物，我们正在准备迈入其中，元宇宙经济和元宇宙一样只是开了个头，离成熟、独立的经济体系还差得很远。因此对元宇宙经济的理解只能是一种预判。对元宇宙经济可以先简单地做这样的理解，即元宇宙经济是以虚拟和现实两种形态的知识、信息、生产主体、生产资料为生产要素，以元宇宙全技术为重要的生产手段、交易手段、中介和载体，以满足人类在贯通虚拟和现实两个世界的时空中的有关创造、交换、传播、获取等各种需求为目的，并以最科学、最合理、最高效、最人性化的方法开展的一系列经济活动。按照有的人的观点，元宇宙本身就是一种经济制度。元宇宙专家朱嘉明认为元宇宙有三大特征，第一个是技术集大成，这有点像我们提出的"媒介域"，在他这里应该是"技术域"；第三个是人类生存模式的改变，在元宇宙中人的很多行为和在现实世界中是完全不一样的，比如没有生理性需求和物质性需求。第二个就是新的经济制度。他认为元宇宙需要经济制度支撑，但不是现实世界经济的平移，它需要避免现代社会中的很多弊端，要消除垄断和贫富差距，要有共享和平等基因。[2]因此，元宇宙经济是一种全新的经济形态，它继承了前元宇宙的很多因素、特点、基因，但是又有着自己独特的要素、非凡的特征、变异的基因。

元宇宙新经济形态中有很多规律、原则要重新思考。国内最

---

[1] 《二十国集团数字经济发展与合作倡议》，中国网信网，2016-09-29（2022-09-07），http://www.cac.gov.cn/2016-09/29/c_1119648520.htm。

[2] 朱嘉明：《元宇宙与数字经济》，中译出版社2022年6月版，第350页。

早论述元宇宙的著作《元宇宙》认为应该要重新思考这几个规律：（1）认同决定价值；（2）边际效益递增；（3）边际成本递减；（4）交易成本趋零。① 所谓"认同决定价值"，是说在马克思主义经济学中劳动决定价值，但是在元宇宙数字世界中的数字商品与劳动没有正比例线性关系，商品的价值不是由劳动决定的，而是由消费者的认同决定的。这当然不是说不需要劳动了，元宇宙的商品依然需要文本，需要人来创作，优质的内容凭借其稀缺性理应获得更高的价值，但是最终决定价值的不是劳动者，是消费者，是消费者的认可。这很有趣，这有点像国际法中的承认原则，一个地区单独宣布独立或建国并不能成为它独立或建国的事实，它必须获得国际社会广泛的承认。元宇宙也是这样，认同的重要性远高于生产者、传播者等第一主体自己的主张。所谓"边际效益递增"，意思是在现实世界中，商品的边际效益往往是递减的，商品数量越多，它的价值越低。但是在元宇宙，特别是在元宇宙游戏中，这条法则被打破了，玩家越多，游戏越有价值，边际效益也越高。网络价值不会因为用的人多而折损，正好相反。"边际成本递减"的意思和"边际效益递增"的相反相成。在现实世界中，材料、生产、人工、仓储、运输等成本会随着商品数量的增加而降低，越是规模化生产，成本越低。但是在数字世界中，物理产品除外，虚拟产品的原材料只有"0"和"1"，产品一般不需要生产线、仓储、远途运输，也不需要大规模的密集劳动人员，产品没有磨损，也就没有折旧费。产品的成本自始至终是一致的。所谓"交易成本趋零"，则是指在传统的物理市场中，交易

---

① 赵国栋等：《元宇宙》，中译出版社2021年8月版，第94-98页。

过程需要为人工、场地租金、管理等付出很多管理成本，元宇宙经济形态中，商家不再需要为场地、管理、折旧等付费，从一开始交易成本就是零。

其实，除了以上四条之外，还有一些问题也要创新、深入地思考。

在现实社会的经济体系中，生产是很专业化的工作，有产业化的企业、从业人员从事生产。但是，在元宇宙，人人都可以参与元宇宙的建设，可以参与信息的"生产"，如果平台提供的创造系统足够智能，每个人也都可以成为发明家、创意者、制造者。甚至于原来被看作无价值属性的点赞、转发、玩乐都可以产生价值。生产不再是劳作，不再是为了养家糊口的辛苦工作，而是创作和创造。保护版权、保护创新（包括创意、创作、创造）的意识、政策将要提高到一个至上的高度。申请版权也不用像现在这么复杂、烦琐且充满人为因素——审查员认为是发明就是发明，不是发明就不是发明。审查系统将非常智能化、精确化，专利将细化到对细节创新的规定。"人人可以参与元宇宙的建设，用户既可以消费内容，也可以生产内容。而企业便要尝试构建这样的生态，提升原创作品的价值，形成创作者经济。"[①] 这看起来是一种理想状态，但是正是因为它是理想状态，所以才是元宇宙的努力方向。

元宇宙要有自己的货币，它可以叫作数字货币，也可以叫作元宇宙货币，单位也许可以叫作"宇宙元"，无论如何，它与虚拟现实世界高度契合，既适用于现实世界，也属于虚拟世界。"宇宙元"将更加国际化，而且从一开始就是国际化的。人们到国外旅行、出差，不

---

① 赵广义：《元宇宙：新时代新商业新场景》，电子工业出版社2022年2月版，第140页。

再需要兑换所在国的货币，整个世界都使用唯一的"宇宙元"。它的形成可能有两种途径，一种是按协议原则，即世界各国政府以及元宇宙国际管理机构共同商议决定，形成新的货币体系；另一种是按优先原则，即最早进入元宇宙的国家的数字货币或虚拟货币将成为国际性的元宇宙硬通货。如果想在元宇宙占得先机，这一步就得提前行动。

加速回归法则不只是针对技术而言的，也是针对经济而言的。按照库兹韦尔的观点，加速回归法则本身就是一种经济理论。他认为现代经济理论和政策都是建立在过时的模式基础之上，旧模式强调能源成本、商品价格、厂房和设备等基础设施投入，忽略了计算机存储容量、带宽、技术规模、知识产权等其他无形成分。旧的经济预测模型是基于历史的线性观点，而不是基于指数增长的观点。现代经济已经是知识型经济和技术型经济，未来这一特点会进一步加强，而且在加速回归法则下，知识和技术的增长速度会更快，经济也呈指数级增长。经济发展和技术增长互为因果，"一个竞争市场的经济需要是推动科技向前发展和为加速回归定律提供燃料的首要动力。反过来，加速回报定律正在转变经济关系。"①

传统的传媒经济学观点延续了传统经济学思想，因为，"传媒经济学就是要用经济学的基本分析方法来研究传媒领域的经济问题。"②而传统经济学是从资源稀缺性角度看待各种经济问题的，正如前述皮卡德关于传媒经济学定义所言，"经济学研究宗旨在于揭示有限或匮乏的资源如何分配才能够满足彼此相互竞争而永无止境的需要与欲

---

① ［美］Ray Kurzweil：《奇点临近：人类超越生物》，李庆诚等译，机械工业出版社2014年8月版，第56页。
② 卜彦芳：《传媒经济学：理论与案例》第2版，中国国际广播出版社2017年8月版，第5页。

求……匮乏现象之所以存在,原因是资源有限,而需要与欲求是无穷的,超过了可用的资源。"① 回溯萨缪尔森的关于经济学的定义也是这种逻辑:"经济学研究的是一个社会如何利用稀缺的资源生产有价值的商品,并将它们在不同的个体之间进行分配。"② 曼昆亦如此:"经济学研究社会如何管理自己的稀缺资源。"③ 所以,皮卡德认为传媒经济学和经济学一样都建立在资源的有限性基础之上:"媒介经济学关注和研究的是形形色色的媒介运营者如何在各种资源非常有限的前提下,满足受众、广告商在社会咨询与娱乐等方面的需求。"④ 然而,在元宇宙时代和环境下,情况似乎发生了变化。首先,信息——传播内容是无限的。一方面,传媒经济学者们普遍认可,信息可以重复使用,无法说信息是稀缺的;另一方面,因为信息制造者身份的解放,信息总量将呈指数级增长,新一轮的信息爆炸和信息泛滥将不可避免。如果说信息存在短缺问题,那是因为部分创造性信息的知识产权被限制了,特殊的、有价值的信息不被允许随意复制。因此,信息使用方面的障碍是限制问题,而不是短缺问题。信息资源不能被简单地与其他物理资源等同视之。其次,受众的数量基本是恒定的。由于受兴趣、注意力的影响,总是有一部分受众不在某个信息影响的范围内,在元宇宙,这个数量仍然是恒定的,就算把全人类都"一网打尽",80亿或者90亿,受众数仍然是相对稳定的,所以内容提供商和媒介生产

---

① [美]罗伯特·G.皮卡德:《媒介经济学:概念与问题》,赵丽颖译,中国人民大学出版社2005年8月版,第2页。
② [美]保罗·萨缪尔森等:《经济学》第19版,萧琛等译,商务印书馆2013年1月版,第4页。
③ [美]曼昆:《经济学原理》第7版,梁小民等译,北京大学出版社2015年5月版,第3页。
④ 同①:第1页。

商,就不要指望地球能够不断地"制造"受众。美国学者高尔德哈伯认为,在信息社会信息并不稀缺,稀缺的是注意力,正是由于它的稀缺性,注意力才可以转化为财富。[①]问题是,注意力是受众的注意力,既然受众是资源,那注意力也是资源。既然注意力稀缺,那就是说受众资源稀缺。然而,受众资源并不能用稀缺二字来解释。看来,注意力就在那里,它不稀缺,它需要被挖掘和发现。最后,很多人忽略了媒介产品的供需。在这个问题上同样不能用稀缺理论来解释。元宇宙是被看作一种理想的生活世界,也就是如果现实世界不够理想,或者永远达不到理想状态,那元宇宙的虚拟现实世界必须满足人类关于"自由人联合体"的理想,否则就犯不着我们劳心费神去设想、预测、争取实现,它就真的会是停留在想象层面的乌托邦。但我们的理智、理想不允许我们这样半途而废,我们必须把它设计成一种未来可触及的现实。如此一来,我们为什么要允许媒介产品的供应永远处于一种稀缺状态?我们有能力生产足够多的产品供人类使用,也有能力开发源源不断地替代能源和矿藏。在今天的社会之所以存在产品或商品、资源的稀缺情况,不是因为它们真的稀缺,乃是因为财富分配的不平衡、供需模式使然,产品供应商宁愿让供给短缺也不能让供给盈余,否则产品将过剩、贬值,导致市场萧条。然而在元宇宙理应有一种更加合理、公平、人性化的商业模式和经济体系。消费者的需求才应该是衡量一切的标准。

总之,元宇宙经济需要用元宇宙的眼光去对待,而不是用现在的眼光去对待。

[①] 卜彦芳:《传媒经济学:理论与案例》第2版,中国国际广播出版社2017年8月版,第12页。

第二节
元宇宙政治

　　每一种技术都会影响人的行为习惯，都会形成同时代人们的一种技术观，这种技术观又会影响、形成人们的世界观、价值观和政治观。动力机械时代，人们逐渐形成了一种占主导的机械观，这种机械观反映到政治领域，就是人们努力去建设一个井然有序且又可控的社会；电子时代的"电子观"指导下，人们希望自己所处的社会应该是一个以人类社会为中心、让一切自动运转且能给人类提供更好生活品质的社会；互联网时代的互联网思维则把一切、所有人、全世界都联系起来，有人希望能用共同的标准作为一切政治的和非政治的行为的指导原则。那么，元宇宙时代是不是会有一种元宇宙观或元宇宙思维呢？答案是肯定的。那么，在元宇宙观下面的元宇宙政治将呈现什么样的一种状态？

第九章 元宇宙政治经济学

政治的继续

克劳塞维茨有过一句名言：战争是政治的继续。在今天这样一个高度政治化的社会，有哪一种事物能说不是政治的继续？元宇宙不是凭空产生的，它是互联网社会、数字社会、媒介社会、技术社会高度、深度发展的结果。在互联网社会、数字社会、媒介社会、技术社会中，政治从来没有走开过，而且恰恰相反，这些社会总是会深深地打上自己的烙印，并被某些政治力量、政治因素左右，影响。甚至作为媒介域，它本身就具有公共性，而公共性和个性化就是一种政治话语。所以说，在元宇宙，政治无处不在。政治是元宇宙的属性之一。查德威克在《互联网政治学：国家、公民与新传播技术》一书中总结互联网政治有八个主题：（1）去中心化；（2）参与；（3）社团；（4）全球化；（5）后工业化；（6）理性主义；（7）治理；（8）自由主义。作为"互联网终极形态"的元宇宙，这八个主题仍然有效。

"去中心化"不用说，这是谈论元宇宙的人最喜欢用的一个词。一般来讲，去中心化是限定在产业、金融、社交层面的用语，但是也有人把它无限扩展，换句话说就是不对去中心化进行限定。这样，去中心化就成为整个元宇宙的特征，放之元宇宙全领域皆准。如果这一特征扩展到政治领域，那就是长期以来关于政治权威和个人自由之争的继续。事实表明，在任何社会、任何时代，去政治中心都是不可能的。传统的"政治中心"只会在和它的对立面此消彼长过程中出让一部分权力，而不会出让全部权力。未来，个人自由确实会进一步加强，个体因元宇宙结构规定形成的独立性确实会形成对传统政治权威的监督和制衡,但绝不会形成去中心化的结果,最理想的状态将是多中心化结构。回到查德威克的"去中心化",他似乎讲的根本就不是去中心化的问题。他说:"互联网将会消除社会、经济和政治进程中所有的中介形式。"① 很显然,他把"去中介化"理解为了"去中心化",而"中介"和"中心"是风马牛不相及的两个概念。元宇宙里,传统的中介固然会不断弱化,但是这不意味着中介的消失,而是中介完成了转型,原来的受众、大众作为传播的接收端、权力实施的对象,转变为传播主体的一部分、政治权力的一部分,同时也成为自己的中介。

参与、社团是人类社会的基本特征,也是人类行为社会化、交往化、公共化、组织化的表现。元宇宙作为媒介域和传播场本身就是一个公共领域——当然不是属于某种阶级的公共领域,它属于所有人,具备所有中介化公共领域的特征,同时依然保有国家、社会、城市、家庭和个人等不同层次的结构。与传统媒介和技术社会相比,元宇宙是一个新公共领域,它首先保留了真实世界的公共领域,并用数字、物联网等技术把所有的社会成员、社会角落都连接成为整体。公共领域成为人间、世界、可感觉宇宙的代名词,这意味着人间、世界、可感觉宇宙不是哪一部分人的,是属于所有人的,人通过元宇宙能够建立真实世界最终极的公共领域。其次,它建立了一个虚拟世界的公共领域。过去也有虚拟世界的公共领域,但旧的虚拟世界的公共领域只能通过旧式的文学、绘画等手段来意会、想象,或者通过互联网和数字技术而"存在",它无法显现。元宇宙的虚拟

---

① [英]安德鲁·查德威克:《互联网政治学:国家、公民与新传播技术》,任孟山译,华夏出版社2010年4月版,第27页。

世界的公共领域依托 VR、AI、人机接口等技术可以感知、进入、体验，这是人类自己给自己的精神和意识献上的最隆重的礼物。最后，它建构了一个贯通虚实的虚拟现实世界的公共领域，就是可以把虚拟世界的公共领域和真实世界的公共领域打通、互文、互补。在现实世界实现不了的争取去虚拟世界实现，用真实世界的理念、手段赋予虚拟世界以真实性。人们不用再纠结世界是物质的还是精神的，因为世界既是物质的也是精神的，人类组成的公共领域既是精神的也是物质的。

全球化概念在元宇宙时代已经毫无意义，因为既然宇宙代表了地球以外的客观物质世界，那元宇宙就代表地球上的、专属于人类的物质化精神世界或精神化物质世界。元宇宙尽管属于地球上的人类，但它可以让人类的触角延伸至宇宙中至远无远之处。全球化是相对地区化、封闭化、国家间相对隔绝而言的政治术语、经济术语和文化术语，元宇宙站在全人类的高度去处理人与世界的关系、物质世界和精神世界的关系、真实世界和虚拟世界的关系、地球与宇宙深空的关系，早已超越了全球化语境和现实。

后工业化早已烟消云散，对元宇宙时代来说，它所面对的是"后互联网化"和"后数字化"历史。元宇宙是互联网深度发展、数字技术高度应用于人类社会各个领域后的结果，我们现在尚处在元宇宙的大门口，徘徊与不徘徊都没关系，后来者、技术、欲望等共同组成的历史洪流将推着人类迅速冲过大门，进入元宇宙的领地。"沉舟侧畔千帆过，病树前头万木春。"谁也阻挡不了技术力量造成的冲击，互联网终将成为"旧媒体"，数字技术也会像血液融入整个世界，以它们名字命名的时代将被一种更新的技术、体系替代。望向库兹韦尔的"奇点",人类即将要面对的是"后人类时代"。

查德威克的"理性主义"和"自由主义"探讨的是同一类问题的两个方面,是关于政府与个人之间的关系问题。理性主义引用马克斯·韦伯的理论,暗示政府与理性主义之间有着高度的一致性,机构、秩序代表了理性。自由主义直言网络成为"摆脱了政府和公司控制的相对自由的领域,现代社会的真实空间中占据主导地位的大型权力组织,在网络空间中受到了削弱"[①]。理性主义和自由主义成为相互对立的一对。这些问题其实在"去中心化"讨论中已有体现。之所以反复地、从不同角度进行审视,是因为这些问题非常重要。在元宇宙时代,这一对矛盾体还将存在,此消彼长,共同推进元宇宙秩序向着更加有序、规范、合理且人性化的方向发展。元宇宙最终要解决的是人与物、人与客观世界的终极关系,在此之前,必须先解决人与人的关系,给人与人的关系寻找到一种更加协调、和谐的结构。

治理的问题留待后面论述。

虚拟现实世界是现实世界的影子也罢、投射也罢,肯定是真实的存在状态,是人的存在状态。原来在现实世界中的一切都会投射到元宇宙。元宇宙不仅在理论上和前元宇宙有承继关系,在实践上也具有仿真性、平移性。

2007年,马尔代夫在视频游戏《第二人生》中设立了一个外交办公室。之后,其他国家纷纷效仿,塞尔维亚、北马其顿、马耳他、以色列、瑞典、菲律宾,以及哥伦比亚都在《第二人生》中开设了

---

① [英]安德鲁·查德威克:《互联网政治学:国家、公民与新传播技术》,任孟山译,华夏出版社2010年4月版,第41页。

虚拟大使馆。

2021年8月，巴巴多斯外交部批准与全球最大的数字平台之一 Decentraland 公司签署一项协议，宣布在该公司的元宇宙平台设立大使馆，旨在为该国的技术和文化外交打开大门。同时，巴巴多斯政府还在考虑与 Super World 和 Somnium Space 等其他元宇宙平台达成协议的可能性。Decentraland 公司拥有一个 3D 数字世界，由 90601 块"土地"组成。为了依法办事，巴巴多斯政府还聘请了法律顾问，以使数字大使馆符合国际法以及《维也纳外交关系公约》的规定。

这一切操作是否预示着一种趋势？是否所有的国家都要在元宇宙设立自己的机构、驻外使馆？目前尚不能准确下定论，但是元宇宙有一个第一定律：一切建立在现实世界基础之上。按照这个第一定律，现实世界的一切都可以被复制到元宇宙，或者反过来说，元宇宙中的一切都可以仿照现实世界重塑、重构。只不过有些人把元宇宙完全看作一个真实世界的全复制世界，以为现实世界的一切都有必要照搬到虚拟现实，这可能是对元宇宙的狭隘理解。

不管怎么说，元宇宙少不了国家的身影。负责任的国家必须对元宇宙未雨绸缪，但不能未经深思熟虑地、飞蛾扑火般做未来世界的试验品。在这方面第一个牺牲品已经出现。南美洲有个不大不小的国家，叫萨尔瓦多，2019年该国选出了自己的新总统，一位较为年轻的、敢作敢为的时代新人纳伊布·布克莱。萨尔瓦多在各种国内外势力的捣乱下，经济一塌糊涂。布克莱上任之后决心改变这一切，首先要让国家摆脱穷人遍地、负债累累的境地。2021年，布克莱在美国迈阿密举行的一场比特币大会上正式向全世界宣告，他的国家将把比特币作为法定流通货币，并将建立一座"比特币城"。关于比特币，大家都知道，这是一种数字货币，被看作元宇宙货币的原型，甚至未来有可能直接成为元宇宙的币种之一。目前有一部分国家允许它的流通，但大部分国家不承认它的货币属性。萨尔瓦多决心提前进入元宇宙，用虚拟世界重塑国家。但结果如何呢？萨尔瓦多入局之前比特币实际上已经涨跌不断，呈现出很大的不稳定性。2022年6月20日上午，比特币砸穿2万美元关口，跌至过去18个月以来的新低，24小时跌幅超5%。15万炒币的投机者，在24小时之内接连爆仓，损失总金额高达5.67亿美元。萨尔瓦多也不例外，他们砸进去的5000万美元几乎赔了个精光，用比特币重振国家经济的行为基本以失败告终。这是"元宇宙二年"（2021年为"元宇宙元年"）最大的负面新闻。

人人政治

互联网时代，对于互联网带来的"电子民主"有截然不同的两种态度：一种认为互联网给每个网民都提供了发声的工具和机会，是民主的胜利；还有一种认为网络论坛损害了民主。其实，这两种观点都是管中窥豹，可见一斑。前者过于神话互联网，忽略了国家权威的同步加强，这种想法和在"去中心化"问题上的强调国家权威受到削弱一致，表面看确实有越来越多的人可以发声了，但是在关键问题上，起主导作用的仍然是国家和政府以及政治精英，传统的"中心–边缘"政治权力结构并没有发生根本变化。后者认为人们更愿意在网上寻找有相同思想的人，强化彼此的共识，这有损网络民主。但事实是人们上网点评、点赞一来是要表达自己的立场，二来是对寻找持不同意见和立场的人并对其进行谴责表现得更为积极和主动,而不是对有意寻找持相同观点的人的兴趣更大。看来,根本不能用"民主"一词来概括互联网政治,与其强调"电子民主"和"互联网民主"概念,不如回到中性、客观的立场上,关注"电子政治"和"互联网政治"。

元宇宙时代,整个元宇宙结构,或者说元宇宙社会,更加结构化、网格化、节点化,每一个"元住民"都是一个平等的节点,人们可以参与元宇宙结构的建设,也可以参加元宇宙媒介域生产,还可以参加元宇宙传播场的主动传播,当然也可以参加元宇宙政治。人人都可以参政议政是民主社会的高度体现。个体不一定要拥有管理权限,但他具有代表元宇宙社会优越性的固有权力,比如发声、监督、听证。权力不是争权夺利,也不是身处高位,它就是一种生活。正如劳伦斯·格罗斯伯格所言,"权力是在人类生活的层面上运作的;它既非抽象的普遍结构,亦非主观经验。它既是限制性的,也是生产性的;它生产差异,形塑关系,制造同一性和等级结构,但是也促成实践,给社会主体以力量。"[1] 元宇宙政治制度、技术储备足以匹配大众参政、议政、督政的要求和能力,也必须匹配这种要求和能力,因为它是人类的理想状态之一。

人人平等的问题不仅仅关乎生理健全的人,同样要关心生理不健全的人士。人工智能将弥补残疾人某一方面的不足,让他们和正常人一样交往、行动。这是生物意义上的人人平等,只有当生物意义上的人人平等实现了,社会意义、政治意义上的人人平等才是最

---

[1] 罗钢等:《文化研究读本》,中国社会科学出版社2000年1月版,第74页。

彻底的人人平等。人人平等是一种政治权力理念，追求的是拥有机会的平等，不代表人人会在物质上、财富上、权力上是完全平等的。平等主义不是平均主义，元宇宙中贫富悬殊不再存在，但贫富差距仍然是事实，差距不是因为出生、身份、社会地位形成的，而是由付出、努力、回报机制决定的。奖勤罚懒、多劳多得是元宇宙的分配原则之一。每一个人都应该有一个进入元宇宙的通证，但是否真的拥有，取决于你对技术的掌握程度、你所在的国家的经济实力。一切都得从现实出发。

公共治理

元宇宙的社会秩序是靠各平等节点自治呢？还是要靠弱中心管理？

目前，在谈论元宇宙治理时用得最多的一个词是 DAO，其全称是 decentralized autonomous organization，翻译过来就是"去中心化自治组织"。"DAO 是以互联网基础协议、区块链技术、人工智能、大数据、物联网等为底层技术支撑，以 Token 激励和协同治理为治理手段，拥有明确的共同目标，具备高度信任和高度共识、开放平等、去中心化、公开透明、自动化特征的一种全新的组织形式，是数字协作的最佳实践和 Web3.0 最基本的组织形式。"[①] DAO 概念明白无误地提倡自治，它具有 Token 激励、协同治理、高度信任、高度共识、开放平等、去中心化、公开透明、自动化等特征。DAO 并

---

① a15a：《一本书读懂 Web3.0：区块链、NFT、元宇宙和 DAO》，电子工业出版社 2022 年 5 月版，第 198 页。

第九章 元宇宙政治经济学

不是为元宇宙定制的,它的概念和思想出现时间都比较早。2006年美国作家丹尼尔·苏亚雷斯(Daniel Suarez)在其出版的科幻小说 *Daemon*(《精灵光驱》)中虚构了一种计算机应用程序Daemon,这种程序具备分布式、可支付赏金、在整个社区中分享信息、管理货币等特性,通过接管数百家公司而建立了新的世界秩序。这被看作和DAO十分相似的思想。2013年,有人提出了DAC(decentralized autonomous corporation,去中心化自治企业)概念。2016年世界上第一个DAO,即The DAO在以太坊社区诞生,并众筹了1270万个ETH(以太币),折价1.5万亿美元。后因技术漏洞,被黑客盗走了360多万个ETH,The DAO走向了末路。2020年去中心化金融热潮使得DAO重新进入公众视野。2021年一些加密货币爱好者宣布成立ConstitutionDAO,它的目标是众筹资金去苏富比拍卖会上竞拍《美利坚合众国宪法》的一个副本,阻止宪法副本被富人独占,"让宪法回归人民"。ConstitutionDAO的竞拍最后以失败告终,但是再次提高了DAO的知名度和影响力。目前,已经出现了各种各样的DAO,有为募集资金买地的CityDAO,有以治理为目的的MakerDAO,还有关于创作、投资、收藏、学习、社交、资助等各种目的的DAO,形形色色,五花八门。DAO的灵魂是"共识",只要在某个目标上达成共识,谁都可以发起成立"自己人"的DAO。DAO还处于尝试、实验阶段,还有很多不确定性,也暴露出了许多问题,比如法律不健全、技术和管理存在漏洞。此外还面临一些两难的问题,比如是否需要设置负责人:设置呢,与区中心化原则不符;不设置呢,缺乏管理。

DAO是一种社区,是志同道合者为某一共同目标创建的虚拟公共领域。这种公共领域可以自治，但是对元宇宙巨结构来说呢？成立一个志同道合的自治组织比较容易，但是对于元宇宙整体而言，永远也不可能让所有的成员都志同道合，那它就需要管理者，需要一个管理中心。

公共领域需要治理，需要管理，这就是公共治理（public governance）和公共管理（public management）。最早的有关概念既不是公共治理，也不是公共管理，而是公共行政（public administration）。这方面理论的鼻祖不是别人，就是大家耳熟能详的、"一战"期间提出"十四点计划"的美国总统伍德罗·威尔逊。他在1887年发表了文章《行政学之研究》，首次提出了他关于公共行政的思想。佩里和克雷默对威尔逊的文章分析归纳出四点思想：（1）以政府作为主要的组织脉络背景；（2）以执行功能作为合适的焦点；（3）以发现有效管理的原则和技术作为发展管理能力的关键；（4）将比较作为该领域研究取得进展的方法。[1] 20世纪70年代，"新公共管理"范式兴起，"公共管理"逐渐地代替"公共行政"成为相关领域更有代表性的概念。从定义上理解，"公共管理是公共组织提供公共物品和服务的活动，它主要关注的不是过程、程序和遵照别人的指示办事以及内部取向，而更多的是关注取得结果和对结果的获得负个人责任。"[2] 再进一步解释，"'公共'作为与'私人'相对的概念，表示国家、政府及其他公共组织的职能、活动范围；与多数人的利益相关，有较多的社会公众参与；表示一个众人的事务领域。"[3] 可见，公共管理最大的管

---

[1] 陈振明：《公共管理学》第2版，中国人民大学出版社2017年4月版，第10–11页。
[2] 同①：第3页。
[3] 同①：第5页。

第九章 元宇宙政治经济学

理主体是国家及其政府,而不是社会组织。

20世纪90年代以来,"治理"(governance)和"公共治理"成为公共管理领域新的热词。按照"全球治理委员会报告"的定义,"治理是各种各样的个人、团体——公共的或个人的——处理其共同事务的总和。这是一个持续的过程,通过这一过程,各种互相冲突和不同的利益可望得到调和,并采取合作行动。"① 联合国对全球治理的关注,使"治理"一词从国际关系的全球治理走向了国内治理。国内公共管理学领域的专家陈振明认为,"可以将治理一般地理解为一个上下互动的管理过程,它主要通过多元、合作、协商、伙伴关系、确立认同和共同的目标等方式实施对公共事务的管理,其实质在于建立在市场原则、公共利益和认同之上的合作。它所关注的主要问题是,如何在日益多样化的政府组织形式下保护公共利益,如何在有限的财政资源下以灵活的手段回应社会的公共需求。"② 从这个定义可以看出,治理是具有公共性质的,它的对象是公共事务、公共利益和公共需求,它的手段是合作、协商、管理,它的主体是国家、政府、社会、个人等多元角色。因此,治理和公共治理就达成了意义上的一致。

尼葛洛庞帝在25年前曾经预测,鉴于人类正在从原子状态过渡到比特状态,人类社会正在经历"权力分散"和"赋予权力"的过程。所谓赋予权力,是指数字化给了人类掌握未来的力量,而所谓权力分散,是指管理中心包括中央集权和民族国家都将成为明日黄花。然而,过去的20多年到30年的历史告诉我们,互联网和数字技术确实让我

---

① [瑞典]英瓦尔·卡尔松等:《天涯若比邻:全球治理委员会的报告》,赵仲强等译,中国对外翻译出版公司1995年9月版,第2页。
② 陈振明:《公共管理学》第2版,中国人民大学出版社2017年4月版,第59页。

们对明天更有信心,也让很多原来处在权力边缘的人有机会"接触"到权力,但是民族国家并没有按照尼葛洛庞帝的逻辑发展,而是像查德威克所判断的那样更强大了。在元宇宙,国家和政府仍然将发挥决定性的作用。尽管在前期,元宇宙看起来更像是产业界、技术界、金融界、社交媒体自娱自乐的游戏,但只要元宇宙成熟起来,国家、政府、互联网管理中心等权力中心必然会介入进来。而且,指望产业界自己把元宇宙建设起来也不现实,投入、研发、法律、超乎互联网和数字技术的全技术的介入、一个全人类的元宇宙的建成,等等,这一系列的工作远非一些技术人员、互联网公司、金融机构等能推动得了的。元宇宙是全人类的,从这个概念提出时就涉及一个国际合作的问题。什么叫国际?就是国家间关系。国家间关系没有国家和政府参与治理,就不会有国际和国际关系。

元宇宙治理是一个内容十分庞杂的系统,绝不仅仅止于国家治理还是权力自治的问题。元宇宙的公共治理可以分为两个层面,一个是前面提到的由国家、政府、社会、企业、个人等力量共同形成的关于元宇宙整体环境的多元治理结构。在这个层面,国家是要扮演非常重要的角色的。按照传播政治经济学派的观点,国家不仅扮演重要角色,而且这个角色不能是被动做出反应,而应该主动采取行动。"国家机器不只是做出反应,而且还以积极的法律、规范和政策指导促进了这些变迁的发生……政治经济学如果更加强调政治,必然会从中受益,这会使人们注意到国家作为构成的角色,而不只是注意国家面对传播产业的反应角色。"[①] 元宇宙公共治理的另一个层

---

① [加] 文森特·莫斯可:《传播政治经济学》,胡正荣等译,华夏出版社 2000 年 1 月版,第 194 页。

面是元宇宙专业层面的公共治理。在元宇宙初期把元宇宙公共治理看作纯粹的专业问题,从具体的治理规则入手,更有利于元宇宙的发展。"治理规则包含了以内容生产为核心的所有交易环境的规则,包括交易的主体、对象、方式、过程、体系等。基于交易环境,既有计算设施、数据存储、网络传输、安全防护、人工智能这五大基础治理问题,也有基于区块链账本的价值层治理问题,即有关身份系统和经济系统的,尤其是针对一些公链去中心化方式的治理;还有基于应用开发、运营、维护和使用的应用层的治理问题,如有关内容生产的。"[1] 这其中,交易环境、网络传输、安全防护等内容离不开国家、国际社会的支持。所以,说到底,专业层面的治理也不能排除国家和国际社会的合作,元宇宙治理既可以看作一种国家治理,更应该看作一种全球治理——"它将为人类提供一个新远景的开端,使人民和政府认识到,只有共同努力,运用集体力量去创建一个更美好的世界,舍此别无它途"[2]。

"元卢德运动"

对元宇宙的欢迎、赞扬、担忧、拒绝、批判都将成为一种政治。

1811年,英格兰北部一群从纺织厂失业的工人认为纺织机器夺走了他们的工作,于是手持铁锤、铁棒、斧头冲入工厂,把纺织机器砸了个稀巴烂。因闹事工人宣誓效忠英国神话中的勒德国王,他

---

[1] 叶毓睿等:《元宇宙十大技术》,中译出版社2022年7月版,第281页。
[2] [瑞典]英瓦尔·卡尔松等:《天涯若比邻:全球治理委员会的报告》,赵仲强等译,中国对外翻译出版公司1995年9月版,第5页。

们后来被称为"卢德分子"（Luddites），他们发起的行动则被称为"卢德运动"。自此，反对机器、反对技术、反对科学就逐渐成为一种势力。1995年1月，一个叫柯克帕特里克·塞尔的人，为表示他与计算机势不两立，在纽约市政厅的集会上，当众用大锤将他带去的计算机砸了个稀巴烂。与此同时，还有一些反对计算机的人著书立说，谴责计算机是监狱，是恶魔。这些人自称"新卢德分子"。卢德运动复活了，只不过这一次"新卢德分子"们面对的不是大型机器，而是象征信息技术的计算机；他们这样做不是因为机器抢夺了他们的饭碗，而是在反对技术进步可能带来的不确定性。

回顾历史，几乎每一种新技术面世时，都会有人站出来反对。这反映了一部分人怀旧和拒绝新生事物的保守心理，当然也有一部分人是看到、预测、分析到了技术进步作为双刃剑带来的伤害或负面效果。在这方面，法兰克福学派是重要的思想流派。霍克海默、阿多诺、马尔库塞等人认为：科学技术加强了人征服自然的力量，但这是以加强对人的统治为代价的；技术进步创造了一个富裕的社会和便捷的生活方式，但并没有改变人的命运，反而使人成为技术、生产和消费的奴隶，也成为现存制度驯服的工具；技术发展造成了单面社会，造就了单面思想的单面人，让人失去了否定和批判的精神；技术的统治力给文化带来了消极后果，逻辑、数学、价值正在摧毁理性、感情、主观性，文化工业扼杀了创造力，文化丧失了批判力，成为摧毁个性的帮凶。

媒介环境学派虽然是以重视媒介作用和影响的研究而著称的传播学派，但正是它的创立者尼尔·波斯曼把技术动力称作技术垄断，把计算机媒介称作技术垄断。他断言"计算机篡夺了文化的威力，把特定的心态强加于人"。① "计算机把我们有关自然、生物性、情感或精神的主张置于从属地位。它凌驾于一切人类经验之上,展示它的'思考'功能胜过我们的思维能力,借以支持它君临一切的主张。"② 通过这些现象,波斯曼严厉批判在技术垄断论条件下,主要文化符号猥琐化,传统文化的符号失去了活力,"靠近技术垄断论的核心地带有一个庞大的产业,它有权力用一切可用的符号来吞噬消费者的心灵,以助长商业利益。"③ "技术垄断乘虚而入,其重点是无极限的增长、无责任的权利和无代价的技术。技术垄断的故事没有一个道德核心。它强调效率、利益和经济进步。它凭借技术进步创造的方便设施许诺一个地上天堂。"④ 波斯曼的批判是严厉的,也是切中要害的。对技术持欢迎和支持、同情态度的人如果没有一个坚定的立场,那是会心虚神慌的。这种言论无疑也会挑动元宇宙时代人们的对立情绪。

目前,确实存在这样一些情绪,有的对元宇宙不以为然、冷漠、无视,有的怀疑元宇宙是一种噱头,有的则批评元宇宙是资本新一轮"割韭菜"行为。准备以元宇宙为借口进行欺诈、偷盗、投机取巧的行为在所难免,必须要从技术、制度上未雨绸缪地采取措施,堵塞漏洞。但是不管怎么样,理性的头脑必须承认,技术前进的步伐根本阻挡不住,否则历史的车轮就不会从蒸汽时代轰隆隆地前进到电气时代、互联网时代,再到元宇宙时代。"卢德运动""新卢德运动",下一步将有"元卢德运动",它们恰恰是时代前进的副产品。

---

① [美]尼尔·波斯曼:《技术垄断:文化向技术投降》,何道宽译,中信出版集团 2019 年 4 月版,第 117 页。
② 同①:第 122 页。
③ 同①:第 189 页。
④ 同①:第 200 页。

第三节
元宇宙霸权

文化学界、传播学界的人言霸权必称葛兰西，但是霸权不只有葛兰西的霸权，还有基欧汉的霸权。而且霸权首先是从基欧汉等人的国际霸权含义来的。

霸权（hegemony）一词出自希腊语 hegemonia（ηγεμονία），朗曼词典解释为"一国对于其他众多国家的领导"，牛津词典解释为"领导支配、优势，特别指联盟中一国对其他国家的支配"，美国国际关系学者罗伯特·基欧汉解释为："一个单一的支配的世界力量，确切地说，是指一国有足够的军事与经济力量，并能够在很大程度上影响其他国家和非国家行为体的行为，并操纵国际体系的运作。"[①] 当然对霸权进行定义的不止基欧汉，其他很多国际关系学者也有自己的定义。但大体含义是一致的，那就是强调在现代国际关系中某一

---

① 倪世雄等：《当代西方国际关系理论》，复旦大学出版社2001年7月版，第292页。

国或少数国家在各个领域占据优势地位,对其他国家构成支配、压迫形势,并主导、操纵国际事务。霸权和霸权主义基本是贬义词。在文化领域,葛兰西提出了自己的霸权理论:"所谓霸权,确切地说是文化领导权,是指一定阶级联盟为了自己的利益对整个市民社会的统治。"① 更深入一些的解释是,"社会中的支配群体有能力对整个社会广泛地行使知识和道德引导,并有能力建一个新的社会联盟体系来支持其目标……军事力量不一定是保持统治阶级权力的最佳工具,更有效的掌权方式是通过对文化生产及其分配进行意识形态控制来制造同意。"② 从文化霸权还衍化出一个"媒介霸权"(media hegemony)概念,这种观点认为,"社会中统治阶级的意识形态成为整个社会的统治思想。大众媒介被视为受社会统治阶级控制、帮助那个阶级控制社会其他人的工具。"③ 可见,霸权一词在不同领域的含义是不同的,它有两种面向,一种是向外的,是指国际关系中的霸权;一种是向内的,主要是指国家利用自己的优势地位,通过文化认同、一致、妥协,达到市民社会对自己的顺从。

元宇宙霸权概念兼容了两种面向,既有向外的,也有向内的。从元宇宙内部结构阶层之间的关系看,如果有霸权,那这种霸权肯定是向内的。从元宇宙主体看,有一部分主体是现有的国家等国际关系主要行为体,它们之间的霸权与反霸权关系也会渗透进元宇宙,只不过,在后全球化时代的元宇宙,国际间关系也已由"向外"关

---

① 刘海龙:《大众传播理论:范式与流派》,中国人民大学出版社2008年2月版,第341页。
② [英]达雅·基山·屠苏:《国际传播:沿袭与流变》第3版,胡春阳等译,复旦大学出版社2022年1月版,第54页。
③ [美]沃纳·赛佛林等:《传播理论:起源、方法与应用》,郭镇之等译,华夏出版社2000年1月版,第301页。

系转变为元宇宙内部"向内"的关系。元宇宙依然存在霸权,它不再根据主体身份分类,而是按照功能属性分类。这样,元宇宙霸权就分成了两种类型。第一种类型是元宇宙结构霸权。由于它是技术的产物,是互联网、数字化、媒介及媒介域高度发展的产物,因此它处在技术链的顶端,面对其他前元宇宙技术,它有一种由上及下的高位感、俯视感,这样它就对其他技术形成一种结构上的"霸权"。另外它会挟波斯曼的"技术垄断",对技术以外的所有领域形成技术霸权,这种霸权说到底也是一种结构霸权。第二层含义是有人会依赖元宇宙技术和优势在元宇宙追求虚拟世界政治经济及话语方面的霸权,同时通过抢占元宇宙制高点,继续维护其在现实世界诸领域的霸权。这些霸权有些是从前元宇宙继承的,有些则是在元宇宙新建立的。

结构霸权

霸权一词本身就包含结构属性。文森特·莫斯可对霸权的解释表达了这种特点。"霸权,即在社会中制造常识和'理所当然'的现实的过程,提供了结构化过程的另一个方面。"[①] 莫斯可认为"霸权是社会关系得以结构化的核心手段"。[②]

元宇宙霸权的结构属性有两种解释。首先是元宇宙结构自身形成霸权关系。我们曾经强调过元宇宙是多中心化、弱中心化,前元

---

① [加]文森特·莫斯可:《传播政治经济学》,胡正荣等译,华夏出版社 2000 年 1 月版,第 234 页。
② 同①:第 236 页。

第九章 元宇宙政治经济学

宇宙的权力中心在元宇宙就被最大限度地"去中心化"和"弱中心化",每一个网结上的主体原则上是平等的,但是这并不是说它们是完全平等的,总会有作用、影响都相对大的节点,这就无形中形成了一种大与小、主与次、强与弱的关系。按照莫斯可的观点,霸权"不是单单依靠阶级权力强加于人,而是在社会中,从社会关系交织成的动态的权力几何体中有机地生长出来的"[①]。此外,按照第六章"元宇宙传播模式"的一级模式"创世模式",在元宇宙内部各节点是平等的,但是在元宇宙外部已经预先地给定了一些监督的力量,它们是"国家意志""国际合约""互联网安全""元宇宙自律"。这些给定的力量就与元宇宙结构和结构内的各主体形成了一种"霸权"和"反霸权"关系。而元宇宙二级传播模式"太阳系模式"完全就是一种"中心-边缘"的权力结构。

元宇宙霸权的结构属性,或者说元宇宙的第二种结构霸权表现在它的技术性上。元宇宙是媒介,更是媒介域,它集中了有史以来所有的媒介及融合媒介,也集中了有史以来所有的技术,特别是集中了互联网时代以来的各种最先进技术,如互联网、数字化、云存储、大数据、算法、芯片、物联网、人工智能、脑机接口、数字仿真人……元宇宙如果是一个巨网,那它就包罗万象;如果是巨结构,那它就站在金字塔的塔尖俯视群雄。这种结构注定给它"封神",让它对所有媒介和技术拥有至高无上的霸权。此外,波斯曼所批判的"技术垄断"在元宇宙将无以复加地变身为"技术霸权",它用技术霸权主宰元宇宙的全生态链,它的技术霸权的触角将延伸到虚拟的、现实

[①] [加]文森特·莫斯可:《传播政治经济学》,胡正荣等译,华夏出版社2000年1月版,第234页。

的不同世界的边边角角，一切都要进入元宇宙，否则元宇宙就名不副实，就无法与宇宙形成对偶关系。这一切都将建立在元宇宙技术之上。

政治经济霸权

元宇宙在政治经济领域内也自动地形成霸权，这一思想仍然可以继承自法兰克福学派的思想。尽管说它们的很多观点并不周延，也可能已经过时，但是其中还是有些能对我们提供启示的。1968年，哈贝马斯在纪念马尔库塞70周年诞辰的纪念文稿中引用了马尔库塞的话："技术理性的概念，也许本身就是意识形态。不仅技术理性的应用，而且技术本身就是（对自然和人的）统治，就是方法的、科学的、筹划好了的和正在筹划着的统治。统治的既定目的和利益，不是'后来追加的'和从技术之外强加上的；它们早已包含在技术设备的结构中。技术始终是一种历史和社会的设计；一个社会和这个社会的占统治地位的兴趣企图借助人和物而要做的事情，都要用技术加以设计。统治的这种目的是'物质的'，因此它属于技术理性的形式本身。"[①] 马尔库塞的意思就是技术本身就是意识形态，就是对自然界和人类社会的统治，这种统治力相当于一种霸权，霸权根植于技术设备的结构之中，并蔓延至它到达的任何一个领域。

如果说马尔库塞说的有道理，那元宇宙也将在人类可到达的自然界和人类社会内部构筑起新的霸权。这种"新"霸权一部分继承

---

① ［德］尤尔根·哈贝马斯：《作为"意识形态"的技术与科学》，李黎等译，学林出版社1999年版，第39-40页。

第九章 元宇宙政治经济学

自元宇宙的前技术时代，一部分是在新的虚拟现实空间重新构建起来的。事实上也是如此，元宇宙是人类精神世界和外在物质世界最新结合的现实体现，它不仅涵盖精神世界，也涵盖物质世界，更涵盖精神和物质融合以后的双重世界。从人类社会来说，随着元宇宙技术的迅速发达和普及，各行各业都在积极地、主动地融入元宇宙，寻找转型、升级、突围、超越的新机会。元宇宙就像一块磁铁，牢牢地吸引了科技、金融、艺术、传媒、旅游，乃至文化、经济更大的领域，也在吸引政治——意识形态的注意力。许多国家在元宇宙设立大使馆、办事处，制定元宇宙战略，这就是元宇宙的政治化。元宇宙的影响力代表了一种征服力的霸权。

跳出技术的窠臼，单从政治和经济的角度看，元宇宙在政治领域和经济领域的霸权也是毋庸置疑的。正如莫斯可所言，霸权是可以生成的，在元宇宙政治中，国家、政府、社会、企业、个人各主体之间继续存在力量的失衡、平衡、校准、竞合的情况，每一轮的对冲之后都会形成一段时间的"中心－边缘"结构，也会生成该结构中主流与非主流、霸权和非霸权的关系。在雷蒙·威廉斯看来，反主流和非主流也是一种霸权，即所谓"反主流和非主流霸权"。既然如此，那反霸权和非霸权也就是一种霸权了，即所谓"反霸权和非霸权的霸权"。霸权在这里蜕变为权力的同义词了，失去了原来的蛮横、强势。在经济领域亦如此。经济结构的改变、生产方式的改变、消费行为的改变，都会重塑国家与企业、国家与个人、企业与个人的关系，在每一种关系中都有霸权与非霸权，也都有"霸权的霸权"和"反霸权和非霸权的霸权"。

霸权还可以继承。这可能是最令人忧心之处。元宇宙是宇宙、客观世界的镜像，现实世界的一切都将会复制到元宇宙，最后让现实世界中的霸权与反霸权延伸进入元宇宙，在元宇宙继续复制现实世界中原来的霸权结构。这种结构有国际关系的外向型霸权结构，也有国家内部国家和政府与其他主体之间的内向型霸权结构。现实世界的权力中心力争在元宇宙中也树立自己的权威。此外，元宇宙是一种全技术集合体，是媒介域，占据元宇宙的高地，就掌握了现实世界最锐利的武器，因此现实世界的霸权必然会利用元宇宙提供的武器去维护和加强自己在现实世界的统治地位。这一切将导致有关各方围绕元宇宙展开激烈的新一轮权力斗争。

第四节
元宇宙国际及国际传播

元宇宙也有国际关系，而且还有国际传播。元宇宙是一种虚拟+现实的时空结构，它既关照虚拟世界，也关照现实世界，还关照由虚拟世界和现实世界组合成的虚拟现实世界。从虚拟世界"内部"看，它是真实世界的镜像，因此真实世界的事物都会被复制到虚拟世界；从现实世界"外部"看，它将在很长的历史长时段中保留现有的社会结构，国家仍将是国际社会一切领域的主要行为体，处理好国际关系、运用国际传播维护本国的形象和利益等仍然是国家的一项重大使命。这些业务终将也会延伸至元宇宙内部。

新国际关系

17世纪初欧洲三十年战争以来，近现代的国际关系形成，民族国家成为国际关系的主要行为体，宗教、君主、骑士甚至民族统让位于国家。拿破仑战争期间，国家利益观念正式树立。而早在大航海发现之后不久，欧洲开始殖民美洲、非洲、亚洲，这为新兴的资产阶级"开辟了新的活动场所"（马克思、恩格斯语），"资产阶级，由于开拓了世界市场，使一切国家的生产和消费都成为世界性的了。"[1] 欧洲和北美利用自己的坚船利炮、先进的生产力和生产关系，硬生生地把其他各大洲都纳入了欧洲的"国际关系"，真正的国际关系形成了。从此，国际关系中的"中心－边缘"结构也形成了，欧洲、北美是中心，其他地区是边缘。"二战"以后，两极格局形成，世界开始以意识形态划线，政治理念、经济制度成为区分阵营的标准。冷战结束，美国的霸权地位形成。美国霸权的底气来自强大的硬实力，其国土面积、地理位置、地下资源、强大军事实力等指标无不处于世界前列。除此之外，美国的成功还得益于它具备强大的软实力，这些因素也开始进入国家综合实力的要素行列，如政治影响力、文化工业、科技实力、传播体系。美国从"一战"前后开始迅速崛起，它在科学技术和传播体系方面的优势对它的崛起提供了强大的支持。"二战"结束以后，技术、传播和美国国家实力的关系更加明显，从电子时代到互联网时代，美国领导了科技和传媒行业的发展。元宇宙也是首创于美国，在元宇宙技术创新方面，美国还是走在了前列。"二战"以后的国际关系还有一些显著变化是，非国家行为体力量日渐壮大，企业对国际关系的弥合能力十分突出、个人意识快速觉醒。国际关系领域的这些变化反过来又推动着各种要素的变化，诸如科技合作深化、媒介技术创新研发、个人在全领域开始发挥作用、对

---

[1] 《马克思恩格斯选集》第 1 卷，人民出版社 1972 年 5 月版，第 254 页。

个体意识的研究深入物理和生物层面。某种程度上说，国际关系是科技的国际关系、传播的国际关系、所有人的国际关系。

回顾历史是为了总结规律、经验。从以上简短的历史回顾可以看出来几点。其一，近现代国际关系一直由欧美主导，甚至国际关系理论就是他们的话语体系。其二，国际关系既已形成，就无法轻易摆脱，在全球经济、政治、文化、科技各种合力作用下，国际关系将更加紧密。其三，国家一直是国际关系的主导力量，但也有一些非国家因素包括软实力因素成为国家综合实力的重要因素。其四，科技始终是影响人类历史、国际关系各种上层建筑走向的决定性力量之一，"二战"以后，这些技术集中在媒介技术领域。其五，电子媒介塑造了两极格局，互联网加强了美国的霸权，在元宇宙，国际关系正在被更大的"关系"结构取代，传统的霸权结构也将迅速解体，至少在元宇宙内部，旧的霸权结构将让位于新的"反霸权和非霸权的霸权"结构——一种没有霸权的国际关系。国际关系总是在或长或短的一段时间后改变其格局，正如新媒介取代或迭代旧媒介一样，国际关系也一直处于以新国际关系取代和迭代旧国际关系的历史进程中，每一个新的结构性技术时代必将造就新的国际关系。元宇宙时代的新国际关系正在整装待发。

国际传播力

国际传播既是传播的一部分，也是国际关系的一部分。

从字面上看，国际传播很好理解，就是"超越各国国界的传播，即在各民族、各国家之间进行的传播"。①但有人认为这个定义未免过于简单，应做更深入的解释。比如，把它区分为广义和狭义两种解释，"广义的国际传播包括跨越国界的各种形式传播和各种传播形态，前者如新闻传播、影视传播、网络传播等，后者如人际传播、组织传播、大众传播等，它是伴随着国家的产生而产生的。狭义的国际传播是指以国家、社会为基本单位，'以大众传播为支柱的国与国之间的传播。'"②这个定义就比较全面深入了，但与此同时可能也会导致一些不必要的疑虑，比如，如果国际传播包含人际传播的话，那就像西方学者所提出的质疑：站在边界上的一个比利时人和一个德国人之间的会话是国际传播吗？父母与子女之间分别身处远隔万里的两个国家，他们之间的书信往来是国际传播吗？我们还可以继续提问：如果国际传播的主体如此之复杂，那么在社交媒体高度发达的社会，粉丝给外国网红点赞、打赏算不算国际传播？两个价值观高度对立的人之间的争论是不是国际传播？似乎没有那么简单。进入21世纪以后，出现了另外一个概念——"全球传播"，大有取代国际传播之势。这个概念的出现，一方面是企图补充国际传播的缺失，另一方面则是在呼应全球化不断深化以后出现的"全球学"。霍华德·H.弗雷德里克对"全球传播"做了解释性的定义：全球传播研究是一个交叉学科领域，研究对象是个人、团体、人民、机构、政府和信息技术的价值观、态度、意见、信息和数据的跨界传播，以及在不同国家和文化之间进行上述跨界传播的组织机构所引发的

---

① ［美］罗伯特·福特纳：《国际传播：全球都市的历史、冲突及控制》，刘利群译，华夏出版社2000年8月版，第5—6页。
② 刘利群等：《国际传播概论》，中国传媒大学出版社2011年10月版，第14页。该定义包含了程曼丽的一部分观点。

争议性问题。① 他没有解释什么是全球传播,而是解释了全球传播研究什么。国内学者认为应从信息系统全球化、传播主体多元化、传播媒介多样化、传播议题全球化和全球传播政治化5个方面加以理解。② 正是在这种复杂性上,"以民族-国家为主体的'国际传播'正在被更具多元性、广泛性、复杂性和包容性的'全球传播'所代替。"③

然而,这两年国际传播又重新回到了聚光灯下。一方面是中共中央总书记习近平2021年5月31日就加强国际传播能力建立发表了重要讲话;另一方面是最近几年的国际形势、国际舆论反复证明,国际社会的跨界传播主角还是国家及主流媒体,议题也还主要集中在国家形象、国家话语上,围绕国家利益展开的国际性舆论传播成为影响局势走向的重要因素;此外,作为一种学术话语,全球传播有其合理性,但如果作为对某些特殊时段的传播现状的描述,全球传播语焉不详,根本不如国际传播清晰明了。

在很多时候,政治将主导一切,是政治导致了以上概念的转换。罗伯特·福特纳认为国际传播有六个显著特点。(1)目的性。他认为国际传播可以是有意的,也可以是无意的,但最终会导致一种结果,那就是跨越国界的传播会对传播对象造成判断上的影响。(2)频道。国际传播既是公共的,也是私有的。在这一点上,有两个地方需要加以纠正。一是福特纳写《国际传播:全球都市的历史、冲突及控制》这本书的时候,媒介主角是电视和广播,因此才有了"频道"一说,而且他所谓的"频道"并不是归结为媒介终端,而是另有所指,

---

① FREDERICK H H: *Global Communication and International Relations*, Wadsworth Publishing Company, Belmont, Company, 1993.
② 张开等:《全球传播学》,中国广播电视出版社2013年9月版,第37页。
③ 同②:第21页。

即"领域"或"空间"。二是他关于"频道"是"公共的"和"私有的"的区别是无意义的,而应该深入分析国际传播是否可以分为"公共领域"和"私人领域"、"公共空间"和"私人空间",这决定我们站在国界线两侧的聊天算不算国际传播。(3)传输技术。这才是指的信息传播的渠道。这些渠道以前是无线电波、电视机、录音机、录像机,现在要在原来的基础上再增加互联网、光纤、云存储、数字传输、电脑、手机,不久的将来则要增加 XR、AI、3D 全息、"空气式界面"等。(4)内容形式。国际传播的内容不只是新闻,还有娱乐、文化、数据等内容。过去如此,现在如此,将来亦如此。如果从广义层面上解释国际传播,它的内容其实包括了所有的信息。(5)文化影响。福特纳认为"所有传播都是象征性的",最终都会产生文化上的影响。这是缺乏逻辑的判断。传播以及国际传播绝不是象征性的行为,它是一种产生主导、左右、维护、改变等作用的实质性行为,否则就不会有"有意的"传播。(6)政治本质。福特纳坚信"所有国际传播都带有政治色彩","国际传播的政治因素是其本质固有的",他把国际传播与政治的关系称为"政治传播",而且把政治传播区分为"公开的政治传播"和"隐含的政治传播"。公开的政治传播就是以自己国家的官方观点来发布观点和分析世界局势,也就是"宣传"。他特别用美国新闻署和苏联官方机构之间互相进行信息误导的事例进行解释,比如 1988 年 1 月 9 日,美国新闻署声称发现苏联指控美国正在研制一种生物武器来消灭某一宗族或种族的人。这种硬新闻就是公开的政治传播。隐含的政治传播是通过分配电磁频率、为卫星轨道或卫星信号确定管理规则、为电子媒介制定技术参数,诸如此类为传播提供服务。①国内有学者明确提出了"国际政治传播"概念,是对国际传播政治本质的提炼。这里需要略微区分一下它究竟是"国际政治的传播",还是"国际的政治传播",因为两者的侧重点是不同的。

国际传播力是对各国在国际传播领域的媒介规模、传播范围大小、影响力大小、左右局势的能力大小等的概括总结,有时候可以简单地约等于话语权,即对某种观点具有定义权,能让其他国家及其民众接受自己的意见和观点。它不仅规定各国、各种政治势力在国际社会的角色、处境,还能左右有关国际事务及局势的走向。这种现象其实就是国际传播领域的霸权。西方学者还指出国际传播中的另一种霸权,即国家意识形态对传媒的支配和控制。"在国际传播中,霸权的概念被广泛用于解释大众媒介在宣传和保持支配性意识形态中的政治功能。这种意识形态也塑造了媒介与传播生产的过程,特别是新闻和娱乐。"②任何一种意识形态都在塑造媒介和传播,媒介和传播也在执行意识形态的指令。即使在号称"新闻自由"的西方也如此——"尽管在观念上西方媒介免于政府的直接控制,但仍然是使主流意识形态合法化的工具。"③这种控制力就是霸权,是一种不可更改的结构性霸权。对国际传播来说,这种霸权不是问题,真正对国际传播有序开展造成威胁的是国际关系力量对比中的信息霸权。鉴于最近几年发生在国际关系和国际传播领域里的各种舆论造假、舆论霸凌等行为,人们有理由担忧这种现实世界的舆论战会蔓

---

① [美]罗伯特·福特纳:《国际传播:全球都市的历史、冲突及控制》,刘利群译,华夏出版社 2000 年 8 月版,第 9—10 页。
②③ [英]达雅·基山·屠苏:《国际传播:沿袭与流变》第 3 版,胡春阳等译,复旦大学出版社 2022 年 1 月版,第 54 页。

延到元宇宙空间，或者有人会用元宇宙的优势强化现实世界中的舆论非理性。这些行为对元宇宙来说都将是沉重的打击。有必要预防这种情况的发生，或防微杜渐。

元宇宙不是要取代现有的国际社会和国际关系，元宇宙也取代不了现有的国际社会和国际关系。元宇宙建构了一种新的技术的、媒介的、数字的、虚实结合的生存环境，这种生存环境和现实世界有三种关系。一种是在虚拟世界重构人类社会，打碎国家体系，从而排除国际关系；一种是将现实世界的一切复制、投射、蔓延到新构建的元宇宙，这样就要在元宇宙重构或重塑数字孪生的国家体系和国际关系；还有一种是把元宇宙的理念、原则、模式、优势等投放、运用于现实世界，为现实世界提供更强大的、更先进的、更合理的技术、规则、法律、精神等方面的支持。很显然，第一种是万万行不通的，一来国家不允许，现有的政治势力不允许；二来如果没有各国政府在制度、法律、授权、资金等方面的支持，元宇宙将止于技术的、行业的行为，不可能转变为人类的生存模式。只有第二种、第三种是可行的，而这两种情况下，国家都是非常重要的角色。有国家就有国际关系，就有国际传播，因此元宇宙国际关系和元宇宙国际传播都不是咬文嚼字的文字游戏，是客观现实。

重建传播秩序

在新闻时代，新闻传播是国际传播的主要模式，优化新闻传播将优化国际传播，制约新闻传播将制约国际传播。在包括元宇宙在内的信息时代，社交媒体的信息传播是国际传播的新模式，因此优化社交传播将优化国际传播,制约社交传播将制约国际传播。另外,在不同的时代,政治角色是有差别的,对媒介及其技术的掌控程度也是不同的,因此会形成不同的传播秩序。在所有的决定国际传播力的因素中,传播秩序相较于传播技术、传播机构规模、传播人员规模、传播理念等因素最为重要,尽管它也是其他因素作用的结果,但是它一旦建立起来,其牢固性、坚韧性、结构力量性将反过来对其他因素构成优势地位,成为决定国际传播力的首要因素。要想在元宇宙国际传播格局中处于优势地位,就要建立有利于自己的传播秩序。

20世纪五六十年代,一大批前殖民地国家相继获得独立,和平与发展成为时代主题。这个阶段在不同领域出现了几种现象。其一,从1960年开始,联合国大会通过了各种促进发展中国家经济社会进步的决议,"发展"一词成为年代热词,也成为国际关系领域的主要目标问题,联合国议题在美苏冷战格局下的这种转向代表了世界上人心所向,具有很重大导向意义。其二,政治学学者丹尼尔·勒纳、传播学学者威尔伯·施拉姆等人开始注意到传播与社会发展之间的关系——一种新的学科"发展传播学"面世了,他们的主要观点是,"发展中国家脱离贫困的必然路径就是复刻发达国家的成功经验。同时,大众传播也因其优良的传播信息功能被视为实现发展中国家现代化的重要手段。"[①] 其三,以席勒、马特拉等为代表的一批西方学者开始反思西方长期以来推行的"文化帝国主义"和"媒介帝国主义",批判西方对发展中国家的文化侵略、媒体成为帝国主义和资本主义的帮凶。在以上几种力量的推动下,一场浩浩荡荡的"建立世界信

---

① 段鹏:《鸿沟的渐隐:发展传播学视野下的农民参与和乡村振兴——作为"新农具"的三农短视频》,《当代电影》2021年第7期,第135页。

息与传播新秩序"（New World Information and Communication Order，NWICO）运动开始了。1976年，不结盟运动国家在突尼斯召开会议，第一次明确提出"摆脱信息殖民化，建立国际信息新秩序"的口号，把建立世界信息新秩序看作与建立世界经济新秩序同等重要的事务。1978年，联合国教科文组织第19届大会上，不结盟运动国家和社会主义国家发布《关于大众媒介为加强和平和国际了解、为促进人权以及为反对种族主义、种族隔离和反对煽动战争作出贡献的基本宣言》，联合国教科文组织宣布正式将NWICO纳入工作议程。1980年由联合国教科文组织任命成立的麦克布莱德委员会提交《多种声音，一个世界》报告，证明世界新闻传播领域内确实存在不平衡和不平等现象，主张各国根据各自国情发展自己的新闻传播业，让世界多种声音并存。这些倡议以及这一运动遭到了美英为首的西方国家的坚决反对。20世纪80年代，美国和英国相继退出联合国教科文组织，新的教科文组织领导改变态度，NWICO运动以失败收场。

NWICO运动的实质是建立世界新闻新秩序，因为在新闻时代，新闻是信息的主体。新闻早已是国际事务的一部分，新闻传播也早已跨越国界成为国际新闻传播。今天我们在谈论新闻的时候很少有国内新闻和国际新闻的区分，特别在社交媒体上，基本不对新闻作国内、国际区分，导航条上的"国际"标识只是一种专业行为，没有太多的实际意义。如果你是一个国际事务的深度关注者，你注册的社交媒体首页上排在前面的新闻或从内容上看数量最多的新闻就是国际新闻。一般来说，这些国际新闻就是国际传播的主体构成部分。符合国家利益或不违背国家利益的主流信息仍是国际范围内的主要信息，这种主流信息只能通过主流媒体或取得资质和认可的意见领袖们发出。

在霸权问题上,信息时代的国际传播和新闻时代的国际传播相比,没有任何实质性的改变,人们现在担心将来在元宇宙时代信息霸权仍然横行。为此,对元宇宙国际传播要提前做好思想上和行动上的准备。

(1)承认国际传播的政治本质及其残酷性,不回避国际传播中不同意识形态的对立。"每一种工具里都嵌入了意识形态偏向,也就是它用一种方式而不是另一种方式构建世界的倾向,或者说它给一种事物赋予更高价值的倾向;也就是放大一种感官、技能或能力,使之超过其他感官、技能或能力的倾向。"① 如果说尼尔·波斯曼的这段话中所谓的意识形态还不是真正意义上的意识形态,那下面这段话一定能够解释元宇宙的意识形态之争:"每一种媒介都有一种意识形态偏向,我们就知道,媒介之间的竞争是隐而不显的。"② 无论我们承认与否,国际对立是存在的。为了强调国际传播的政治属性,故特别强调开展"国际政治传播"的研究,这个新学科概念"内在呼唤的是现有的'国际传播'聚焦于政治问题,以及现有'政治传播'聚焦于国际间领域"。③ 如果国际传播的政治属性得不到重视的话,那"国际政治传播"也算得上是一种"曲径通幽"。

(2)元宇宙时代也罢,元宇宙空间也罢,元宇宙代表了一种新的生存时空、生存环境或者是一种新的胡塞尔式的"生活世界",因此它必须要有自己的新秩序:大到维护元宇宙的结构秩序,小到元

---

① [美]尼尔·波斯曼:《技术垄断:文化向技术投降》,何道宽译,中信出版集团2019年4月版,第12页。
② 同①:第15页。
③ 荆学民等:《省察中国国际政治传播研究》,《对外传播》2016年第1期,第8页。

宇宙中各个节点之间的关系秩序，再小到每个个体的心理秩序——关于元宇宙的正确理性的认识，这其中包括要建立元宇宙国际传播秩序。鉴于元宇宙国际传播完全有别于前元宇宙国际传播，那么这种秩序就不能是一般的继承，而应该是一种革命性的重建、重构、重塑。在元宇宙结构内部，国家作为一个节点会淹没在所有的节点之中，它相对于结构内的其他主体的"霸权"大概率会被削弱，与此同时，国际关系的重要性也会被抵消，而发生在国际关系之中的国际传播对立、冲突也相应会减弱——国际关系的皮之不存，国际传播的毛将焉附？这对厌恶今天盛行于国际的舆论非理性的人来说不啻一种好现象。因此如果要想回避现实世界的舆论非理性和国际传播非理性，最好的办法显然是加大元宇宙的建设，让元宇宙时空覆盖现存的物理时空。在今天的现实世界，元宇宙也是抵消国际传播非理性的好工具，若有人用元宇宙全能维护自己的霸权，就有人会用元宇宙全能去颠覆令人讨厌的霸权，所谓道高一尺，魔高一丈。这要求有志之士、有志之族和有志之国迅速占领元宇宙"高地"。

（3）发展中国家在 20 世纪 60 年代发起的 NWICO 之所以失败，一方面是西方反对的原因，另一方面，根本的原因是传播力的天平在西方一边，国际性的主流媒体都掌握在西方手中，这意味着话语权也掌握在西方手中。元宇宙提供了重新洗牌的机会，利用元宇宙变革迅速提高和掌握最先进的媒介技术和媒介设备，改进自己的媒介设施和媒介环境，是发展中国家改变自己命运的不二选择。这当然和经济实力有关，甚至直接取决于经济实力。发展中国家应该抱团取暖，用合力获得规模上的优势，从而为改变国际信息与传播新秩序做好铺垫、准备。发展中国家还要做一件事，那就是建立集体的国际主流媒体。从国际关系看，这个主流媒体不是属于哪一个国家的，而是属于发展中国家集体的；从元宇宙性质看，这个主流媒体做不到"去国家化"，也要尽量地弱国家化，以适应元宇宙结构和规则的要求。因此这个主流媒体应该是一个发展中国家集体的"超主权媒体"。即使这个超主权媒体无法做到和优势国家的主流媒体平分秋色，它在占世界人口数量、经济规模等最大多数的发展中国家所组成的"公共领域"内，也能发挥抵御外部信息侵蚀、攻击的作用。

（4）"国际""全球"概念将被更大的时空概念"元宇宙"取代，所以从根本上说，元宇宙传播就是深化的国际传播和全球传播。为此，元宇宙结构内部的"国际传播"（准确地说是"域内传播"或"元内传播"）也应该或者更应该倡导建设性新闻、建设性报道和建设性信息，反对冲突性新闻、冲突性报道和冲突性信息。冲突性理念是现实世界国际传播中的霸权思想的具体表现，这种理念非常不利于国际合作、共同发展，在元宇宙应该被否定。元宇宙只能接受建设性理念，这是元宇宙的本质、结构、属性、目标所决定的。

第十章
元宇宙焦虑

1955年海德格尔做了一场演讲,题为《技术的追问》,他说技术的本质绝不是技术的。它是一种看见自然的方式,是让所有本质上的东西自我揭示,成为人类可以加以利用的潜在资源。同时他还警示人类会不情愿地受缚于技术,如果人类把技术哪怕当作中性的东西,就等于听任技术的摆布。这给我们提出了一系列问题:技术是不是可以永无止境地发展下去?人类利用技术征服自然的同时会不会也征服人类自己?我们是让它帮助我们认识自然、更好地与自然相处,还是把技术进化放在第一位,哪怕它会带来风险?在没有技术的风险和技术溢出风险之间,哪一个更可怕?

在技术面前,永远都有技术悲观主义和技术乐观主义两种完全对立的态度。尼尔·波斯曼曾经断言,"一切预设的偏见在技术起步时并非总是一望而知的。在技术变革中,谁也不可能预先就谋划好成为赢家。"[①]用更加恐吓人的话说,"我们害怕技术将我们与自然分离,我们害怕技术破坏了自然,破坏了我们的自然……我们害怕技术作为一种有生命的东西将会给我们带来死亡。不是'不存在'这个意义上的死亡,而是更糟糕的死亡,一种丧失自由的死亡,一种意志的死亡。"[②]但是在另一方面,技术乐观主义不这么认为。美国著名预言学家雷·库兹韦尔断言智能机器终将超越人类的智力,对于很多人的担心,他指出这种趋势不可避免,因为这是由宇宙爆发以后所固有的"加速回报定律"决定的。在这种定律的"操控"下,人类无法阻止一种更高级的精神机器和机器文明的出现,人类能做

---

① [美]尼尔·波斯曼:《技术垄断:文化向技术投降》,何道宽译,中信出版集团2019年4月版,第12-13页。
② [美]布莱恩·阿瑟:《技术的本质:技术是什么,它是如何进化的》,曹东溟等译,浙江人民出版社2014年4月版,第239-240页。

第十章　元宇宙焦虑

的不是阻止它（阻止不了），也不是打败它，而是与它为伴，让它更好地为人类服务。因为人类也始终需要新的技术不断地提供红利，如经济繁荣、身体健康、通信发达、"娱乐至死"（波斯曼语）等。

不管怎么样，我们应该具备风险意识。"人类一直尽力研究如何增长利益、便利和快乐的技术，却较少研究控制风险的原则和技术。人类早就进入了风险社会（吉登斯），而其深层问题是人类变成了'风险人类'，即人类本身就是风险制造者。人工智能、基因技术和元宇宙都是近年来最具诱惑力的技术冒险，人类能够预测这些技术的好处，但无法控制这些技术的风险。"①赵汀阳直言元宇宙带来的不确定性，他认为元宇宙是一个"存在论事件"。"所谓'存在论事件'，不是对事件的一种知识分类，而是标示事件的能量级别。任何事件，无论是知识事件、经济事件、政治事件或技术事件，只要其创作能量或'革命性'达到对人类存在方式的系统性或整体性改变，就是一个存在论事件，也就是一个创世性的事件。如果一个事件可被认定为存在论事件，就意味着这个事件蕴含着某种新问题的起点，也就构成了人类生活和思想的一个新本源，相当于为人类存在方式建立了一个创建点。"②在他看来，元宇宙是革命性的，但同时也具有巨大的风险。这些风险用不着去考虑太远，它可能直接表现在现实生活中。比如，真实世界里不敢尝试的极端经验包括危险、残酷或变态等各种行为可能有着娱乐至死的诱惑力；人类沉溺于虚拟经验或将导致理性和智力的退化；虚拟世界的意识内卷终将可能把人变成白痴；元宇宙的跨世界"生活迁移"还可能导致真实世界的历

---

①②　赵汀阳：《假如元宇宙成为一个存在论事件》，《江海学刊》2022年第1期，第31页。

史终结;尽管元宇宙能够增加新经验,但恐怕没有能力建立新的价值观,这与元宇宙无法消除利益、权力和影响力等竞争性问题有关。①

历史已经走到今天这一步,人类不可能止步不前,或者逆向后退。元宇宙尽管有很大的风险,但是元宇宙也提供了很大的机会,我们只能和库兹韦尔站在一起,在准确预判各种可能的走向和结果后,用一种积极的态度,主动迎接它的到来,并用人类的智慧及时地矫正元宇宙发展的方向,让元宇宙为人类服务。人类必须预测未来,人类也有能力预测未来,并全力以赴地躲避迎面而来的各种可能的危机和灾难。

不过,元宇宙焦虑首先表现在对元宇宙的认识、态度、立场上,我们首先得解决这个问题。

---

① 赵汀阳:《假如元宇宙成为一个存在论事件》,《江海学刊》2022年第1期,第34-36页。

第一节
元宇宙认识

截至目前，人们对元宇宙的认识仍然是模糊的、错位的、对立的、因人而异的。这体现了人们在元宇宙认识方面的分歧、纠结、焦虑和不自信。关于元宇宙的认识问题是如此重要，它是开展元宇宙研究和元宇宙实践的前提，不搞清楚这些问题，就不可能开展下一阶段的研究、开发、建设等各项工作。

关于元宇宙认识方面的不同立场具体地表现在以下若干方面。

元宇宙本质之问

所谓元宇宙本质之问，是指社会上许多人对元宇宙的概念、功能、目的、可能性等的质疑。这些疑问分为两个层面。第一个层面是对元宇宙概念的合理性的质疑。有人认为"元宇宙"这个概念的英文单词 metaverse 是虚拟现实的意思，是"隐喻性的虚拟网络"，是 3D 互联网或"三维网络场景",是"虚拟现实(VR)和增强现实(AR)的顶峰",元宇宙有被神秘化和过度包装之嫌,它实际上就是一种技术尚不成熟的虚拟现实以及对这种 3D 网络场景的体验。中国人把它翻译成"元宇宙"是自说自话,根本没有道理,世界上没有一个国家把 metaverse 翻译为"元宇宙",天体科幻和网络科幻是两码事。很明显,质疑元宇宙的人和产业界一部分人对元宇宙的认识还停留在元宇宙技术的入门阶段,那就是把元宇宙等同于虚拟现实,把元宇宙技术等同于 XR 系列,把元宇宙产业等同于类似 Meta(Facebook)和 Roblox 公司的 VR 产业和虚拟游戏业务。正如我们在前面几章强调的那样,元宇宙不能局限于以上理解,否则元宇宙概念就失去了它应该有的意义和价值。如果为了否定元宇宙而质疑 meta 没有"元"的含义,verse 没有"宇宙"的意思,那更没有必要。词语的意义建立在大多数人的共识基础之上,如果大多数人认可这个词,且给它注入了特定的含义,那它就可以成立。另外,词语也是历史的产物,它的所指、能指、内涵、外延都需要历史的积淀。我们之所以强调元宇宙的意义和价值,是从哲学和现实两方面考虑的,是从人的精神世界和客观物质世界的关系考虑的,更是想要找到一个合适的词语解释精神的地球空间与物质的宇宙空间的关系。元宇宙一词给了我们抓手,而且它是一个非常趁手的抓手——不大不小,在外有宇宙,在内有元宇宙。元宇宙之所以能和宇宙相匹配、相耦合,是因为它属于人类,属于人类的意识。意识和物质是哲学的最高范畴,但是它们是无形的、至上的概念,在现实当中,如果我们想找一个可证实的意识和物质,我们总是不得不把它们具体化,具体到每个人、每个物。一旦停留在无分解的状态,我们就只能借助于抽象的概念。最直接的问题是，宇宙是可观的、可证实的，意识和精神如何做到可观、可证实？我们不能单纯指望笛卡尔的"我思故我在"证明自己的存在。我们需要一种物理上的突破。这一点以前做不到，但日益精进的媒介技术给我们提供了工具和可能性。元宇宙概念出现得好，它非常适合代表人类的精神世界，而且它恰恰也是一种"宇宙"，只不过它冠以"元"的头衔，这个头衔不是别的权力赋予它的，是它自有的，因为它来自人，只有人才能称得上是意识世界的"元"。"元"的含义很丰富，也很集中凝练。它有"超越""本源""第一""最初"等很多意思，在精神世界里，它只能对应人和人的大脑；在媒介层面，人自己就是最根本的媒介——元媒介。我们要强化这样一种观念，宇宙没有人就没有实际的意义，也许别的星球有高级生命体，也能感知宇宙，但"他们"和我们没有一星半点的关系。人在地球上、在宇宙中的诞生绝对是宇宙意义的"存在论事件"，我们必须把世界创建成我们的世界。

第二个层面是元宇宙存在的合理性问题。有人说元宇宙只是一种想象，而没有实际对象。也有人说元宇宙是炒作，是"割韭菜行为"，还有人认为这是信息产业、媒介产业转型的抓手。这些质疑和第一层面的质疑是相互联系的，有第一层面的质疑就会产生第二层面的质疑，反之，有第二层面的质疑也会产生第一层面的质疑。现在，第一层面的质疑如果解决了的话，那第二层面的质疑不攻自破。元宇宙技术不只限于虚拟现实技术，甚至也不只限于3D互联网技术，元宇宙要囊括所有的最精进的技术，只有这样，元宇宙才能带领我们走向宇宙更深远的空间，走向我们精神世界最深刻的领域。量子技术告诉我们物质就是以信息的方式存在，"物质/时空"与信息是一体化的存在，微观世界和宏观世界可以相互转化。人工智能技术、存储技术、算法技术包括量子技术的技术集群则告诉我们世界正在"加速回报定律"的主导之下快速地从人类智能向人工智能的奇点进化。这些都不是耸人听闻，今天做不到的，不意味着明天也做不到。统计学家的结论证明目前现代技术每年生产的信息数量是过去5000年信息的总量。这难道不是媒介技术进化速度的证明吗？对XR系列技术质疑的人，需要适当地对其报以宽容、理解的态度，10年前很多人不知道有这个器件，5年前它的体验感极差，现在它正在一步一步地取得进步。当然，对于那些企图利用"元宇宙"和VR等欺骗他人、"割别人韭菜"，甚至有更大阴谋的企业行为、组织行为和个人行为，我们持坚决的反对立场。但是，我们不能因噎废食，不是吗？

元宇宙会"去实在化"吗？

这个问题来源于有些业内人员对虚拟现实的过分吹嘘。据说有的互联网平台领袖放言元宇宙将让人在虚拟世界里找到第二个世界，并且乐此不疲，甚至能在里面完成现实世界的一切活动，这确实是信口开河。VR所呈现的是虚拟现实，而不是纯粹的虚拟世界。一切虚拟世界的认识都来源于现实世界，或者是在现实世界的基础上的各种想象。科幻小说、电影的内容再幻想、再虚拟，都是创作者根据自己对现实世界的观察，或者仿造现实，或者虚构现实，或者虚构想象中的景观。没有现实生活的经历就不会有对虚构世界的想象，虚构的故事情节、结构都是现实世界的逻辑复现。因此，VR的全称

第十章　元宇宙焦虑

是 virtual reality，翻译过来是"虚拟现实"，它的真实含义应该是"虚拟式现实"，而不是"虚拟化现实"，也就是说 VR 构建了一个虚拟的现实世界，这个世界并不破坏原来的真实世界，不是要把现实世界通过技术手段用虚拟世界替代掉。因此，最后的结果是这个世界由虚拟和现实两部分组成，故"虚拟现实"更直观的表现形式是"虚拟＋现实"。如此一来，虚拟世界是虚拟世界，现实世界是现实世界，二者相互平行、共存共在。这同样是哲学逻辑的延伸，或者说与最高范畴的哲学逻辑是并行不悖的，那就是它们分别代表了精神和物质、意识与存在。人类无法完全地在虚拟世界里存活，虚拟世界无法解决人类的吃喝拉撒生物需求，只有人类的化身可以，但化身不能被允许取代人类，否则元宇宙将不再是元宇宙，而是还原到了无生命的、无精神的宇宙。我们强调元宇宙和宇宙的重合不是要让元宇宙还原宇宙，而是让人的感觉系统去到达、触碰、感知、认识更广大的时空、更深刻的时空。

放眼虚拟现实和 3D 网络之外，元宇宙还包含了其他无数的技术，元宇宙媒介域包含了各种历史的、现实的、未来的媒介，它们都是现实的，而不是虚拟的；它们既参与虚拟世界的建构，也参与真实世界的构建。没有这些技术和设备，我们只能停留在元宇宙的入口，只能用 VR、3D 互联网、数字技术去理解元宇宙，那就会引出一大堆的质疑、批评。看待元宇宙不能太简单化，也不能停留在现在的技术水平，而应该把它"复杂化"、长远化。元宇宙就和互联网类似，它是媒介域、传播场、信息态，它构成了一种技术环境／技术结构、传播环境／传播结构、信息环境／信息结构，它是一种亚卡托邦式的、无可比拟的"巨结构"（megastructure），它包罗万象、无所不在，它是人类的生存状态，它保证让人类自由地贯通虚拟世界与真实世界。事实上，人类一直贯穿于这两种世界之间，这是人类区别于其他生物体的标志。人类有了自我意识后就逐渐发展出各种媒介和媒介内容。语言、图画、文字，它们既是媒介，也是讯息（媒介即讯息），它们承载着属于自己形态的信息内容，同样也承载着人类的记忆、思考、想象、精神世界，这些精神性的产物为人类构筑起无数的虚拟世界，它们或者以神话、诗歌、小说的形式出现，或者以图画、音乐、影像的形式存在。在前元宇宙时代这些虚拟世界有一时一刻取代过现实世界吗？在前元宇宙时代我们担心过这些虚拟世界会取代现实世界吗？人类用各种各样的虚拟世界为自己擘画、创建起灿烂的、永不凋谢的文明，不是为了逃避现实，也不是为了替代现实，而是为了让现实更加灿烂。

精神与物质的错位、时间和空间的"脱域"（disembedding）是现代化过程的绝对化状态。我们可以把人类历史的发展过程总体上看作一个不断"现代化"的过程，这个现代化是与媒介技术的进化相一致的。媒介技术越进步，人类的精神世界就越丰富，人类传播就越有底气去"脱域"。"脱域"是吉登斯现代性理论的重要概念，他自己给这个概念下了一个定义："所谓脱域，我指的是社会关系从彼此互动的地域性关联中，从通过对不确定的时间的无限穿越而被重构的关联中'脱离出来'。"[1] 他的意思是最早的社会交往表现为面对面的形式，但是新的媒介形式允许人们不把在场作为时间和空间的必要条件了，人们可以把自己想法记录下来，用文字、图画的形

---

① ［英］安东尼·吉登斯：《现代性的后果》，田禾译，译林出版社 2011 年 2 月版，第 18 页。

式在延迟状态下传播出去。越来越先进的媒介把"时间虚化",把"空间虚化"。"场所完全被远离它们的社会影响所穿透并据其建构而成。建构场所的不单是在场发生的东西,场所的'可见形式'掩藏着那些远距关系,而正是这些关系决定着场所的性质。"①元宇宙当然也是现代化的一部分,而且是超现代化的一部分,它距离我们今天所处的时间更近,它就是我们所处的时间段。如果说前元宇宙的现代性是"跨越全球"的话,那元宇宙的现代性就是"联结全球",世界已经从吉登斯的"全球体系"和沃勒斯坦的"世界体系"跨越到了"元宇宙体系"。在元宇宙体系中,元宇宙构成一个总体性图式,这个总体性图式包含了虚拟世界与现实世界差异又统一的总体,包含了精神世界和物质世界差异又统一的总体,还包含了两种世界在时空性上的脱域。正是这种脱域才保证了虚拟世界与现实世界,或精神世界与物质世界的差异性。元宇宙媒介域与前元宇宙的所有媒介的区别在于,它可以自由地在"脱域"与"在域"或"嵌入"(embedding)中转换。因此对"去实在化"或"纯虚拟存在"的担心完全是多余的。

技术将威胁人类生存吗?

人们对元宇宙还有一种担心,那就是担心元宇宙技术特别是人工智能会不受控制,最后走向人类的对立面,甚至取代人类。有人说要让元宇宙变成一个超脑,也就是让地球变成智慧星球,让整个人类社会拥有一颗集体的超脑。那就是说在个体的人工智能之外还

---

① [英]安东尼·吉登斯:《现代性的后果》,田禾译,译林出版社 2011 年 2 月版,第 16 页。

要制造一种更加庞大的社会人工智能。人类有信心控制这样的庞然大物吗？著名的科学家斯蒂芬·霍金曾经在2014年接受媒体采访时表示，"人工智能的全面发展将成为人类的末日……人类受到缓慢的生物进化的限制，无法与之匹敌，并终将被取代。"[1]很多小说、电影也描写了未来技术或人工智能会超越人类，并且摆脱人类的控制，最后成为人类强大的、不可战胜的对手。好莱坞开启了一种"好莱坞式科技焦虑"，在好莱坞大量的科幻电影中都表达了这样一种担心。20世纪30年代由查理·卓别林导演和主演的喜剧片《摩登时代》既表达了对资本主义的批判，也表达了对机器带给人伤害的不满，工人们一个个成了机械的一部分，他们机械地、模式化地被安排在大机器的某个工位上重复着一个相同的动作，最后自己的意识也变成机械的一部分。这可以看作电影版的卢德主义，也可以看作好莱坞从一开始就对技术抱有怀疑的立场。20世纪70年代风靡一时的《未来世界》就不再是对技术不满的表达了，而是提醒人们对技术要警醒。电影描绘了一对记者在调查一起秘密时遇到了冒充他们的仿真机器人，最后这对记者斗智斗勇战胜了机器人，成功脱身。整个情节跌宕起伏、惊心动魄，观众看后深深地惊悚于未来世界仿真机器人带来的危险。这不啻一次对未来技术的质疑和预警。2014年上映的《机械姬》，虽然名为"机械"，实际上主角之一艾娃却是一个人工智能机器人，她拥有美丽的容颜、精致的身材、聪明的大脑，最后在一系列精巧的社交攻势下，杀死研发它的人类工程师，逃出禁闭它的空间，隐没于茫茫人海之中，成为一颗随时会爆炸的"炸弹"。

---

[1] [美]詹姆斯·亨德勒等：《社会机器：即将到来的人工智能、社会网络与人类的碰撞》，王晓等译，机械工业出版社2018年5月版，第182页。

影片明显对人工智能持一种担心、否定和批判的态度,不得不让所有的观众也都产生类似的关于人工智能的态度。类似的电影还有很多,它们无不给人一种人工智能即将到来,而且它将挣脱人类的控制,成为人类自己的隐患的感觉。

很多人都坚信技术是把双刃剑,技术既能给人类带来好处,也能给人类带来害处。如何趋利避害是媒体伦理学中的功利原则的核心思想,对待技术也需要有这种思维和能力。人类必须给技术设置边界,并能给人类自己设计一种最后的安全保障系统。要想做到这一点,不是让技术进化停顿下来,这不合乎历史进化的逻辑,而恰恰是要让自己赶上技术进化的脚步,拥抱技术,掌握更加先进的技术来控制技术带来的威胁。这是一个永无止境的循环,技术越高超,给人类造成的威胁越大,人类就越需要掌握更高超的技术,然后技术又对人类形成新的威胁……这看似一种宿命论,但它是生物进化、技术进化、历史进化的必然,人类只能走在技术的前面,设置边界,设置壁垒,别无他法。技术停不下进化的脚步还有一个原因,那就是技术竞赛。技术研发和武器研发一样,每一个有实力的国家都希望自己处于领先地位,也总是担忧别的国家超越自己而处于领先地位,对对手的戒备导致类似于军备竞赛的技术竞赛。除非竞赛分出输赢,否则竞赛不会结束。这种心理是推动技术不断发展的一种特殊原因。元宇宙领域也存在竞赛,即使现在没有,以后也会有,这是由元宇宙的技术属性决定的。

第二节

元宇宙边界

元宇宙边界包含两层含义,一层是元宇宙的自然终点在哪里?另一层是元宇宙一旦发展到不可控制或违反基本的法律、伦理的话,我们是否可以阻止它的进一步蔓延?这个"柏拉图点"[①]如何准确判断?

自然边界

首先来看元宇宙的自然边界。元宇宙是技术发展的结果,因此元宇宙的自然边界就是人类技术的边界,也就是人类技术最终能到达什么程度、什么水平?最终能把人送入什么领域?技术发展的路

---

① 赵汀阳:《假如元宇宙成为一个存在论事件》,《江海学刊》2022年第1期,第36页。赵汀阳分析认为,柏拉图给出过一个难以证明却屡屡被证实的循环政治预言,即任何一种政体都有其优势,但总会在时间中蜕化变质,然后为另一种政体所取代。元宇宙很可能会达到现代自由平等浪潮的高潮点,然后成为落入全球资本、高新技术和"遍在系统"(omnipresent systems)三位一体新专制的转折点。柏拉图点从来难以确定。

第十章 元宇宙焦虑

径证明它始终是围绕人展开的,一定是和人相关的,因此技术的边界最终是看它和人的关系。人和技术最终是合二为一?还是各自分离?或者是谁替代谁?

需要再次申明,元宇宙技术绝不仅仅是 VR/AR/MR/XR 这一系列的视觉技术及其产品,虚拟现实技术和产品只是点亮了元宇宙,并不代表元宇宙的全部。任何一种和人的单一器官相匹配的技术及其设备都不能成为判断元宇宙技术水平高低的标准。衡量元宇宙技术边界的标准要回到人的大脑神经这个元媒介。元宇宙媒介域也罢,元宇宙技术域也罢,它们都说明元宇宙是由无数最先进的技术和设备所组成的一个集合体,将代表人类技术的最高水平。因此元宇宙的技术边界就是把最高端的技术和人这个元媒介结合的境界。其实,库兹韦尔已经给出答案。我们在前面已经介绍过,库兹韦尔把生物和技术的进化看作一个整体,这个生物技术或技术生物的进化被他划分为 6 大纪元,每一个纪元都是使用上一个纪元使用的信息处理方法来创造下一个纪元。第一纪元是物理与化学纪元。这个纪元经历了 138 亿年前的宇宙大爆炸,原子、分子、碳元素出现等"存在论事件"。碳元素的出现是最大的事件之一,碳可以在其分子的四个方向都形成碳链,从而形成复杂的、可以大量存储信息的三维结构,这为今天的现实世界和虚拟现实世界的三维结构奠定了坚实的底层基础。第二纪元是生物与 DNA 纪元。由碳元素形成的化合物日趋复杂,形成了能够自我复制的分子聚合物,进而出现了生命。生物系统进化出了 DNA 如此精密的数字机制,可以对生物进化的信息加以保存。第三纪元是大脑纪元。以 DNA 为导向的进化产生了可以感知信息的生物,它们可以用自己的感官感应各种信息,并且能用大脑和神经系统对感知到的信息进行加工处理。最后人类出现了，这应该是继宇宙诞生以后的第二个"存在论事件"。从此宇宙有了灵魂，物质有了它的对立面，整个宇宙的意义浮现。过去，宇宙中的信息一直漫无目的地存在，有了人类后这些信息开始被"识破"。第四纪元是技术纪元。人类的理性思维和抽象思维引导人类自己开始创造技术，并用技术来以最佳的方式适应自然、改造自然。技术是人的产物，是为人服务的，它彻底改变了人类的命运。人与技术的关系如此重要和密切，我们既可以说生物进化直接引领了人类技术发展（刘易斯：技术是人的延伸。麦克卢汉：媒介是人的延伸），我们也可以说技术提高了人感知、存储、评估信息的能力。就技术的进化及其与人的进化的关系来说，它遵循的不是"物竞天择"，而是"物竞人择"，即库兹韦尔的"人择原理"。"人类的选择决定了社会需要什么样的媒介。在这种'物竞人择'的环境下，媒介技术通过自我完善，迎合人类的需求以求生存。"[1]媒介技术如此，所有的技术亦如此。第五纪元是人类智能与人类技术的结合。自从人类诞生以后，它就一直在不断地进化自己的能力，有些是生物能力，有些则是利用技术媒介的能力。自从技术诞生以后，技术也开始了自己的进化，而且技术的进化开始和人类智能的进化同频共振，它们开始向最后的重合进发。人类需要一种存储容量更大、信息处理更快、分享能力更强的能力，人的生物体无法自主获得这种能力，必须借助于物质的媒介物。AI技术、量子技术、精确计算等都是这类媒介物。第六纪元是宇宙觉醒，也就是库兹韦尔所谓的奇点来临。围绕人类大

---

[1] 赵雪波等：《媒介进化的生物动因、技术本质及规律》，《现代传播（中国传媒大学学报）》2018年第11期，第152页。

第十章　元宇宙焦虑

脑的人工智能、脑机技术高度发达，人类智能和人工智能技术合二为一，或者说人和技术合二为一，人类文明过渡到人机文明，人类的智能和文明将到达宇宙的其他角落，地球之外的宇宙也觉醒了。

　　库兹韦尔的奇点就是人类智能和人工智能或人机智能的重合，但这还不是元宇宙技术的边界。只有当这种智能技术能够到达宇宙的其他角落或者到达宇宙边缘时，元宇宙和宇宙才完成了合并，元宇宙的技术才达到了它外在的边界。什么叫到达宇宙呢？就是人的智力、视力、听力能够到达宇宙的某一部分，并通过不断精进的技术让这种"到达"更加清晰、可证实，对于可"到达"的地方的认识更加深入，"到达"的感官更加全面。2022年7月12日美国宇航局公布了不久前发射升空的韦伯太空望远镜拍摄到的第一张深空红外照片，照片中的部分光来自130亿光年外的星系，这意味着人类的"视线"几乎到达了宇宙爆炸的奇点。那么这算"到达"宇宙吗？既算也不算。说它算是因为人类依赖太空望远镜这样的媒介获得了130亿光年之外的景观，说它不算是因为人类关于这一片宇宙区域的认识只是一张照片而已，而且人类只是用视觉"到达"了那里的表层。那里的更清晰的景观是什么？听觉能否到达那里？我们的其他感觉和那片区域的关系能最大化到什么程度？这些问题远没有解决。另外，什么叫元宇宙的外在边界呢？我们一直关注的是元宇宙向宇宙级别的空间的延伸，而忽略了元宇宙内部的空间结构的开发，而能代表这种内部结构的技术体现在人类大脑之中。"元"代表人，代表人类的中枢神经，是媒介的起点，也是元宇宙的起点。文学艺术的元宇宙在我们的大脑中，VR技术的元宇宙也在我们的大脑中，AI技术的起点和终点都在我们的大脑中——或者在我们生物体的大脑中，或者在我们的化身的"大脑"中。大脑甚至是元宇宙外在空间的起点。目前为止，我们已经掌握了一部分元宇宙内部结构的技术，但离全部掌握还有很长很长的路。我们的智慧会无限逼近元宇宙内部结构的绝对技术真理，但我们永远不可能百分百地占有全部的技术真理。除非人工智能彻底战胜人类智能，否则人类智能就有无限的技术真理去掌握，以处于未来两种智能之间对抗的绝对优势。除此之外，在大脑外围还有很多技术也属于元宇宙内接结构的技术，比如量子技术。1981年由IBM和麻省理工学院组织的"计算物理第一次会议"形成一项共识，那就是研发量子计算机，因为量子计算机会将信息存储在量子比特中，而几百个量子比特的量子计算机的计算量要比已知宇宙中的原子数量还要大。这真是一个划时代的想象和创意，关键是这个想象和创意目前已经初见成效，2019年IBM推出了53量子比特的量子计算机；2020年12月4日，中国科学技术大学宣布潘建伟教授团队成功构建了76个光子的量子计算原型机"九章"。量子技术"开始改变人们对于微观世界和宏观世界的认知，形成信息与物质/时空一体化的新世界观，'基本粒子'完全源于量子信息（量子比特）：它们是与我们的空间相对应的纠缠量子比特海的集体激发"[①]。信息与物质、信息与时空、微观世界与宏观世界统统地一体化了，这也为元宇宙与宇宙的一体化奠定了物质和理论的基础。无论从哪里出发，我们都能到达宇宙；无论从哪里出发，我们都能回到元宇宙。宇宙和元宇宙成为一体两面的耦合体。

当然，严格意义上来说，元宇宙与宇宙完全重合的技术边界根

[①] 朱嘉明：《元宇宙与数字经济》，中译出版社2022年6月版，第438页。

第十章　元宇宙焦虑

本做不到，人类能做到的是把这种可能性不断地放大，所以元宇宙和宇宙的一体化只是一种哲学意义上的理解。辩证唯物主义认为绝对真理是客观存在的，但是它是由无数的相对真理构成的，这也决定绝对真理是永远到达不了的，人类只能无限地接近绝对真理。这是由人的思维能力决定的，人的思维"按它的本性、使命、可能和历史的终极目的来说，是至上的和无限的；按它的个别实现和每次的现实来说，又是不至上的和有限的"[①]。从今天人类掌握的宇宙观来看，绝对真理的相对性除了受限于人类思维的有限性之外，更直接的原因在于宇宙空间的无限性，即使有一天我们的感觉系统能够到达可观察宇宙的边缘，我们很快就会发现在这个"边缘"之外有着一个或者无数个更大的空间，因为我们无法想象任何物质是自我包容的，它必定存在于一个空间之中。还有一个能说明这种无限性的是数学奇点理论。奇点概念表示一个超越了任何限制的值，用数学函数表示就是$y=1/x$。如图10-1所示，如果x无限接近零，y将趋于无穷大。x不能等于0，0无法作除数。但这似乎证明库兹韦尔陷入了自我矛盾，如果x不能是零，y只能无限接近奇点，而不能和奇点重合，那奇点就不会来临。这证明了我们的判断，我们可以到达宇宙的某些地方，但我们永远也不可能让整个宇宙"觉醒"。这符合唯物辩证法关于绝对真理的判断。总之，元宇宙技术将不断发展，也会永远发展下去，它的目标是实现和宇宙的重合，但是它实现不了完全的重合，只有人类的元宇宙走到尽头，它才会重归宇宙，而不是和宇宙重合。

[①]《马克思恩格斯选集》第3卷，人民出版社1972年5月版，第126页。

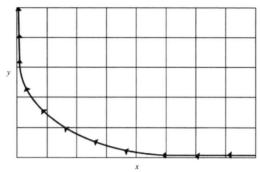

数学奇点：随着 x 接近于 0（从右至左），y（或 $1/x$）接近于无穷

图 10-1　数学奇点线性

最后，元宇宙的自然边界就是宇宙边界。我们构建元宇宙的目的，一是要在以地球为中心的空间中找到人类的最佳存在方式；二是要最大限度地发掘人类的精神世界，让精神世界和物质世界达到圆满的融合；三是要从元宇宙到达人类未曾到达的宇宙空间。卡西尔赞扬几何空间超越了听觉空间、视觉空间、触觉空间和嗅觉空间，"惟有以这种新的独特的空间形式为媒介，人才能形成一个独一无二的、系统的宇宙秩序的概念。"[①] 把几何空间换成元宇宙空间是最合适不过的，当然元宇宙空间中听觉空间、视觉空间、触觉空间和嗅觉空间不因元宇宙空间的超越而消失，而是被包容在元宇宙空间中。元宇宙空间是人的空间，不能缺少听觉、视觉、触觉和嗅觉，还有味觉。

道德边界

元宇宙的另一个边界是元宇宙的法律边界、伦理边界和价值观

[①] ［德］恩斯特·卡西尔：《人论：人类文化哲学导引》，甘阳译，上海译文出版社 2013 年 6 月版，第 77 页。

边界，我们暂且称它为道德边界。元宇宙是为人类服务的，不是要和人类作对的，因此它的发展不能超越人类的各种法律、伦理和职业规范。我们是研究元宇宙传播的，所以要从传播伦理学切入。

《媒体伦理学：案例与道德论据》的作者克利福德·G.克里斯蒂安等人为传媒行业设定了5个伦理学准则，这5个伦理学准则分别选自若干哲学家和社会学家的论断以及宗教教义。[①]第一传播伦理学准则是亚里士多德的中庸之道："精神美德就是在两个极端之间的正确位置"。亚里士多德主张真正的美德就是在过分和不足之间寻找中间点，他继承了柏拉图的四大美德——节制、公正、勇敢和智慧，并解释说勇敢之所以是美德是因为它介于懦弱和冒失之间，智慧是善于推理（意指过分推理和推理不足），慷慨介于吝啬和浪费之间，谦逊介于无耻和羞涩之间。在新闻报道问题上那就是要坚持平衡、公正、均时。克里斯蒂安等人承认中国人的中庸思想历史更为悠久。第二传播伦理学准则是康德的绝对命令："只按你的意愿能成为普遍规律这一准则行事"。康德认为道德法则和行动准则对人有着无条件的约束力，是绝对命令，必须服从。在这样的绝对命令之下，凡是对一个人来说是正确的对所有人也多是正确的。真正的道德法则取决于它能否被普遍运用。第三传播伦理学准则是边沁和穆勒的功利主义："为最大多数的人寻求最大的幸福"。传播功利主义的功利不只是一般意义上的利害，还包括友谊、知识、健康、幸福等内容。这种功利主义强调在做出选择时要考虑最后的结果，要尽可能谨慎地计算每一种结果，通过对行动的精确计算决定行动的取舍。功利

[①] [美]克利福德·G.克里斯蒂安等：《媒体伦理学：案例与道德论据》第5版，蔡文美等译，华夏出版社2000年1月版，第12-20页。

主义不仅有行为功利主义,还有规则功利主义,因此更高的选择不是选择哪种行动,而是选择哪种原则能带来最大利益。第四传播伦理学准则是罗尔斯的无知之幕:"只有当忽视一切社会差别时,正义才出现"。约翰·罗尔斯在其著作《正义论》中强调公平是公正的基础,但是盲目的平均则是不公平的,为此他提出了"无知之幕"理论,要求各方从生活中的真实情况退回到一个消除了所有角色和社会差异的隔离物后面的"原始位置"。这种方案必然选择保护弱小一方并最大限度地减少风险,因此是公正的解决方法。这是罗尔斯的"虚拟的社会契约",从中引申出两个原则,一个是要求有一个最高程度的平等的基本自由制度,另一个是在第一原则基础之上成立的利益原则,即当权力、财富、收入差别等社会利益有利于最弱小的群体时,才允许不均匀分配存在。第五传播伦理学准则是犹太教和基督教的兼爱思想:"像爱自己一样爱你的邻居"。对于犹太教-基督教来说,人类的终极道德是爱上帝和人类,"爱邻居"体现了此种宗教独一无二的规范。但其实中国古代思想家墨子早在公元前4世纪就提出了兼爱思想,只不过墨子的兼爱是相对于"非攻"而言的,没有更深入地触及人与人之间的社会关系。

国内传播学者展江等人在此基础上作了修改,用马克斯·韦伯的"意图伦理与责任伦理"取代了犹太教-基督教的兼爱思想。韦伯1919年提出了"意图伦理"和"责任伦理"两个概念。"所谓意图伦理,简单说就是只考虑行为意图的高尚、公道和周正,而不问此种行为本身是否正当以及在事实上将会导致何种后果。"[①]"责任伦

---

① 展江等:《媒体道德与伦理·案例教学》,中国传媒大学出版社2014年9月版,第41页。

第十章 元宇宙焦虑

理则是一种对行为及其后果的评价与担当意识,它追问行为本身的善恶以及行为后果的良宨,它对人们主观意图之善恶抱有理性的怀疑,并否定一切以善的意图虚饰的恶的作为。它要求人们必须为自己涉及他人和社会做出交代和说明,必须承受与此行为相关的所有人对此种行为之正当性的审判和评价。"①韦伯最终选择了责任伦理,倡导在人与人的相处过程中要更多地彼此相容,彼此尊重,不以自己的好恶标准衡量他人行为选择,一种行为选择只要没有损害他人利益或社会公序良俗,哪怕被社会伦理看作不道德行为,也不应该被法律制裁和惩罚。

元宇宙传播应该借鉴前元宇宙传播的伦理法则来制定或规定自己的伦理法则。中庸之道不是哪个时代或哪种环境下应该遵守的法则,而是人类社会的普遍法则,用不着过多地强调。宇宙的形成和运转之所以能够以有序的状态开展,是因为它使两种对立的力量相互掣肘、制衡,形成了平衡。宇宙诞生之初就有一种组构的力量,直至产生宇宙秩序和进化规律,但它同时有一种解构的力量——熵在不断地导致结构的解体。宇宙及其内部的各种星系、形体的形成、成熟、灭亡其实就是介于形成和解体之间的平衡状态。元宇宙也如此,它的存在仅仅是它处于两种相互对立力量的中间状态。至于绝对命令,元宇宙当然有自己的不以人的意志为转移的至高无上的原则和准则,那就是元宇宙必须为全人类服务,元宇宙中全体个体和节点的一举一动都必须为了创建更美好的元宇宙,而不是为了毁灭

---

① 展江等:《媒体道德与伦理·案例教学》,中国传媒大学出版社 2014 年 9 月版,第 42 页。"良宨(wā)"一词使用欠妥,表示粗细、好坏之分的词是"良窳(yù)",发音和前者完全不同。

元宇宙；必须是为了人类，而不是为了毁灭人类。本着这样的精神，那么每一个个体的原则就是集体的原则，每一个个体的意愿就是集体的意愿。元宇宙当然有功利目的，那就是为了创建一种更加美好的"生活世界"，它不是为了技术的进化而让技术进化，不是为了人为地寻找和宇宙的合并而创建元宇宙，而是为了人类，为了人类社会，为了让精神和物质的结合造福人类。几年前有人研制了克隆人，消息发布以后，迅速引起世界各地、各个领域、各界的反对，研制者不得不取消计划。为什么会有那么多人反对克隆人呢？因为它触犯了道德原则中的"绝对命令"，任何人的行为必须要被认为是造福于全体人类，而不是给人类社会制造风险，否则无论后果如何都将不被允许。元宇宙的功利主义和前元宇宙的功利主义最大的区别在于，它已经被矫正方向，被设计成注定对人类具有意图和责任两种功利的结构，只能向着一个方向前进，那就是至臻至善的"自由人的联合体"。元宇宙无须通过"无知之幕"回到"原始位置"，今天就是元宇宙起点，就是未来元宇宙的"原始位置"，我们从现在这一刻起就可以创建一切"虚拟的社会契约"和"真实的社会契约"，我们可以为虚拟世界创建新的社会契约，我们也可以为未来的真实世界重构社会契约。元宇宙为我们提供了新的机会，我们可以大刀阔斧地按照最佳的理想模型构建未来的虚拟现实世界。元宇宙需要彼此理解、相互包容的爱心，但这个爱心不是来自某种宗教，而是来自如康德所期望的良心。元宇宙更需要的是秩序、法律、自律等元宇宙的"绝对命令"。

第三节
元宇宙安全

"元宇宙安全"并不是指元宇宙结构会崩塌的担心,只要人类存在,元宇宙就会存在。"元宇宙安全"主要关心的也不是人工智能可能攻击人类——那是人类安全问题,而是元宇宙技术带来的不确定性、不稳定性,以及对人类非生物属性的侵害。

脆弱的技术

2021年10月,日本最大移动运营商NTT DOCOMO发生长达29小时的通信故障,致使200万人的生活受到影响。不到一年,2022年7月2日,再一次地,日本第二大移动运营商KDDI因设备问题突发通信故障,导致3900万左右日本人无法正常使用手机,受影响人口约占全日本人口的1/3。更为严重的是,日本全国大约1300个气象观测点中近四成无法传输数据,部分银行自动取款机、公交系统乘车卡、丰田等车企的部分物联网无法使用,铁路货运和物流被延误。日本政府宣布此次事故为重大事故。2020年以来,中国多地健康宝、核酸检测系统出现异常,或者是系统宕机,或者是网速变慢,导致无法登录使用。2013—2019年,南美国家委内瑞拉电力系统多次瘫痪,导致全国性停电,交通堵塞。

类似的新闻时有报道。我们现在生活在互联网时代和数字化时代,一切信息存储和传播、系统控制和调配都处在网络联机状态,一旦网络出现一点问题,整个系统都将受到重大影响,所谓牵一发而动全身。自动化、网络化、数字化和智能化给人类带来了极大的便利,但与此同时,整个技术生态也更脆弱了,技术的Bug难免存在,网络系统也极容易被黑客侵入,这一切因素导致技术生态处在一种随时可能被攻击的处境。在元宇宙时代,互联网、物联网将把一切有机物、无机物都联系起来,整个地球变成一颗由网络、信息、数字、计算机编织而成的"超脑",如果控制系统掌握在某一个图谋称霸全球的国家手中,或者黑客能够轻易侵入控制系统或某个节点,整个世界都将处于危险境地。

到头来,元宇宙安全不再只是系统或网络的安全问题,而将改变性质,成为地球安全和人类安全问题。在元宇宙,人的安全主要涉及身份安全、数字资产安全以及技术体验安全。身份安全就是个人隐私泄露、被盗、被篡改等危险,这个问题在下面专辟一小节分析。数字资产安全是说元宇宙时代人们的个人资产(包括物质的、货币的)都高度数字化,这大大方便了资产的存储、转移、交易,但是与此同时,它的安全性却可能降低了,网上各种诈骗团伙、黑客层出不穷,他们让用户的数字资产经常处于丢失、诈骗、冒领等危险状态。数字资产的安全性还不如传统的银行保管、家用保险箱。技术体验安全则是提醒元宇宙用户在各种场景体验过程中要当心为技术所诱惑、所刺激、所攻击；要防止陷入技术沉溺、虚拟现实和化身状态的各种沉溺，防止被技术攻击或被别人利用技术攻击自己，防止元宇宙状态的各种犯罪、侵权等行为对自己的损害。在本书成书之际，媒体报道中国西北工业大学网络遭美国国家安全局下属的"特定入侵行动办公室"入侵，该组织用41种网络武器对西北工大及中国其他网络发起了上万次的恶意网络攻击，控制了数以万计的网络设备，窃取了140吉字节的高价值数据。这类有组织、有计划、有预谋的网络入侵在未来的元宇宙体系中也不会缺席，它同样构成了元宇宙安全的一个重大"漏洞"。

总之，人类得益于技术，也受困于技术；得益于元宇宙，也受困于元宇宙。元宇宙需要一套更加强大的安全保护系统，就像大气层保护地球一样，把地球这颗超脑保护起来，把人类的安全罩在"紧箍咒"下。

个人隐私

个人隐私是一个在任何时代都存在的问题。自从有了档案制度，个人的隐私就暴露在了文字媒介的记录之中。只不过那个时候能够广泛接触大众个人信息的只有档案管理者、单位领导、组织机构或政府部门。进入互联网时代后，个人信息都数字化了，技术上能够接触大众个人信息的不再仅仅是以上人员和机构，还有熟练掌握技术的黑客，美国"棱镜门"事件表明国际政治人物都在情报部门的监控之下，更何况普通民众？在网上购物、电子导航等各种互联网应用普及之后，个人的隐私完全暴露在互联网空间了，出于安全、信息交流顺畅、位置跟踪、精准推送等要求，个人要想登录系统就必须先向系统提交个人的基本信息，如身份、年龄、性别、生日、职业等，这样一来，个人信息就更加公开了。有人喜欢在提交身份证影印件的时候在其上面打上诸如"此件只用来×××"，但是对于后台技术人员来说，这毫无意义。

我们经常会接到陌生推销商的电话，开口对我们就直呼其名。我们聊天时或打电话时说过一些什么事，提到过一些生理、生活、工作等方面的需求，用不了多久就会在商业 APP 上看到商家向我们推送聊天时提到的相关产品。这说明我们的个人信息已经被产品商家、广告商、后台管理员掌握了。他们之所以能够掌握我们的信息，是因为有的后台技术人员为了牟利，私自把用户的信息交易出去了。当然有时候是技术上有漏洞，导致信息泄露。2021 年 Meta5.3 亿用户数据泄露，成为当时的一大丑闻。信息精准推送对信息管理部门、商家有着很高的应用价值，尽可能多地掌握个人信息是精准推送的前提，这让个人信息也有了经营价值和管理价值。一些不法分子把贩卖个人信息当作有利可图的营生。根据《第49次中国互联网络发展状况统计报告》对网民网络安全事件的调查，截至 2021 年 12 月，22.1% 的网民遭遇过个人信息泄露，16.6% 的网民遭遇过网络诈骗，9.1% 的网民遭遇过设备中病毒或木马，6.6% 的网民遭遇过账号或密码被盗情况。[①] 可见网络安全事件频发已经成为现代生活的常态，类似的事件可能每天都在上演。元宇宙的基础技术支撑是互联网和数字技术，这意味着在元宇宙中网络安全仍

---

① 中国互联网络信息中心:《第49次中国互联网络发展状况统计报告》，2022 年 2 月。

然是可以预见的问题。在人工智能、纳米技术、遗传基因技术、量子技术等方面，相信也会出现一些技术缺陷，也会有不法分子利用技术缺陷或自己所掌握的技术优势，在很多方面对个人隐私造成威胁。只要有利可图，就会有人铤而走险。物质世界和精神世界都存在很大的不确定性，永远不要把自己的一切都毫无保留地托付给技术。这大概是大多数人的心理。然而在一个技术主导的社会，不把自己的一切托付给技术，就不能有效地使用技术；把自己的一切托付给技术，就会受困于技术带来的欺诈、偷盗，这是技术时代最大的悖论。

不管怎么样，我们只需要记住一点，什么样的理由都不能证明个人信息不安全是合理的。这需要我们行动起来。

元宇宙法则

危险无处不在，如果把元宇宙也看作现代化的一部分，或者把它看作后现代化的一部分，它都可能碰上各种各样的风险。吉登斯把出现风险的原因归为几点，一是设计错误，这和元宇宙无关，因为元宇宙不是设计的结果，而是进化的结果，发展的结果。二是操作失误，这种可能始终存在。三是未预期的后果。四是不同权力和价值的作用。其中第三点是需要我们高度重视的，也是我们应该有所作为的。吉登斯认为，"不论一个体系的设计多么完善，也不管对它的操作多么有效，其实际的运作总是在被引入其他系统和人类活动的范围以后才发生，所以，我们对它的种种后果就不可能都能料事如神,原因之一就是构成社会世界的系统和人类活动的复杂性。"[1] 这段话适用于元宇宙。我们对元宇宙的认识只是一个开始,未来变化莫测,任何可能都会出现,为了降低未来给我们带来的风险,有必要设立预防机制。我们必须确保我们迎接的是"建设性的奇点",而不是"毁灭性的奇点"。"唯一可行和负责任的道路就是精心设计一种发展路线,既能实现好处,又能控制危险。"[2]

美国科幻小说家艾萨克·阿西莫夫在其著作《银河帝国 8:我,机器人》的开篇就规定了"机器人学三大法则"。第一法则:机器人不得伤害人类,或因不作为而使人类受到伤害。第二法则:除非违背第一法则,机器人必须服从人类的命令。第三法则:在不违背第一及第二法则的情况下,机器人必须保护自己。[3] 阿西莫夫创建了自己的"银河帝国",但是他同时意识到机器人给人类带来的威胁,为此他一方面还在不停地建构着自己的未来世界,另一方面却不断地提醒自己,未来世界不能走向失控。这既有点像走夜路吹口哨——给自己壮胆,又有点像晚上做噩梦时自己提醒自己这不是真的。

但是,在加速回报定律的驱使下,整个世界正在快速地靠近那个机器人与人共存、虚拟世界与真实世界共存的时代。人类不仅要有"机器人学三大法则",还应该未雨绸缪,创设元宇宙法则。这个法则当然不是指维持元宇宙秩序的法律规则,而是人类构建元宇宙、规制人与元宇宙关系、设定元宇宙边界等的法则。

---

[1] [英]安东尼·吉登斯:《现代性的后果》,田禾译,译林出版社 2011 年 2 月版,第 134 页。
[2] [美] Ray Kurzweil:《奇点临近:人类超越生物》,李庆诚等译,机械工业出版社 2014 年 8 月版,第 247 页。
[3] [美]艾萨克·阿西莫夫:《银河帝国 8:我,机器人》,叶李华译,江苏文艺出版社 2013 年 1 月版,扉页。

第十章 元宇宙焦虑

元宇宙法则应该包含以下条款。

（1）元宇宙要对人的思维、思维与存在的关系、人与宇宙的关系做一个实践层面的了断，而不是像以前那样一直停留在哲学的王国。过去我们对思维、思维与存在、人与宇宙等的关系都是通过思维自己解决的，也就是通过哲学思辨搞清它们的原理，而原理、关系最后统统地以语言、文字的二维形式呈现，但是元宇宙决定改变一下这种呈现方式，它希望用三维，甚至用"脱域"式的四维时空去重现、重塑、重构这些曾经无形的、无感的（指没有情感的）符号、文本。在实践层面，这些符号、文本将有更多的呈现方式。

（2）要把元宇宙和宇宙联系起来再去认识元宇宙。元宇宙这个词刚出现时，人们并没有想太多，但是它阴差阳错地引导我们开始对它做宇宙维度的思考。不要轻视这个词，更不要诋毁这个词，因为它代表了人类的精神力量。它以前可能只代表VR、互联网终极形式、深度数字技术等具体形式的技术和技术装备，但是从今天起，建议大家以崇敬之情对待它，就像对待宇宙那样。世间宏大叙事的事物都以正反两方面的耦合体形式呈现，正反自己就是，还有黑白、对错、阴阳。宇宙也如此，它的正面或反面就是元宇宙。地球虽然渺小，人类在宇宙中的物理体积更渺小，但是人类也是最伟大的，因为人类能够认识宇宙，甚至征服部分宇宙。人类凭借技术的力量还将认识更大范围的宇宙，征服更大规模的宇宙。整个宇宙都容纳在人的意识之中，意识元宇宙之伟大足以与宇宙匹敌，甚至超越宇宙。

（3）元宇宙的第一终极价值在于人，即元宇宙是人的宇宙，是以人为中心的宇宙，是体现人的精神世界的最高形式，因此元宇宙既遵循宇宙现实存在的基本发展规律，又遵循人类的普遍意志。元宇宙必须为人类服务，它的最终目标和人的利益保持一致，而不是相反。元宇宙如果不能为人类服务，甚至对人类造成伤害，那元宇宙就没有存在的必要和价值。尽管技术发展的大势不可逆转，但是这个大势必须在人的控制之下。元宇宙不能成为摧毁人类和人类社会的工具，不能成为硅基人类以及其他人造生命危害碳基人类的工具，不能成为一部分碳基生命攻击另一部分碳基生命的工具。

（4）元宇宙有一个"绝对命令"，这个"绝对命令"在"决定论"的逻辑下主宰元宇宙向着一个理想主义的目标进发，那就是它不仅不能有损于人类社会，而且理应成为一种摒弃现实世界中任何不和谐因素的理想世界。今天这个世界充满了各种各样的矛盾、对立、冲突、战争、敌意、不平等、不公正、不自由、唯我独尊、自我中心的思想和行为，这与高度发达的物质文明严重不匹配，如果我们不能在现实世界实现大同、和谐或达成有关的共识，那就让我们在元宇宙里构建"自由人的联合体"。

（5）在不违背以上原则的基础上，人类有理由满足自己对未来世界的好奇、兴趣和期盼，创建一种能平行于宇宙又能够和宇宙重合、贯通的元宇宙。在元宇宙建设初期，必须赋予其一种能纠错、停止、重启的程序，且这种权力必须掌握在人类手中，也必须掌握在正直的、有良心的、充满善念的人的手中。此外，要建立相关机制，允许每个国家、每个集体、每个个人有自由进入和退出的权力。

元宇宙是动态的，特别总是和当时的技术水平相呼应的，我们关于元宇宙的认识也是不断深化的，有关元宇宙的法则、规律等都允许不断完善。